# 民国时期对外贸易政策研究

罗红希◎著

湖南师范大学出版社

**图书在版编目（CIP）数据**

民国时期对外贸易政策研究 / 罗红希著 .--长沙：湖南师范大学出版社，2017.8

ISBN 978－7－5648－2744－1

Ⅰ.①民… Ⅱ.①罗… Ⅲ.①对外贸易政策－研究－中国－民国 Ⅳ.①F729.6

中国版本图书馆 CIP 数据核字（2017）第 020677 号

**民国时期对外贸易政策研究**

Minguo Shiqi Duiwai Maoyi Zhengce Yanjiu

**罗红希 著**

◇组稿编辑：李 阳
◇责任编辑：胡 静 李 阳
◇责任校对：胡晓军
◇出版发行：湖南师范大学出版社
地址/长沙市岳麓山 邮编/410081
电话/0731－88873071 88873070 传真/0731－88872636
网址/http：//press. hunnu. edu. cn
◇经销：新华书店
◇印刷：长沙印通印刷有限公司
◇开本：710mm×1000mm 1/16
◇印张：21.25
◇字数：380 千字
◇版次：2017 年 8 月第 1 版
◇印次：2017 年 8 月第 1 次印刷
◇书号：ISBN 978－7－5648－2744－1
◇定价：58.00 元

**凡购本书，如有缺页、倒页、脱页，由本社发行部调换。**

**投稿热线：**0731－88872256 13975805626 QQ：1349748847

# 序 言

对外贸易是中国与世界各国最基本的经济联系纽带，反映了中国经济发展及对外开放的程度。中国对外贸易的历史，源远流长，可上溯到2000多年前的秦汉时期。经过鸦片战争，列强在华攫取了种种条约特权，中国丧失了对外贸易的自主权。为改变不平等的经济关系，发展对外贸易，历届政府做出了不同程度的努力，民国时期是这一历程中的重要时期。在这一时期，不仅收回了束缚中国经济发展的关税自主权，还逐步制定了较为完整的外贸政策，形成了相对系统的外贸体制。学术界对民国时期对外贸易史及其思想等作了探讨，对该时期对外贸易政策亦有所涉猎，但整体研究极为薄弱，迄今尚无一本专题论述的著作。罗红希博士的《民国时期对外贸易政策研究》一书的问世，不仅弥补了这一缺失，且对当今中国发展对外贸易不无借鉴意义，可喜可贺。

该著剖析了民国时期对外贸易政策形成的国内外环境，分五个阶段对其发展历程作了论述，从中我们看到：自1912—1926年形成之后，进入1927—1933年间的初步发展和1933—1936年间的逐渐成熟，经过1937—1945年间的艰难与困境，至1945—1949年间逐渐走向衰落。在纵向构架中，作者探讨了民国各个时期各项对外贸易政策及其法令法规，如进出口贸易政策、保护主义贸易政策体系、关税自主政策、商检贸易政策体系、金融货币政策、海关缉私政策等。通过纵向梳理和横向剖析，该著论述了民国对外贸易政策的兴衰过程，对其经验教训及其对当今的启示借鉴作了总结。从广度而言，该著从整体上揭示了民国时期对外贸易政策形成及演变的概貌和轨迹，全面系统地论述了各项政策的具体内容，弥补了这一研究领域的缺失。

在借鉴已有成果的基础上，该著对诸多问题作了较深入的探讨，提出了自己的见解，并拓展了研究范围。例如，作者对民国时期的对外贸易政策的总体特征作了剖析，认为具有以下特征，即：工业化思想是对外贸易政策的主要理念和目标，关税自主的精神贯穿着民国时期对外贸易政策的始终，贸易保护主义和加强国家垄断是对外贸易政策的总趋势。该著又注意到，民国时期的对外贸易政策反映了中国近代化进程中的矛盾，各届政府发展对外贸易的方针，无疑是一种进步的取向，但却受到种种制约。“中国是一个经济上根本就不成熟的半殖民地半封建国家，不可能有成熟的经济贸易思想作为指导思想，因而在制定对外贸易政策的时候并没有在实践中证明了的成熟的贸易理论作为基础，占统治地位的思想观念还是自给自足的自然经济思想，这些与资本主义经济的尚不发展是一致的。”经济的落后还在于经济制度的落后，而“落后的经济体制是经济发展缓慢的重要因素，从而也是难以制定正确的贸易政策的根本原因”。还需指出，该著在论析外贸政策时，又未局限于政策本身，而是扩大视野，注意到其他相关问题。如从国家主权的角度探讨与外贸政策的关系，认为南京国民政府前期对外贸易政策能够顺利推行，从而促进对外贸易的繁荣，其重要原因之一，是由于关税自主权和一部分租界与租借地的收回。其他如匪患、厘金、交通运输等各种因素，也都影响对外贸易及其政策。诸如此类的见解，不一而足，说明该著拓展和深化了民国时期对外贸易政策的研究，在此领域取得了重要突破。

迄今尚无一部民国时期对外贸易政策的研究专著，该课题无疑具有一定难度。作者克服种种困难，查阅了各种档案、法规、资料汇编、民国期刊、人物文集、时人论述以及大量研究论著，其中挖掘了不少前人较少利用的资料，征引翔实，论有所据。这些为较为圆满地完成这一研究，尤其是为提供新的史实，更深入阐释各种问题，打下了坚实的史料基础。无疑，作为第一部民国时期对外贸易政策的研究专著，该书具有补白性质，具有重要的学术价值。

毋庸讳言，该书还存在一些不足之处，需要进一步改进。例如，该书涉及时间较长，对其整体发展脉络及其规律，以及各阶段之间的逻辑联系、各种政策的运作等方面的论析，还可进一步加强和充实；某些概念和表述宜更准确贴切，某些问题的剖析宜更深入细致；某些论点或结论，尚需推敲斟酌，加强理论分析和史实论证；语言表述宜简练，某些常识性论述，可简短些；资料挖掘亦可扩大范围等。即便存在这样或那样的不足，该书对开启民国时期外贸政策的系统研究，对深化和推进这一领域的探讨，显然具有启示意义。建议作者在今后的研究中继续努力，不断充实自己，弥补不足，沿着这一思路和路径，再接再厉，取得新的成果。

李育民

# 目 录

绪论 …………………………………………………………………………… (1)

第一章 民国时期对外贸易政策形成的国内外环境 …………………… (11)
第一节 对外贸易主权的丧失与洋行势力的垄断 …………………… (11)
一、增开商埠，中国对外贸易市场门户进一步洞开 ………… (12)
二、片面最惠国待遇的进一步扩大 ………………………………… (12)
三、扩展租界、强占租借地，中国对外贸易再遭割裂 ……… (13)
四、关税的支配、保管权进一步丧失 ……………………………… (13)
五、洋行势力对中国进出口贸易的垄断 …………………………… (14)
第二节 中外贸易形势的新变化 …………………………………………… (16)
一、对外贸易的环境条件进一步改善 ……………………………… (16)
二、“一战”期间对外贸易的迅速增长 …………………………… (19)
第三节 晚清时期对外贸易政策的经验和教训 ………………………… (20)
一、晚清时期对外贸易政策的时代性特征 ……………………… (20)
二、晚清对外贸易政策与民国对外贸易政策的关系 ………… (25)
第四节 对外贸易思想的进一步发展 …………………………………… (27)
一、晚清时期对外贸易思想逐渐形成 ……………………………… (27)
二、北洋时期对外贸易思想的进一步发展 ………………………… (30)

第二章 北洋时期对外贸易政策的初步形成（1912—1926） …………（32）
第一节 制定一系列有利于外贸发展的法令法规 …………………（33）
一、颁布有利于外贸发展的实业法令 ……………………………（33）
二、颁布《商会法》和《商标法》，为对外贸易发展营造有利环境 ……………………………………………………（37）
第二节 拓展对外进出口的外贸政策初步确立 …………………（40）
一、利用外资发展对外贸易 ………………………………………（41）
二、主动开放，增开商埠 …………………………………………（43）
三、鼓励进口替代，发展出口贸易 ………………………………（45）
四、减免税厘，保护本国商品 ……………………………………（48）
五、举办国货展览会和积极参加外国博览会 ……………………（51）
六、初步构建交通运输物流网络 …………………………………（52）
第三节 争取关税自主的基本格调逐步形成 ……………………（60）
一、根据实际情况，分门别类，依次征收 ………………………（61）
二、大大提高奢侈品和日用品的税率 ……………………………（62）
三、向列强正式提出中国关税自主的原则 ………………………（64）
四、利用列强矛盾，加征临时附加税 ……………………………（67）
第四节 北洋时期对外贸易政策的特征与成效 …………………（71）
一、北洋时期对外贸易政策的特征 ………………………………（71）
二、北洋时期对外贸易政策的成效与局限性 ……………………（73）

第三章 南京国民政府前期对外贸易政策的初步发展（1927—1933） ……………………………………………………………（88）
第一节 南京国民政府面临的国内外贸易环境 …………………（88）
一、世界经济危机的爆发与对外贸易的艰难 ……………………（89）
二、南京国民政府初期的经济建设与对外贸易 …………………（90）
三、对外贸易思想理论更趋成熟 …………………………………（91）
第二节 保护主义贸易政策体系初步构建 ………………………（93）

一、限制外国商品倾销，积极推动出口贸易的发展 ……(94)
二、实行易货偿债贸易和出口贸易管制，加强对外贸易国家垄断 ……(98)
三、对进口商不履行条约的合理处置 ……(99)
四、充分利用外国资本技术，发展对外贸易 ……(100)
第三节 出口促进政策体系的初步形成 ……(104)
一、注重上海等港口的建设 ……(104)
二、正确处理外商的订货单 ……(108)
三、增强票据意识，科学开具出口发票 ……(111)
四、注重出口货物的包装 ……(112)
五、重视货物安全，推行海上保险 ……(114)
六、注重了解各国通关手续，努力发展对外贸易 ……(116)
七、严格按出口标准和程序发货 ……(117)
第四节 关税自主权的收回与关税自主政策的实施 ……(119)

**第四章 南京国民政府前期对外贸易政策逐渐成熟（1933—1936）** …(122)
第一节 关税自主政策取得一定的成效 ……(122)
一、重构关税政策的新体系 ……(123)
二、关税政策的特征 ……(132)
三、关税政策的作用和影响 ……(139)
第二节 商检贸易政策体系大体搭建 ……(144)
一、商检贸易政策的具体措施 ……(144)
二、南京国民政府检验政策的得失 ……(148)
第三节 金融货币政策体系基本构建 ……(153)
一、力控金涨银落 ……(153)
二、废两改元的成功 ……(156)
三、建立健全现代银行制度 ……(158)
四、注重出口商与银行的关系 ……(159)

第四节 海关缉私政策体系的初步确立 ………………………… (162)
第五节 南京国民政府前期对外贸易政策的成熟性 ……………… (164)
一、收回关税自主权是独立自主制定对外贸易政策的前提和基础 …………………………………………………………… (164)
二、健全了对外贸易管理机构，确立了较为完善的组织领导体系 …………………………………………………………… (165)
三、对外贸易商品宣传、商品展示体系逐步构建 ………… (168)
四、对外贸易政策体系逐渐完善 ……………………………… (169)
五、南京国民政府前期对外贸易政策的成效与局限性 …… (170)

第五章 抗日战争时期对外贸易政策的艰难与困境（1937—1945） … (175)
第一节 抗战初期对外贸易政策的国内外环境 ………………… (175)
一、突破封锁，寻求对外通商成为时代的主流 …………… (176)
二、民生主义对外贸易思想的发展与成熟 ………………… (183)
第二节 对外贸易政策纳入抗战的轨道 ………………………… (189)
一、外汇及商品管制政策的强化 ……………………………… (189)
二、加强以抗战为目标的铁路物流运输建设 ……………… (199)
三、海关缉私政策遭到破坏后有所完善 …………………… (205)
四、战时对外贸易统制政策逐渐形成 ……………………… (209)
五、战时对外贸易统制政策的成效 ………………………… (216)
六、战时对外贸易统制政策的历史必然性 ………………… (219)
第三节 抗战时期对外贸易政策的特征 ………………………… (220)
一、变被动为主动，独立自主性增强，半殖民地色彩弱化…… (221)
二、抗战时期对外贸易的国家垄断性空前加强 …………… (222)
三、太平洋战争对抗战时期对外贸易政策产生重大的影响…… (226)
第四节 抗战时期对外贸易政策的作用与影响 ………………… (233)
一、抗战时期对外贸易政策的作用 ………………………… (233)

二、国民政府抗战时期对外贸易政策产生的弊端 …………（236）

**第六章 南京国民政府后期对外贸易政策逐渐衰落（1945—1949）** …（239）

第一节 南京国民政府后期对外贸易的国内外环境 …………（239）

一、战后美国成为中国对外贸易的主要对象 ………………（239）

二、战前正常的对外贸易关系逐渐恢复 ……………………（240）

第二节 战后对外贸易政策的演变 ……………………………（246）

一、战后对外贸易管理机构的调整 …………………………（246）

二、构建了以限额进出口为目标的对外贸易政策体系 ……（248）

第三节 消极因素逐渐增强的对外贸易政策 …………………（267）

一、贸易管制政策空前加强 …………………………………（267）

二、金融币制政策的崩溃 ……………………………………（270）

三、海关缉私政策的恢复与终结 ……………………………（276）

第四节 战后对外贸易畸形发展与对外贸易政策的反思 ………（282）

一、中国对外贸易的畸形发展 ………………………………（282）

二、战后我国对外贸易政策的反思 …………………………（284）

**第七章 民国时期对外贸易政策的启示与借鉴** ……………………（292）

第一节 民国时期对外贸易政策的经验和教训 ………………（294）

一、要始终捍卫国家的主权 …………………………………（294）

二、总体对外贸易发展目标要非常明确 ……………………（294）

三、正确认识并根据中国的国情制定对外贸易政策 ………（295）

四、要重视对外贸易发展的国际国内环境 …………………（296）

五、要以大无畏的勇气迎接世界经济的挑战 ………………（297）

第二节 民国时期对外贸易政策的启示和借鉴 ………………（298）

一、要正确处理对外贸易的入超问题 ………………………（299）

二、要注重汇率与对外贸易的关系 …………………………（299）

三、要注重对外贸易人才的培养 …………………………（301）
四、积极发展现代交通运输物流，促进国际贸易顺利开展……（302）
五、要积极发展特色农产品的输出 ………………………（303）
六、要加强港口建设，注重海上运输 ……………………（305）
七、要特别注重发展与东南亚国家的贸易关系 …………（306）

**结语** ………………………………………………………（308）

**参考文献** …………………………………………………（316）

**后记** ………………………………………………………（329）

# 绪 论

## 一、选题的意义

1. 研究的缘起

民国时期是我国对外贸易发展的一个重要时期，它承继了晚清时期的对外贸易因子，又彰显了新时代的特色。这个时期的外贸发展历程，可以作为一个独立的历史发展阶段，其对外贸易政策的发展有其独特的发展背景和独特的时代内涵。虽然这些政策不可能完全用于指导今天的对外贸易发展，但历史毕竟是一面镜子，通过对这一时期对外贸易政策的研究，可以为今天对外贸易活动提供某种思想启示和借鉴。随着改革开放的深入进行，我国对外贸易的迅猛发展，民国时期对外贸易政策重新引起了学术界的关注，并对此进行了不少研究。新中国成立以前，学术界总体上重视对外贸易研究。新中国成立以后，研究成果不多，改革开放以来，虽然研究对外贸易再次成为热点，但鲜有从政策的层面研究民国时期对外贸易的论著，涉及对外贸易的研究大多集中于几个大问题的探讨。本课题试图通过对外贸易政策的概念与已有研究的对比，从中找出已有研究的不足和今后学术界努力的方向，并试图为促进学术界对这一领域的研究尽一点微薄之力。

2. 研究的意义

已有研究主要从对外贸易政策的目标，关税的地位和作用问题、中国货币金融政策问题、统制对外贸易与国营问题等视角研究了民国时期的对外贸易。然而，已有研究零散且不系统，还存在不少问题，有关问题的研究仍需进一步深入，本课题研究的理论意义十分重要：

（1）加强本课题的研究可以促进对外贸易发展、对外贸易史的进一步深入研究。

（2）本课题的研究可以丰富对外贸易史、近代经济史的内容。

（3）本课题的研究可以拓展近代金融货币、外汇、关税壁垒、近代中国商品结构等领域的研究。

（4）本课题的研究拓展了对外贸易政策的内涵，将零散的对外贸易措施置于一个对外贸易政策框架体系的视觉下进行研究。同时，这些对外贸易政策的具体措施为构建对外贸易政策体系做出了贡献。对外贸易政策的研究又为研究近代中国对外贸易发展提供了政策层面的新思路。

鉴于此，本人试图系统梳理已有研究成果，拓展中国经济史的领域，针对目前学术界就民国时期对外贸易政策研究的不足和缺憾来说，本课题具有填补学术空白的理论意义和学术价值。在改革开放的今天，我国对外贸易的发展更加需要思想理论上的指导，对民国时期的对外贸易政策作较为全面而又系统的考察，采用新资料，深入对民国时期的对外贸易政策进行研究，探讨北洋政府和南京国民政府的贡献，既是对近代中国历史的一种重现和反思，又是对对外贸易的丰富和发展，从而为今日中国的对外贸易政策的制定提供理论指导和现实借鉴；通过对民国时期的对外贸易政策与实践活动的考察，既可以使我们站在贸易发展和政策进步的高度，审视和体会当时政府对对外贸易政策的关注与重视，也能够为当今政府研究和制定正确的对外贸易政策提供极具历史意义的参考。

## 二、已有研究现状

1. 对外贸易政策的内涵

对外贸易是指“一国或地区同别国或地区进行货物与服务交换的活动”①，“海岛国家，如英国、日本等，也常用‘海外贸易’（overseas trade）表示对外贸易”②。对外贸易政策是“一国政府在一定时期内为实现一定的政策目标对本国进出口贸易制定并实施的政策，它从总体上规定了该国对外贸易活动的指导方针和原则，对外贸易政策的内容一般包括对外贸易总政策、进出口商品政策和国别或地区政策等”③。

对外贸易总政策包括进口总政策和出口总政策，是根据国民经济发展

---

① 李凯、郁培丽、刘德学：《国际贸易理论与实务》，东北大学出版社 2003 年版，第 8 页。
② 李湘黔：《国际贸易导论》，国防科技大学出版社 2005 年版，第 5 页。
③ 姜文学：《国际贸易理论与政策》，科学出版社 2010 年版，第 76 页。

的需要，制定一个在较长的时期内发展对外贸易的基本方针和政策。而这个方针和政策必须结合本国在国际贸易中的地位，国民经济发展战略和本国商品的国际竞争力，本国经济结构、市场和资源等状况。例如，为了实现中国国民经济的可持续发展，通过多种多样的政策和措施，利用产业结构的升级和国民经济工业化作为手段，推行积极的对外贸易政策，这就是中国对外贸易的总政策。

进出口商品政策是根据对外总政策和国内产业结构、国内外市场状况等分别对进出口商品的生产、销售、采购等制定的政策。一方面，政府对某些从外国进口的同类商品进行严格限制，目的就是保护本国民族工业的发展；另一方面，为了防止某些尖端技术或战略性物资流向敌对国家，对某些高技术产品实行出口限制等。国别对外贸易政策是根据各国或地区与本国不同的政治、经济和外交关系而采取的区别对待的贸易政策。

2. 民国时期对外贸易政策的研究现状

近年来国内外学者逐渐关注现代进出口促进经济增长的问题，并在学术杂志上发表了相关研究文献，也出版了大量的专著，但很少涉及民国时期对外贸易政策。

新中国成立以前，许多国内学者有些论述，主要集中在抗日战争阶段的对外贸易政策，代表性的作品是章友江的《中国工业建设与对外贸易政策》（商务印书馆，1946 年），主要论述对外贸易政策、制度及世界经济合作等。特别是从工业化的角度审视我国对外贸易政策的得失，书中可贵之处是将对外贸易政策上升到了民生问题的高度，提出了我国对外贸易的基本目标和方针，最后指出对外贸易政策应与世界贸易合作。章友江的《对外贸易政策》（《民国丛书》第 1 编，第 37 册，正中书局，1947 年影印版），主要论述了民生主义对外贸易政策，对于我国对外贸易政策的内容、理论、实行的困难及解决困难的方法，均有论述，为当时研究对外贸易政策提供了参考。书中论及当时作为贸易大国的美国、英国及苏联的对外贸易政策，以求给当时政府、国人、研究者提供借鉴。陈重民的《中国进口贸易》，主要论述了我国进口贸易概况、进口货品的种类和特点、进口贸易的特征等。尤季华的《中国出口贸易》，主要论述了我国出口贸易的概况和各种出口货品等。还提出了我国出口存在的问题是农业品多，提出应用科学的方法生产、巩固商业组织、分工合作、推销出口等宝贵建议。另外，武育干的《中国国际贸易概论》（商务印书馆，1930 年），以大量的统计数据对中国对外贸易状况进行了全面分析，从政治、社会、经济及国际贸易受外人操纵等方面分析了中国国际贸易不振的原因，并提出了发展对外贸易的一系列对策。武育干的《中国国际贸易史》（商务印书馆，1927 年），主要从国际的视觉论述了中国国际贸易的趋势，重要进出口贸易，特别提出了国际信贷抵偿问题、关税问题、国外汇兑与金银贸易等重要问题。作者认为，中国民穷财尽的真正原因不是列强的武力侵略，而是商业经济侵略的结果。还对中国国际贸易的振兴提出了很多个人看法。书中有很多图表、数据和资料为研究当时的对外贸易政策提供了方便，具有较高的史料价值。来阳与陈重民合著的《今世中国贸易通志》（商务印书馆，1927 年 6 月），该书专以事实统计为基础，叙述对外贸易之内容。第一编为对外贸易之大势，述进口贸易之消长、各埠贸易之概况及各国贸易之概况。第二编为出口货物，详其产地、产额、出口统计、交易习惯及海外销路之情况。第三编为进口货物，详其产地状况、进口统计、内地销路及市场竞争之状况。资料来源除海关华洋贸易册、农商公报、外交公报及国内外公私调查报告外，参考了十几种日文刊物。主要论述了对外贸易之大势、进出口货物等，也有不少价值较高的贸易史料。何炳贤编著的《中国的国际贸易》（《民国丛书》第 1 编，第 38 册，上海书店，1989 年），是一部专门研究我国对各国国别贸易的专著，其取材则完全根据事实与数字来演述与分析我国对各国贸易的沿革、现状与趋势，为研究民国时期的对外贸易政策提供了丰富的史料。

新中国成立以后，主要论著有：郑友揆的《中国对外贸易和工业发展》（上海社会科学院出版社，1984 年版），重点探讨了外商在华投资与我国长期对外入超的关系，通过认识帝国主义在华的金融势力怎样控制白银与金融市场，最后达到破坏中国的经济的目的。此外，还论述了民国时期中国对外贸易的变迁，民国时期中国对外贸易的特点、外贸结构的特性以及其同工业发展的相互关系。1929 年以后，银价的起伏是如何影响中国的外贸及工业的，中国关税“自主”后的税则的性质，以及它对保护中国的工业起了多大的保护作用，30 年代大量外贸入超与大量白银进口同时发生的原因等。夏秀瑞、孙玉琴的《中国对外贸易史》两册（对外经济贸易出版社，2004 年版），其中第二册的第三章到第六章阐述了民国时期的对外贸易史，指出中国政局动荡，内部纷争不已，外部遭受日本武装入侵，社会经济遭到严重破坏，特别是 1931—1945 年 14 年的抗日战争，彻底中断了中国经济的近代化进程。中国对外贸易受到致命打击，抗战胜利后，中国的国际地位有所提高，参与国际经济活动的愿望高涨，然而国民党政府却发动了反共内战，最终导致国民经济的崩溃，半殖民地对外贸易也随之终结。孙玉琴的《中国对外贸易史教程》（对外经济贸易出版社，2005 年版）的十一章到第十四章分北洋政府、抗战前、抗战期间、抗战后四个阶段分别对中国的对外贸易做了较为系统的阐述。李康华的《中国对外贸易史简论》（1980 年版）的第八、九章和第十章分别阐述了民国时期的对外贸易，特别提出日本控制下的沦陷区和国统区的对外贸易，抗战胜利后美国和四大家族控制对外贸易。特别值得一提的是李蓉丽的《民国对外贸易思想研究》（武汉大学出版社，2008 年版），从思想的视觉研究民国时期的对外贸易，运用历史唯物主义分析方法，将经济思想史与经济史研究方法相结合，按时间、分阶段进行论述，并在最后提出了对外贸易要捍卫国家主权，目标要明确，根据国情制定对外贸易政策，要重视对外贸易发展的国际国内环境，要敢于迎接世界经济的挑战。可堪称是一部全面系统的对外贸易思想专著，显然，为研究民国时期对外贸易政策提供了思路、启示和借鉴。陈晋文的《对外贸易与中国现代化》主要对民国时期中国对外贸易的发展与中国现代化各个层面的互动进行了研究，既肯定了对外贸易发展中取得的正面效应，也指出了存在的负面效应，以总结历史的经验教训。陈晋文的学术论文《三十年代南京国民政府外贸述论》［北京工商大学学报（社会科学版），2003 年第 6 期］认为，30 年代南京国民政府的边贸政策既有积极正面的效应，也有一定的消极负面效应，中国的外贸政策还没有完全迈入现代化的轨道。

主要硕士论文有：凌照的《南京国民政府 1927—1937 对外贸易发展研究——外贸发展及对工业化作用分析》（北京工商大学，2006 年），以工业与外贸之间的内在联系为切入点，研究了南京国民政府前期（1927—1937）的对外贸易发展，他认为南京国民政府前期对外贸易的发展，比晚清和北洋时期具有积极的进步意义，并推动了近代中国工业化。崔瑞涛的《浅析国民政府抗战期间的对外经济举措》（吉林大学，2008 年），从抗战时期对外经济举措入手，分析了对外贸易的作用，他认为，国民政府抗战期间的对外经济举措是积极与消极并存的，它对抗战的效用是无可置疑的。同时，消极作用是国民政府迅速走向灭亡的原因之一。《中国对外贸易结构变动趋势研究（1870—1931）》（广西师范大学，2007 年），通过大量的图表和数据，分析了近代中国对外贸易状况的商品结构和贸易地理格局的变化，并认为简单的贸易差额分析不足以客观地评价一国的贸易状况，进行对外贸易结构的综合分析，则可能对一国贸易状况进行较为科学的评价。

### 三、已有研究的不足

综观以上情况，我们可以发现，民国时期对外贸易政策的研究作为一个课题，就单个问题而言，取得了不少的成果。但是，民国时期的对外贸易政策毕竟是很复杂的问题，它包含的内容涉及政治、经济、文化、军事等各个方面，时间跨度近四十年，想凭几个人的努力穷其底是很难办到的。笔者认为一部系统的对外贸易政策专著，应当全面研究政府的贸易观、贸易措施、贸易机构以及政策运行的机制及效果。主要存在的问题有：

（1）民国时期对外贸易的研究虽多，但多集中在某一个方面的研究，如贸易史、贸易措施、贸易结构、贸易思想、贸易与工业化的关系等，作为一种外贸政策的角度来研究，学术界还没有一部全面系统的专著。

（2）民国对外贸易的研究时间多集中在南京政府抗战时期和解放战争时期，特别集中在三四十年代，北洋时期（1912—1928）的研究甚少。实际上通过查阅民国时期的报刊资料，可以发现北洋政府时期颁布了一系列有利于外贸发展的实业法令法规，制定商业法律，主动开放，增开商埠；鼓励进口，促进出口；发展交通运输，加强物流建设等一系列政策。可见，对外贸易的研究存在明显的不连贯性，这是急需填补的一个学术空白。

（3）民国时期对外贸易的研究虽多，但多是就事论事，没有从理论的高度去分析政策的成效，如抗战时期的统制对外贸易政策，只从当时抗战和国防的需要论述了当时的具体措施，其实还可以从马克思主义的国际分工、社会再生产、国际价值理论、近代自由贸易主义、保护贸易主义理论的高度去分析，抗战后实行的限额制度也是如此。笔者认为，对外贸易政策作为国家的一项经济政策，一定要运用经济学方面理论，特别是贸易学方面的理论去分析、对比和考量，才能得出符合历史实际的客观结论。

（4）以往研究存在历史和阶级的局限性，由于研究者多为民国时期的学者，鉴于政治意识形态的差异，所以根本没有或很少从政治体制去寻找原因，这就有失历史的公允性。例如30年代著名学者李亦人就曾在《钱业月报》上发表《中国对外贸易之危机》，把对外贸易不振的主要原因只归结为洋行操纵、战乱不断、匪患四起、灾荒流行等四个方面，最后得出振兴贸易的途径主要有：发展直接对外贸易、整顿贸易奖励机关、努力振兴工农业、注重贸易道德的修养、注重改良贸易经营方法、改进商品的质量等。可见，根本没有也不敢从政治体制、国民政府代表大地主和大资产阶级利益的本质去分析对外贸易政策失败的根本原因。

（5）研究方法有待进一步挖掘和完善，对外贸易是可以数据化、量化的历史史实，适当地进行比较，可以得出科学的结论，反之，没有比较研究，只凭借简单的史料论证，就不能看出贸易政策的应有地位和作用。武育干编著的《中国国际贸易概论》和《中国国际贸易史》、周谷城主编的《中国的国际贸易》是研究民国时期对外贸易的大型资料，有大量的对外贸易数据，但是这些数据并没有或很少被利用，更没有用于对比研究。笔者试图对这些数据进行对比，从而找出各种商品进出口贸易增加或减少的具体政策原因。

以上五个方面的问题，将是以后该领域进一步研究并尽量改进的地方，历史是一条斩不断的长河，今天的中国是昨天中国的继续。“不能割断历史”这是历史唯物主义的基本准则。列宁曾说：“判断历史的功绩，不是根据历史活动家没有提出现代所需要的东西，而是根据他们比他们的前辈提供了新的东西。”① 在民国对外贸易政策研究中，遵循这一论断是很有必要的。我们必须以史料为基础，尊重历史，从当时的客观条件和国际大环境分析当时学者的主张和意见，不苛求前人，不能简单用“进步”和“落后”的标准来评述前人的政策与思想，例如南京国民政府比较晚清和北洋时期的关税自主，在程度上是大大进了一步，我们不能因为它存在历史局限性，而否定其历史的进步价值。

众所周知，自由贸易政策与保护贸易政策都是各国对外贸易政策的两大类型：自由贸易政策是指国家允许货物自由输出输入，允许货物在国内外市场上自由竞争，对进出口贸易也进行干涉，不加以限制，更不给补贴优惠。保护贸易政策是指国家采取各种严格的措施限制货物的进口，国家对本国出口商给予各种优惠条件来鼓励出口，这种政策往往给予补贴，其目的是为了保护本国产业和市场。当然，一国实行自由贸易政策，并不意味着完全的自由。从实践上来看，西方列强在标榜自由贸易的同时，往往或明或暗地对某些产业提供保护。同样，实行保护贸易政策也并不是完全

① 列宁：《列宁全集》第2卷，人民出版社1984年版，第154页。

闭关自守，不发展对外贸易，彻底排除国外的竞争，而是对某些领域的保护程度高一些，即将外部的竞争限制在本国经济实力能够承受的范围之内。即使采取保护贸易政策，也要在保护国内生产者的同时维护同世界市场的联系。“一国对外贸易实行哪一种对外贸易政策，是由其经济发展水平和国际经济贸易中所处的地位，以及经济实力和产品竞争能力决定的。一国经济发展的初期，一般采取贸易保护政策。随着本国产业竞争实力的增强，保护政策让位于自由贸易政策。而当其竞争地位受到威胁时，贸易保护主义又会抬头。”①

自从资本主义生产方式产生以来，整个世界无论是自由贸易政策还是保护贸易政策，都是交相为用的。16—18 世纪中期资本主义早期西欧各国普遍实行保护贸易政策，这是资本主义的原始资本积累阶段，这个政策为资本主义原始财富积累创造了条件。18—19 世纪后期资本主义进入自由竞争时期，自由贸易政策成为这个时代的主流。资本主义世界采取了全面的自由贸易政策，这个政策极大促进了这些国家工业化和对外贸易的发展，例如英国、荷兰等。美国和德国是后起的资本主义国家，这个时期依然推行的是保护主义贸易政策，不实行保护贸易政策，就不能扶持本国工业的发展，更无法与英国作为“世界工场”的工业品竞争。在保护贸易政策的帮助下，这些国家的工业迅速崛起。到 19 世纪末 20 世纪初，进入帝国主义阶段，特别是 1929—1933 年大危机时期，市场问题日益尖锐化，在这种环境下，各国纷纷出台了超保护贸易政策。超保护贸易政策的实施极大地阻碍了社会生产力的发展和国际贸易的扩大。“第二次世界大战以后，随着生产国际化和资本国际化，以及国际分工向深度、广度的发展，在世界范围内出现了贸易自由化倾向。”②《关税与贸易总协定》极大地推动了贸易自由化，各国纷纷降低关税，减少非关税壁垒，迅速医治了战争的创伤，恢复了经济元气，大大推动了国际贸易的发展。但是这种战后贸易自由化，是一定范围和一定程度上的，保护主义贸易政策仍然是保护贸易和经济的重要手段。

民国时期的对外贸易政策起步较晚，但它并不可能孤立于世界而独立存在，相反，它正是在继承这种国际对外贸易政策理念的前提下，借鉴国际先进的对外贸易政策，艰难探索，逐步向国际靠拢，根据本国实际情况，

① 董瑾：《国际贸易理论与实务》，北京理工大学出版社 2001 年版，第 85 页。

② 董瑾：《国际贸易理论与实务》，北京理工大学出版社 2001 年版，第 86 页。

并尽可能发挥自身的效果和作用。因此，研究民国时期的对外贸易政策就必须将其置于这种时代背景下去考察，方能得出相对客观、合理的历史结论。

## 四、本书创新之处

基于上述想法，本课题试图在如下几个方面加以创新：

1. 本课题对前人未曾研究的领域进行了探索

商检贸易政策体系的初步构建（南京国民政府前期）；交通运输物流网络的建设（北洋时期、抗战时期）；对南京国民政府前期的出口促进政策体系进行了尝试性研究，包括港口建设、订货单、出口发票、商品包装、海上保险、通关手续等；太平洋战争对国民政府外贸政策的影响进行了探索（抗战时期）；构建以限额进出口为核心的对外贸易政策（解放战争时期）。最后本书还对民国时期对外贸易政策的经验和教训进行了有益的总结。

2. 对已有研究较为薄弱的领域进行了深化

在尊重史实的基础上具体总结了晚清时期对外贸易政策的经验和教训；将北洋时期一系列的法令法规放在对外贸易的框架下进行研究归类；从北洋时期开始争取关税自主运动，到南京政府实现关税自主政策，大体上对关税自主政策的成效和局限性进行了反思；对晚清、北洋、南京政府前期、抗战时期的对外贸易思想进行了系统的梳理和深化；深入研究了金融货币政策和海关缉私政策对外贸的影响。

3. 研究课题的全面性和系统性

民国时期的对外贸易政策的内容是极其丰富的，但此领域目前还没有一部系统性的专著。因此，本课题的研究刚好填补了对外贸易政策这一领域的空白。另外，本书还在一定程度上拓展了对外贸易政策的内涵，将零散的对外贸易措施置于一个对外贸易政策体系的框架下进行研究。如废除租界和领事裁判权、发展交通运输等都纳入了对外贸易政策的考察范畴。并力图使这一领域的研究能够形成一根完整的线索，彰显民国时期对外贸易政策在每个不同阶段的时代性特征，最后总结出民国时期政策演变的轨迹：形成、初步发展和成熟、艰难与困境、最后衰落。这样既可以丰富对外贸易政策的研究内容，又开阔了本课题的研究视野。

4. 借鉴了其他学科的一些研究方法

笔者在充分吸收他人研究成果的基础上，拟利用统计、政策分析、文本研究、比较研究、心理分析等多种研究方法来考究民国对外贸易政策问题，特别是大量运用比较分析，对外贸易是可以数据化、量化的历史史实，适当地进行比较，可以得出科学的结论，反之，没有比较研究，只凭借简单的史料论证，就不能看出贸易政策的应有地位和作用。唯有这样方能得出符合历史实际的客观结论。

5. 挖掘和运用了新资料

笔者不仅运用了大量的原始资料，如《民国史料丛刊》、《民国档案史料汇编》、各种法规、海关报告、资料汇编等几十种，尤其是掌握大量民国时期的旧期刊，如《进出口贸易月刊》、《国际贸易导报》、《国际贸易情报》等100多种，民国时期的著作几十本，而这些资料刚好又是当时和现有研究者所缺乏或很少使用的。笔者将根据所收集的资料和前人的研究对当时比较有影响的政策和措施进行概括和分析、鉴别和比较，并力图得出尽可能符合客观实际的科学结论。笔者认为，切实结合我国当时的国情和对外贸易实际情况，基于多元视角有机利用政治学、经济学等理论范畴和思想，对我国民国时期对外贸易政策的研究进行简要的梳理和回顾，同时做出相应的评论，希望能对问题的深入探讨提供某种帮助。

# 第一章　民国时期对外贸易政策形成的国内外环境

北洋时期的对外贸易政策是以保护民族经济的发展而出台的，它必须根据本国的实际情况，能够起到指导新时期的对外贸易活动，从而实现自己的政治、经济和社会目标，满足当时社会各阶级、阶层、派别和各种利益群体的经济要求。正是在这种历史的大潮流下，北洋政府开启了自己对外贸易的艰难历程。尽管北洋时期封建帝制已经被推翻，扫除了民族资产阶级发展资本主义的一些封建障碍，但是帝国主义对中国的侵略压力丝毫没有减轻，民族危机空前严重。不平等条约的限制与束缚依然存在并进一步加深，中国对外贸易主权进一步丧失。这种对外贸易政策之所以产生，这种变化了的世界贸易格局正是其产生和形成的国际环境，对外贸易思想的进一步发展则是政策形成的理论基础，一战时期对外贸易的速度进一步增长是政策产生不可缺少的直接动力。晚清对外贸易的历史经验和教训则是对历史的一种自我反思，对现实目标和政策的重新归位。北洋时期拥有这些历史条件，也明确了自己负有时代赋予的使命。

## 第一节　对外贸易主权的丧失与洋行势力的垄断

到19世纪90年代，亚、欧、非等落后国家和地区基本上已被帝国主义列强瓜分完毕，剩下的只有一些未被完全征服的半殖民地国家，如中国、土耳其和波斯等国。参与瓜分的主要有：早期殖民国家西班牙、葡萄牙、荷兰等，老牌的资本主义国家英、法等，新兴的工业化国家德国、美国、俄国、日本等。尤其是新兴的国家凭借自身的工业优势，对外殖民扩张更加咄咄逼人。因而，帝国主义列强对落后国家和地区的掠夺日趋激烈。中国作为这一时期一个半殖民地国家，显然要成为帝国主义的争夺目标。

这种新的世界形势决定了中国必然要成为帝国主义的投资场所。国际贸易是以投资为目标的新形式出现，这种新形式的国际贸易决定了中国在这一时期的对外贸易是被动性质的国际贸易，即这种对外贸易的形式的实质就是满足世界资本主义的新发展，即中国的对外贸易必然是逆差严重。在这种新时代的感召下，中国政府制定的对外贸易政策要面临双重挑战：一是改变对外贸易长期逆差的恶性循环现象，二是制定合适的对外贸易政策，逐步争回日益丧失的对外贸易主权。甲午战争中国战败，《马关条约》签订后，中国陷入了半殖民地半封建社会的深渊，中国政府又被迫与西方列强签订了一系列不平等条约，中国对外贸易主权进一步沦丧。这些条约严重危害了中国的政治、经济。

### 一、增开商埠，中国对外贸易市场门户进一步洞开

从第一次鸦片战争到甲午中日战争前，中国开放的商埠主要集中在沿海、沿江及西北边疆地带。中日甲午战争后，沿海、沿江地带的开放范围进一步扩大，一些内陆城镇及东北、西南沿边市镇进一步被西方列强增辟为通商口岸。1895 年 4 月，中日《马关条约》签订，中国被迫开放沙市、重庆、苏州、杭州，这样中国最富裕、发达的经济地区，如江浙二省、长江流域也完全对外开放。此外这一时期，清政府实施“以夷制夷”的对外策略，主动开放了一些口岸。到 1911 年为止，中国的对外通商口岸已经高达 82 个。在中国辽阔的领土上，大江两岸、长城内外、沿海内地全部对外敞开。西方列强主要是通过这些通商口岸控制中国对外贸易，并且将这些口岸作为侵略中国的基地，外商在通商口岸的特权进一步扩大。中国政府对外贸易陷入了一个进退两难的窘境：如果总是被动开放则始终会处于被动挨打的局面；主动开放，外国侵略势力进一步加深。中国根据自身的利益和需要自主决定通商地区已经不可能了，对外贸易的主权再一次遭到削弱。

### 二、片面最惠国待遇的进一步扩大

1895 年《马关条约》规定，允许日本在华投资设厂，从此日本在华设立的工厂如雨后春笋遍及中国各地，这些企业及其产品，享有与中国企业同等的待遇，亦即国民待遇。其他帝国主义国家先后援引片面最惠国待遇

条款，共同享有这一权利。这里所谓的“国民待遇”实际上是指中国企业享受的各种优惠待遇，中国成为帝国主义企业家的乐园。但是这些外企只享有特权，却不履行义务，如中国产品必须交纳的厘金等内地税，外资企业则一律免纳，即外商在华享受的完全是超国民待遇，中国企业无法与外商企业竞争，被迫破产或寻求帝国主义或封建势力的保护。

### 三、扩展租界、强占租借地，中国对外贸易再遭割裂

由于中国人民的坚决反抗，特别是义和团运动的风起云涌，西方列强无法对中国实行瓜分政策，于是各国转而在华强占租借地及其势力范围，美国由于美西战争来时已晚，于是提出了“门户开放”政策，要求中国境内全部开放，中国内河航行权进一步丧失。甲午战争前，西方列强即不断要求开放长江上游。正如英国《泰晤士报》报道：如果长江上游开放，则意味着“七千万人口的贸易就送到门上来了”。西方商品可以“深入于五百里的亚洲心脏地带或几乎是中亚高原的脚下”①。1895 年《马关条约》实现了列强这个梦寐以求的愿望。规定中国开放长江上游（即宜昌至重庆），因此，整个长江向外国人开放。西方列强为继续占领中国市场，然后又强迫清政府订立了一系列不平等条约，中国的内河航行权进一步丧失。中国内河全面对外商开放，列强对华倾销商品和掠夺原料更加激烈了。外籍税务司权力也在不断膨胀，中国邮政管辖权进一步丧失，列强还强行攫取了常关管理权，《辛丑条约》在 1901 年规定“所有常关的各项进款，在通商口岸之常关均归新关管理”，即通商口岸 25 里以内的常关税收也归海关管辖。这样，外籍税务司又获得了条约口岸 24 个常关和 121 个分关的管辖权。②

### 四、关税的支配、保管权进一步丧失

辛丑条约签订后，中国无力偿付巨额的“庚子赔款”，1902 年所有西方缔约国为了使中国能支付赔款，集体同意中国修订税则，修订的原则为“切实值百抽五”。新的进口税则规定，按照国际市场 1897—1899 年的年均价格为基准，将中国进口税率调整为 5% 的从价税。同时由于白银价格暴跃，缔约国为了自己的利益，要求中国以黄金来偿付外债和赔款，而中国关税则以白银计征。由此，中国遭受了双重的巨额损失。1911 年辛亥革命

---

① 聂宝璋：《中国近代航运史资料》（第 1 辑），上海人民出版社 1983 年版，第 398 页。

② 汪敬虞：《中国近代经济史》（上册），人民出版社 1983 年版，第 54 页。

爆发，中国政局动荡不安，为了保护列强自身的经济利益不受侵犯，以英国为首的西方列强组成了“海关联合委员会”，目的就是确保中国能按时足额偿还其债款，“海关联合委员会”专门负责关税收入的分配事宜，并为此还专门制定了《总税务司代收关税、代付债款办法》，擅自决定将中国关税税款分别存入汇丰、德华、道胜三家外国在华银行，由这些外国银行代中国政府保管税款，代付外债。到此为止，中国关税的支配、保管权被列强彻底剥夺。

面对西方列强咄咄逼人的对外贸易攻势，中国政府只有招架之势，而无任何还手之力。中国政府只有在收回主权的基础上逐渐行使自己的贸易主权，这种形势决定民国时期必然要出台新的对外贸易政策，一方面要收回对外贸易主权，另一方面，通过对外贸易政策壮大自身的经济实力，实现富国强兵的根本目的。

### 五、洋行势力对中国进出口贸易的垄断

晚清以来，西方列强在华侵略日益扩大，作为帝国主义势力代表的洋行，也越来越膨胀。甲午战争前的 1892 年，中国共有外国贸易性洋行 579 家，到 1900 年便突破 1000 家，达到 1006 家，10 年后猛增至 3239 家，其资本总额 1914 年已经达 1.42 亿美元，占外商在华投资总额的 14.2%，若加上与对外贸易密切相关的金融、保险及交通运输业，所占比例则高达 41%。①这一时期的外国在华洋行，除了原来那些老牌的进出口商行外，还有不少世界垄断组织在中国设立的分支机构。其中老牌洋行的势力较前大大增强，如作为“洋行之王”的英国怡和洋行，洋行的经营范围非常广泛，不仅包括金融保险、交通运输、房地产及工业制造等诸多领域，甚至在华设立的大型企业已有 30 多个，遍布上海等 10 多个口岸城市港口，“资本总额达到 4000 万元以上”②，怡和洋行还与汇丰银行融合为一体，单就进出口贸易方面来说，怡和洋行所经营的商品无所不有，它出口的中国商品也是不计其数，如猪鬃、皮毛、生丝、茶叶、桐油等，“从寒冷的华北”到“温和的南方”，所产的各种各样的“适合市场销售的土特产”，进口商品从机械设备、纺织品再到各种日用生活消费品及奢侈品等，举不胜举，应有尽有。堪称

---

① 吴承明：《帝国主义在旧中国的投资》，人民出版社 1955 年版，第 60 页。

② 汪敬虞：《中国近代工业史资料》（第 2 辑），中华书局 1962 年版，第 6 页。

是“总是站在经常变更和日益扩大的中国市场的前面”①。

这些老牌洋行逐渐成为列强控制中国对外贸易的重要垄断集团。19世纪末20世纪初世界性垄断组织纷纷在中国设立分支机构。如1894年美国洛克菲勒使团在华设立了美孚油公司；1900年的英国帝国化学工业公司在华设立了中国卜内门公司；1902年的英美烟草托拉斯设立英美烟公司，后来在1935年更名为颐中烟公司；1903年英国利华兄弟托拉斯的中国肥皂公司；1905年卡内基财团设立的美国钢铁公司；1908年美国通用电气设立的通用电气公司；等等。

这些洋行规模庞大、实力雄厚，为推销商品和掠夺原料，通过其在华雇佣的买办，迅速在中国建立起了从全国各个通商口岸到穷乡僻壤的多级庞大的推销网及经营体系。通过一套套营销系统，洋行可以快速、高效地将进口商品推销到各地初级市场，同样也可极为便利地掠夺购买中国土特产出口。如西北的皮毛出口，甲午战争前，仅有少数洋行在张家口设点收购。甲午战争后，各国在华洋行在西北的山西、宁夏、甘肃、青海、内蒙古各羊毛产地广设分支机构。据记载，宁夏的石嘴山即有英商高林、仁记、新太兴及平和等十余家洋行设立的收购毛皮的“外庄”，在银川、兰州、西宁、肃州、酒泉等地设立“分庄”的英、美、德、法、日、俄洋行达20余家。洋行派出买办通过密布的收购网扩大毛皮的收购范围和规模，从而垄断了西北毛皮的出口。在进出口贸易中洋行的垄断性更强，如煤油的进口，主要被英国的亚细亚火油公司和美孚油公司所垄断，如美孚油公司1901年开始在上海设立油栈，随后其分支机构及代理店遍布中国城乡各地，其所经营的煤油占中国进口煤油50%以上。肥皂的进口则主要由英国利华兄弟托拉斯的中国肥皂公司所垄断。烟草及纸烟则被英美烟公司所控制。大豆的出口主要为日本的三井洋行垄断。以茶叶贸易为例，近代中国茶叶商人“贩卖时须经过茶贩、茶行、茶号、茶栈、买办、洋行等居间人之层层剥削，而后始能到达国际市场求售”②。中国主要商品的进出口基本上被这些大洋行所垄断，中国进出口贸易的实际经营权几乎完全被列强掌握。“我国输出贸易额，年达关银十万余两，输入贸易额九万万余两，在世界商场，不可谓没有相当地位，而如此巨额之贸易，其经济筹划大半由外商主之，

---

① 陈真等:《中国近代工业史资料》(第2辑)，三联书店1961年版，第51页。

② 经济研究教室:《华茶对外贸易之展望》,《中行月刊》1935年第4期。

国人极少有参与机会，本国之商业，国人不能自营，而劳外人代为经营，此为一国经济上之病态。环顾各独立国家，绝无此例。”① 可见，当时我国业内人士早就已经有人注意到这个问题非解决不可。“过去系经过茶叶经纪人之手再运销海外，此种方式，实足阻滞茶叶之外销，因此等经纪人居间买卖，必须加以种种剥削，迨茶叶运抵伦敦时，成本提高，已无法再与其他各国由茶叶公司直接运销之茶叶竞争销售矣。”②

民国时期对外贸易政策的重要目标之一，那就是要取缔帝国主义洋行在中国的特权，发展和实施中外直接贸易。因此，必须做到“防止外商与顾客为直接之买卖”③，只有这样，才能使中国商人免受外国洋行的剥削，真正实现对外贸易的正常发展。

## 第二节　中外贸易形势的新变化

19 世纪末 20 世纪初，世界主要资本主义国家发生了第二次工业革命，这次工业革命以电力革命为核心，世界钢产量迅速突飞猛进，世界市场的钢材价格大幅度下滑，为生产设备革新提供了新的材料。电力工业的发展、以石油为原料的内燃机的广泛应用，为工农业生产、交通运输、日常生活提供了新的能源，同时也为机器大工业提供了源源不断的动力，使世界经济结构和生产的地区分布发生了巨大的变化。到 19 世纪末，重工业在世界工业已经占据了主导地位，其中钢铁工业、石油工业、汽车工业、化学工业、电气工业等日益发展，世界资本主义经济在经历了一段困境后，又重新呈现出柳暗花明的态势。

### 一、对外贸易的环境条件进一步改善

随着西方工业的迅猛发展，国际对外贸易的发展条件进一步获得改善。铁路建设尤其引人注目，兴建铁路的热潮在全世界范围内呈现，1840 年铁路里程仅为 8000 公里，1860 年增加到 10. 8 万公里，1870 年为 21 万公里，

① 受百：《我国商人应注意直接对外贸易》，《商业月报》第 6 期。
② P. E. Witham：《论中国茶叶对外贸易》（纪泽长译），《贸易月刊》1941 年第 7 期。
③ 毛保恒：《论中国对外贸易》，《地学杂志》1916 年第 23 期。

1900 年则激增至 79 万公里。铁路的修建在国际贸易中发挥了巨大的作用，各国沿海与内地市场的距离大大缩短，各国相互之间以及对世界市场的依赖性也大大增强。商船吨位大大增加，航行速度也逐渐提高，运输费用也大幅度下降。无线电报也初步发展起来，信息量与信息的传递速度也逐渐扩大。这一时期国际贸易的自然屏障逐渐突破，世界贸易增长的迅速是历史上任何时期所无法比拟的。“近年来美国对外贸易之发达，颇有日兴月盛之势。”①

与此同时，世界生产与世界市场矛盾也日益尖锐，彼此之间对世界市场的争夺更加激烈。世界生产力的突飞猛进，促使生产关系也发生了深刻的巨变。第二次产业革命不仅推动了交通运输和通信业的进一步发展，也使世界产业结构逐步升级，这一时期世界性经济体系最终形成。更为重要的是，资本输出成为这个时期资本主义对外扩张的主要手段。列宁曾分析指出之所以有资本输出成为可能，是因为世界资本主义的流转纳入了许多落后国家，交通方面的铁路线已经建成或已经开始兴建，也是主要原因，“发展工业的起码条件已有保证”②。

19 世纪末到 20 世纪初，世界主要资本主义国家都先后进入帝国主义阶段，即由自由竞争的资本主义过渡到垄断资本主义。“垄断占统治地位的最新资本主义的特征是资本输出”。商品输出是资本发展到一定阶段的产物，这种方式破坏了落后国家的自然经济，并以强制手段开拓世界市场。到了帝国主义时代，工业生产迅猛发展，资本主义列强更加强烈地对海外市场进行扩张。这一时期，为赚取高额利润，帝国主义国家将其过剩资本向海外输出，尤其是向那些落后国家输出，因为这些落后国家不仅拥有充足而廉价的劳动力，还拥有丰富的自然资源，通过资本输出，可以在经济落后国家开拓新的需求和市场，因而“资本输出有了特别重要的意义”③，因此，扩大海外市场和掠夺原料成为这个时期的重要手段。殖民地不仅充当了工业品销售市场与原料供给地，还日益成为西方列强的投资场所。这个时期的殖民地对于宗主国被赋予了新的含义。因此，为了追求更加适宜的投资场所，资本主义列强对世界殖民地的争夺更加激烈。

---

① 士浩：《近十年来美国之对外贸易》，《银行周报》1919 年第 33 期。

② 列宁：《列宁选集》第 2 卷，人民出版社 1972 年版，第 785 页。

③ 列宁：《帝国主义是资本主义的最高阶段》，人民出版社 1964 年版，第 70 页。

19世纪后半期，美、德、法等欧美资本主义国家先后完成了工业革命，科学技术突飞猛进，大大改进了交通运输状况和通信设备，极大地缩短了全世界国与国之间的距离，经济全球化的领域进一步扩大，为国际贸易的扩大和国际投资的发展创造了条件。由于资本主义经济发展的不平衡，世界经济格局出现了巨大的变动。后起的资本主义国家美国超过了英国，德国超过了法国，接着又超过了英国，东亚的日本经济也显著增长。老牌资本主义国家英国的经济发展却相对迟缓，其世界经济霸主的地位出现了动摇。① 与此同时，世界市场的扩大落后于世界生产的增长，据统计，1900—1913年世界工业生产增长了4.2%，而世界贸易的增长率为3.75%；而在1913—1929年，世界工业生产增长率为2.7%，世界贸易的增长率却只为0.72%②。这一情况表明，世界市场的扩大速度已经赶不上世界生产的扩大速度。资本主义生产与销售之间的矛盾已经趋于尖锐化，市场问题成为资本主义世界面临的主要问题。经济实力相对落后的英国和法国，拥有世界殖民地和落后国家市场的绝大部分，而经济实力日益增强的美国和德国在世界市场上却只能分得英法饱餐之后的残羹。经济发展的不平衡终于引发了第一次世界大战，持续了四年之久的战争，使世界生产受到沉重的打击，英、法、德国的经济地位较战前大为衰落。新兴的美国取代了英国成为世界金融资本的中心，特别是美国实施了新税则，“条约之草案件，对于加货之进口税，所减至巨”，③ 中国对美国的贸易大大增加。东亚的日本也乘机发展了经济势力，扩大对中国的侵略，加强了对远东和世界市场的扩张，1914—1919年间，日本的进出口贸易都增加3倍以上，并从战前一个长期入超变为战后一个大量出超的国家，1914—1919年出超总额达13.3亿日元，工业总产值增加近四倍，同时战前交战各国的船只大量被击毁和受到海上封锁，日本又成为国际海运的主角④。因此，远离战场的日、美两国随着经济实力的增强，在国际贸易中的地位显著上升，这种世界经济贸易形势的变化，对北洋政府的对外贸易政策发生了深刻的影响。

因此，就总的国际贸易形势来说，这个时期世界贸易的增长速度还是

① 严中平：《中国棉纺织史稿》，科学出版社1963年版，第130页。

② 姚曾荫：《国际贸易概论》，人民出版社1987年版，第150页。

③ 钱智修：《美国新税则之施行》，《东方杂志》第10卷，1913年第8期。

④ 樊航，宋则行：《外国经济史》（第二册），人民出版社1981年版，第264－265页。

远远落后于世界生产的增长速度。因此，世界贸易的增长是这个时代的主旋律。正如孙中山先生所言“世界潮流，浩浩荡荡，顺之者昌，逆之者亡”，作为半殖民地中国，工业生产落后，毫无疑问是作为世界贸易的销售市场卷入世界潮流的。这个时期中国政府面临着既要拓展对外贸易又要实现工业化的双重经济任务，国际贸易增长相对落后的中国更加呼唤一个时代贸易政策的出台。北洋时期的对外贸易政策正是在这种国际新型贸易格局下出台的。

### 二、“一战”期间对外贸易的迅速增长

第一次世界大战以前中国对外贸易额占国际贸易总额的比重很小，1896—1898 年年平均所占的比重仅为 1.5%，1911—1913 年平均占 1.7%，说明中国对外贸易增长缓慢。“欧战以来，船舶缺乏，运费日昂，欧美各国，复以国内物价之腾贵，对华汇兑之不利，其货物之来中国者益鲜，且协约国政府又限制输出入贸易，故去年一年中中国对于欧美之贸易实不多。”① 可见，当时对外贸易实际增长比较缓慢。

第一次世界大战期间，中国在国际贸易中虽然所占的份额依然很少，但无论贸易总额还是人均贸易额较以前均有明显的增加，且其增长速度快于国际贸易平均增长速度，结果中国在国际贸易中的地位有所上升。“中国之贸易性质，虽属被动地位，不及各国，而贸易额之发展，在现时世界各国中，亦已居重要之地位。吾人试就 1925 年世界 56 国贸易一相比较，则进口贸易，除美法英德而外，中国已臻于第 6 位；而出口贸易，亦仅亚于美国、加拿大、德、法、英、印、日本等国而居 13 位；又年（1925）世界贸易总额共为六百〇一亿三千五百万美元，而我国对外贸易总额折合美金之数为2052640333元，已经占世界 2.59%，盖亦趋重要矣。”② 按照国际联盟的统计，1924 年中国在国际贸易中的排名由 1913 年的第 13 位上升至第 10 位。另外值得注意的是“美国于欧战停后，占国际优胜之地位，极致力于海外贸易之发展，并注意于我国之市场，故中美贸易近来奇异增加”。③

① 《民国七年吾国各港对外贸易之概况》，《银行周报》第 3 卷，1919 年第 33 期。

② 武育干：《中国国际贸易概论》，商务印书馆 1930 年版，第 15 页。

③ 子明：《民国十一年之对外贸易观》，《银行周报》1923 年第 26 期。

表 1－1 中国对外贸易额占世界贸易额的比重（1913—1924）

| 项目＼年份 | 1913 | 1924 |
|---|---|---|
| 中国人均贸易额（美元） | 1.61 | 3.25 |
| 中国贸易总额（百万美元） | 710 | 1450 |
| 中国贸易额占世界贸易额的比重（%） | 1.88 | 2.62 |
| 中国在世界贸易中的顺序 | 13 | 10 |

资料来源：league of Nations，“Review of World Trade”（1932），第 27－29 页。

由此表完全可以看出，中国在国际贸易的地位显著提高，对外贸易增长十分迅速，这种空前的对外贸易发展速度呼唤一种对外贸易政策，以求适应新时代的对外贸易的发展。换言之，正是这种迅速发展的对外贸易促进了北洋政府开始研究新的贸易政策和措施。

## 第三节 晚清时期对外贸易政策的经验和教训

晚清时期，我国受传统农本思想的制约，对外贸易不是国家的基本方针。“政府遂将贸易加以限制，颁布禁海法令”①，因此，这个时期对外贸易政策基本上处于消极被动状态，没有积极参与融入世界贸易的精神和勇气。“鸦片战争以后，我国主权旁落，门户大开，海关为人掌握，税率由人自定，故一切俱为被迫与被动”②，但是经过鸦片战争，特别是甲午海战的失利，一部分先进的中国人如梦初醒，晚清政府不得不实行主动的对外贸易政策，这个时期的对外贸易体现了一些新特征。

### 一、晚清时期对外贸易政策的时代性特征

鸦片战争以来，清政府被迫同列强签订了一系列不平等条约，中国被迫卷入世界资本主义体系，传统的封建生产方式逐渐解体，一些先进的中国人开始“睁眼看世界”，掀起了轰轰烈烈的洋务运动，清政府被迫调整自己的对外贸易政策。一开始洋务运动以军事工业为主，后期则以民用工商

① 关竞持：《论我国战后对外贸易政策》，《广大计政复刊》第 1 卷，1937 年第 3 期。
② 关竞持：《论我国战后对外贸易政策》，《广大计政复刊》第 1 卷，1937 年第 3 期。

业为主。于是，清政府在实践中逐渐认识到提倡国货，抵制洋货，促进新兴工商企业的成长和对外贸易发展的重要性，采取了一系列的对外贸易政策和措施，以此促进民营工商业和对外贸易的发展。这些政策和措施大多由于时代背景的原因，基本上没有取得实际成效，但是这对于促进晚清对外贸易思想观念的更新，特别是对于民国时期对外贸易思想的进一步发展，加强民国时期对外贸易制度的建设，构建民国时期对外贸易政策体系，还是具有相当的借鉴和参考价值。这些贸易政策主要有：

1. 设置商业行政机关、编订商法

《南京条约》规定了“五口通商”，为了适应日益频繁的对外贸易，清政府在道光年间设立五口通商大臣，主管五口通商事宜。《天津条约》签订后，牛庄、登州、天津也先后开放，咸丰帝增设三口通商大臣，专门管理以上三口通商事宜。同治年间，改三口通商大臣为北洋通商大臣，由直隶总督兼任；又改五口通商大臣为南洋通商大臣，由两江总督兼任。1861 年，清政府设立总理衙门，管理一切对外事务。以后 40 年中一直由总理衙门担任对外贸易和通商活动，一直到 1901 年才改为外务部。[①] 可见，这段时间清政府并没有专门管理对外贸易的机构。戊戌变法期间，1898 年光绪帝先后在京师、广州、上海相继设立商务总局，“选丝茶巨商严信厚等为商务总董，冀以挽回利权”[②]。

尽管清政府已经开始鼓励新式工商企业的发展，但是效果却并不明显。1903 年终于设立商部，这可以说是我国第一个统一管理对外商业贸易的行政机关。清政府为了谋求全国农工商业的进一步治理与发展，改革农工商部，“分设农务、商务、工务、庶务四司，商务司掌管一切商业行政，统辖京师内外公司局厂、商务学堂及兼管商律馆、商报馆、公司注册局、商标局”[③]。全国商业行政的系统渐趋完善的开始是 1907 年在各省添设劝业道，掌管全省农工商业及各项交通事务。在中国传统经济中，历代封建政府均实施“重农抑商”，对商业活动进行严格的限制，其目的是保障政府的财政收入。而商部作为一个国家机构，是中国历史上第一个以促进、保护和鼓励工商业为职能的。1904 年《申报》报道说：“政府鉴于商战不利，惧将无以自存于生计竞争之世也，于是设立商部。”商部的设立是中国商业历史上

---

① 廖良辉：《晚清对外贸易研究》，湖南大学硕士论文，2005 年，第 35 页。

② 鲁涛：《清朝文献通考》，人民出版社 1957 年版，第 56－58 页。

③ 王孝通：《中国商业史》，商务印书馆 1936 年版，第 58－60 页。

的大事，它标志着工商业在当时社会经济中有了重要地位，中国商业行政管理开始走向近代化。故后人评论说："商业之有政策，以设立商部始。"①商部的设立大大促进了对外贸易的发展。

商部成立以后，1903 年清政府组织编订了商事法规，共编成商律 131 条，附则 6 条，商人通例 9 条。1904 年编写商标注册试办章程 28 条，1906 年颁行破产律 69 条、公司注册试办章程 18 条、试办银行章程 32 条，1908 年颁发大清银行例则 24 条。这些法令法规即是我国制定国际商法的开始，标志着我国开始构建对外贸易商法体系的思路初步萌芽。为以后北洋时期的《商会法》和《商标法》的制定奠定了坚实的理论基础。

2. 组建商会

1903 年，清政府商部颁布商会简明章程 26 条，附则 6 条，清政府劝导各行业中经营成绩较好的，首先在京师建立商会，对地方官阻挠者进行严惩。1904 年，清政府又颁发商会董事章程 8 条，及议派各省商务议员章程 18 条，朝廷令各地督抚遴选贤能官吏造册，委充商部议员。清政府希望通过公所互相联络，增进同业利益，让金银行号及经营汇兑钱庄的商人，最先呈请朝廷设立公所。此外，1906 年，清政府商部还通知各商会总会及分会，准许设立商务分所，颁发各种表册式样，劝导商人从速组织商会。1906 年冬季，清政府劝令设立商务总会。1907 年 3 月设立京师总商会，1909 年农工商部奏准设立陕西总会，随后其他各省亦陆续设立总会及分会，各类商人逐渐纳入团体组织。② 商会的组建在一定程度上维护了商人的群体利益，有效地加强了商人之间的联络，为北洋时期《商会法》的制定和规范商业活动提供了商会活动的实践依据。

3. 减免捐税厘金

众所周知，厘金制度本来是为了镇压太平天国解决军饷来源而采取的临时措施。1855 年以后，各省纷纷实施厘金制度。虽然天津条约曾经规定洋货进口缴纳正税之外，一次性缴纳子口税 2.5%，即可遍销内地，各地厘卡不再课税，此种制度有利于洋货而不利本国土货，导致我国商民怨声载道。但是遗憾的是厘金制度一直到清政府灭亡都没有被废除，这是束缚旧中国对外贸易活动的一项税收制度，为民国时期对外贸易政策留下了一个必须解决的难题。

---

① 《十年来中国政治通览》，《东方杂志》，1931 年第 7 期。

② 廖良辉：《晚清对外贸易研究》，湖南大学硕士论文，2005 年，第 36 页。

李鸿章创设的织布局开启了免税的先例。李鸿章在1892年向清政府上奏“该局甫经倡办，销路能否畅旺，尚难预计，自应酌轻成本，俾得踊跃试行，免为洋商排挤；自布织成后，如在上海零星销售，应照中西通例免完税厘；如由上海巡运内地，及分运通商他口转入内地，应照洋布花色，均在上海新关完一正税，概免内地沿途税厘以示体恤；如日后运出外洋行销，应令在新关完一出口正税；若十年后销路果能渐畅，洋布果可少来，再另察酌另议”①。得到清政府批准后，当时各地掀起了兴办民间企业的高潮。《马关条约》签订以后，其他工业产品制造也请求免税或减税。1902年清政府先后允许金陵设立公茂厂免税，允许芜湖鸿昌肥皂公司货物于离厂之先，“照征百抽五的正税，其他无论运往何处，概免抽厘”②。汉口燮昌火柴公司、直隶农务局烟草公司也先后申请免税。这些减免优待，不仅消除厘金带来的不利影响，还增强土货同洋货的竞争力，这对于促进国内工商业生产产生了积极的作用，更为民国时期减免关税、实行关税自主政策奠定了一定的舆论基础。

4. 推行专利与创业奖赏制度

1898年，清政府颁布奖励新学新法章程，规定凡发明制造船械等新法者，颁给特奖，专利五十年；发明日用新品者，给工部郎中实职，专利三十年；仿造西器的制法尚未流传中土者，给工部主事职，专利十年；这种规定是我国奖励工业发明、给予专利的开始。四川商人尹专三、天津商人吴金印先后赋予专利。1904年，江苏在籍修撰张謇上奏商部称，“徐州府宿迁境盛产玻璃砂料，屡次有传教外人前往探验，经德国、比利时两国工程师化验，砂质纯良，宿迁地处南北要道，水陆便利，煤炭石灰足供炼制，人多游手，工价尤廉，就此建厂，询称利便”③。清政府内部的有识之士意识到外商资本大量来华导致我国新兴工业处境艰难，于是就以振兴工商业为号召，推进国内工商业的发展。袁世凯、张之洞及刘坤一曾三次上奏，诉说“师西法以圆富强”④之道。1903年，清政府颁布了《奖励华商公司章程》⑤，1906年清政府又颁布了《奖给商勋章程》，其中规定“其有创制新法、新器以及仿照各项工艺，确能挽回利权，足资民用者，自应分别酌

① 雷以诚：《清史列传》，商务印书馆1930年版，第146－147页。

② 雷以诚：《清史列传》，商务印书馆1930年版，第147－148页。

③ 雷以诚：《清史列传》，商务印书馆1930年版，第150－152页。

④ 赵丰田：《晚清五十年经济思想史》，商务印书馆1938年版，第134－135页。

⑤ 赵丰田：《晚清五十年经济思想史》，商务印书馆1938年，第178－179页。

与奖励”，“或奖给一至三等商勋，或请寅加二至六品顶戴”①。清政府根据工商业成绩可以赏赐爵位。商人吴金印仿制藤草帽成功，1906 年即赏给五等衔；1907 年，慈禧太后颁旨“方今中国生齿日繁，庶而未富，生财大道鱼应请求，国家特设农工商部总理一切，乃数年以来，风气尚未大开，则官吏劝导之方有未至也，著各将军督抚迅伤所属，极力振兴，凡有能办工商矿或独立经营或集合公司确有成效者，即从优奖励。果有一厂一局资本逾千万，所用工人至数千名者，爵赏亦所不惜。应如何分别等差，著该部议奏。朝廷于大小官吏，亦以此课其殿最，予以劝徽。敢有怠忽因循保护不力，定先严处不贷。以期地无旷土，境无游民，驯至富强有厚望焉”②。从以上可以看出，清政府对工商业奖励的决心相当坚定。1907 年 8 月，农工商部奏准援照军功加奖励商业办法，清廷虽然想扩大奖赏范围，希望借此政策促进工商业发展，然而当时工商业经营所面临的国际国内环境使得这一政策不免落空。

以上推行专利和奖赏制度，为民国时期制定鼓励对外贸易发展的政策提供了蓝本和范例，也成了以后民国政府鼓励发展对外贸易政策，为制定时代主流商业政策奠定了一定的基础。

5. 鼓励对外贸易广告宣传活动

清末虽然逐渐重视商业，但人们并没有市场观念。清政府颁布了《出洋赛会章程》等鼓励对外输出推广的政策法令。美国 1904 年召开博览会，清政府也组织人员参加博览会。清政府认为，中国商人应该“故鱼宜广招富商，亲自运货前往，考察商情，陆续运售，勿贪一时之利，宜为久远之谋，请饬商务大臣各省督抚劝论绅商，分投筹办，以扩利源”③。然而民间对于国际商品展示会的意义仍未完全了解，商界亦未能妥善把握商机。在晚清的社会背景下，要培养商人的市场观念，是有一定困难的。1905 年，商部在北京设劝工陈列所。1906 年，商务颁布出洋实会章 20 条，章程规定，清政府把奖进会陈列的物品分为五种：一是天然产品；二是工艺品；三是美术品；四是教育品；五是古物参考品。奖进会所定的宗旨，仅仅是奖劝本省工商业，协助其进步，可知清政府规定陈列物品范围比较狭窄，

---

① 蒋晓伟：《中国经济法制史》，知识出版社 1994 年版，第 279 页。

② 王孝通：《中国商业史》，商务印书馆 1936 年版，第 324－325 页。

③ 鲁涛：《清朝文献通考》，人民出版社 1957 年版，第 179－180 页。

重视还不够。清政府仿照博览会模式“悉仿各国博览会办法规则进行”①，南洋劝业会也设立商品展览馆，虽然规模宏大，气象喜人，但是并无多少人参加，每天到场参观人数平均仅三四百人，由此可见一般中国人对于商业推广活动缺乏认识，也因为当时中国人生活水平低，对于各种物品实在缺乏购买力，参加并不积极。

6. 兴办各级实业学校培养工商人才

1899 年，清政府在上海设立商务总局，在上海制造局添设工艺学堂，一共招收了几十名学生。由上海农学报馆广泛翻译报刊文章颁行各省，“稗乡里小民耳濡目染，藉开风气而昭信从，则农学可以遍设矣”②。由此可见，清政府里面的开明官员的务实作风与超前的眼光还是值得我们肯定的。1903 年，清政府拟定各省学校章程，在各地选择适宜的地方开设学堂，“并在商业繁盛地区设立商业学堂”。③ 1905 年，直隶总督袁世凯在天津设立工艺总局，兴办工业学堂、教育品陈列馆、考工厂及实习工厂；考工厂收集各地土特产，陈列中外商品，供商人参观，对于商品的优劣、价格的贵贱、销路是否通畅也作一些研究。1905 年又设立高等实业学堂、中等实业学堂，派遣出洋留学生以考察各国内政、外交、军备、农、工、商、实业及其章程等。创办的大学分 8 科，商科为其中之一，商科大学分为银行及保险学科、贸易及贩运学科、关税学科等。

## 二、晚清对外贸易政策与民国对外贸易政策的关系

众所周知，鸦片战争后中国对外贸易主权开始沦丧：开辟通商口岸与租界，协定关税，外籍税务司制度，沿海及内河航行通商权，片面最惠国待遇，领事裁判权等。洋务运动虽然主张发展对外贸易，但中国对外贸易发展一直很缓慢。甲午战争中国惨败，对外贸易主权再遭践踏。增辟商埠，中国市场进一步开放；片面最惠国待遇进一步扩大；扩展租界，强占租借地，内河航行权进一步扩大；外籍税务司权利的扩大。这种日益恶化的贸易形势迫使晚清政府开始反思自己的政策，中国对外贸易的政策出现了一些变化：鼓励兴办近代企业，与外商企业竞争；允许利用外商直接投资；自开商埠，主动开放；鼓励发展出口贸易；保护华侨。特别是鼓励兴办近

① 王孝通：《中国商业史》，商务印书馆 1936 年版，第 45－53 页。

② 王孝通：《中国商业史》，商务印书馆 1936 年版，第 57－59 页。

③ 赵丰田：《晚清五十年经济思想史》，商务印书馆 1938 年版，第 39－42 页。

代企业，与外资企业竞争。1896 年，清政府下令，要求各省在省会设立商务局，由各地商会推举家境殷实且素有声望的商人充任局董，负责“将该省物产行情；宗其损益，逐细讲求；其与洋商关涉者，丝、茶为大董，近则织布、纺纱、制糖、造纸、自来火、洋胰子诸业，考其利病，何有可以故洋商，何者可以广销路；如能实有见地，确有把握，准其径禀督抚，为之提倡”①，以达到“振兴实业，抵制洋货之目的”②。1897 年，清政府又下令各省集股设厂，“官助商本”，即地方政府参股给商人以资本支持，后来又陆续颁布了《振兴工艺给奖章程十二条》，对设厂商人奖以世职、官衔、专利、匾额等。为便于国内商人参与融资，1898 年清政府又特别批准，在上海设立中国通商银行，支持中国商人兴办近代企业，并积极参与与外商的竞争等等。

由此可见，晚清时期的对外贸易政策渊源于清初闭关时代的外贸政策，这种渊源使得晚清对外贸易政策不可避免地带有浓厚的闭关主义色彩，但是面临西方资本主义的全球化扩张的态势，晚清政府又不得不作出一定的政策调整，但总体来说调整是相当有限的。由于时代的局限性，晚清时期的对外贸易政策也不可能取得实际成效。但是，晚清时期的对外贸易政策孕育了民国时期对外贸易政策的成分和因素，这些因素主要包括：设立商业行政管理机构；重视商法、商会和商标的建设；减免捐税厘金；鼓励和提倡发展工商业；提倡对外贸易推广；重视商业人才的培养；利用外资，振兴实业；主动开放，增开商埠；鼓励发展出口贸易等等都是从晚清时期就遗留下来的传统政策。因此，在某种程度上可以说，晚清对外贸易政策为民国对外贸易政策的出台留下了一笔宝贵的精神遗产。

以上这些政策都是晚清时期遗留下来的政策因子，民国时期对外贸易政策必须面对这些具体事实和难题。晚清政府对外贸政策的有益探索为北洋时期对外贸易政策的出台留下了丰富的经验教训和有益的借鉴。从这方面说，民国时期对外贸易政策是晚清对外贸易政策的继续。但晚清时期的政策并没有穷尽民国时期对外贸易政策的内涵，其主要内涵和范畴也是相当有限的。有些对外贸易问题是到了民国时期才开始呈现出来的，如金融政策、交通运输物流、关税自主、海关缉私等等。

晚清时期对外贸易政策也留下了许多深刻的历史教训，如：鸦片战争

① 朱寿朋：《光绪东华录》第 131 卷，中华书局 1958 年版，第 99 页。

② 陈真等：《中国近代工业史资料》第 4 辑，三联书店 1961 年版，第 197 页。

后很长一段时间，对外开放的主动程度还不够；缺乏参与国际市场的意识导致对外贸易持续逆差；厘金制度、协定关税等渐渐成为对外贸易发展的严重障碍，这是民国时期对外贸易政策必须解决的历史课题。“然考我国对外贸易，有最大缺点，即工业幼稚，制造不兴，以致输出者尽为原料，而输入者则为制品，因制品与原料价值之悬殊，于是贸易入超遂成定例。”① 特别是对外贸易主权的丧失给对外贸易带来严重的损失：协定关税制度、租界和领事裁判权是制约对外贸易发展的枷锁，厘金制度也阻碍了对外贸易的进一步发展。北洋时期的对外贸易政策必须有摆脱这种限制的功能，才能使对外贸易正常发展。因此，也可以说，收回这些已经丧失的主权，扫清对外贸易的障碍，成了民国政府时期不可回避的时代要求。“至民国十七年，我国关税，方能自主，始能借海关作用以实行贸易政策。”②

总之，民国时期的对外贸易政策承继了晚清对外贸易政策的遗产，肩负着民国时期新时代的历史使命。

## 第四节　对外贸易思想的进一步发展

鸦片战争以后，中国被迫实行对外开放，中外贸易逐渐开展，对传统的社会经济思潮产生了巨大的冲击。在西方资本主义经济的激荡下，一些学者开始对中国传统经济思想进行反思和批判。晚清时期对外贸易思想初步形成，到了北洋时期，对外贸易思想和理论进一步成熟。

### 一、晚清时期对外贸易思想逐渐形成

晚清时期的内忧外患对一部分中国人产生了巨大刺激，特别是洋务运动并没有使中国实现独立与富强，以甲午海战中国惨败为标志的 30 多年的地主阶级“自救”运动宣告彻底失败。从 1901 年开始，清政府内部决心实施“新政”。1903 清政府认为“通商惠工”，是古往今来的重要政策，自古以来积习相沿，将工商视为末务，国计民生就逐渐贫弱，是因为一开始不在乎商业的原因，“此亟应变通尽利，加意讲求”③，即要改变中国历史上

---

① 裕孙：《我国对外贸易之入超观》，《银行周报》，1924 年第 48 期。

② 关竞持：《论我国战后对外贸易政策》，《广大计政复刊》第 1 卷，1937 年第 3 期。

③ （清）刘鸿藻：《清朝续文献通考》第 391 卷，商务印书馆 1936 年版，第 4 页。

“视工商为末务”的传统思想。实行“通商惠工”，即积极鼓励发展工商业。在中国历史上占统治地位达几千年之久的轻商思想终于开始动摇了。通商惠工、振兴商务首次成为中国政府的基本国策，即中国的经济方针开始了由“轻商”、“抑商”到鼓励工商业的转变。一些先进的中国人在与西方工商业者的密切交往中，熟悉了西方资本主义的经济理念。还有一些人远赴海外留学，系统学习西方的经济思想和经济理论。他们在不断探索研究西方资本主义经济成功发展的经验后，提出了一些突破传统的、新的发展社会经济的思想主张，并逐渐形成一股新的社会思潮。

1. 发展对外贸易，增加国家财富

早在第一次鸦片战争中，林则徐已认识到外国来华通商并非是因为“茶叶、大黄”是其“必不可无之物”，而是获取国民财富的手段，因而提出“以通夷之银，量为防夷之用”的主张。魏源则提出通过对外贸易可以进口“洋船、洋炮、火箭、火药”等新式武器，以达到“制夷”的目的，还可进口“铅、铁、硝、布”等生产资料发展工业。随着条约口岸的开放，中国的一些有识之士认识到，对外贸易对一国社会经济发展具有重要意义。李鸿章在签订中英《烟台条约》时曾谈到：“西洋各14到处准人寄居贸易，而仍日益强盛，可知其病不在添口而在不能自强。”① 此外如王韬也提出应与外商展开竞争，通过对外贸易活动获取利益，增加国家财富。在其《代上广州冯太守书》中称“古之为商仅遍于国中，今之为商必跃乎境外，何也？他国之贩运于我国者蹈趾相接也”，“诚能通商于泰西各国，自握其利权，丝茶我载以往，呢布我载以来，至于中国内地，当以小轮船为之转输济运，如是则可收西商之利，而复为我所有，而中国日见其富矣”②。王韬认为、发展工商业，可以使“工匠娴于技艺者得以自食其力，游手好闲之徒得有所归，商富即国富”。即发展工商业可以使国家达到富强。薛福成在其出使欧洲以前曾认为中国开展对外贸易是不得已之事，出使后则将对外贸易看作是“创造国家，开物成务”的命脉，甚至“一国之贫富强弱，必以商务为衡”③。即对外贸易是一国强盛的源泉，其发展水平标志着一国的贫富强弱。

---

①（清）李鸿章：《李文忠公文集》，（台北）文海出版社1985年版，第141页。

② 赵靖、易梦红主编：《中国近代经济思想史》（中册），中华书局1982年版，第20页。

③（清）薛福成：《出使日记》第4卷，吉林文史出版社2004年版。

2. 反对重农抑商，政府应积极扶持对外贸易活动

中国自秦始皇统一全国以来，“士、农、工、商”的社会等级观念及“重农抑商”的政策就已经在中国形成了。千百年来，商人及商业活动受到政府的不断抑制。中外贸易的开展，使中国人看到西方政府对其商人极尽支持保护之能事，从而使各国商品闯入中国市场，中国的封建经济受到沉重打击。薛福成、郑观应等人提出中国应提高商人地位，政府也应对商业活动予以支持和保护。如薛福成在其《英吉利用商务辟地说》中提出：“商是四民之纲”，因为“有商则士可行其所学而学益精，衣可迟其所植而植益盛，上可售其所作而作益勤”。郑观应也说：“商以悬迁有无，平物价，济急需，有益于民，有利于国……是商贾具生财之大道，而握四民之纲领也。①”薛福成还根据西方国家的经验提出政府应实行鼓励商业发展的政策，他说：西洋各国“平时谋国精神，专在藏富于商，其爱之也若子，其汲之也苦水。盖其绸缎商政，所以体恤而扶植之者，无微不至”。郑观应也在其《盛世危言》中说：“西人以商为战，士农工为商助也，公使为商谴也，领事为商立也，兵船为商置也。国家不惜巨资，备加保护商务者，非但有益民生，且能为国拓土开疆也。”

3. 鼓励私营经济，发展资本主义机器大生产

这一思想在薛福成和陈炽的文章中都有明确的阐述，薛福成建议清政府“官为设法提倡，广招殷商，设立公司，优免税厘，伸资鼓励”。陈炽说：“公司一事，乃富因强兵之实际，亦长驾远驭之宏规也。”进而他提出鼓励私人创建公司，可以使中国分散的资本集聚起来，可以使中国富强起来，以专列强竞争。而建立公司后，就要以机器大工业代替传统的手工业制造，从而降低生产成本，提高商品质量，增强中国商品的国际竞争力。他还特别强调中国劳动力价格低廉，利用西方机器设备生产的物品会有比较优势，“与西人同制一物，我之成本必贱；彼之成本必昂，此中国商务大兴之根本也”。19 世纪 70 年代，一些洋务派官僚也提出过同样的建议，如张之洞筹办湖北织布局时，向朝廷上奏称：西洋各国“纺纱、染纱、轧花、提花，悉用机器，一夫可抵百夫之力，工省价廉”，致使洋纱、洋布在中国畅销，中国“耕织交病，民生日理”，因而中国应开设机器织布局，“用机器以代人工”。②

---

① （清）郑观应：《盛世危言·商务》，中州古籍出版社 1998 年版。第 10－13 页。

② 中国史学会主编：《洋务运动》第 7 册，上海人民出版社 1901 年版，第 501 页。

4. 利用外资，发展近代对外贸易经济

自洋务运动开始，资本短缺成为兴办近代企业面临的严重问题。一些人提出效仿欧美利用外资。其中马建忠的观点最具代表性，他认为借用外资“阳为借债之名，阴收借债之效，用洋人之本，谋华民之生”，即利用外国资本发展本国经济。同时他针对保守派“称行贷之事，国体有伤”的谬论，以西方强国利用外资的史实进行批驳、“泰西各国，无一非债欠数千兆，而英、法、德、俄之称雄如故也”①。据此．马建忠提出了借债兴办实业、建筑铁路的主张。这些主张得到洋务派官僚李鸿章、刘铭传及薛福成等人的支持，并逐渐形成了“借债筑路”、“借洋债以兴大利”的思潮，并随着洋务运动的发展一定程度上被付诸实践，推动了中国近代实业的兴办。

上述经济思想和主张并非独创，只是对西方资本主义自由竞争时期经济理论的演绎，其中一些观点对半殖民地的落后中国也并不适用。但它毕竟是对中国传统思想的反动，是中国新的带有明显市场经济色彩的社会思潮，其对中国近代工商业的发展、对社会经济结构的重构有直接的影响，从而推动着中国近代化的进程。

## 二、北洋时期对外贸易思想的进一步发展

北洋时期对外贸易思想非常活跃，为这一时期制定对外贸易政策提供了丰富的思想来源和理论依据，并成为这一时期对外贸易政策的指导思想。

1. 以促进工商业发展为目标的关税政策思想

朱进的《中国关税问题》，他是近代中国最早对关税问题进行研究的学者，他在书中不仅痛陈中国现行关税存在的各种问题以及国内工商界所遭受的痛苦，力谋中国恢复税权，并向政府提出了振兴工商业应该采取的关税政策。他认为“中国之关税，乃一最单纯最轻简而亦最难于处理者也”。由于中国条约的失败，丧失了关税主权，因而产生一系列的问题，特别是进口税和出口税毫无区别，千篇一律。朱进的主张不仅涉及关税税率、关税主权、关税行政管理等各个方面，民国以前虽然也有相类似的主张，但朱进强调得更加全面、更加深刻。尤其是明确提出要制定关税政策，在思想理论界他还是第一次。这充分显示了民国时期先进的思想水平，以朱进为代表的理论界主张以对外贸易政策促进中国民族经济发展的强烈意识。

① （清）马建忠:《适可斋记言》第1卷，中华书局1960年版，第17页。

可以说，正是由于这种强有力进步的意识，推动和支持了中国关税政策的起步。朱进还提出了要以开放自由的姿态刺激本国国民消费的需求，这在当时中国思想理论界是一个非常新的见解。他主张贸易保护，但同时也鼓励积极参与国际分工。这些主张开放竞争的思想，展现了北洋时期谋求经济发展的主动精神，特别是奖励出口，在中国思想理论界还是首次。

2. 立足于民族工业发展的关税自主的思想

国父孙中山就是这一主张的代表。为了提高本国商品的竞争能力，他主张抵制洋货。他认为，不夺回海关主权，就不能实现有效的关税保护，也就不可能实现对外贸易的发展。并提出要废除不平等条约，只有这样，才能夺回海关主权，实现关税自主。

马寅初还提出收回关税主权、以抵制洋货代替保护关税的思想。这一时期思想理论界对振兴对外贸易问题进行了深刻的探讨。孙中山主张以国计民生为出发点的进出口思想；马寅初提出积极补救入超、倡导开放竞争的思想，反对采取极端保护关税的政策；穆耦初主张发展对外贸易，不仅应该积极参与国际经济合作，更应该创造良好的国际和国内环境等等。①

以上这些进步的对外贸易思想，为北洋政府制定对外贸易政策的规范化和科学化创造了条件。

总之，北洋时期的对外贸易既面临着中外贸易形势的新变化、清末对外贸易政策的新变化、对外贸易思想的成熟等一系列有利的因素，又面临着对外贸易主权再遭践踏、外国洋行对贸易的垄断等不利因素，总结晚清对外贸易的历史经验和教训，初步确立代表这个时期的对外贸易政策，既是历史的偶然，更是历史的必然。

---

① 李蓉丽：《民国对外贸易思想研究》，武汉大学出版社 2008 年版，第 13 – 70 页。

# 第二章 北洋时期对外贸易政策的初步形成（1912—1926）

甲午中日战争以后，随着列强对华投资的增加与铁路等交通运输等对外贸易条件的改善，中国对外贸易额迅速增长。但贸易逆差也在加剧，给中国国民经济带来了严重的危害，列强为了榨取中国高额的剩余利润，都借助中国廉价的劳动力和原材料等优势，垄断中国工商业，从而对中国幼弱的民族工业造成沉重打击。时人评价我国当时对外贸易："我国贸易不振之原因……挈其大纲，如交通之不备也，币制不统一也，税制之紊乱也，商学之不兴也，资本之缺乏也，均阻碍产业之发达。而致输出之不振，兼之内乱频仍，外侮迭至，百业疲惫，而贸易之道微矣。试观海关贸易表，所输出者不过为天然之农矿产品而已，而国内需要之工艺品，其大部分均仰外国之输入。"① 可见，晚清时期的对外贸易政策难以适应迅速发展的对外贸易规模了，特别是日益损害中国主权的协定关税、领事裁判权等不平等贸易政策，对国际贸易的损害更加严重。时代的发展，贸易形势的变化，呼唤一种新的对外贸易政策。

众所周知，晚清政府是"洋人的朝廷"，由于慈禧太后作为最高执政官以"量中华之物力，结汝国之欢心"作为最高对外贸易指导思想，中国对外贸易政策几乎如同虚设。在某种程度上说，最多只能是帝国主义的对外贸易政策的附属政策。民国时期的对外贸易政策虽然也继承了晚清时期某些政策，但它彰显了鲜明的时代特色，其政策已经有了明确的对外贸易目标，这个特征是民国时期的对外贸易政策初步形成的主要标志。

---

① 方宗熬：《中国对外贸易之实状》，《银行月刊》1925 年第 1 期。

# 第一节　制定一系列有利于外贸发展的法令法规

1912年，辛亥革命胜利后，正式成立中华民国临时政府，一个充满生机的资产阶级政府将中国经济发展引进一个新时期。与此同时，“随着经济全球体系的逐步构建，中国越来越被纳入世界经济框架中”①，辛亥革命后地位陡然提升的资产阶级顺应了这种世界经济潮流，进行了广泛的舆论宣传，奖励实业团体，在全社会掀起了实业救国的思潮和运动。这一思潮为新的贸易政策出台奠定了社会基础，在北洋政府中一批著名工商界人士担任了农林、工商、财政、交通等经济部门的要职，在他们的主持下，出台了一系列发展对外贸易的法令法规，这些法令与法规制定的缘起都是为了减少贸易逆差，减少进口，增加输出，从而达到贸易顺差的对外贸易目标。毫无疑问，这些法令法规是北洋时期推行对外贸易政策的重要组成部分。

## 一、颁布有利于外贸发展的实业法令

南京临时政府成立后不久，孙中山等人就拟订了一系列“开放门户”、“振兴实业”的政策，孙中山辞职以后又积极宣传其政策主张，到处演讲。北洋政府的政策制定者们深知实业与对外商业贸易的重要关系，他们认为“实业为国家之命脉，人民之生命；实业不发达，则商业无由振兴，国家无由富强；故英以商战称强，美以矿产称富；培基治本，舍此何从”②。孙中山建议对外开放，大力引进外资发展民族资本主义经济。这些政策和主张在某种程度上都反映了中国对外贸易发展的方向，是中国历史上的新现象。袁世凯在社会大潮流的推动下，上台后也明确宣布“民国成立、宜以实业为先务”、以“开放门户，利用外资，为振兴实业之方针”。《关于修订各项经济法规以利实业发达令》作为一项经济法令，在1913年7月13日由“大总统”袁世凯颁布，规定“本大总统社会经济与国家财政，息息相关……各省民政长有提倡工商之责，须知营业自由，载在国宪，尤应尊重”③，他

---

① 张东刚等：《世界经济体制下的民国经济》，中国财政经济出版社2005年版，第1页。

② 中国第二历史档案馆：《民国档案史料汇编》第3辑，北洋工商，江苏古籍出版社1994年版，第131页。

③ 中国第二历史档案馆：《民国档案史料汇编》第3辑，北洋工商，江苏古籍出版社1994年版，第15页。

还提出“商业幼稚，急宜采取保育主义，拟定保息条例，请示遵行……以示本大总统奖励实业之意”①。可见，袁世凯相当重视工商贸易贸易与实业的关系。1914 年 3 月 11 日，袁世凯公布《矿业条例》，规定了采矿权、采矿区、用地、矿工，特别是对矿税做了明确的规定，“凡企图逃税或已逃税者，处以应纳税额三倍之罚金”②。《矿业条例施行细则》规定了矿产提炼的方法，“精矿之量并炼出之种类及其量；烟与废水、矿渣之量及其品质及其处置方法；矿工人数及使用机械之原动力”③。担任北洋政府时期农商总长的刘揆一和大实业家张謇亲自主持实业工作，他们制定和颁布了一系列相关法规，其中号召发展采矿业，政府鼓励国民创办企业的有：《矿业条例施行细则》、《矿业注册条例施行细则》、《矿业注册条例》、《国有荒地承垦条例》、《矿业条例》等；北洋政府鼓励发展农牧业的发展的法规基础有：《征集植物病害及害虫规则》、《农作物选种规则》、《定海渔业技术传习所传习规程》和《定海渔业技术传习所办事细则》、《植棉制糖牧羊奖励条例》等；《改订中央农事试验场章程》、《改订种畜试验场章程》、《改订棉业试验场章程》、《改订林业试验场章程》、《糖业试验场章程》、《茶业试验场章程》、《农会暂行规程》、《森林法》等；北洋政府鼓励发展工商业主要法制基础的有：《商人通例》、《公司注册规则》、《公司条例实行细则》、《公司条例》、《商人通例实行细则》等。

农业是商业和对外贸易发展的基础，北洋政府认识到农业作为基础产业的重要性，采取了鼓励发展农牧业的措施。如以法令《奖励植棉制糖牧羊提案》为例，张謇在其中强调农产品作为各种制造品的原料，如果不增殖，工商业就永远没有希望。与工业发展密切相关的农副业的发展得到农商总长张謇的特别重视，他清楚地认识到工农关系的重要性，并一贯主张进行保护和鼓励。《植棉制糖牧羊奖励条例》注重奖励扩充和改良农产、畜牧，大大促进了农牧业的发展，它曾经规定“凡改良植棉者，扩充植棉者，种植制糖原料者，每亩地奖银 2 角 ~6 角不等；蔗田、蔗苗、肥料、甜菜等均有银 1 角 ~6 角不同程度的奖励；牧场改良羊种者则每百头可得到 30 银

① 中国第二历史档案馆：《民国档案史料汇编》第 3 辑，北洋工商，江苏古籍出版社 1994 年版，第 16 页。

② 中国第二历史档案馆：《民国档案史料汇编》第 3 辑，北洋工商，江苏古籍出版社 1994 年版，第 52 页。

③ 中国第二历史档案馆：《民国档案史料汇编》第 3 辑，北洋工商，江苏古籍出版社 1994 年版，第 65 页。

元以上的奖励”。上述植棉、种植制糖原料者，条例还规定，奖励面积在20亩以上的业主，并把奖励对象严格限定为采用优良品种的业主，在这种情况下，业主纷纷引进爪哇的甘蔗种和美利坚的奴羊种、埃及或美洲的棉种、德国的甜菜种等等。自从清末以来，奖励对象的覆盖面大大增加，越来越有向中小业者集中的趋势，奖励的标准、条件等也大大降低，更加贴近业主的实际，不再像以前一样只是可望而不可即，这些奖励措施也一改以往那种赐给匾额、赏戴花翎等徒有虚名的做法，实际而有效。《施行细则》重新划定了农业区域带，对植棉、植蔗和试种甜菜区域加以规定，如直隶、山东、山西、河南、陕西等作为棉花的主要生产区域；把纬度位置相对较低的广东、广西、福建、江西、四川、云南、贵州等省作为种植甘蔗的农业带；把纬度位置相对较高的奉天、吉林、黑龙江、直隶、山西作为甜菜的生产基地。实践证明，这种根据各地气候自然等条件，分区种植的做法，不仅可以杜绝盲目种植，减少经济损失，还可以获得一定的经济效益。综观北洋政府时期的农牧业方面的法规，既有继承更有创新，尤其是对农业产品的出口进行奖励和鼓励，这对于保护农业具有非常重要的作用。但是这些法规带有明显的“重工商”的特征，“筹设矿物公卖处以利商人”①。因此，这些法规的原本目的也是为了减少逆差，增加出口，法规的制定多具有滞后性，与工商法规相比，缺乏预见性，可操作性不强，因此所取得的实际效果并不明显。

相比农业法规，对促进对外贸易发展而言，北洋政府在工商方面的立法显得更加突出。如《商人通例》，共有七章七十三条，将商人、商人能力、商业注册、商号、商业账簿、商业使用人及商业学徒、代理商等列举得相当详细，它将商业所包括的17种范围都包括在内，例如制造业、加工业等，并规定“无论男女，凡有独立订结契约负义务之能力者，均得为商人”（第4条），可见，对商人能力专门设有章节，引入代理人制度可以帮助无能力者，这实际上就提高了商人能力。众所周知，《钦定商律》虽然在晚清时期就有，但是《商人通例》的内容却丰富得多。如《公司条例》在第一条曾规定了关于公司的定义，“谓以商行为为业而设立之团体”，这显然比较科学，因为以商行为是抽象的概念，把它作为确定商主体的标准，而在《商人通例》中则明确了具体商行为则，公司有四个种类，即无限公

① 中国第二历史档案馆：《民国档案史料汇编》第3辑，北洋工商，江苏古籍出版社1994年版，第142页。

司、两合公司、股份两合公司与股份有限公司，名称却与原来不一样，而原来易于混淆的《公司律》中的合资公司则不复存在。这样，《公司律》中的公司基本类型就基本上固定下来，只剩下了有限公司一类。此外《公司条例》中还规定了公司债等多种条例，由此可见，对清末的《公司律》也作了不少的改进。

《商事公断处章程》于1913年1月28日由北京司法、工商两部部令公布。规定商会下设立商事公断处，以解决商人之间的纠纷为主要宗旨，受商人委托，亦得办理偿债、清算等事宜；评议场由公断处设立，由各商会会长根据事情繁杂或简单酌情设立，“经费由各商会担负”①，这种商事公断实际上是中国商事仲裁前身。

《证券交易所法》也在1914年12月29日公布施行，共分68章35条，26条《证券交易所法施行细则》、13条《证券交易所法附属规则》在第二日又相继公布。这是中国人第一次创办的正式证券交易所，因此交易的规模是比较小的，当时只有很少的会员，当时交易必须在上海股票公会，这是由农商部注册的，其内设机构是股票买卖市场。该法规定不能采用会员制，通过股份公司的形式，并限制国内每一区域每种类交易只设立一所。但是对交易所的设立限制在实践中并没有严格实行。如根据政府命令，1933年才合并为一家的上海证券物品交易所与华商证券交易所一直并存竞争。为了规范主要物品期货交易，8章48条《物品交易所条例》也在1921年3月5日公布，3编337条《破产法草案》也在1915年完成，内容分为三编：实体法；程序法；罚则法。仿照日本立法例，该草案的基本理念与《破产律》及破产制度完全不同。司法部于1926年11月18日，通令各级法院要参照援用该草案，但在实践中，原《破产律》条款更多被法院实际引用。《票据法》5草案也于1922—1925年通过法律馆先后编成，并加以修订。各地商会都参与编写，草案条文征求各个方面的意见，后终于被审核通过。1922年，法国顾问爱斯加拉通过法律馆起草修订了《商法法典》，时人称“草案之条文，不啻将中国旧有之习惯，及各国立法上之经验，合为一物也”②，该法典无论从哪方面来说，都算得上比较好，因为只是一个草案，表决时并没有通过，这是中国最后一次尝试编纂统一商法典。自从《海船

① 吴经雄：《中华民国六法判解理由汇编·民商之部》，会文堂新记书局1947年版，第643页。

② 谢振民：《中华民国立法史》，中国政法大学出版社2000年版，第815页。

法案》，分6编263条于1926年11月18日公布后，此《海船法案》可以说是《海商法》的前身。

众所周知，近代商法、尤其是对外贸易立法是自由资本主义时代与经济的产物。因此，北洋时期的中国已经完全陷入半殖民地半封建社会的深渊，缺少国家主权的保护，这些法令法规的命运也就最终只能是不结果实的花。处在帝国主义和封建主义的双重压迫之下的中国，只有当推翻帝国主义和封建主义势力压迫后，立法才有真正的自由，商法才有可能产生真正的效果。北洋政府时期，民国初年确实也颁行几部商事法规，由于政治社会动荡不安，内战频繁，政府频繁更替，根本无法保持政策的连续性，更没有精力尝试法制建设，也根本无法建立完善的对外贸易法规体系。因此，对外贸易立法不可能有正式完善的体制保障，大多数法规都是具有暂行性质的法规。如最具代表性的民国商法《商人通例》和《公司条例》虽然是以民国大总统令颁布施行，但推行中却仍然沿用清末的惯例与名称，可见这种立法实乃“旧瓶装新酒”，无任何实际的意义。

## 二、颁布《商会法》和《商标法》，为对外贸易发展营造有利环境

### 1. 颁布《商会法》

首届全国工商会议于1912年11月1日在北京召开，刘揆一作为工商总长在会议上强调了对工商业的基本方针是“一、选择基本产业，确实提倡；二、划定保育期间，即简单的事业，以普及全国为要义，繁重的事业，以政府经营为提倡；三、解决资本问题，利用外资，门户开放”①，议决案的主要内容是制定各项经济法规，允许商人自由经营，确立特别保护法，裁免厘税，提倡国货等等，除此以外，工商代表们还提出了“统一币制、设立银行、整顿金融、利用外资、实业教育、培养人才、划一度量衡制度等方面的政策”②。

工商业者多次召开会议，在各种会议上提出要求改变垄断政策，要求放任商民自由经营，决定不再采用官商合办的经营方式，要政府出面对民族工商业进行依法保护，奖励出口，对进口课以重税，要鼓励国货，并提出要把国货写入中小学教科书，对下一代进行有关国货、民族工业的教育。

《商会法》于1914年9月规定各地的总商会为商会所替代，北洋政府

---

① 工商部编：《工商会议报告录》，民国政府工商部1913年版，第2-4页。

② 工商部编：《工商会议报告录议决案》，民国政府工商部1913年版，第397-414页。

公布《修正商会法》于1915年12月公布，补充了很多内容和条款，完善了商会的各项功能，“修改后的《商会法》在实际内容上比1914年《商会法》有了很大变化”①，1918年，北洋政府还颁布过《工商同业公会规则》，1923年又加以修订，其内容规定同业公会一定要维持同业的经济利益，“矫正营业上之弊害为宗旨”②，这部规章应当是我国第一部专门全面规范同业公会的法律。1923年5月5日，农商部又颁布《商标局暂行章程令》，共计12条，③ 规定了商标审查和注册等事项，以及商标局的运转及办事细则，是我国商标事业发展重要的里程碑。

2. 颁布《商标法》

商标建设是对外贸易政策的重要组成部分，也是对本国商品的一种有效的保护，可以影响商业的生产和经营活动。以商标为工具，可以塑造生产者的形象，求生存，促发展，开拓和占领国内外市场，创造和积累更多的财富。总之，商标运用法律武器维护商标权，开拓市场，服务经济。商标战略是提高商品竞争力的重要战略之一，可以提高信誉和产品的附加值，还具有拓展市场的能力。

但是，我国各届中央政府对商标的管理，在1923年5月以前，基本上处于涣散状态，管理的机构很乱，头绪繁杂。北洋政府为了加强同外商的竞争，初步改变了晚清时期这种混乱不堪的局面，颁布《商标法》、成立商标局、出版《商标公报》，是我国商标事业的一大进步，这标志着我国比较完备的商标管理体系初步构建，针对外商对我国商标权的侵犯也发挥了一些抵制作用。如根据1924年12月23日北洋政府农商部档案记载，“每日出粉六百余包，商标一等福字仙鹤牌，二等禄字双鹤牌，三等寿字飞鹤牌，四等喜字三鹤牌，业于民国元年由农商部注册立案，照例特免税厘”④。可见，北洋政府制定了各种商标注册和商标管理的措施，这标志着我国商标事业的重大进步，对我国以后各届政府的商标管理和对外贸易的影响，确实非同一般。

---

① 沈家五等：《张謇农商总长任期经济资料选编》，南京大学出版社1987年版，第216－219页。

② 谢振民：《中华民国立法史》，中国政法大学出版社1999年版，第599页。

③ 中国第二历史档案馆：《民国档案史料汇编》第3辑，北洋工商，江苏古籍出版社1994年版，第13页。

④ 《沙市义和面粉公司为抵制美粉影响改为四十九磅复农商部函（节略）》，《民国档案史料汇编》第3辑，北洋工商，江苏古籍出版社1994年版，第237－238页。

北洋政府的《商标法》，并没有正式对外颁布，这标志着北洋政府商标备案条例管理制度的建立，也是北洋政府依照一种临时性商标登记管理办法，这种管理办法是对国内外厂商呈请商标注册。在北洋政府按照《商标法》正式受理厂商商标注册前，即20世纪10年代初至1923年5月，在1000多份国货商标备案条约当中，一共11件，北洋政府农商部曾经为1915年7月向南洋兄弟烟草公司发出过批文，北洋政府农商部还在1919年5月27日，向上海永和实业公司颁发第665号批文，这个公司是我国近代著名日用化学品生产企业，因此特别获得批文，大意是政府知道你们公司制售牙粉，以嫦娥图为商标，可以批准。另外，“兵船”“三角”等，都是当时名牌产品，都在北洋政府国货商标备案，政府答应保护这些名牌商标。这些厂商呈请备案的商标也确实得到过北洋政府的尽量保护，有效的监督管理也得到加强。[①] 1915年1月20日，北洋政府颁布了《农商部公布工业品化验处简章》规定了商品检验的程序，化验品所需要分量如下：“定性或定量分析，固体者普通五两以上，脂肪、蜡及油类之实验二瓶或二斤以上，工业药品之分析五两至一斤，粘土及耐火土制品五斤或五个以上，陶瓷器或玻璃等原料试验二十斤以上，纸之试验十张以上（每张一方尺以上），纸之原料试验二十斤以上，皮革之试验三尺以上，纺织物之试验六尺以上，水之分析二瓶，每瓶一斤以上”[②]。并还规定“凡禀请化验之物品，以不失固有之性质、形状，如系液体，须盛以密塞之清净玻璃瓶未经分解者方予化验；化验处接到化验物品及说明书、化验费后，按收到之先后依次化验”[③]。可见，北洋政府非常注重对商标监督管理，加强了对商品的化验检验工作，通过对商品实施严格检验的手段来保护商标。

国人开始逐渐意识到自身产品商标的重要性，是20世纪20年代初的事情。特别是随着国内民族工商业的迅速发展，能够获得政府部门尽早保护自己所使用的商标是所有民族工商业者的共同利益诉求。鉴于此，1922年7月，农商部决定设立商标登录筹备处，这是第二次设立商标管理机构，从外国人手里收回商标挂号管理权和已办理的商标案卷是当时的主要工作职

---

① 左旭初：《民国时期的商标管理》（北洋政府时期），《中华商标》2011年第12期，第22页。

② 中国第二历史档案馆：《民国档案史料汇编》第3辑，北洋工商，江苏古籍出版社1994年版，第22页。

③ 中国第二历史档案馆：《民国档案史料汇编》第3辑，北洋工商，江苏古籍出版社1994年版，第22页。

责，天津、上海两地海关商标挂号分局一旦成立，作为商标登录筹备处，就有一部分工作人员前往，主要由英国人把持的海关总税务司来安排会晤地，自从那时候开始，中国人自己开始办理分局，将原先由海关总税务司管理的商标挂号分局所有商标挂号事务。同时，海关总税务司，将已经办理了近20年的天津、上海海关商标挂号分局所有的档案资料移交出来，这些都是跟商标挂号有密切关系的。在经过多轮谈判以后，海关总税务司终于准备将商标案卷交还给中国，由中国人自己管理，这对商标发展具有相当之意义，更是一个了不起的进步。

我国政府对外颁布了《商标法》，这是作为第一部商标管理法规，实际上从清末时期就开始了有关正式颁布的商标法规。《商标注册试办章程》作为我国第一部商标法规于1904年8月通过光绪皇帝正式钦定下来。这一商标法规始终未能贯彻执行，其主要原因是当时帝国主义列强的严重阻碍和干扰。此后，晚清政府虽多次对这部商标法规进行修改而未果。

作为中国近现代法制建设开端，这些法令法规对以后历代政府都产生了重大影响。它标志着我国对外贸易发展的转型，例如大理院的判例要旨和司法实践，都是具有相当的指导意义的，对以后南京政府商事立法的制定具有相当的借鉴意义。这些初步的、不完善的相关法规，毫无疑问促进了当时对外贸易的发展。这些法规条例在一定程度上推动了相关的工商业发展。不管是农业还是工商业的立法，这些法令与法规的推行，大大改变了当时人民的观念，动员了全社会各阶层投入到实业建设上来，促进了北洋时期的实业建设与商业发展。民国初年，“中国民族资本主义工商业比前一时期增长更快，1911年注册的工矿企业为787家，1915年为1122家，年均投资额达2000万元”①。此外，铁路、邮政、金融都得到较快发展。可以说，北洋时期的这些措施不仅大大推进了中国早期工业化和现代化进程，也为推动对外贸易发展创造了良好的条件。

## 第二节　拓展对外进出口的外贸政策初步确立

北洋时期已经逐渐开始突破了晚清时期的保守与闭关的思维方式，开始主动寻求对外进出口的拓展。时任临时大总统的袁世凯就已经认识到，

① 严中平：《中国近代经济史统计资料选编辑》，科学出版社1955年版，第93页。

“我国一般人民，企业观念迄未发达，皆由迷信旧习货弃于地，而力不出于身，未脱闭关自守之风，不知疏浚富源之术……”①。北洋时期拓展对外进出口的外贸政策主要包括以下几方面的内容：利用外资发展对外贸易；主动开放，增开商埠；鼓励进口替代，发展出口贸易；减免税厘，保护本国商品；举办国货展览会和积极参加外国博览会等。

## 一、利用外资发展对外贸易

利用外资是指一个国家在不损害国家主权条件下，通过吸收外国资金与技术，以加速本国经济发展。利用外资的效果绝不可忽视，一方面，外资特别是直接利用外资，可以促进引资国对外贸易的发展；另一方面，发展对外贸易反过来可以带动利用外资的增长。因此，能否正确处理利用外资与对外贸易的关系，对北洋政府的经济发展和对外开放至关重要。

资金缺乏是北洋政府欲要发展实业和对外贸易遇到的最大难题，大实业家张謇就曾经认为“实行开放门户，利用外资，为振兴实业之计，……救国方策，无逾于此”，他亲自拟订了“关于利用外资振兴实业办法”，通过利用外资振兴实业，并提出了“利用外资，振兴实业”的具体政策，通过“合资”、“借款”、“代办”的形式，并对这些形式加以限制。北洋政府重视利用华侨的资金，“我国矿丁在俄国金厂工作者，较在本国金厂之工居多数……华侨多思归国，若仿照俄国待遇办法，如以上所议保护数端，实力奉行，而又待之以恩信，晓之以大义，凡弃兵人等，虐待取巧等事一律严禁，吾知近悦远来，岁欲止之而不能矣”②。1919 年 8 月，颁布《国务院公布安置华工章程令》，妥善安置华侨，利用华侨资金发展对外贸易。熊希龄内阁上台后，接受了张謇的建议，先后颁布了一系列涉外经济法规，如《矿业条例》于 1914 年 3 月颁布时就明确宣布允许中外商人合组公司，凡是同中国签订了条约的外国人民，可以与中国人合股取得矿业权，但是必须遵守相关法律和条例，并详细规定了相关细则，如“外国人民所占股份不得逾全股十分之五”、“企业代表人须中国人民充之”（《矿业条例》、《政府公报》第 662 号）。袁世凯政府于 1915 年 5 月，颁布了《保护华侨条

---

① 《袁世凯关于修订各项经济法规以利实业发达令》，《民国档案史料汇编》第 3 辑，北洋工商，江苏古籍出版社 1994 年版，第 15 页。

② 《刘文嘉关于争取俄厂华侨回国办厂办法建议案》，《民国档案史料汇编》第 3 辑，北洋工商，江苏古籍出版社 1994 年版，第 176 页。

例》，规定了对华侨回祖国投资的具体保护和奖励政策。[①] 这在当时来说，是一件了不起的大事，体现了北洋政府尊重华侨，注重利用侨资发展经济和对外贸易的进步思想。据记载，北洋政府相当注重利用俄国资本发展采矿业，“变通成法，核发矿照以求简易，而便商民也……因边远省区，如黑龙江兴安岭一带等处，绵亘数千里，南北两岸产金最多；北岸为俄国阿穆尔省，俄前政府经营采矿，不遗余力，是以异常发达”[②]。可见，中国掀起了利用外资发展对外贸易的高潮。

由于北洋政府施行了“利用外资，振兴实业”的方针，进出口贸易速度大大提高，1915—1919 年的 5 年间，进出口总值增至 1092 万美元，增长 120%，其中出口净值为 521.2 万美元，增长 94.3%。在这一时期，据统计，中国主要进口货物中，消费资料的进口占主要进口货物的 84%，远远大于生产资料的进口。而该时期中国主要出口，货物中新增了棉纱和桐油，棉纱是机制品，意味着中国有了工业品的出口。[③] 由此可见，北洋时期的“利用外资，振兴实业”获得了一定程度的效果。此外，外商投资在北洋政府时期呈现明显增多的趋势，据统计，“自从一九零二年外国在华投资总额只有八百一十二点七百万美元，一九一四年即达到了一千六百七十二点四百万美元”。随着外国在华商业性投资越来越多，中国市场就会越来越开放，对外贸易发展就越来越有了一定的保障。

甲午中日战争后，由于资本主义加大侵略，中国明显依赖西方资本主义，无论是资金、技术还是设备，都表现相当严重的依赖性，列强掠夺了中国大量的财富和国家权利，自然灾荒、巨额赔偿、国内财政日益亏空、原始资本本来就先天不足的中华民族，始终未能构建一个独立的工业体系，在这种情况下，要发展实业和对外贸易，必须利用外资，事实上也符合当时的国情，表现了北洋政府比晚清政府更具有“世界眼光”，北洋政府一上台就从挽救民族工业的角度出发，振兴实业，既表现了其救亡图存的决心和勇气，也凝聚了深厚的民族情怀。

利用外资是国家在资金紧缺的条件下，根据经济规律和国情制定的一项重大政策，如果运用合理，可以取得非常显著的效果。近代日本和苏联

---

① 孙玉琴：《中国对外贸易史》第 2 册，对外经济贸易出版社 2004 年版，第 152 页。

② 《安迪生等关于整顿沿边各省区矿务修改法则向实业代表会议建议案》，《民国档案史料汇编》第 3 辑，北洋工商，江苏古籍出版社 1994 年版，第 166 页。

③ 李舒瑾：《中国近代对外贸易思想研究》，复旦大学出版社 1996 年版，第 71 页。

就是利用外资而迅速崛起的。利用外资可以弥补国内建设资金的不足，促进国内经济新一轮的产业结构升级和转型，引进国外的资金、先进的生产技术和经营模式，特别是增加我国日益亏空的财政收入，解决社会就业等问题。

由于北洋政府时期主动利用外资是第一次，也没有更多可以用来借鉴的经验。"振兴工业之说……资本缺乏，一时未易举办，似未可认为唯一之救法耳"。① 这种利用外资政策一开始就存在两大缺点：一是不考虑自身实际情况与偿还能力，没有限制引进的规模，盲目引进，结果导致无力偿还，破坏信誉，丧失权利。二是利用外资的政策在贯彻的过程中，不少被扭曲了原本的面目，实际效果与主观愿望背道而驰，本想利用外资，结果反被外资利用。

利用外资应遵循平等互利的原则，而北洋政府在操作中却很难做到这一点。如关税自主还没能实现，在关税问题上往往只能听任对方协定关税，这就在对外贸易上很难保护自己的工业。利用外资，振兴工业，本质上是输入外国的建设器材，这种进口贸易及赖以支付进口或偿还外债的出口贸易，是我国推行工业化提高工农业生产力及创造新经济环境的关键，其政策是否妥当与经济建设的完成及其速度有密切的关系。如果像欧美国家一样，国家独立，关税自由，各国政府都可以自由加税，这种加税的变更是看本国和外国的经济状态来定税率的高下，如果外国很多的货物运进来，侵夺中国的货物，马上可以加极重的税，来压制外国货，压制外国货就是保护本国货。这种说法就叫做"保护税法"，"我们要发展中国的税业，便应该仿效德英美国的保护政策，来抵制外国的洋货，保护本国的土货"②。可见，利用外资必须要有关税的独立才可以达到预期的效果。没有国家关税的自主，利用外资发展对外贸易只能是外资"利用"我们。

### 二、主动开放，增开商埠

商埠是一个国家对外贸易的窗口，对促进对外贸易的发展具有至关重要的作用。20 世纪以来，随着晚清政府和北洋政府对外开放的进一步发展，通商口岸的繁荣程度对周边地区经济的拉动作用越来越明显。同时，广大

---

① 陈国显：《我国对外贸易中农产品之输入问题》，《河南中山大学农科季刊》1930 年第 2 期。

② 章友江：《中国工业建设与对外贸易政策》，商务印书馆 1929 年版，第 10 页。

沿海地区与中原内地社会经济发展水平差距也在进一步扩大。北洋政府深知通商口岸的重要性，上台不久就开始了大刀阔斧地开放商埠，体现了一定的时代眼光。

北洋政府继承了清末自开商埠的政策，继续在内地增开口岸。如江苏浦口（1912 年）、广东公益（1912 年）、辽宁辽源（1914 年）、辽宁锦县（1916 年）、山东济宁（1921 年）、江苏无锡（1922 年）、江苏铜山（1922 年）等先后开放。① 1914 年，袁世凯曾试图打破西北的封闭状态，改变我国经济发展过于集中于东南沿海的状况，想通过开放西北，实施加强西北内陆对外贸易发展的方针。把归化城、张家口、多伦诺尔、赤峰、洮南及山东龙口等西北地区也先后列为被开放的商埠，并认为，“惟是开埠各地均属东南内地，而长城西北建设阙如，商众既日渐凋残，民风亦多完闭塞，不亟为通商惠工之外，何以收厚生利用之功”，可见，北洋政府在那时候就已经注意到了我国南北及东西经济发展的不平衡，并试图改变这一不科学的现状，体现了一定的科学眼光，为今天改变内地、沿海地区的差距提供了参考和借鉴。

虽然改变地理贸易格局的目标没有实现，但对西北内陆某些商埠对外贸易的发展毕竟起过一些促进作用。如察哈尔省都统成劭就曾经认为：“如果将张家口自开商埠，10 年之后，将塞外狼荒，蔚为乐土。”② 这些口岸的开放一定程度上扩大了对外贸易的规模，如地处直隶、山西、内蒙古交界的张家口开埠后皮毛出口大增，“天下皮裘经此输往海外，四方皮市经此定价而后交易”③。另外，当时的张家口还是砖茶运销苏俄的集散地，生产于湖北、湖南、两广地区的砖茶，先由山西商人收购运到张家口，再经过张家口转运到恰克图。

毫无疑问，在这些西方列强与北洋军阀势力的压迫下，这些主动开放的商埠，对对外贸易的拉动作用不可能有大的发展，再加上这些地区的经济基础、地理环境，与东南沿海地区也相差甚远，北洋时期企图以开放促发展的努力并没有取得多少预期成效，对外贸易的地区分散性与落后性仍然十分显著。

---

① 李公衡：《民国成立后对外贸易之扩张及商埠的增加与不平等条约之部分的解除》，《外交月报》1937 年第 5 期。

② 王彦威、王亮：《清季外交史料》，书目文献出版社 1987 年版，第 3288 页。

③ 徐纯性：《河北城市发展史》，河北教育出版社 1991 年版，第 225 – 226 页。

### 三、鼓励进口替代，发展出口贸易

进口替代是指一个国家采取保护措施，发展本国工业，以国内生产的工业制成品代替进口产品，从而促进民族工业和经济发展。战后50年代，发展中国家实现工业化都是从这个模式开始的，如拉美的巴西、阿根廷、墨西哥，亚洲的印度、巴基斯坦、菲律宾等。一般来说，他们在开始阶段所生产的替代产品，如纺织品、鞋类、加工食品和家用电器等。以后逐步发展到重工业品，实现对资本货物的替代。提出与实施该战略主要是为了实现以下目的："削减进口，减少对国外的经济依附；节育外汇，平衡国际收支；发展本国幼稚工业，实现工业化；促进制成品的生产与出口，改善贸易条件；保护民族工业，扶持本国工业品的生产和出口。"① 进口替代战略可以使落后国家的工业特别是制造工业迅速发展，改变单一、畸形的经济结构。但它也有不少的缺点：（1）在保护贸易政策下建立起来的工业，成本高，效率低，不利于实现最优的资源配置。（2）实行进口替代后，受保护的工业，在国际市场上缺乏竞争力，难以扩大出口。②

张謇作为北洋政府大实业家曾经多次提出"加税勉厘"、"改变出入口不合理税率"的主张。1914年，农商部就颁布法令法规，内容认定自从第一次世界大战以来，出口贸易停滞不前，进口贸易逐渐减少，政府必须提倡国货制造，对于那些出口货物可以抵挡外货的给予奖励。同时，积极鼓励进口替代，鼓励制造国货。北洋政府又于1915年3月颁布了法规："凡日用品向外国供给，而为本国所能仿制者，此类工厂，尤应特别保护，并给予奖励，已有各厂货物之可用者，设法扩充其销场，拟就教育用品、军用品、交通用品等，以公家力量，宪订购墉，以重国货……此外如发明改良工艺品，业经订有奖章，予以特许之权，藉以督促国民技术之增进。"③ 1924年12月23日，农商部档案记载："近年来，美粉见广，价值与我粉较低，亦稍受其影响；今年五月，上海面业公会发起改为四十九磅，敝公司亦照其议施行之。"④ 可见，北洋政府注重支持上海面粉业与美粉的竞争。

---

① 阎志军、宗永健：《中国对外贸易概论》，科学出版社2009年版，第53页。

② 陈时万、刘澄、徐海宁：《国际贸易政策与措施》，中国对外经济贸易出版社1993年版，第57－58页。

③ 沈家伍：《张謇农商总长任期经济资料选编》，南京大学出版社1987年版，第273页。

④ 《沙市义和面粉公司为抵制美粉影响改为四十九磅复农商部函（节略）》，《民国档案史料汇编》第3辑，北洋工商，江苏古籍出版社1994年版，第238页。

为了提高中国产品的国际竞争力，鼓励商品出口，北洋政府下了一定的功夫。“奉谕高农商部……分行江、浙两省巡按使饬属转告各商会，迅速设法改良，以挽利权而维实业，是为至要等因；查苏、浙省丝织各业素称发达，近以洋布、洋缎逐渐畅销，花样翻新，色泽精美，自非改良染织，不足以与竞争……通告丝织业各商，务宜共体此意，锐意改良，以挽利权而广销路。”① 一方面，北洋政府降低了一部分出口商品的税率，1914 年 10 月袁世凯批准减轻茶叶的出口税，1915 年 1 月，北洋政府宣布减轻税厘，鼓励商人贩运的棉布出口，7 种工业品出口关税于 2 月也开始免除，出口的草帽缏、地席也减税一半，通花稠巾、抽通花夏布、发织髻网、蜜汁果品等，无论进出口，一律暂行免除各税。同时为进一步开拓中国商品的国际市场，北洋政府还积极组织中国商品参加国际博览会，使外商增进了解中国优质产品，为这些商品进入国际市场提供了一个很好的平台。另外，北洋政府还主张改良主要出口商品的品种，提升产品的质量，体现了以质量求生存的理念。如丝业方面，1916 年，农商部将美国丝业公会编的《改良中国生丝办法》转发沪、江、浙、皖丝茧总公所和广东丝业研究所及苏、杭、宁等各地商会，令他们“切实改良，而兴丝业”；② 设立实验场，改良茶叶、棉花、大豆等农产品的品种等。根据 1924 年 9 月北洋政府农商部档案记载：“西北各省，盛产牛、羊、驼毛，除织地毯及不良之织物外，率皆以生货运输于东西各国，共其织物之原料，助其工商业之发达，补其经济之裕如。彼国日趋于富强，我国日退于贫弱，良以有也……外货输入，亦国家之一大漏洞也……原为挽回利权，藉以发展工业，不惟抵制外货输入，亦可免其经济侵略。但改良之法，必先设厂自造，以资提倡，且可延聘技师，教授此项人才，以便推广。但设厂之法，宜先由省政府创办毛织模范工厂一所于省亘，令行各县选送学生来厂学习，毕业之后，俾其分往各地，辗转传习。以后风气大开，业此者多，可由官商联合办一规模较大之毛织工厂，设于产毛适中之区，精织各种物品，运销海外，转输于东西各国，决胜于国际贸易之场，则西北之利源大开，国家之漏洞也塞。此本会主张提倡西北毛织物品，以挽利权者，实为国民经济计也。”③ 北洋政府的这些

---

① 《农商部转知各商会通饬改良丝绸织染业致江浙巡按使咨稿》，《民国档案史料汇编》第 3 辑，北洋工商，江苏古籍出版社 1994 年版，第 194 页。

② 北洋政府：《农商公报》1916 年第 28 期。

③ 《全国实业代表会议关于创办毛纺厂提倡西北毛织物品提议案》，《民国档案史料汇编》第 3 辑，北洋工商，江苏古籍出版社 1994 年版，第 228 页。

改良措施，在一定程度上提升了中国出口商品的质量和水平，产量得到增加，规模得到扩大，对出口贸易起了推动作用。如中国东北大豆生产面积迅速扩大，一跃成为世界大豆最大生产国家，为出口贸易提供了充足的资源。

客观地说，北洋政府实行进口替代战略，符合当时中国的国情，无疑具有历史的进步意义。进口替代不仅减少了进口同类外货，还可以让本国产业的生产技术得到改进，以满足国内商品的需求，达到增加供给本国产品的效果。因此，既可以保护国家的民族工业，又可加速贸易和经济的发展。但由于中国主权的丧失，这种保护性的贸易措施往往很难真正实行并产生实际效果。如根据1924年8月北洋政府农商部档案的记载："美粉输入无税，故年来彼国利用此种机会车载船装，源源来华，固以民食接济，原属善意，而绳之于商战竞争。彼无税而轻价本，吾虽亦无税，而因各项运费加重，等等原因，而相比较，抵抗至难，当然失败。"① 主要原因是：一是因为进口替代的工业不是按各国的资源优势建立起来的，也就不能发挥我国特有的劳动力资源丰富的优势，这些产业在创造就业方面的作用非常有限，往往造成产业发展与就业完全脱节。二是因为受保护的工业，可以生产一部分消费品固然可以减少进口，但需要大量进口机器设备、中间产品和原材料等，耗费更多的外汇。这样往往会造成贸易逆差，国际收支更加恶化。"查自通商以来，数十年间，大概均系输入超过，仅欧战其中之前后数年，如四五六七八之五个年间，其输入超过，比较略减，迨至九年，则增为两亿二千余万两。十年且增至三亿零四百余万两。查输入超过数之巨，殆莫过于民国十年。究其输出入之内容，则输出所增有限，输入骤然增加……"② "历年贸易总额虽呈增加之象，而入超额增减无常者，殆有两种原因。即于当年贸易总额增进之中，如洋货进口净数之增加率比土货出洋总数之增加率大者，则入超额增。洋货进口净数增加率比土货出洋总数之增加率小者，则入超额减。"③ 由此可见，北洋政府采取的进口替代政策所起的作用是有限的。

实际上，北洋政府不应采用单一的保护贸易策略，而应该根据国内市

---

① 《罗承汉陈请政府限制商民盲目投资设立面粉厂以维持天津面粉业提议案》，《民国档案史料汇编》第3辑，北洋工商，江苏古籍出版社1994年版，第236页。

② 沧水：《十年来吾国对外贸易之趋势（一）》，《银行周报》1922年第23期。

③ 裕孙：《我国对外贸易之入超观》，《银行周报》1924年第48期。

场的情况和经济条件，以及国际经济贸易环境，在不同的经济阶段，确定不同的发展战略重点，并与其他政策结合，如适当采取出口替代战略，降低商品成本，发挥本国的劳动力优势，大力发展加工出口。如六七十年代的亚洲的“四小龙”就是靠进口替代转向出口替代取得了成功。

### 四、减免税厘，保护本国商品

根据北洋政府农商部档案记载，1914 年 8 月，北洋政府“欲为保护行商政策，尤应提议裁撤厘金，改征统税，俾得减轻负担，则可抵制输入……补充国货，挽回利权，实于国计民生至臻裨益，良非浅显”①。可见，北洋政府对于减免税厘，保护本国商品相当重视。1913 年 1 月 2 日《上海机器面粉公司公会关于请准华面应照洋面进口免税案一律办理致农商部呈》记载：“窃查中国面粉一业，向皆洋商运货进口，日增月盛，输出金融岁数达千万两之巨……进口洋面逐年减少，是粉业挽回漏厄甚巨，在中国已卓著成效……洋面一日不征，华商应与一律，以昭公允，而维实业。”② 可见，北洋政府已经考虑到了中外面粉商人的平等地位和平等税务利益，开始免征华商的税收，不但维护了中国面粉商的利益，也大大促进了面粉业的发展和对外贸易。1915 年 2 月 27 日，《农商部为大总统批准自制工艺品七宗减免关税致各省巡案使等咨稿》规定“查原呈请将运销外洋之草帽辫、地席两项征收税银；通花边抽、通花绸巾抽、通花夏布、发织髻网、蜜汁、果品之项，无论运销何处，所有出口及复进口各税，一律暂行免征各节，现经奉令分别减免，以轻负担，而广行销”③。对这七宗工艺品实行了免税，有利于对外贸易的顺利进行。1914 年 1 月 13 日，《袁世凯关于批准颁布公司保息条例令》：“商业幼稚，急宜采保育主义，拟订保息条例，请示遵行等语。详阅条例，具见周密，应即照准。其保息率、应即定为甲种六厘，乙种五厘，以示本大总统奖劝实业之意。”④ 这样，就对棉织、毛织、制铁、

---

① 中国第二历史档案馆：《民国档案史料汇编》第 3 辑，北洋工商，江苏古籍出版社 1994 年版，第 163 页。

② 中国第二历史档案馆：《民国档案史料汇编》第 3 辑，北洋工商，江苏古籍出版社 1994 年版，第 229 页。

③ 中国第二历史档案馆：《民国档案史料汇编》第 3 辑，北洋工商，江苏古籍出版社 1994 年版，第 23 页。

④ 中国第二历史档案馆：《民国档案史料汇编》第 3 辑，北洋工商，江苏古籍出版社 1994 年版，第 18 页。

制丝、制茶、制糖等工业进行保息，对于公司的股本而保其息，保护了工商业的正常发展。

1915 年 10 月 16 日，《财政部拟订华新公司官股保息免税办法各原由呈》："查外洋机器物料，自欧战发生以来，价值、保险、运费、磅价种种加增；又采办棉花原料，北方多系陆运，脚费比南方水路较重，均系特别情形，所有机器物料进口及棉花原料转运，应准特免一切税厘。用示维持。其出场纱布，只完正税一道，此外概免重征。"① 1918 年 12 月 23 日，税务督办孙宝琦提议，《税务处关于核准华新公司货品运销途中援例只完正税其余厘税概免重征咨》，"现在棉纱出有成数，于运销出口时经过第一海关，拟援例只完正税一道，由关给予运单，沿途各关卡验明单货相符，给予放行，此外税厘概免重征"。1919 年 6 月 25 日，北洋政府"为提倡实业起见，……自经部核准后发给免税执照，沿途厘金、常关、杂捐等项概不重征，以利运输而裨实业，经众一致赞成"②。1922 年 6 月 22 日，《取消小麦禁运出省成命电》，准许小麦运输出安徽省，有利于小麦对外贸易出口。1924 年 9 月，《关于改良原料进口税提议案》："只由税务处统治海关，凡是制造精糖所用原料入口，课税均一律以原料论，由海关派员驻厂稽查，俾无流弊。"可见，此前我国关税对于课税标准、糖类等级不明确，对于精制品、原料划分不清，从而导致混乱，厂商利益大受打击，与外商竞争处于劣势。这次提议案多少改进了一些弊端，促进了原料的进口，保护了中国厂商原料进口的利益。1924 年 9 月，《陈步程等陈请仿洋行例完税并免一切厘金以维持华糖提议案》："故苟有维持糖业，止塞漏卮……但得与洋糖视例，完纳一个半税，免去一切厘金，纵无其他奖励，而以我糖质之佳，运费之省，虽与洋糖税银一律，亦足转败为胜。销行既畅，农作自增，农作既增，税收自旺，亦不必以厘金短减为虑，否则即欲为收入计，收入亦无有也。"③为了抵制美国面粉的影响，北洋政府帮助沙市信义和面粉公司采取了免除税厘的措施："业于民国元年由农商部注册立案，照例特免税厘。……近年来，美粉见广，价值与我粉较低，亦稍受其影响。今年五月，上海面业公

① 中国第二历史档案馆：《民国档案史料汇编》第 3 辑，北洋工商，江苏古籍出版社 1994 年版，第 198 页。

② 中国第二历史档案馆：《民国档案史料汇编》第 3 辑，北洋工商，江苏古籍出版社 1994 年版，第 163 页。

③ 中国第二历史档案馆：《民国档案史料汇编》第 3 辑，北洋工商，江苏古籍出版社 1994 年版，第 276 页。

会发起改为四十九磅，弊公司亦照其议施行之。"① 可见，北洋政府对国内面粉业的发展还是相当注重并加以保护的。

1914 年 2 月 9 日，《熊希龄请设烟草专卖筹备处以维国货而裕税收呈暨大总统批》，规定"除德国、比利时就原料课税，俄、美以印纸以特许法收税，英、丹、诺、荷、瑞仅课收入税外，其余如法、奥、凶、波、意、日等国，莫不采用专卖制……由政府自由承受买入，以符国家专卖之政策，其国库年得净利收入，当必数十倍于今日也"②。可见，北洋政府实施烟草专卖，保护了烟草的利润和烟草工业的发展，可以使我国烟草业免受外国烟草工业产品的冲击，有利于我国烟草的出口。一直到 1924 年 9 月，北洋政府在全国实业代表会议召开，会议上明确规定"……此种工厂所需原料倘为本国所无，须向外洋购买者，呈请农商部发给关照，准免原料进口税。如制品输出外洋时，须经农商部指定免税货品名称、范围，咨知财政部，厘定国货出口免税章程。至若货品畅销内地，只纳产地畅销税一次，勿应重征，即予通行全国"③。至此为止，北洋政府对减免税厘，保护本国商品做出了明确的规定。

众所周知，厘金与苛捐杂税是封建时代的产物，严重阻碍了我国对外贸易的出口和进口，北洋政府农商部也进行过尝试，减免和调整了厘金和捐税，"凡属有望之品，予以特种便利，务期制造者之负担可以稍轻"，还规定了所有输出外国的机械制品西式货物可以免除一切税厘，纳 10‰～15‰不等，这是机械制品西式货物的平均市价，这比晚清的税率还低了好几倍。还规定了到 1922 年 4 月止，"上海制粉工业所用之小麦，一律豁免通商各港间之关税；粗糖可以免除落地税，因为它是作为中华民国制糖公司所用的原料；中国所产棉花一律可以豁免沿岸贸易税；矿业也实行减税，对实际开采的各矿商所领矿区，征收每年每亩矿区税银元 3 角或 1 角 5 分；对没有开工的地亩，一律按探矿区每年征纳银元 5 分"④。当然，"政府一再标榜的裁厘减税也流于老生常谈，各省以经费无继为由纷纷恢复已经裁撤的

---

① 中国第二历史档案馆：《民国档案史料汇编》第 3 辑，北洋工商，江苏古籍出版社 1994 年版，第 238 页。

② 中国第二历史档案馆：《民国档案史料汇编》第 3 辑，北洋工商，江苏古籍出版社 1994 年版，第 278 页。

③ 中国第二历史档案馆：《民国档案史料汇编》第 3 辑，北洋工商，江苏古籍出版社 1994 年版，第 170 页。

④ 沈家五：《张謇农商总长任期经济资料选编》，南京大学出版社 1987 年版，第 174 页。

厘卡，并抗拒裁厘的进行，甚至出现因强征厘捐酿成命案及罢市的恶例”①。众所周知，由于裁撤厘金影响各地的财政收入，故北洋政府对这个政策没有也不可能去认真执行，后来的南京国民政府为了实现关税自主，在列强的压力下才真正加以裁撤。

### 五、举办国货展览会和积极参加外国博览会

为了鼓励国民使用国货，举办国货展览会成为主要措施之一，北洋政府农商部曾经多次通令各省举办。北洋政府规定“陈列所每年须将陈列各品目录编造一次，由会长查核报部……陈列所须每年临时征集出品，设展览会一次；送列展览会之物品，如有改良发明确见进步者，应给特别奖励”②。全国展览会于1915年10月1日开幕，农商部专门负责处理展览会的一切事务，首先就成立了国货展览会事务所；为了鼓励各地商家积极参加展览会，博览会实施减免参展商品的税收；此外，对于参观人员的车船票费农商部和交通部给予打折，让所有参展人员予以优惠。可见，这次展览会的准备工作做得相当充分。这次展览会取得了很大的成功，基本实现了引导“公众起购之心”、鼓励“商贾开贩运之局”的目的，对于鼓励使用国货，提升和振奋工商界的自信起了重要的作用③。

为促进国内商品走向世界，北洋政府还多次组织商人积极参加国外商品博览会与各种展览会。根据资料记载，“查湖南醴陵瓷业公司……由是我国之旧工业一旦导引为新工业，其种种实验牺牲巨资，制造各种美术品，与赛南洋、武汉劝业等会，曾获一等奏奖，迨经与意赛国及巴拿马等处，均得一等奖牌，洋溢中外，成绩已昭昭在人耳目矣”④。可见，北洋政府在这方面取得了一定的成绩。北洋政府亲自组织参与了1914年的日本大正博览会，后来于1915年举办的美国巴拿马赛会、1926年在美国费城举办的博览会，北洋政府也派人参加。特别值得一提的是，在巴拿马博览会上中国有18个省提供了展品，物品重达2000吨，被分别收入交通、矿产、食品、

---

① 《裁厘政策之难点》，《申报》，1916年1月8日。

② 《农商部为为设立劝业委员会拟定章程呈暨大总统批令》，《民国档案史料汇编》第3辑，北洋工商，江苏古籍出版社1994年版，第28－29页。

③ 《农商部为国货展览会办理情形给大总统的呈及大总统的批令》，《政府公报》1915年第1268号。

④ 《沈明扬关于裁撤厘金改收统税以维瓷业致实业代表会议提议案件》，《民国档案史料汇编》第3辑，北洋工商，江苏古籍出版社1994年版，第162页。

农业等各馆展出。农商部第16期公报称，此次博览会中国共获大奖57个，名誉奖74个，金牌258枚，银牌337枚，铜牌258枚，奖状227份，总共获奖12112项，大奖及优秀在25个参赛国居于首位。① 中国商界通过参加这些国外博览会，以博览会为平台，大大提升了我国商品的国际知名度，让世界商界了解了中国商品和市场。同时，这些博览会成为了中国商人了解世界的窗口，收集商业信息，让中国商品走出国门，走向世界。在一定程度上克服了“我国商人缺乏驻外联络及宣传”② 的弊端，大大促进了中国对外贸易的发展，国外先进的生产技术和产品也源源不断涌入中国。

## 六、初步构建交通运输物流网络

为了满足用户需要，必须要有合理的物流程序。北洋政府必须实施有计划的管理和控制，商品才能从起点到终点顺畅而有效地流动，要把握好物流程序过程中的运输、储存、装卸、搬运、包装、流通加工、配送等基本功能，再结合我们实际的需要，构建交通运输物流网络是北洋时期面临的时代新要求和挑战。加强交通运输建设，不断提升运输服务水准，可以实现物流全过程的总费用的节约，促进对外贸易的发展。北洋时期的物流运输的方式主要包括水路运输、铁路运输、公路运输和航空运输等四种。北洋政府在这方面花了大气力，凝聚了中国人民的智慧和汗水。因此，北洋政府加强交通运输物流网建设，也是辅助性对外贸易政策的重要组成部分。

1. 铁路运输建设

铁路第一次进入我国上海是在19世纪70年代，因为其运输在对外贸易运输中具有十分重要的地位，它不仅具备安全快捷、量大价廉，而且还很少受到气候因素的影响。工业革命以后，交通运输迅猛发展，原有的畜运、水运等旧运输方式逐渐被现代化运输所替代。铁路运输传到中国比较晚，但是中国陆地面积广阔，适合铁路发展，这样我国对外贸易国内段货运的主要承担者自然就是铁路。因此，北洋政府注重从铁路运输的角度发展对外贸易。“……整顿国有铁路以利运输而兴商业，国有铁路如津浦、陇海等数线，运输商货概不负责，短少损失，均至不理；每因车辆缺乏，货物沿

---

① 汪敬虞：《中国近代经济史1895—1927年》（中册），经济管理出版社2007年版，第1150页。

② 黄汉伟：《我国对外贸易失败之原因及其补救方法》，《华侨实业月刊》1932年第4期。

线堆积，历时甚久，方能运达。商家靡费既大，损失亦且不赀，遂相率视为畏途，不敢交运，路局收入亦受影响。如无锡运货二十吨至济南需费五百元，至郑州需费六百元，再加在路十余天，利息又需百余元，负担至重。似此痛痒不相关，利害不相谋，终不足以图相当之进步。惟有请政府速至各路仿照沪宁路运货办法，缩短日期，除尽靡费，货物短少，负责赔偿，庶几商人称便，贸易增进，商业既有发展之望，路政收入亦自增多矣。"① 可见，北洋政府充分认识到铁路在对外贸易过程中的重要作用，大力发展铁路物流运输政策，铁路运输在这一时期的载运能力增长较快，“机车由1912年的600台增至1925年的1131台；机车牵引力由5340吨增至11966吨；客车由1067辆增至1803辆，客车容量（座位）则由45177个增至101101个；货车由8335辆增至16718辆，载重量则由183224吨增至452272吨；1917年全国铁路运输量为489517万吨公里，1925年增至787244万吨公里，增长幅度为60.8%，发展也是比较快的"②。基本上取代了传统的“南船北马”的运输方式。“铁路营业收入自1916到1920五年间，从5700余万元约增至8300余万元，而支出费不过占二成八，由此可知，营业颇有成绩，收入亦甚丰富。"③ 见下表：

**表2－1 1916—1920年铁路营业收支情况表**

| 年份 | 营业线 | 营业收入 | 营业支出 | 剩余 |
| --- | --- | --- | --- | --- |
| 1916 | 5411里 | 57063001元 | 30258532元 | 26804269元 |
| 1917 | 5444里 | 62760000元 | 28840000元 | 33920000元 |
| 1918 | 5454里 | 63873703元 | 30040564元 | 33833139元 |
| 1919 | 5475里 | 77653152元 | 34323615元 | 43329537元 |
| 1920 | 5981里 | 83047390元 | 38440540元 | 44606850元 |

资料来源：郑行巽，《中国商业史》，世界书局，1932年，第297页。

北洋政府采取的这一系列发展铁路运输的措施，大大加快了运输速度，将铁路发展纳入了北洋政府的规划之列。北洋政府完善铁道管理机构，规划铁路建设。南京政府成立后，全国铁路督办组铁路总公司于1912年在上海成立，邮传部被交通部路政司所替代，孙中山亲自设计全国为三大干线，

① 《荣总铨等提请政府实力维持实业案》，《民国档案史料汇编》第3辑，北洋工商，江苏古籍出版社1994年版，第169页。

② 严中平等：《中国近代经济史统计资料选辑》，科学出版社1955年版，第198页。

③ 郑行巽：《中国商业史》，世界书局1932年版，第297页。

预计十年间以六十万万元资金成二十万里之铁路。“民国三年七月十日公布路政司管辖的范围：筹划铁路建设事项，管理国有铁路业务及附属营业事项，地方公共团体及民业铁路事项，监管陆上运输事业事项……”①。可见，晚清时期运作不协调的分散状态得到了一定的改善，其主要原因是管理机构的逐步完善，铁路运输环境也逐步得到改进。交通部还选送直辖大学毕业生赴各路局实习办法十一条，为培养铁路人才提供了法律条文的保障，有利于铁路人才的培养。②

自从出现了铁路运输，中国旧有的陆路运输方式逐渐瓦解，新的运输格局和运输体系逐渐形成，不仅大大加速了对外贸易的发展，也促进新铁路运输体系的构建。以北方对外贸易为例，以前西北羊毛出口要先花一个月左右从各路转运到今呼和浩特或张家口，经过各种手续重新包装，再运到通州，然后水运到天津。通州以上原来没有铁路，骆驼是陆运的唯一运输工具，而骆驼也相当缺乏，所以在原来商品运输期间，货物因停留归化候运长达半年之久，市场、物价等因素往往充满很大的变数，等运输到目的地后，市场已经发生很大的变化，即使没有变化，货物到处转运也会缩水或受到了相当的损害。由于铁路修通延伸西北，原来西北各路的货物如皮毛、药材等大宗土产用骆驼等在最短时间内运输到火车站即可，火车站缓解了过去驼运紧张的落后状况，直接可以运输到天津。这样直接通过铁路运输，华北的棉花等土产可以源源不断运输到铁路连通的沿海口岸，准备输出外国。同样，各色各样的洋货也可以通过铁路连通的沿海口岸运往内地城乡，大大促进了进出口贸易的发展和繁荣。“天津位河北省之东部，当五大河会口之南……其后又兴筑铁路，占北宁铁路之中枢，津浦铁路之起点，且东距渤海仅七十里，水陆交通均称便利，黄河流域之货物，概聚散于此，遂为华北经济之中心，全国四大贸易港（上海、广州、汉口、天津）之一。其贸易区域北控河北省及内外蒙古，西连晋、陕、甘、新诸省，南达鲁、豫之北部，范围之广，除上海外，无有出其右者。因其地位重要，贸易素极旺盛。就民元年以来，进出口贸易总额观之，最高时为民国十八年，占全国9.97%，最低时为民国元年，占全国6.80%，而去年一年贸易总额虽较十八年为少，然占全国之百分率则比任何年份为高，约占全国

① 金家凤：《中国交通之发展及其趋向》，正中书局1936年版，第41页。
② 金家凤：《中国交通之发展及其趋向》，正中书局1936年版，第30－32页。

12%。”① 可见，北洋政府的铁路建筑措施大大促进了对外进出口贸易的发展。

北洋政府发展铁路运输的政策，以达到“发展交通，减轻运费”的目的。② 首先，铁路运输的发展大大降低了运输费用，大大减少了通商口岸的时间和距离，也在一定程度上解决了因骆驼运输货物带来的麻烦，拓展了农产品的国内外市场。其次，铁路运输也使得商品流通变得更加快捷，商品交换范围更广，如原未进入长途贩运的豆麦芝麻棉花等农产品就是这样。可见，北洋时期的铁路运输具有划时代的进步意义。如安阳是棉花种植和生产基地，其货物要运输到沿海各地出口，火车没有开通的时候，“小车或马车只能运销到邻近的卫辉、怀庆以及开封、许昌一带，铁路开通以后，大大推动了安阳机器棉纺织业的发展，安阳棉花不仅供应原有的广益纱厂，还北销天津，石家庄，山东的青岛、济南，向南扩充到了郑州、汉口、上海等大型商港”，③ 出口贸易逐渐繁荣起来。

2. 公路运输建设

北洋政府非常重视，并取得相当的建设成效。到 1926 年，各省当局遂有道局（或路工局）之设立，专门负责省道的建筑，而民间方面也因筑路之风盛行，有自动兴筑的，所以自 1921 年至 1927 年，全国公路就由千余公里，增加到将近三万公里。如下表：

**表 2－2 1921—1927 年全国公路通车里程表**

| 年份 | 增加公里 | 通车公里 |
| --- | --- | --- |
| 民国十年 | | 1185 |
| 民国十一年 | 6815 | 8000 |
| 民国十二年 | 56111 | 3611 |
| 民国十三年 | 2389 | 16000 |
| 民国十四年 | 7303 | 23303 |
| 民国十五年 | 2778 | 26111 |
| 民国十六年 | 3059 | 29170 |

资料来源：金家凤：《中国交通之发展及其趋向》，正中书局，1936 年，第 114－115 页。

---

① 《天津对外贸易之分析》，《中行月刊》1918 年第 6 期。

② 黄汉伟：《我国对外贸易失败之原因及其补救方法》，《华侨实业月刊》1932 年第 4 期。

③ 陈争平：《近代中国铁路建设对北方市场的影响》，《浙江学刊》2010 年第 5 期。

为了有效地促进资源和产品的商品化流动，晚清时期落后的公路建设已经不适应新的贸易形势，公路建设势在必行。开通公路后，它大大降低了国内市场交易成本，完善了市场，优化了资源配置，物流方式得到了进一步改进，市场商品化大大加强，大大促进了对外贸易的发展。以煤炭大省山西为例，1921 年山西省第一条出境公路汾军公路建成以后，对山西、整个华北对外贸易都有着深远的影响。不仅改变了自古以来太原盆地到晋西的交通走向与格局，也使离石县的吴城、临县的碛口这些以水旱码头而兴起的古代晋商贸易古镇，逐渐萧条、衰落。古代汾阳到离石，必经过向阳峡、黄栌岭。汾军公路的开通，不仅奠定了现代化公路的基础，也为今天青银高速公路、太中银铁路的策划、选线、设计起了先导作用，成为连接华北与大西北地区经济与贸易的大动脉。对推动华北、大西北，特别是吕梁地区的贸易发展发挥了突出作用。甘肃省的公路从辛亥革命胜利后逐步兴建。还如，1922 年 9 月北洋政府提出了《全国道路计划意见书》并附《建设中华全国汽车道路图》，计划以甘肃兰州为中心修筑经线四条、纬线五条，共长约 10.6 万公里。随着现代交通技术的传入，公路为主的道路交通建设得到了发展，北洋政府在甘肃修建了大量的公路，并形成了以“丝绸之路”故道为依托的道路交通系统，是重要的商业和对外贸易的必经之地。

3. 航运运输事业

在实际的对外贸易中，铁路是陆地运输最为重要的，但是大多数对外贸易运输的承担者是航海运输。航运比铁路出现更早、更为普遍。因为铁路运输成本也高，需要大规模的经营建设才能通行，况且海洋无法通行，而航运业刚好具有这个优点，造价低廉，方便节省。因此，在发展对外贸易时，我们往往将水上航运业是否发达作为衡量一个国家对外贸易是否发达的主要标准。如近代欧美国家都是航运业起家的，最后发展成为贸易强国。

航运业既然是海外贸易的中流砥柱，北洋政府当然就不可忽视传统航运业的发展和建设，通过了一系列发展现代航运业的措施来鼓励和保护民族航运业的发展。《航业奖励十四条》于 1920 年公布，交通部总长叶恭规定邮政净余项下 6/10 作为奖励基金。“……第十条，政府因公司必要时，得斟定相当赔偿金额收用或使用受奖励航行之船舶……”① 可以看出，这个

① 聂宝璋、朱荫贵：《中国近代航运史资料（第 2 辑）》（下册），中国社会科学出版社 2002 年版，第 881－883 页。

奖励条例，处处体现了对民族航运的支持和保护。北洋政府还实施铁路和轮船联运。办理水陆联络运输办法如下“……八、铁路及轮船之费用，均按两公司所定价目核算，由运主自行分别交纳”。① 实行水陆联运以后，既加快了运输速度，又降低了商品的运输成本。“招商局可稳夺他公司之利，于商局进款，裨益实多。”② 这种水陆联运的交通方式，是中国近代交通史上的新现象，疏通了国内交通，大大促进了对外贸易的发展。因此，北洋政府这一时期的船只急剧增多，在沿海沿江各口岸，川流不息，昼夜繁忙。“从事各口相互贸易（即沿岸贸易）及往来外洋贸易者，约有二十一万只，一亿四百二十六万吨。”③ 见下表：

**表 2-3　出入船只种类表**（1912—1920）

| 年份 | | 1912 | 1913 | 1914 | 1915 | 1916 | 1917 | 1918 | 1919 | 1920 |
|---|---|---|---|---|---|---|---|---|---|---|
| 轮船 | 只数 | 92703 | 100860 | 108118 | 103963 | 105296 | 104944 | 98420 | 112564 | 122338 |
| | 吨数 | 82388967 | 87613969 | 91126240 | 84641227 | 82381569 | 80266725 | 74201372 | 89844371 | 99642210 |
| 帆船 | 只数 | 96076 | 89878 | 112473 | 102924 | 96720 | 108529 | 95147 | 97190 | 89271 |
| | 吨数 | 5173781 | 5720861 | 6857973 | 6021778 | 5638532 | 6640324 | 6046334 | 5881564 | 4624485 |
| 共计 | 只数 | 182779 | 190738 | 220591 | 206887 | 202016 | 213473 | 193567 | 209754 | 210609 |
| | 吨数 | 87562748 | 93334830 | 77984213 | 90663005 | 88020101 | 86907049 | 80247706 | 95725935 | 104266695 |

资料来源：来阳，陈重民，《今世中国贸易通志》，商务印书馆，1927 年，第 137－138 页。

4. 邮电交通事业

北洋时期，排除外人干涉和防止利源外溢成为了一种潮流，正是在这样一种背景下，我国国内出现了自主兴办电报的高潮。北洋政府审时度势，将电报通信等新的生产方式和科学技术引进来，这些电信电报都是在充分吸收晚清时期的经验和教训基础上引进的，北洋政府采取的主要办法有：引进先进技术和设备，安装新的无线电台。“……1923 年，云南引进法制高周波式建成无线电机。”④ 北洋政府收回了邮电主权，开拓新的业务。废除驿站制，撤销列强侵略中国的“客邮”，“自华府会议以后，外国在华邮局的设置，除在南满铁路的日邮以外，一律裁撤，于是中国邮政，至是始差

① 聂宝璋、朱荫贵：《中国近代航运史资料（第 2 辑）》（下册），中国社会科学出版社 2002 年版，第 1417 页。

② 江天风：《长江航运史》，人民交通出版社 1991 年版，第 275 页。

③ 来阳，陈重民：《今世中国贸易通志》，商务印书馆 1927 年版，第 137 页。

④ 邮电史编辑室：《中国近代邮电史》，人民邮电出版社 1984 年版，第 230－231 页。

能独立，成为中国政府的专业。”①北洋政府还积极参加国际邮电组织，与国际邮电事业接轨。这一时期的邮件和邮政收入明显增多，“至于邮政营业状况，当清末及民国之初，尚属入不敷出，每年由关税收入项下摊款协助，及民国四年起，邮政营业始有盈余，是年收入超过支出有银二十三万余两，以后营业日进，岁有盈余，民国八九年间，遂加至二百余万两，十五年北伐军兴，北洋政府经费支出，交通部进款几皆断绝，邮政收入独佳，甚至交通部行政费全赖邮政收入开支，邮政事业处于此种内战旋涡之中，尚能犯冒百难而日趋发达，是不能不谓难能可贵了。”②北洋时期，有关邮政数据，见下表：

**表 2－4　邮政统计表（1922—1927）**

| 年次 | 1922 | 1925 | 1927 |
|---|---|---|---|
| 邮局及代理处数 | 11306 | 12007 | 12127 |
| 邮寄物件数 | 426363616 | 565007763 | 579857397 |
| 邮政收入数（元） | 17112367 | 25304671 | 27802714 |

资料来源：郑行巽，《中国商业史》，世界书局，1932 年，第 312 页。

5. 航空运输业的发展

北洋政府积极发展航空业，采取了创设航空学校、派遣人员出国留学的措施。“民国九年三月，北京航空事务处派蒋达、沈德燮、江光瀛、吕德英等赴英国学习制造飞机。十二年十二月，东三省航空处派徐世英、陈鸿陆、邱抡元、王绍棠、范省三……赴法国学习航空。”③ 这些航空学校的创立，为中国航空事业发展培养了大批人才。还借款购买飞机，成立专门管理航空事务的机关。“……3 月，航空署拟订《职掌通则》，同月以署令规定《办事通则三十二条》。”④ 在颁布这些条例规章的同时，北洋政府同贪污腐败行为进行了坚决斗争。北洋政府还积极加强国际联系，签订国际航空条约。“……条约及附约全文由航空署译成华文交由有关系各机关研究、开会

---

① 郑行巽：《中国商业史》，世界书局 1932 年版，第 311 页。

② 郑行巽：《中国商业史》，世界书局 1932 年版，第 312 页。

③ 张心征：《中国现代交通史》，《民国丛书》第 4 编，第 37 册，上海书店 1931 年版，第 320－323 页。

④ 张心征：《中国现代交通史》，《民国丛书》第 4 编，第 37 册，上海书店 1931 年版，第 335 页。

讨论。”①

这些飞机除搭载乘客以外，“更载邮件、包裹及印刷品”②，由于航空运输速度快，大大缩短了货物运输的停留时间，特别是对于那些易烂、易变质的鲜活商品和时效性、季节性强的商品，飞机运输还可以节约包装、保险、利息等费用。由于货物在途时间短，资金周转速度快，不仅有利资金的回收，还可以减少利息支出。还由于航空货物运输具有安全、准确，货损、货差少等特征，受到许多昂贵货品商人的青睐，缺点是运输量太小。与其他运输方式相比，航空运输的包装简单，包装成本减少。这些对外贸易成本的相对下降，就相当于增加了部分的利润，也促进了对外贸易的发展。

总之，北洋政府非常重视交通运输物流工作，已经初步构建了以铁路、公路、航运、航空、邮电等多种方式的交通运输网络，这是晚清时期所不能比拟的。虽然北洋政府实施这些政策时并不主要从对外贸易的角度来考虑对外贸易政策，但是由于这些工作和措施确实给对外贸易发展带来实实在在的好处，故将其纳入对外贸易政策的重要组成部分。从1912—1927年北洋政府统治的16年间，全国新增铁路有3400多公里。根据《中国资本主义发展史》的估计，中国民族运输业资本，1913年为8226万元，其中航运业8000万元，铁路4907万元，7年共增长了57%。③这时期交通运输业发展实际还是以航运业最为突出，1913年华商航运公司的船只数为894艘，吨位数为141055吨，到1925年，船只数和吨位数分别增加为轮船2942艘，总吨位达523319吨④。民国初期的汽车运输业发展初显苗头。从1913年到1927年，各地先后修筑公路共计29170公里，各种汽车由294辆增加到18677辆。不过，公路运输在整个交通运输业中的地位还不重要，虽然有铁路、公路、航运、航空、邮电等方面的迅速发展，但是在整个北洋政府时期的国内贸易和对外贸易物流建设方面航运业仍然占有相当显著的地位。

---

① 张心征：《中国现代交通史》，《民国丛书》第4编，第37册，上海书店1931年版，第340页。

② 郑行巽：《中国商业史》，世界书局1932年版，第315页。

③ 许涤新，吴承明：《中国资本主义发展史》，第2卷，人民出版社1993年版，第1085页。

④ 王光：《中国航业》，商务印书馆1934年版，第17-20页。

## 第三节　争取关税自主的基本格调逐步形成

关税是“进出口货物通过一国国境时，由政府所设置的海关向其进出口商所征收的一种税”①。关税是调节进出口和保护国内市场的基本手段，虽然提高关税率并不一定就能促进对外贸易的发展，但没有关税率的保护对一个主权国家的经济与对外贸易的发展还是弊大于利。北洋政府在这一时期已经定下了要争取关税自主的基本立场与态度，北洋政府在20世纪初期对关税税则进行了多达四次的修订。在帝国主义国家的压力下，尽管多次修订关税税则，中国的海关税收都有所增加，但是实际上税率始终不能达到百分之五。可见，这种单一的、片面的税制越来越不适应中国对外贸易的发展。政府为挽回关税自主权还是做了相当大的努力，这一点可以从巴黎和会、华盛顿会议以及关税特别会议的具体过程看出来，从那时起，争取关税自主的基本格调逐渐成了北洋政府的基本方针。

1843年以来，中国关税率规定为值百抽五，由于银价下跌和国际贸易恶化等因素，实际征税率从未达到这个水平。20世纪初，中国民族资本主义工业突飞猛进，越来越多的人主张关税自主，呼声一浪高过一浪。如北洋时期著名学者邹宗孟就认为改变我国对外贸易劣势的治本之策应为“外人税务司之裁撤；国定复关税制之实行，双方的利益均沾条款之设定”②。可见，北洋政府的“收回税司代办各口自办”带有相当程度的关税自主成分，1913、1914年两次提出“切实值百抽五”，要求提高税率。

欧战爆发以后，列强无暇东顾，给中国修改税则提供了千载难逢的机遇，1917年12月5日，北洋政府大胆提出了《国定进口税则》，这个税则适用于无约国及交战国，尽管无任何实际意义，但关税自主的意识已经初步形成。战后经过多次交涉，列强同意了北洋政府两年后修改税则，1919年，巴黎和会上，中国代表义正词严，提出“关税自主权”等7项严正要求，均遭到列强拒绝，但是却激发了中国人民的斗志，规模空前的五四运动形成了强大的舆论压力。1921年11月，会议通过了《九国间关于中国关

---

① 陈时万、刘澄、徐海宁：《国际贸易政策与措施》，中国对外经济贸易出版社1993年版，第61页。

② 邹宗孟：《对外贸易政策之原理与关税问题之关系（续前）》，《学艺》1918年第3期。

税税则之条约》，只允许中国征收2.5%的附加税，不允许收回关税自主和领事裁判权，更不允许取消“二十一条”。列强被迫同意1923年1月7日实行新税则。在强大的中国人民反帝运动特别是“五卅惨案”的压力下，列强被迫同意召开北京特别关税会议。会上各国矛盾重重，争论不休，反帝运动的风起云涌又迫使列强各国利益受到空前的挑战，各国被迫承认中国关税自主，并“赞同中国国定关税税率条例于1929年9月1日发生效力”。会议进行到1926年4月，由于北伐军迅速进军，7月未作出任何决议的北京关税特别会议正式宣布休会，成为“有始无终的关税会议”。① 至此，北洋政府力争关税自主的基本格调与态势初步形成，这主要表现在以下四个方面：

## 一、根据实际情况，分门别类，依次征收

1914年第一次世界大战爆发，西方列强忙于争夺世界霸权的世界大战，暂时放松了对中国的经济侵略，为北洋政府赢得了一个收回关税自主权的机遇。北洋政府对无约国及交战国颁布了如下条例：“第一条，凡外国货物运进中国通商口岸应按本条例所定税率征收进口税，但以条约协定者，从其协定；第二条，关税率以从价定之，唯依从量件数等为便宜，得适用从量税则；第三条，课税价格参照海关向来估价法定之；第四条，进口之外货物，除另有规定外，其课税定律如下：1. 奢侈品，课税值百分之三十至百分之百；2. 无益品，课税值百分之二十至百分之三十；3. 资用品，课税值百分之十至百分之二十；4. 必要品，课税值百分之五至百分之十。税率表由财政、农商两部暨税务处根据本条所定各率会同厘定。”② 由此可见，北洋政府能根据国内进口情况的实际需要分门别类，依次征收。特别是对奢侈品和无益品两项征收重税，既有利于国民继承勤俭节约、艰苦朴素的优良传统，又能保护本国产业的发展，还可以增加政府的财政收入。另外，“第五条，对于税率表中各种货物，如遇有加重课税之必要时，得以政府命令随时酌定公布之；第六条，凡免税及禁止输入物品，均按现行办法办理，但政府得随时酌量增减之；第七条，外国货物已完进口正税后，如转由华商运入内地销售，得依海关向章征收子口税；第八条，本条例公布后，得

① 李育民：《中国废约史》，中华书局2005年版，第462页。

② 江恒源编：《中国关税史料》，第14编，《民国丛书》，第5辑，上海书店1989年版，第26页。

由财政部、税务处酌定施行细则及施行日期”，在这几条里面，“政府命令随时酌定公布之”、“政府得随时酌量增减之”、“财政部、税务处酌定”等充分体现了北洋政府收回关税自主权的决心和勇气。

此条例公布以后，中国对德国宣战，于是就“从德、奥诸国之货物入手，总税务司借口海关记账困难，而政府亦无巨大决心，事遂终止”①。虽然没有付诸实践，但毕竟开了政府自定税率的先河，与晚清政府相比，无论是海关意识方面还是决心勇气方面实在是前进了一大步。为以后巴黎和会、华盛顿会议提出关税自主的要求奠定了坚实的群众基础。

## 二、大大提高奢侈品和日用品的税率

1919年，战胜国在巴黎召开和平会议，北洋政府代表提出值百抽五的原则“不特不公，且亦不合科学原则，盖日用品、必需品课税之重与奢侈品无异，其流弊必至大伤中国之财政与商务”②，并且提出了四项理由：“（一）无交换也。因此类条约及最惠国条款之故，各国均得享受普通之税则，又以最惠国条款之故，一国得享受任何权利特权，他国即可援例享受，然中国不能得交换利益，故凡有约国之货物，皆得以值百抽五完税，运入中国，而中国货物之运往各国者，不能享此利益。按国际习惯，通商税则，无不以交换互让为根据，此等不交换之情形实与国际习惯相背。”③ 由此可见，北洋政府利用国际惯例论证现存关税不合理的原因，指出中国不能享受外国的优惠利益，而列强则可以独享中国的关税优惠政策，这是一种不公平的交易。“（二）无区别也。……六十年来，虽货物之种类增至四倍，进口货之价值增至十八倍，而值百抽五之统一税则，仍未更改……今则其数大增，不特觉其分配担负之法，至为不公，且原料机器之输入，从无鼓励，奢侈品之输入从无限制，于国家经济大为不利。”从进口品的种类角度指出了现行关税没有种类区别的大弊端。“（三）收入不足也。……值百抽五仅有名无实……条约中本有随时改订税则之规定，而从未按时实行。即有改订之举，其所订货价标准，亦必较时价为低，即如一九〇二年之改订，则以一八九七至一八九九年之平均价目为标准，故货价虽涨，而关税所收

① 童蒙正：《关税论》，商务印书馆1933年版，第229页。

② 江恒源编：《中国关税史料》，第16编，《民国丛书》，第5辑，上海书店1989年版，第2页。

③ 江恒源编：《中国关税史料》，第16编，《民国丛书》，第5辑，上海书店1989年版，第2页。

则恒不能得按照时价应收之数。且海关所收进口税，仅居全国之一小部分。即如一九一四年全国收入为二百八十兆两，而进口税所得仅十八兆两，不及百分之七。于是政府因关税收入不足而不得不取盈于他税，虽明知有害而欲罢不能，即如厘金一项，中外人士同声非议，然因其收入有四十兆两之多，不能废也。”在此，北洋政府既以中国关税损失之痛苦争取国际社会的同情和广泛支持，又以厘金作筹码，向列强摊牌。“裁厘加税，一即为我国各界人士所一致主张者，政府方面亦颇有实行之意，唯厘金废除后国库收入将受极大之损失，而增加关税一层，须先得订约各国之同意而后可行”①，可见北洋政府一开始时，仍然还是有所畏惧而犹豫不决，在裁厘和加税之间徘徊。可以说，北洋政府的决心是慢慢坚定起来的。但是后来却能够既晓之以理，动之以情，又以厘金为威胁，可谓软硬兼施，相得益彰。“各国久知厘金之害，故一九〇二年至一九〇三年，中国与英美日三国订立条约，其中有废止厘金，增关税至值百抽 12.5 之规定，然非有约各国全体承认，则不能实行。而国数既多，欲其全体同意，又几为不可能之事。故此条约规定，虽有若无，于此更可见关税一事，中国虽有权利偏饷各国，而不能食报也。”在此，北洋政府想利用列强之间的矛盾，运用分化离间的手段，以求列强尽快达成共识，一致解决中国关税自主的问题。“（四）改订有名无实也……而值百抽五率，则五十年来从未改订……”另订新税则：“1. 凡优待之处，必须彼此交换；2. 奢侈品课税最重，日用品次之，原料又次之；3. 日用品之税率，不得轻于12.5%，以补一九〇二年至一九〇三年商约所订废止厘金之短收；4. 新条约中所指定期限，期限届满时，中国不特自由改订货物之价目，并可改订税率。中国以废止厘金为交换条件，以冀除去商务之障碍，为一劳永逸之计。”② 由此可以看出，北洋政府对奢侈品和日用品大大提高了税率（不低于百分之十二点五），而这两项正是征税的大项目，对保护本国产业、发展对外贸易有至关重要的作用。“中国并无施行保护税则或苛敛之意，不过以现行税则不得其平，不符学理，不合时宜，不敷需要，故要求修订之而已。中国对外商务，输出不抵输入，积年既久，负债日多，财政经济益见困难，非改订税则鼓励输出不能救济。且输出多，人民之购买力亦增，于他国亦未尝无益也。及此改良，已嫌其

---

① 中国银行总管理处：《各省厘金收入之统计》，《中国银行通信录》1920 年第 28 期。

② 江恒源编：《中国关税史料》，第 16 编，《民国丛书》，第 5 辑，上海书店 1989 年版，第 4－5 页。

迟。中国政府对于和平会议提出此案，实为全国人民所属望，凡我友邦其以独立国应享之经济权利，还我中国。俾中国人民得以发展其富源，而增其购买世界货物之能力，与各国从事于文化之进步，此中国政府所深望也。”可以看出，北洋政府提出的修订关税之案，能运用全球的眼光，将中国关税问题上升到中国国内市场购买力的高度，有理有据，击中了列强的要害，以致后来，法国总理克理孟梭在最后拟请俟万国联合会行政部能行使职权时，请其注意。北洋政府最后还表示“此次提出各问题，若不亟行纠正，必致种他日争持之因，而扰乱世界之和局；故关于关税自由权一端，请宣言自由……中国允于新协约订立时废止厘金”。

“欧洲大战后，一九一九年巴黎和会的时候，我国感现行关税制度的本身困难和不平等出席代表团会以侵犯我国自主权和违背国际间均等互惠主义之理由，向和会提出解除我国关税自主的束缚。但是，当时和会列强还是戴着和平正义的假面具，各怀保障自身既得之权利，哪能容许考虑？所以当时只有‘此问题与和会不相属，未便讨论’的轻轻抹过。”① 可见，巴黎和会不可能解决中国的关税自主问题。但是，巴黎和会上，北洋政府代表团以大无畏的勇气，提出关税自主的要求，扭转了晚清时期对国际关税的愚昧和无知，应该说是具有历史的进步意义；打破了晚清时期狭隘落后的中国中心观，将中国关税自主问题放在国际大环境下来审视，开始以成熟的国际贸易理念思考中国问题，引起了某些列强的关注和同情，为以后美国主持的华盛顿会议更深入地讨论中国关税问题提供了坚实的法理依据。

### 三、向列强正式提出中国关税自主的原则

华盛顿会议上，我国代表顾维钧从历史的角度发表了关于关税问题的宣言，充分列举了中国关税的艰难程度与不合理性，明确指出“中国现行关税制度，实侵犯中国之主权……应请恢复中国关税自主权”，并且列举了国际贸易的种种不平等性，外国商货仅纳进口税百分之五，而中国土货输入外国须纳最高税率。例如，华茶输入英国，每磅须纳税一先令；然华茶每磅价值约四先令，是以值百抽二十五。又中国烟草输入日本，须纳税至百分之三百五十，生丝输入日本须纳税百分之三十，熟丝输入美国，须纳税百分之三十五至六十。此种制度实妨碍中国之输出商业与中国之经济发

---

① 黎文辨：《关税与外债及赔款》，《中国关税史料》（江恒源编），第10编，《民国丛书》，第5辑，上海书店1989年版，第21页。

达也。提出了“且各种商品统一税率，于奢侈品及必需品之间并无分别，显为不利。例如机器及其类似商品为中国所急需者，自应纳较低之税，至雪茄烟纸烟等奢侈品，则应抽税较重，此不但可增加税收，且亦于道德上及社会上可减少或防止毒害，中国税则既未计及中国社会与经济之需要，又不计及中国财政上之需要，是真无一科学研究之税则”，列举了中国现行关税的种种弊端。

顾维钧在中国关税分股委员会第一次会议前，对会议提出三点希望：“1. 关税自主权应由出席各国议定，于届一定时期后，交还中国；2. 中国进口税则应自一九二二年一月一日起，立即增加至切实值百抽 12.5%；3. 应由中国与各国从速协定一种新税制，俾中国对于各种进口物品，得自由征收适当关税至议定之最高税率为度，例如对于奢侈品与必要品等类，可有区别税率之权。”① 可谓合情合理，同时还提出了 6 个条件：“1. 现行值百抽五之进口税应增加至切实值百抽 12.5；2. 中国于一九二四年一月一日裁厘，各国亦同日允将一九〇二年中英条约及一九〇三年中美中日条约所载进出口附加税实行征收，并允对于奢侈品于切实值百抽 12.5 进口税以外，另征附加税，亦于同日实行。至条约之规定其他各节，中国与各国按照前述各约之条文，仍旧履行。3. 自此次协定后，五年以内，再以条约商定新关税制度，对于进口各物以值百抽二五之最高税率为度，在此最高限度之内，中国可自由订定税则，此新税制实施之期，应至下列第五节所载时期届满时为止。4. 现在适用于陆路输入或输出各货物之减收关税制，应即废除。5. 凡中国与各国规定征收关税子口税及其他税项所订条约之条文，自此次协定签字后，届满十年应即废止。6. 中国自愿声明对于海关行政之现行制度，并无根本之变更，亦无以业经抵押外债之关税收入，移作他用之意。”② “到了一九二一年‘华府会议’……通过了下列议决案各缔约国兹承认中国享受关税自主之权利，允许解除各该国与中国间现行各条约中所包含之关税束缚；并允许中国国家关税定率条例，于一九二九年一月一日发生效率，中华民国政府声称裁撤厘金与中国国定税率条例，须同时实行，

---

① 江恒源编：《中国关税史料》，第 16 编，《民国丛书》，第 5 辑，上海书店 1989 年版，第 5 页。

② 江恒源编：《中国关税史料》，第 16 编，《民国丛书》，第 5 辑，上海书店 1989 年版，第 7 页。

并声明于民国十八年一月一日，即一九二九年一月一日，须将裁厘切实办理”①。可见，华盛顿会议虽然“议而不决”，没有付出任何实际行动，但“关税自主的原则”基本上能得到列强的口头承认。

虽然华盛顿会议最终未解决中国关税自主权问题，但会议结果产生了两个亮点：（1）原则上承认中国关税有切实之平等待遇及机会均等；（2）规定了分三步走的办法，“第一步即时修正进口货价切实值百抽五，第二步拟订过渡办法，进口货普通品增二点五附税，奢侈品最高得再增二点五之率，第三步实行英美日三国新约进口货增至值百抽十二点五。民国十一年上海召开之修改税则会，修改税则，即实行第一步之办法也。至第二步第三步办法，则召开关税特别会议讨论实行之”。

从 1919 年巴黎和会到 1925 年关税特别会议，北洋政府在华盛顿会议上提出的要求虽未实现，但代表团通过与列强的多方交涉与周旋，迫使列强基本上承认了中国拥有关税的平等待遇，并逐步将中国关税问题列入国际会议的讨论议程。知识界对于关税自主问题进行了激烈的讨论，其观点也有很大的不同，有坚持关税自主权必须包括税则自主和海关行政自主的，有主张只要税则自主就行的，有坚持无条件自主的，也有同意有条件自主的。但是，“他们的主张只有应付方略与‘激进’程度的差异，在收回关税自主权这一点上，都是一致的”②。特别是 1925 年 10 月 26 日，北洋政府召集列强在北京召开关税会议，梁士诒代表中国提出《关税自主大纲》，要求立即解除与各国条约中关于关税的束缚；中国自 1929 年 1 月 1 日裁撤厘金作为回报；关税税率以 5% 为基础，附加税 5%，奢侈品最高税率 30%。王正廷代表中国政府提出“我国关税自主提案”，列强在会议上被迫声明“尊重中国之主权与独立暨领土与行政之完整，兹中国政府重视各国尊重主权与领土之诚意……尊重中国主权完整之精神，并为增进各友邦之时谊起见，提出清除关于税则现行条约上各种障碍，推行中国国定关税定律条例”③。实行关税自主办法如下：（1）与议各国向中国政府正式声明，尊重关税自主，并承认解除现行条约中关于关税之一切束缚；（2）中国政府允将裁废

① 江恒源编：《中国关税史料》，第 10 编，《民国丛书》，第 5 辑，上海书店 1989 年版，第 22 页。

② 肖美珍：《简析“关税特别会议期间”知识分子的关税言论》，苏州大学硕士论文，2006 年，第 61 页。

③ 江恒源编：《中国关税史料》，第 15 编，《民国丛书》，第 5 辑，上海书店 1989 年版，第 35 页。

厘金与国定关税定律条例同时实行，但至迟不过民国十八年一月一日；（3）在未实行关税定律条例以前，中国海关税则照现行之值百抽五外，普通品加征值百抽五之临时附加税，甲种奢侈品（即烟酒）加征值百抽三十之临时附加税，乙种奢侈品加征值百抽二十之临时附加税；（4）前四项临时附加税应自条约签字之日起，三个月后即行开始征收；（5）“关于前四项问题，应与条约签字之日起，立即发生效力，加征值百抽二十之临时附加税”①。由此可见，关税自主的原则在这次会议上得到了西方列强的一致认可。

关税特别会议虽然不可能解决中国关税自主的问题，但这次会议客观上产生了几个积极的成果：第一，会议以条文的形式承认了中国关税自主的权利，这是一个极其重要的成果，“然此会议虽无结果，我国关税自主之权利，则表面上固已得各国之承认，此实开我国关税之新纪元，较之巴黎和会提而不议，华盛顿会议议而不决，精神上总得安慰多多矣”。第二，北洋政府在这次会议上采取了较为强硬的立场和态度，迫使列强作出了一定的让步，体现了中国外交的进步。第三，关税会议扩大了列强间的缝隙，改变了过去一致对华的局面。关税会议中，列强尤其是美、日、英之间的相互防范和攻击，各为己谋，各自为政，出现了有异于华盛顿会议的新态势，始终未能形成对华统一阵线。这固然增加了关税会议的复杂性，但同时也给中国提供了利用矛盾以实现目标的有利条件。

尽管在关税自主的道路上还显得任重道远，但是北洋政府也正是通过以上几次会议，增强了中国关税与国际关税的沟通和交流，提升了中国关税的知名度及在国际上的影响力，实际上是以极其特殊的方式确认了中国关税的应有地位。

### 四、利用列强矛盾，加征临时附加税

进口附加税是指“对进口商品征收正常关税之外，再加征的关税”②。由于1921年南北各省发生水旱大灾，中外慈善家与外国公使交涉，在上海关税上附加一成，充当赈灾之用，以一年为期限。经总税务司安格联提出以后，刚开始列强还是态度不一。由于中国财政面临破产，美国和英国首先表示支持，日本经过多方交涉也被迫答应，法国则借口金佛郎案件未解

① 《关税自主提案》，《晨报》，1925年10月27日。

② 韩经纶：《国际贸易基础理论与实务》，南开大学出版社2005年版，第157页。

决拖延。最后经过多方交涉，北洋政府取得征收的权力。决定从1926年10月1日起，北洋政府开始继续对往来的货物开征海关附加赈捐，以两个月为限制，所有海关及海关兼二百五十里内常关，也定于10月1日。①“奉农商部训令……并应于开征六星期布告商民知悉，俾有准备，请查照。查海常关征收附加赈捐一项，本部前于上年九月准税务处来咨，分别咨令查照在案，税务处咨称续征海常关附加赈捐，二个月各节，除分别咨令转饬遵照外，令亟抄录原咨，令仰应转饬遵照，此令。附件等因，奉此，除分行外，相应抄录原件函，请贵会遵照办理为荷。”② 征收情况如下表。

**表2-5 历年海关附征赈捐数目表**

（海关附征赈捐，始于1921年，中间1923、1924两年停止，1925年以后仍征如故，兹列表数目如次）

| 年次 | 1921 | 1922 | 1925 | 1926 | 1927 |
| --- | --- | --- | --- | --- | --- |
| 附征赈捐数（以两计） | 4545485 | 724944 | 855664 | 2313685 | 46748 |

表格来源：《中国关税史料》（江恒源编），第12编，《民国丛书》，第5辑，上海书店，1989年，第5页。

从以上表格可以明显看出，海关附征赈捐项目取得一定的效果，其中刚开始的1921年与1926年征收数目较多，这与北洋政府的努力是分不开的，中国人民坚决反帝斗争也起了相当重要的作用。“关于取消交通附捐一事，教育界以有碍于八校经费，颇持反对态度，昨已由八校代表讨论此事，倘无适当替代之款项，必坚持反对主张。”③ 可见，学生反对是重要原因之一。1927年则是由于中国政局变动，上海发生“四一二”政变，严重影响了征收效果。

“二·五附加税”征收经历了一个曲折的过程，自从海关附加税保管委员会成立以后，由该会以正式名义致电各海关询问开征、征收日期以及征收费用。规定“安东、大连、营口、天津、烟台、青岛、哈尔滨各海关监督，均鉴：附加税保管委员业经成立，正、副委员长就职后，业经分别通告在案，唯查‘二·五附加税’，贵监督系何日起征？与征实数若干？除俟

① 江恒源编：《中国关税史料》，第12编，《民国丛书》，第5辑，上海书店1989年版，第1-3页。

② 江恒源编：《中国关税史料》，第12编，《民国丛书》，第5辑，上海书店1989年版，第4-5页。

③ 江恒源编：《中国关税史料》，第12编，《民国丛书》，第5辑，上海书店1989年版，第4页。

财政部指定银行保管，暂行电达外，祈先行电复，以便查核，海关附加税保管委员会即征”。[①] 该电发出后，烟台关监督贾壁月氏，曾有复电，略谓二月份所收“二·五附加税”款计三千三百余两，已经悉数由省当局提作军费，应请查核，并请财政部准予备案，安东关监督姚启元，也有电致附加保管委员长王士珍、王宠惠，略谓安东关遵政府令布告，自二月一日起征二·五附加税，但因日商坚决反对缴纳，当时尚无法征收，曾由交涉员与安东日领事交涉，亦无效果。日商并声明如强其缴纳，唯有以武力对付。其余如天津、青岛等海关均有电致财政部，所报告者，不是说“二·五附加税”款已被本省留为军用，就是说“二·五附加税”征收困难。财长汤尔和鉴于“二·五附加税”既无政府分配之可能，银行界亦以政府此项收入完全无望，各项经济一律不允通融，政府财政便陷于绝境，汤氏也只得辞职出走……各海关所征收之二五税，分文不能上交中央，举世熟知，而政府当局当初根本没料到这种结果，故设立保管委员会，请出王士珍、王宠惠为正、副会长，企图凭借二老面子，使各省当局不截留此款，实际上，“二·五附加税”款既分文不能任该会保管，王士珍、王宠惠乃向政府当局及奉方要人表示消极。顾维钧曾亲赴西堂子胡同王士珍宅，极力敦劝，王士珍说无款可保管，要这个保管会有何用？顾又去朝阳门大街王宠惠宅，劝王勿消极，王答谓聘老所言，确是实情，虚设一个保管委员会，又何必呢？顾聆言亦无法再劝，便也无可奈何。[②]

各地方征收“二·五附加税”的情形也各有不同，一波三折。根据《申报》记载，天津、海口从1928年10月实行征收出口货二五附税，江苏省于1927年1月11日开始征收，上海于1927年1月21日，湖北省于1927年1月5日，山东省于2月20日，哈尔滨于3月5日，云南于1月19日征收。但是津日领反对征二五附税，奉天日商也表示明确反对。[③] 面对这种复杂情况，北洋政府多方交涉，稳住了反对情绪激烈的日本，“日领抗拒‘二·五附加税’，日商因积货不能起运，须付货栈费，损失甚大，故十一日天永洋行已认缴，十二、十三两日，海关放假。十四日三井洋行亦认缴，日

① 江恒源编：《中国关税史料》，第13编，《民国丛书》，第5辑，上海书店1989年版，第15页。

② 江恒源编：《中国关税史料》，第13编，《民国丛书》，第5辑，上海书店1989年版，第15－16页。

③ 江恒源编：《中国关税史料》，第13编，《民国丛书》，第5辑，上海书店1989年版，第16－22页。

领抗议，终归失败”①。

对于中国提出的要求，各国皆有不同的态度，特别是美英日三国的矛盾甚为激烈。列强都根据自己的利益提出不同的过渡办法。“英国代表团承认关税自主为一切独立自主国家固有之权利，且履行一九二二年二月六日华盛顿条约各规定……”“津浦粤汉两铁路借款合同中，中国政府应声明裁厘之时，会有该项借款以关税收入偿付之条项，故应由附加税收入中，每年摊出九百万元，以至一千万元，以充该项铁路借款偿付时之用。”可见，英国在附加税提案中，侧重于借款债权之收回，那样可以借日本对华输入品之课税，为各自对华借款之取偿。英国甚至可以承认附加税再增高，但一定要坚持偿还债务为第一要义。在日本代表提案中有“除中国以外之各缔约国，兹敬请宣言承认中国具有自主国固有之权利，应享完全关税自主之原则。……本代表团能允按照华府会议所规定之条约，立即应允征收二五附加税，并在物品表规定时，可将奢侈品征收值百抽五附加税……”“日本对于关会注重附加税，次则用途。”可见日本因对中国贸易有优势，并不想中国提高附加税。“日前使团会议席上，英国‘二·五附加税’提案，正式表示反对者，实仅日本一国，外传美、法等使亦持异议，实系日人方面故播之空气”，② 可见，日本是中国实行“二·五附加税”最强烈的反对者。“关税特别会议久在不生不死状态中……而现政府财政极端窘迫，乃拟治标，先办华会议决之‘二·五附加税’……敦促各国开会者，亦即思逼出各国承认二·五税之手段。而各国亦以南方久已实行征收‘二·五附加税’，无可遏阻，不如卖一现成人情，即容许北方政府亦征收‘二·五附加税’，以示援助之好意，关会纠纷亦可借此而告一段落。各使间非正式交换意见，确不止一次。及十八日使团会议中，此项问题，突然提出，北京外交界，顿破沉闷之空气，而现热烈之态度。”③ 可见，列强迫于南方政府的压力，已经对北洋政府实行“二·五附加税”的态度有所动摇和松动，这是一个不小的进步。日、美、英各国均提出不同方案，但大体承认5%基础上附加2.5%，奢侈品加5%的原则。各方争执不下，最后宣言：“各缔约（中国在外）兹承认中国享受关税自主之权利。允许解除各该国与中国现行各项条约中所包含之关税束缚。并允许中国国定关税定率条例于一千九百二十九年一月一日发生效力。”这一差不多相当于“关税自主”的宣示，因

---

① 《津海关已征日货附税》，《申报》，1927年2月16日。

② 《日本反对英提案之内幕》，《申报》，1927年1月9日。

③ 《关税“二·五附加税”案之新发展》，《北京京报》，1926年12月23日。

政权之更迭而为后来的南京国民政府所承接。

综观北洋政府积极争取关税自主权的历程，可以看出主要存在如下三个特征：（1）巴黎和会、华盛顿会议、关税特别会议主要围绕以下三个问题：现行值百抽五之进口税应增加至奢侈品切实值百抽十二点五；对于奢侈品与必要品等类，要有区别税率之权；裁撤厘金的问题。（2）中国各界虽政治立场不同，但对收回关税自主权却一致表示支持。无论是北洋政府，广东国民政府，其他地方军阀，还是普通民众，莫不奔走呼号“关税自主”，体现了一种民族觉醒的斗争力量和勇气。（3）这个时期是中国关税思想和政策走向世界的宣言书。在国际会议上，中国政府代表顾维钧、王正廷、沈瑞麟等人以其渊博的学识、先进的理念、过人的胆识和智慧，与列强的经济界名流充分交流和讨论，平起平坐，为塑造中国关税大国的形象作出了贡献，赢得了一定的国际声誉。这就为以后南京国民政府收回关税自主权奠定了坚实的人事基础。

可以看出，通过以上几次会议交涉，北洋政府在主观上基本确立了关税自主的原则，并以此为契机，顺势将关税自主的旗帜推到了民国时期对外贸易政策的风口浪尖，初步构建关税自主政策的基本格调与态势。

## 第四节　北洋时期对外贸易政策的特征与成效

北洋政府时期，无论是从海关行政管理机构还是对外贸易政策的措施来说，对外贸易的大权依然操纵在总税务司手中，但是北洋政府已经开始改变晚清以来完全听命于帝国主义的新局面，并已初步形成了以争取关税自主为主要政策目标，保护本国幼稚工业发展的总体原则与指导方针。

### 一、北洋时期对外贸易政策的特征

北洋时期是我国对外贸易发展的一个重要时期，这个时期的对外贸易政策开启了一个全新的时代。这种对外贸易政策特征主要体现在四个方面：（1）中国政府开启了自己干预海关人事的新现象，如 1927 年 2 月，因“二五附税风波”安格联被免职，而由易纨士代理，这实际上“远远突破了人事任免的范围，已触及列强控制下旧有的海关体制开始瓦解的敏感问题”①。（2）财

① 李育民：《中国废约史》，中华书局 2005 年版，第 504 页。

政部派出的各地关监督，直接隶属于财政部。（3）民国以来，财政部和外交部下设的税务处监督总税务司，其行使海关监督权的方法有：经总税务司间接对各关税务司下命令，直接对各地海关监督下命令。监督拥有与税务司协同管理税务的权力，可以专门管理税款征收。因此，北洋政府时期关税政策比晚清时期前进了一大步，开始走上了艰难曲折的独立自主之路。（4）北洋政府时期的关税收入呈上升的趋势，特别是1919年后关税收入逐年增加，这是晚清时期所没有的新局面。关税收入情况见下表：

**表2－6　北洋政府时期历年关税收入情况表**

| 年次 | 税收总数（以银两计） |
|---|---|
| 民国一年（1912） | 39950612 |
| 民国二年（1913） | 43969853 |
| 民国三年（1914） | 38917525 |
| 民国四年（1915） | 36747706 |
| 民国五年（1916） | 37764311 |
| 民国六年（1917） | 38189429 |
| 民国七年（1918） | 36345045 |
| 民国八年（1919） | 46009160 |
| 民国九年（1920） | 49819885 |
| 民国十年（1921） | 59007129 |
| 民国十一年（1922） | 59359194 |
| 民国十二年（1923） | 63504251 |
| 民国十三年（1924） | 69595131 |
| 民国十四年（1925） | 70725667 |
| 民国十五年（1926） | 80435962 |
| 民国十六年（1927） | 68781876 |

资料来源：江源恒编，《中国关税史料（上）》，（台）文海出版社，1985年10月版，第四编，第4－5页。

从上表可以看出，从1919年起到1927年为止，政府的关税收入从46009160增加到68781876两。有学者分析得出结论，这种收入的增加仅仅只是因为进口货物的增加所致，因而得出“关税之增加，不仅非国家之不幸，实为国民之病……关税没有能够筑起保护国内民族工商业和农业经济的关税壁垒，因此，关税收入的增加，实际上表明了帝国主义对中国经济侵略的进一步强化，而中国人民受奴役受剥削的程度进一步加深”① 的结

① 孙文学：《中国关税史》，中国财政经济出版社2003年版，第231－232页。

论。但是，我们可以进一步分析：首先，众所周知，在近代中国政府软弱的情况下，国家不能干预经济，关税自然就成为主要的经济调控手段，因此，不能苛求这种政策能起到保护民族工业的壁垒作用。在北洋政府时期，这种关税政策多少增加了政府的财政收入，对民族经济的发展也起了一定程度的保护作用（从民族资本主义企业的迅速增加可以看出这一点）。其次，战后世界资本主义经济处于复苏时期，进口贸易的增加是当时历史的必然趋势，既表明了战后劳动人民生活水平的提高，又表明世界市场逐渐繁荣和稳定；“出口货之进行虽不及进口货之可观，但自民国九年以后，进步无间，十三年以来，尤为显著。照此观察，出口方面，似已保持其平稳上进之势，此则不无差强人意耳”①。第三，进口贸易的增加并不是坏事，工业落后国家要实现工业化，必然要遭受这种剥削，与工业化的大目标相比，这个代价是值得的，近代日本就是依靠发展进口贸易而建立了自己强大的工业。不过，政府应该在发展进口贸易、增加关税的同时，不断探索和学习国际先进的生产技术、管理经验和模式，要以发展本国的产业为最终的目标，而这正是北洋政府的失误所在。第四，要敢于承认在北洋政府时期争取关税自主的政策，体现了历史和时代的进步性，如果单独因北洋政府关税收入的增加，就认为这是帝国主义侵略中国的罪证，这就混淆了关税政策和工业化两个不同的概念，最终会将帝国主义的经济侵略归罪于北洋政府的关税政策，这显然有失历史的公允性。

### 二、北洋时期对外贸易政策的成效与局限性

辛亥革命结束了统治中国长达两千多年之久的君主专制的封建帝制，这标志着中国资产阶级从此登上了政治舞台，也揭开了近代中国以国家政权的力量为杠杆，直接推动资本主义对外贸易发展的新篇章。南京临时政府颁布了一系列有利于发展资本主义对外贸易的政策法令，故在北洋政府积极促进对外商务活动的政策之下，中国对外贸易发展的速度逐步加快。一方面，我们必须看到北洋时期的对外贸易政策对当时推动发展对外贸易的积极作用，如自从北洋政府对俄国实行边境免税后“中俄免税之例行，双方贸易较为发达，昔之荒芜者，多变为繁盛之区，免税之规定收效颇大”。② 另一方面，我们也必须承认北洋政府时期对外贸易政策的不足以及

① 子明：《民国十七年份之对外贸易》，《银行周报》1929 年第 35 期。

② 江恒源编：《中国关税史料》，第 7 编，《民国丛书》，第 5 辑，上海书店 1989 年版，第 14 页。

它的局限性所在。如1914年6月9日申报记载，取消中俄交界百里免税本来就是俄国首先提出，计划本年6月1日实行，而后因为“俄商大起反对，再展至本年8月7日实行”①。可见，中国政府实行对外贸易政策受列强的控制相当严重。因此，从对外贸易的规模和水平分析当时中国在国际贸易中的地位，反思对外贸易不振的各种原因，提出尽可能合理的发展对外贸易途径，也应是北洋时期对外贸易政策的核心内涵。与晚清时期相比，无论是从北洋时期对外贸易的规模和水平还是对外贸易的平衡状况、特别是中国在国际贸易中的地位和影响方面来看，北洋时期的对外贸易政策的成效都体现了一种历史的进步。

1. 对外贸易政策的成效

北洋时期对外贸易政策“总体来说促进了我国对外贸易的发展，这一时期的对外贸易就进出口总值来说，呈现缓慢上升的发展趋势；以1919年为分界点，第一次世界大战爆发后，对外贸易的进口下降，而出口有一定的增加，这一时期出口增长快于进口增长，贸易逆差虽然存在，但相对有所减轻；这和战争爆发后帝国主义列强减少对中国的商品出口，而中国的出口商品满足世界市场的需求是基本吻合的；1919年以后，随着‘一战’的结束，帝国主义国家卷土重来，重新加强了对中国的商品出口，而中国的出口则相对减少，进口贸易的增长又超过了出口贸易的增长”②。而且这一时期中国对外贸易仍然严重入超。但总体而言，这一时期对外贸易比晚清时期有所发展。这有国际战争大环境的因素影响，也有对外贸易政策方面的原因。例如，由于北洋政府扩大了商品的征收和销售范围，特别是在铁路、轮船、汽车出现后，各种货物进出口非常快捷便利，速度大大提升。有些原来没有被开发利用的货物变成了国外市场的抢手货，有些原来本国还需要进口的煤炭，现在因为交通便利却大量出口；还如猪鬃、桐油、烟叶等也开始有所出口；有色金属是新开采的自然资源，也开始向外洋出口。越来越发达的现代化交通工具让我国进口货物对国外市场产生了严重的依赖性，并充斥内地城乡市场。

由于北洋政府提倡民间兴办企业，特别是鼓励利用外资和侨资发展对

① 江恒源编：《中国关税史料》，第7编，《民国丛书》，第5辑，上海书店1989年版，第15页。

② 陈晋文：《制度变迁与近代中国的对外贸易——以1913—1926年北洋政府时期的对外贸易为例》，《国际贸易问题》2009年第1期。

外贸易，实施减税免厘，鼓励创办实业等政策，第一次世界大战给中国商人们创造了一个难得的平台，无论是近代工业发展所需要的大批钢铁、各种机器设备等，还是中国自己的面粉和棉纱出口量都有了较大的增长。“第一次世界大战给中国的企业家们带来了意外的好机会”①，深深陷入战争泥潭的帝国主义国家忙于战争，根本没有时间和精力顾及中国，更没有办法向中国提供大量的消费品，如棉布、燃料、化学品等，这就让中国民族企业家抓住了一个机遇，自己开厂生产。此外，由于战争的需要，无论是丝等消费品，还是锡等战略矿产品，列强都大量需求。

20 世纪 20 年代，针对英国和日本的洋货，北洋政府鼓励提倡国货运动，可以说国货运动是北洋时期的一大特色。在这一时期，大规模地抵制外货运动风起云涌。客观上说抵制外货运动，对双方都是一种损失，这是列强经济压迫下一种无可奈何的选择。“我国的棉纺、面粉、火柴、卷烟等民族资本主义工业行业，就是为了抵制洋货而逐步发展起来的”②，政府以及各爱国团体纷纷表示支持国货运动，这是北洋时期的一个新现象，大规模的国货展览以及倡导使用国货客观上刺激了北洋时期民族工业的发展，为出口贸易创造了较好的舆论环境。“日货的抵制，在本十年（1912—1921 年）的后半期处于剧烈的实施阶段，它为中国人制造国产商品而替代日本货提供了必要的刺激。”这样，国货就可以取代以前日本进口货，使商业繁荣，贸易兴盛。③ 而国货的外销，也增加了中国对外贸易的出口。“若推广国货于国外，发达对外贸易，辟一莫大之利源”，则可以增长国家的经济。④

北洋政府对外贸易政策，在一定程度上加快了中国自然经济逐渐解体的步伐，商品经济越来越成为农村经济的主流，民族资本主义生产方式成为城市主要的社会生产关系。特别是交通运输事业的发展，通商口岸的增多，资本主义国家把中国的农村变成他们农业原料的产地和倾销工业品的场所，外国商品可以直销到广大农村。资本主义国家加强掠夺原料，破坏农村的家庭手工业，使中国社会的自然经济基础变弱。由于北洋政府鼓励利用外资和侨资政策，引进了外国先进的技术，进口了相当一部分生产机器，生产技术和管理方式在这个过程中得到极大的提升，外资企业与中国民族资本企业并驾齐驱。根据章长基的观点，“1912—1920 年中国近代工业

---

① 郑友揆：《中国的对外贸易和工业发展》，上海社会科学院出版社 1984 年版，第 35 页。

② 丁日初：《近代中国的现代化与资本家阶级》，云南人民出版社 1994 年版，第 22 页。

③ 张富强等：《广州现代化历程——粤海关十年报告（1882—1941）》，广州出版社 1993 年版，第 118 页。

④ 《国货月刊》，第 2 辑，1915 年第 1 期。

的平均增长率为13.4%，为近代中国工业增长最快时期”①。兴办民族资本企业呈现了自甲午战后以来的又一次新高潮。

由于北洋政府在民国初年一改晚清被动开放的局面，实行主动增开商埠的政策，这些口岸“在把外国商品带到中国内地广大和富饶的人口的面前以及在便利外国人所需要的中国产品的收购和运输方面的共同作用”。②原有通商口岸城市和自开商埠因为对外贸易发展而逐渐兴盛起来。北洋政府对外贸易政策促进了近代中国城市化进程。沿海的上海、天津、广州、青岛等都是进出口贸易的中心。上海在20世纪一二十年代每年的对外贸易值一直在40%以上，同世界三百多个港口有贸易往来。在第一次世界大战的影响下，北洋政府实行了一系列对外贸易政策，中国民族资本主义工业突飞猛进，获得了长足的进展。外国在华增加了投资、通商口岸年年增开、中国市场的进一步开放，这一切措施都在不同程度上促进了中国的对外贸易的发展。具体体现在以下两个方面：

（1）进口贸易额在逐年增加

在多种因素作用下，北洋时期的中国对外贸易持续发展。1912年进出口总额为8.4亿海关两，一战期间增长较快，到1926年增长到19.9亿海关两，增幅达1.37倍，其中出口增长了1.32倍，进口增长了1.38倍。③ 增长趋势见下图。

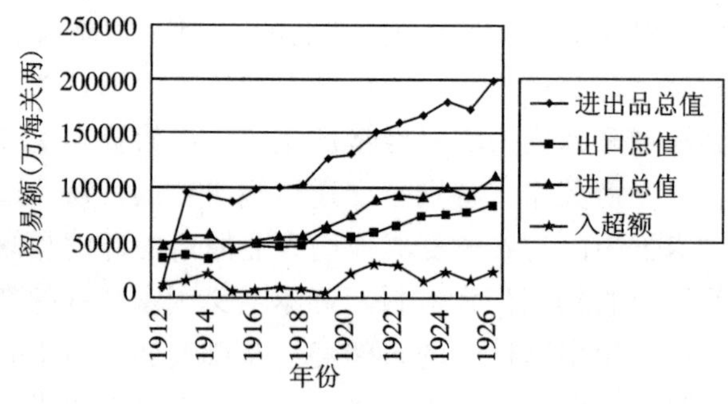


图2－1

表格来源：孙玉琴，《中国对外贸易发展史》第2册，对外经济贸易大学出版社2004年版，第167页。

① （美）章长基：《解放前中国工业的发展》，芝加哥，1969年，第71页。

② 《海关1922—1931年十年报告》。

③ 杨端六、侯厚培：《六十五年来中国国际贸易统计》，国立中央研究院社会科学研究所，第1页。

从图中可见，战争初期的1914—1915年，在中国开办的洋行为躲避战乱，在中国对外贸易中活动突然减少，导致中国进出口贸易额均有不同程度的下降。同时，随着战争的开展，西方列强大量的资源被战争耗用，因而也就没有足够的商品向中国出口，还因为缺乏商船，远洋运输费用暴涨，造成西方列强对华出口额锐减。此外，战争使世界产出下降，国际市场对中国重要农产品及战略性矿产品的需求激增，很大程度上刺激了中国工业对外贸易的发展。特别是从1916年以后，伴随着北洋政府经济的发展，中国对外贸易呈现出显著增长的状况。但是战后，西方列强又纷纷卷土重来，各国对华贸易竞争更加激烈，竞相向中国市场倾销商品。同时，中国近代民族工业的发展也需要增加对西方机器设备的进口，中国进口贸易迅速恢复增长，出口贸易增长相对缓慢。总体上来说，一战后中国进出口贸易呈现出强劲的增势。

如果按照美元折算的话，在一战期间，中国对外贸易额年均增长率达6.1%。年均贸易额超过10亿美元，到战后的1919年，中国进出口贸易规模达到了近代中国对外贸易的巅峰状态，其中出口达8.77亿美元，进口达8.99亿美元，进出口总额达到17.76亿美元。1924年中国进口贸易总额比1913年增长了5.5倍，钢铁进口增长了2.3倍。战后，列强加紧对华投资，西方列强很快就重新控制了中国和世界的市场，中国经济发展再一次受到严重的挑战，出口贸易很难持续增长，贸易规模逐步缩减。到1927年，进口、出口、进出口总额分别跌至6.99亿美元、6.34亿美元、13.33亿美元。

就总体而言，一战后中国进出口贸易呈现出良好的状态，处于上升发展时期。从1917—1927年，年平均进口增长率达7%，出口增长率达6.4%。①

（2）中国在国际贸易中的地位有所提高

晚清时期，中国对外贸易额占国际贸易总额的比重很小，1896—1898年年均所占比重仅为1.5%，1911—1913年年均占1.7%，说明中国对外贸易增长速度非常迟缓。

第一次世界期间，中国在国际贸易中所占份额依然很少，但无论贸易总额还是人均贸易额较前均有明显增加，且其增长速度快于国际贸易平均增长速度，结果中国在国际贸然中的地位有所上升。例如“汉口改种棉花

① 汪敬虞：《中国近代经济史》上册，人民出版社2000年版，第2007页。

后，棉花产额甚丰，小麦出产额亦盛，多以之运赴日本，茶叶因西伯利亚略有需要，砖茶制造业渐有复兴之象”①。按照国际联盟的统计，1924 中国在国际贸易中的排名由 1913 年的第 13 位上升至第 10 位。战后随着西方国家对外贸易的恢复增长，中国所占份额下降，到 1928 年所占位次再次跌落到 12 位。

**表 2－7　中国对外贸易额占世界贸易额的比重（1913—1928 年）**

| 年份 | 1913 | 1924 | 1928 |
|---|---|---|---|
| 中国人均贸易额（美元） | 1.61 | 3.25 | 3.38 |
| 中国贸易总额（百万美元） | 710 | 1450 | 1553 |
| 中国贸易额占世界贸易额的比重（%） | 1.88 | 2.62 | 2.31 |
| 中国在世界贸易中的排名 | 13 | 10 | 12 |

资料来源：League of Nations：“review of world Trade”（1932），pp. 27－29。

另外，何炳贤将进出口贸易分别作了统计，结果如下表。②

**表 2－8　中国在国际贸易中的地位**

| 年份 | 进口 | | 出口 | |
|---|---|---|---|---|
| | 中国占世界贸易的比重（%） | 中国人均贸易额（美元） | 中国占世界贸易的比重（%） | 中国人均贸易额（美元） |
| 1913 | 0.94 | 2.14 | 0.67 | 1.60 |
| 1926 | 1.90 | 2.74 | 1.46 | 2.26 |
| 1927 | 1.55 | 2.07 | 1.49 | 2.02 |
| 1928 | 1.88 | 2.45 | 1.56 | 2.15 |

资料来源：何炳贤，《中国的对外贸易》。

众所周知，北洋政府在国际贸易中的地位是由多种因素决定的。如果单纯论排名，世界排名第 13 位，也不算很差。但是中国毕竟是一个大国，人多资源也多，因此必须全面审视北洋时期的对外贸易水平。

首先，对外贸易是在丧失主权的条件下进行的，对外贸易不能独立，完全依赖洋行控制；其次，对外贸易连年出现逆差，始终处于入超的状态；

① 武育干：《中国国际贸易概论》，商务印书馆 1930 年版，第 42 页。

② 杨端六：《最近六十五年间中国的对外贸易统计》，“国立中央研究院社会科学研究所”1931 年版，第 33 页。

第三，国内生产技术落后，对外出口的大都是原料和初级工农业产品，完全成了帝国主义的原料产地和销售市场；第四，北洋政府软弱瘫痪，各地军阀割据，政令不统一，缺乏一个统一领导和组织对外贸易的领导核心。基于以上几个方面因素的考虑，我们可以得出一个总体结论：北洋时期中国在国际贸易中的地位是被动的、落后的、低层次的。但是，这一时期，有一个突出的亮点，那就是贸易额显著增长，增长速度快于国际贸易平均增长速度。主要原因是第一次世界大战带来的机遇。因此，北洋时期中国国际贸易地位赋予了我们一个重大的历史启示，要善于抓住历史的机遇努力发展对外贸易。

北洋时期对外贸易政策大大刺激了对外贸易的发展，从各地对外贸易额的增加可充分说明这一点，具体贸易数字见下表：

**表 2－9　中国直接对外贸易额埠别比较表（单位：千海关两）**

| 埠别<br>年 份 | 大连 | 天津 | 重庆 | 汉口 | 上海 |
|---|---|---|---|---|---|
| 1921 年 | 169036 | 126912 | 1124 | 57725 | 636042 |
| 1922 年 | 161113 | 142893 | 1161 | 64275 | 627645 |
| 1923 年 | 182323 | 126132 | 1975 | 54830 | 694709 |
| 1924 年 | 202860 | 123958 | 1355 | 80563 | 759925 |
| 1925 年 | 207195 | 147302 | 1225 | 84009 | 738073 |
| 1926 年 | 256845 | 145039 | 1161 | 77965 | 958455 |

资料来源：武育干，《中国国际贸易概论》，商务印书馆 1930 年版，第 342－343 页。

从上表可以看出，从 1921 年到 1926 年，这五大埠别的对外贸易额都呈上升的趋势，“欧战停止以后，贸易总额，更年有增长……时至 1928、1929 两年，则贸易总额已各二十倍于 1864 年了”①。说明北洋时期的对外贸易政策取得了相当的成效。

但是，必须看到，这一时期我国输入商品，仍以制造品为大宗，而且依据海关记载的这些输入制造品中，占大多数的仍为轻工业品，而不是生产工具。如 1925 年棉布的输入占输入总值的 15.8%。一国的输入以制造品为大宗，制造品又以仅供消费之用的轻工业品为大宗，说明中国仍然没有

① 吴半农：《中国对外贸易之分析》，《社会杂志》1931 年第 3 期。

改变帝国主义的过剩工业品的销售市场的性质。

1914 年爆发了第一次世界大战，中国的国内轻工业获得千载难逢的发展机遇，在“振兴实业”的口号下，努力发展机器制造业，从外国进口机器也逐渐增多，国内轻工业获得相当的发展。机器输入情况见下表：

**表 2-10　民国以来历年机器之输入（单位：1000 海关两）**

| 种类 / 年份 | 推进机器 | 发电机器 | 纺纱机器 | 农业机器 | 其他机器 | 各种机器合计 | 机器输入占输入总值的百分数/% |
|---|---|---|---|---|---|---|---|
| 1918 | 646 | | 1650 | 164 | 4977 | 7437 | 1.3 |
| 1919 | 1589 | | 2744 | 521 | 8856 | 14710 | 2.3 |
| 1920 | 2348 | | 6904 | 1004 | 13026 | 23282 | 3.1 |
| 1921 | 5109 | | 26723 | 2192 | 22371 | 56295 | 6.2 |
| 1922 | 2395 | | 30480 | 096 | 16621 | 50192 | 5.3 |
| 1923 | 1474 | | 12316 | 302 | 18387 | 27379 | 3.0 |
| 1924 | 1906 | | 5710 | 279 | 15953 | 22948 | 2.3 |
| 1925 | 1920 | 858 | 8407 | 161 | 9231 | 1557 | 1.7 |
| 1926 | 1901 | 832 | 4958 | 512 | 9485 | 16788 | 1.5 |

资料来源：吴半农，《中国对外贸易之分析》，载于《社会杂志》1931 年 3 月 15 日。

从上表可以看出，从 1919 年—1924 年数年间，机器输入骤然增加，1921 年占输入品的份额高达 6.2%。说明中国民族资本主义企业正处于发展的黄金时期。但到 1925 年以后就下降到 2% 左右，且处于稳定状态，说明中国机器生产的民族企业受到了外国工商业的竞争和压制。

我国对外贸易总额增多的同时，对外输出却在逐渐减少，对外贸易总额增多主要是因为进口的大量增长，这一时期的入超状态仍在继续。本人分析，主要有如下原因：（1）政治腐败，战乱不断。袁世凯以后的北洋军阀统治中国，政权混乱，四分五裂，各自为政，战火连绵，“旧有产业多遭破坏，新有企业，无由发生”①。（2）匪患四起。民国初年，由于政治上没有统一，匪患蔓延，鸡犬不宁。“除通商大埠驻有重兵防护外，郊外居民，均一夕数惊，生命财产，不能得有相当保障。结果，中资农家，荒业田园，

① 李亦人：《中国对外贸易之危机（续）》，《钱业月报》1932 年第 9 期。

迁入市城以求苟安。贫穷之家，亦不能安居乐业，奔走呼号，流离失所，莫不有之。”① 人民不能安居乐业，使田地荒芜，工业停顿，工农产品自觉减少。（3）交通运输落后。因为匪患的原因，交通运输工程虽有发展，但投入实际运行的却比较少，各地交通阻滞。内地产品无法运输出口。（4）灾荒普遍流行。我国对于农事，从未注意。内地河道淤塞，不加疏浚，病虫遍野不知消灭之道。农民减少，灾民加多，最显著之影响，即荒地面积扩大，耕地面积减少。因天灾病虫而生产大减是极为平常之事。因此，对外贸易减少自然也在情理之中。（5）繁重的苛捐杂税。自产地至销售市场，有关税有厘金，局卡如林，附捐重叠，政府历年滥发公债，减杀人民企业资本，地方税逐年增加。人民既然没有力量改良其产品，那么输出之减少，也就顺理成章了。

总之，要改变晚清以来一直形成的贸易入超，除降低商品的成本，提高产品质量，拓展海外市场以外，还有两点值得特别注意：（1）研究消费者的心理。国人之制造商品，莫不顾及社会之环境、国人之心理，以期适用，大都所制造之货品，耗费成本至巨，样式之呆粗，且不为社会之需要，一般人之愿望，故外人欲在我国霸占市场，“先行打听国人之所需，并适应社会之环境，因此销路乃增。皆各国商品均投合国人之心理及适合其需要”②。（2）设立推销机关。各国贸易，因言语文字的障碍，没有完全统一。“深感贸易之困难，须设法以沟通，均有直接推销之机关设立。以连通本国之商人，而得有信用照著及一切之担保者，请其为经理人，给以重薪，以期专心经营业务，候彼国货物到时，即行办理手续，乃向各方接洽，以资推销其货品。”③

总之，北洋时期（1912—1926 年）是中国对外贸易政策发展的一个相当重要的历史时期，认为北洋政府无所作为的观点显然有失历史的公允性，通过对这段历史的仔细研究，我们发现，北洋政府面临国内外强大的压力试图把中国的对外贸易政策纳入法制化、世界化、正规化的轨道，改变晚清以来对外贸易政策各种缺陷和不利状况。但是由于国内外压力，北洋政府的行为绩效又会因为政府的软弱而大打折扣。北洋时期中国对外贸易虽然呈现出前所未有的发展趋势，但这改变不了中国对外贸易半殖民地的基

---

① 李亦人：《中国对外贸易之危机（续）》，《钱业月报》1932 年第 9 期。
② 李亦人：《中国对外贸易之危机（续）》，《钱业月报》1932 年第 9 期。
③ 李亦人：《中国对外贸易之危机（续）》，《钱业月报》1932 年第 9 期。

本性质。但是不管怎样，北洋时期的对外贸易政策以晚清以来不曾有过的姿态登上了现代中国历史的舞台，这些政策的基本做法、理念和精神为后来的南京政府所继承，并为对外贸易政策的进一步成熟和完备奠定了坚实的基础。

2. 对外贸易政策的局限性

从这一时期的进出口商品结构分析，仍然可以看出我国对外贸易的半殖民地半封建性质。

**表 2－11　1908—1928 年出口商品次序表**

| 地位＼年份 | 1908 | 1913 | 1918 | 1923 | 1928 |
|---|---|---|---|---|---|
| 第一位 | 丝 24% | 丝 20% | 丝 17% | 丝 20% | 丝 16% |
| 第二位 | 茶 12% | 茶 8% | 植物油 9% | 豆及杂粮 7% | 豆及杂粮 15% |
| 第三位 | 丝织品 5% | 豆及杂粮 6% | 棉花 8% | 植物油 6% | 蛋 5% |
| 第四位 | 棉花 4% | 丝织品 5% | 豆及杂粮 4% | 棉花 5% | 植物油 4% |
| 第五位 | 籽仁 4% | 兽皮 5% | 兽皮 4% | 蛋 4% | 茶 4% |
| 第六位 | 兽皮 4% | 棉花 4% | 丝织品 4% | 丝织品 3% | 五谷 4% |
| 第七位 | 豆及杂粮 4% | 籽仁 4% | 茶 3% | 固体燃料 3% | 棉花 4% |
| 第八位 | 植物油 3% | 植物油 4% | 羽毛 3% | 茶 3% | 皮货 3% |

资料来源：鲁传鼎，《中国贸易史》，（台北）中央文物供应社，1985 年版，第 130 页。

从上表中我们可以看到，进口是以直接消费资料为主，制成品的进口比重连续居高，北洋时期中国进出口贸易商品的结构有所变化；出口是以农产品原料及手工制品、半成品为主，制成品没有什么增长。这就体现北洋时期我国的工业化水平发展相当缓慢，中国的殖民地性质贸易格局没有根本改变，我国对外贸易仍然处在半边缘化的地位。可见，北洋政府的对外贸易政策的成效和地位不能拔高，与世界相比，就中国对外贸易的比重和地区结构来说，北洋时期中国的对外贸易，在数量上有所增加的同时，在世界贸易总额中的比重也有所上升，这表明北洋时期的对外贸易政策将中国对外贸易发展推向了一个新的平台。

北洋时期，尽管随着商品经济的活跃、近代工业的发展，中国工农业产品总量有显著的增长，出口贸易量也有扩大，但是，由于生产技术落后，商品质量普遍比较低劣，再加上对外贸易被外商洋行所控制，所以价格偏低。可以说，中国贸易条件继续恶化，严重影响了中国对外贸易的平衡状况。这一时期中国对外贸易依然处于入超状态，入超额在第一次世界大战期间明显缩减，但战后又急剧上升，甚至还超过战前1~2倍。

1913年中国对外贸易逆差为1.2亿美元，战争爆发之初的1914年，由于进出口贸易同步减少，因而逆差额变化不大。从1915年开始，出口增幅逐渐大于进口，逆差额大幅下降，该年逆差额减少到0.22亿美元，比上年减少83%。1915—1919年年均逆差额不到0.5亿美元。

其实原因非常简单，第一次世界大战期间，由于帝国主义忙于战争，西方商品输出下降，对华输出明显减少。同时，欧洲对中国的棉花、皮毛等原料性商品需求上升，结果导致中国出口贸易增长快于进口贸易增长，1914—1919年年均出口贸易比1900—1913年增长了57.8%。贸易逆差虽依然存在，但逆差较前明显减少。战后，西方对华出口出现恢复性增长，中国的进口贸易很快就超过出口贸易，逆差再度扩大，特别是随着外国在华投资的增加，资本货物进口激增，使中国的对外贸易逆差很快达到空前水平，到1920年即超过战前达到2.73亿美元。贸易逆差在不断扩大，资金外流，进一步加剧了中国近代产业的资金短缺，对中国的资本积累、工业化与对外贸易构成严重的障碍。

众所周知，北洋时期的对外贸易政策始终没有取得预期目的，包括一般原因和特殊原因，在找到原因与问题的症结所在的同时，我们必须提出应对的措施与方法。唯有如此，我们才可以吸收北洋时期对外贸易政策留下的宝贵经验和深刻的教训。北洋时期，我国对外贸易虽然有所发展，但仍然不发达，主要是由于以下原因：

（1）政治的原因。民国成立以后，南北纷争，迄无宁岁，南与南争，北与北夺。“民国十四年（1925年），国事多难，内战频起，盗贼猖獗，俱足以阻贸易之发展。”① 可见，战乱是阻止对外贸易发展的主要原因之一。“混战之局，弥漫全国，此种慢性革命政象，足令凡百事业皆呈停滞之象，固不仅国际贸易为然也，不过国际贸易，因值此乱离之际，民生憔悴，朝不保夕，企业心之薄弱，亦足以促贸易之不振耳。”② 首先，在战乱时期，对贸易影响最大的首先是军阀的横征暴敛，使国家的资金，不是沦为战费就是中饱私囊。这些中饱私囊的人生怕下台后被抄家，将钱存入外国银行，

---

① 黄祚：《最近五年中国对外贸易之状况》，《钱业月报》1931年第1期。

② 武育干：《中国国际贸易概论》，商务印书馆1930年版，第570－571页。

从而使本国的资金更加拮据。军阀实际上是为虎作伥。因此，与中国商人相比，外商的资金更加充裕。其次，战乱对交通运输的影响非常明显。国内各大铁路，常因战事拖延数月至一年半载而不能恢复原状，货物拥塞，资金周转困难，巨商大贾，常有因此而受损失至一蹶不振的。小资产阶级处境则更加悲惨。有强据交通机关以充军用的现象，也有征发民间交通用品以供军需，或阻塞交通地带以断绝往来，或遍地设立厘卡以剥削商民，或纵兵为匪以勒捐强夺。第三，政局变化过于剧烈也是国际贸易衰落的原因之一，当时所谓的北洋政府，实际上是由实力派之军阀随意指派，他们终日忙于筹集军饷与支配地盘，根本就没有时间和力量振兴国际贸易。

（2）社会的原因。首先，我国具有农业的保守习惯。我国地大物博，农业立国，容易养成保守与退让的国民性，安于现状，不思进取。像航海万里海外经商的事情，往往被视为畏途；因为保守习惯太深，农业不改良，还处于原始状态的耕作，能用近代新式技术改良农业的微乎其微。我国领土面积虽然较大，但人均耕地面积占有量小，每一农民仅有五亩，拮据之状，用来养活自己还成问题，谈何出口对外贸易呢？其次，我国缺乏商业知识。就进出口贸易而言，经历近百年的对外贸易，我国竟然还不能直接经营，仍然是依赖于洋行，一般商人对于进出口的技术毫不知情，对于进出口货物本身的注意事项，许多商人也是茫然无知。“如外人需要猪羊肠，出口忽盛，至其何用途，至今恐尚无多人识之”①，最重要之出口货物如丝、茶、豆类等，我国出口商人，对于这类货物在本国市场产额多少，世界各国需要的情形，一概不知，唯一注意的是探听洋行消息。“洋行有收货消息，则色然以喜，洋庄停滞，则蹙然以忧，似此昧于国际商业之大势，而仅以洋行为依特，是亦无怪对外贸易之握于外人之手而无由振兴也。”② 再次，缺乏商业道德。我国重要商品如茶、棉花、小麦等，外国人常常因为我国商人喜欢作假，导致销路大受其影响，茶叶喜欢掺羼颜色，棉花则掺有水分，甚至小麦掺杂了泥沙，外国人极为不满。此外，货物与货样不相符也很普遍，机制日用货品在南洋一带行销，可是华侨常以沪上所运去之货，滥竽充数，阻碍对外出口贸易。就进口而言，洋商对于华商定货等事，常以极不平等的合同约束，迫使我就范。都是由于华商信用不足，道德低落的缘故。最后，幼稚的国民文化、传统的排外思想依然十分严重，一般

---

① 武育干：《中国国际贸易概论》，商务印书馆 1930 年版，第 573 页。

② 武育干：《中国国际贸易概论》，商务印书馆 1930 年版，第 573－574 页。

人都不愿意与洋商交易，因此，中外通商虽然已久，贸易终无大进展。全国人民，有七成以上完全是浑浑噩噩的农民，经济上日益贫困，知识贫乏，购买力低下，使我国对外贸易失去牢固的社会基础。

（3）经济的原因。我国产业不兴的经济原因主要有下列几项：①交通运输不发达。在北洋时期，世界轮船和火车盛行之时，我国铁路建设仍然落后，虽然国内干线渐次完备，我国面积广大，但铁路总里程不过9370里，每方里之平均铁路里数，仅仅只有0.5%，这也是我国对外贸易不振兴的原因之一。铁路建设与世界各国比较，显得异常落后，见下表：

**表2-12　最近各国面积与铁路比较表（根据1926年The Statesman's Year Book）**

| 国家 | 面积（方里） | 铁路里程数 |
| --- | --- | --- |
| 中国 | 1896495 | 9370 |
| 澳大利亚 | 2974581 | 24484 |
| 加拿大 | 3603336 | 66232 |
| 苏联 | 8186144 | 45044 |
| 英属印度 | 1093074 | 38270 |
| 日本 | 148756 | 9974 |
| 美国 | 3743529 | 262380 |
| 意大利 | 110632 | 10237 |
| 法国 | 212659 | 25808 |
| 英国 | 121633 | 20392 |
| 德国 | 181257 | 34379 |
| 比利时 | 11752 | 3151 |
| 阿根廷 | 1153119 | 22627 |

中国面积，合本部及满、蒙、新疆、西藏合计，共4279170方里。

资料来源：武育干，《中国国际贸易概论》，商务印书馆，1930年，第576-577页。

②税收制度不合理。除关税制度以外，田赋制度为我国历代征收的制度，也极为不合理，各地军阀以此为准，重重征收附加税，比正税多几倍至十几倍的，甚至有预征到几年之后的。占全国人口70%的农民，终年辛勤劳作，不足以供养贪官污吏，在这种苛政之下，产业不可能振兴起来。③金融机关不完备。北洋时期，我国最占势力的金融机关是旧式钱庄与新式银行，但对于产业界最密切的放款业务，不太发达，普通银行钱庄放款也要

抵押品为担保。在农工业方面，还没有资金融通的金融机关，对于不动产的抵押与长期放款的业务，普通商业银行都不愿意放款，一般产业界的人都因为资金困乏无力发展。这就是金融机关不完备所导致。“且欧美各国，金融界对于产业界之融通资金，常有期票贴现等办法，甚足以便利产业界之周转，而我国现时，则尚无仿效之可能也。”① ④薄弱的劳动能力。生产要素中，最重要的因素就是劳动，我国人口众多，劳动力低廉，如果能好好利用于产业方面，完全可以使产业发达。而事实却并不是这样，普通工厂中所谓熟练职工为数极少，而且价格也昂贵。一般劳动工人，职业常常不稳定，缺乏长久练习的机会，劳动能力很薄弱，雇主方面只考虑节约工资，对劳动能力不太在意，宁愿以低工资雇佣劳动能力差的工人。而工人因为生活困难，更不可能提高其劳动效率。“此劳资双方均不注意劳动能力，而产业不振之自身症结所在也。”② 由于上述交通、税制、金融等各方面的缺点，产业不可能得到振兴，对外贸易也就受到很大的阻碍了。

北洋时期对外贸易政策未能获得预期成果，除以上所述的根本原因外，还有一项特殊的原因，那就是我国的对外贸易，历来完全操纵在外人手中，北洋时期也不例外。即所谓“洋行贸易”，因此，与其说是对外贸易，不如说是“对洋行贸易”。“各类进口贸易的内容，无一不受洋行的操纵，并且均为一阶级蚕食另一阶级的利益，华商之零售商蚕食消费阶级之利益，而批发商则蚕食零售商之利益，洋行又蚕食进口商之利益，此即中国进口贸易之真相，而亦进口贸易所以不振之来由也。”③ 同样，我国出口货物也为外人所操纵，我国工商业的大权，“尽为彼等控制，彼等欲吾华商如何，华商即不能不唯命是从，否则，货物一受挑剔，即有不能出洋之危险；以资本薄弱之华商，谁能担负此项损失；是以任其剥削，任其操纵，此出口贸易之所以终无自己振兴之望，而唯于洋行贸易之下求生活，尽亦良可伤矣”。④

“洋行贸易”之所以如此有势力，主要原因有下列优势：有对外贸易的传统习惯，懂得对外贸易方法，可以将我国的传统商品创新发明新产品适应国外，资金融通非常方便，可以获得外国政府的资助，国内外联络非常

① 武育干：《中国国际贸易概论》，商务印书馆 1930 年版，第 578 页。
② 武育干：《中国国际贸易概论》，商务印书馆 1930 年版，第 579 页。
③ 武育干：《中国国际贸易概论》，商务印书馆 1930 年版，第 583 页。
④ 武育干：《中国国际贸易概论》，商务印书馆 1930 年版，第 585 页。

方便，还配有专门技术，汇划款项手续非常方便等。

中国不能直接经营对外贸易，而仅只对洋行贸易，已经成为国际贸易不振的最大原因，而对洋行贸易又不是公平交易，以致华商常为洋行所压迫，而且变本加厉，华商压抑洋商最厉害的，即为不平等的华洋订货合同，它是以英文为标准的，而华商大多不通晓英文，真可谓“人为刀俎，我为鱼肉”。“总之，洋商所谓订货条例，几无异于裁判官之对于囚犯宣判，其保护债权周密如此，华商又安得不受洋行之操纵哉?”① 洋行之所以能操纵中国的对外贸易，其根本原因就是不平等条约，也是中国对外贸易不振的特殊原因。“数月来群众运动之口号，莫不曰反对列强经济侵略，然而寇深矣，可否何？举凡税关之权，铁路之权，海运之权，以及银行、仓库、保险……种种特权，莫不操于外人之手。于此欲谋对外贸易之发达，何异缘木以求鱼也。”② 由此看来，这也为后来的南京国民政府留下了一个遗留任务，要发展中国的对外贸易，必须扫除不平等条约对我国的约束和限制。

---

① 武育干：《中国国际贸易概论》，商务印书馆1930年版，第589页。

② 方宗熬：《中国对外贸易之实状》，《中大季刊》1925年第1期。

# 第三章　南京国民政府前期对外贸易政策的初步发展（1927—1933）

从1927年南京国民政府的成立到1933年国定进口税则的制定是对外贸易政策的初步发展期。北洋政府的对外贸易政策是在推翻晚清腐朽统治的基础上而初步形成的，这些政策带有明显的近代资本主义性质，既是对封建专制制度与封建因素的否定，同时又不可避免地带有晚清专制的一些因子和成分。因此，南京国民政府面临两大历史任务：（1）取消帝国主义在中国的条约特权，完全获得关税上的独立；（2）完善并进一步拓展北洋时期的对外贸易政策的内涵。南京国民政府在继承北洋时期对外贸易政策的基础上，继续探索和拓展了对外贸易政策的内涵，基本顺应了对外贸易发展的时代要求。

## 第一节　南京国民政府面临的国内外贸易环境

1927年4月12日，蒋介石在江浙财阀的支持下发动了“四一二”政变，并在南京建立了国民政府，开始了对全国的统治。1928年，东北“易帜”，结束了北洋时期军阀割据混战的混乱局面，全国各省名义上归于南京国民政府的统一领导下，为经济和对外贸易的发展创造了一个较为有利的客观环境。但是随之而来的世界经济危机以及1931年日本发动的“九一八”事变也严重影响和抑制了中国对外贸易的顺利进行。因此，南京国民政府成立之初面临迫切需要解决的难题主要有：“（一）开发交通以增进物产价值；（二）改良货币以免对外无形之损失；（三）实行免厘，减少生产费用；（四）善定法规以资遵守之准则；（五）振兴制造工业以为输出之后援；（六）陈列各国商品以为竞争之指导；（七）勿以本银为红利，致公司限倒产之危机等。”① 沿着这个政策指导思路，南京国民政府逐渐将对外贸易政策纳入国家对外贸易建设的总规划。

## 一、世界经济危机的爆发与对外贸易的艰难

为了争夺国际市场，第一次世界大战结束以后，资本主义国家都加强了国家对经济生活的干预，他们采取各种措施和政策，恢复和发展经济，使“整个资本主义世界资本和生产的集中度进一步提高”。但是却缺乏相应的国际国内市场，引发了深刻的资本主义世界经济危机。1929—1933 年长达四年之久的经济危机使资本主义各国工业生产下降了 1/4。“以世界各处商务不振，各国增收关税多所限制，致日本出口货为之跌落，而进口货非常加增，运至中国之货，共值九千八百万，较去年同时减少六百万，由中国运往日本之货，亦大都见减。”② “土耳其为一农业国家，出产原料品及食料品，际兹世界经济恐慌，物价低落声中，其所受影响甚为重大”，③ 可见经济危机无论对发达国家还是殖民地国家，打击甚大。大危机之后的萧条使得国际贸易保护主义大大增强。“二十三年世界各国，仍在经济恐慌笼罩之下相继厉行经济的国家主义，提高关税管理汇兑、统制贸易，国内又以银价高涨，白银大批外流，以致农村经济破产，金融枯竭，百业萧条，购买力薄弱。”④ 这种国际大形势下，为了转嫁危机，发达资本主义国家展开了争夺国际市场的新一轮竞争，各国都通过货币贬值放弃金本位制，贸易战异常激烈，同时又不断提高关税，树立各种贸易壁垒，贸易政策不仅成为“保护”大垄断组织垄断国内市场的手段，而且成为国家缩减对外收支逆差与缓和失业的手段。奖励出口与限制进口的措施形成交互推进的螺旋形上升，给国际贸易的发展设置了层层的人为障碍，使得国际贸易几乎趋于停滞状态。如美国 1930 年通过《霍来 - 斯姆特法》，提高了关税，引起世界关税大战，截止到 1931 年底，有 45 个国家提高了关税。连长期奉行自由贸易政策的英国也于 1931 年放弃了自由贸易的原则，推行高关税的贸易保护政策。虽然由于国际贸易环境恶化，国际贸易量急剧下降，但是资本主义经济强国，丝毫也不会放松对国际市场的争夺，这样的国际贸易环境，

① 《论中国对外贸易》，《地学杂志》1916 年第 2、3 合期。

② 《日本上半年对外贸易》，《银行周报》1932 年第 27 期。

③ 《一九三二年上半年世界重要国家对外贸易概况》，《国际贸易导报》1932 年第 4 期。

④ 何炳贤：《民国二十三年我国对外贸易的回顾》，《工商半月刊》1935 年第 1 期。

无疑给中国的对外贸易带来了严重不利的影响，南京国民政府虽然名义上统一了国内市场，但是国际市场不容乐观，面临着国际市场的严峻挑战。

## 二、南京国民政府初期的经济建设与对外贸易

南京国民政府受孙中山的影响比较大，同时南京国民政府还邀请了一批受过西方教育思想影响的学者主政，再加上争取民族独立的反帝爱国运动风起云涌，使得这一时期中国的对外贸易政策显现出一定的独立性。总体来说，这个时期结束了军阀混战，政治统一，为对外贸易发展提供了良好的政治环境，抗战爆发前10年间，南京政府进入了一个发展建设、繁荣进步的新时期。

在这10年间，南京国民政府围绕社会经济建设，制定了一系列方针政策。如《建设大纲草案》、《训政时期经济建设实施纲要方针案》、《关于建设方针案》、《实业四年计划》、《国民经济建设运动之意义及其实施》，这些方针政策促使南京国民政府进入一个以促进经济建设为中心的发展时期。在发展经济的同时，南京国民政府还专门设立了对外贸易机构，制定了自己发展对外贸易的政策措施。将工商局改组为国际贸易局，并颁布了一系列发展对外贸易的政策措施。还颁布了《商品检验暂行条例》及《商品检验局暂行组织条例》，第一次实行了进出口商品检验制度。这一时期，南京国民政府整顿了税务，实行了税制改革，颁布了多项税则，实现了“关税自主”。为了适应经济发展的需要，也为了控制全国的货币金融，加强国家金融资本的垄断，南京政府进行了币制改革。“废两改元”客观上起到了统一货币、恢复国民经济、服务人民的作用，这不但有利于对外贸易的发展，并拓展了中央银行活动的规模和机能，为后来实施的法币政策扫清了障碍，奠定了基础。1935年币制改革是有成效的，统一的货币制度促进了国内统一市场的形成，为商品经济的发展创造了极为有利的条件，从币制改革到抗战爆发，国民经济呈现上升的趋势；稳定的外汇比价对安定国内金融市场，让法币在世界市场流通，有利于促进对外贸易的发展；由于汇价较低又稳定，对出口十分有利，仅几个月就扭转了长期逆差的局面，使出口超过了进口。1936年初对外贸易出现前所未有的顺差，1937年上半年达到1935年同期的2倍左右，“贸易赤字迅速缩小”①。

---

① 陆仰渊，方庆秋：《民国社会经济史》，中国经济出版社1991年版，第343－344页。

在这10年中，中国的对外贸易自然受到了世界经济危机和经济萧条的挑战。"世界各国自从欧战以后，莫不极力扩张贸易，将我国当做销售货品之良好市场，以为生产过剩之尾关。"① 虽然有美国购银法案的影响，再加上国内自然灾害不断袭击，但南京国民政府初期在10年宽松的社会经济环境中，对外贸易还是有了明显的进展，特别是围绕国民经济建设的总方针，主要进口商品结构发生了较大变化。变化最大的体现在两个方面：一是棉花棉布的变化，棉花进口越来越大，棉布进口则一落千丈，反映了中国棉纺织业的发展；二是五金、机器以及化学原料的增加。五金、机器等进口的增加，说明该时期的对外贸易是围绕国内经济建设而发展的，也说明中国工业的不断进步与发展，但同时也反映出了中国基础工业的脆弱与幼稚。②

### 三、对外贸易思想理论更趋成熟

面对世界性经济危机以及后来的大萧条，资本主义各国为保护本国利益，高筑关税壁垒，积极向殖民地半殖民地推销商品，中国成为主要资本主义国家商品倾销地之一，加剧了入超的增加。美国《购银法案》更加影响了中国的出口，更增大了对外贸易逆差。面对国内宽松的经济环境和国际经济危机所带来的对外贸易问题，为推进国民经济建设，这一时期思想理论界有关对外贸易问题的探讨更加成熟，主要集中在振兴中国对外贸易的对策问题的探讨，这使得南京政府的对外贸易政策的制定更加具有深厚的思想理论基础。

复旦大学教授武育干曾经对中国对外贸易不振的原因进行了解构，并分析了振兴中国对外贸易的途径，他主张以废除不平等条约为关键，特别注重直接贸易与讲究对外贸易技术，这些主张政策，反映了新形势下中国经济发展的需要，富有时代特色。国民政府交通次长唐有壬提出对外贸易均衡的理论，他主张要立足中国对外贸易入超的现实，用机动灵活的方法抵补贸易入超，明显是一种战略性进出口贸易思想。南京政府立法院财政经济委员长马寅初提出降低生产成本也是加强出口竞争的好办法，他还提出了具体化的对外贸易政策，促进国民经济建设的主张；他还提出实施贸易保护政策及统制政策的主张，认为西方强大，我国弱小，"中国经济之出

---

① 李无邪：《十九年份之中国对外贸易》，《中行月刊》1931年第7期。

② 陆仰渊，方庆秋：《民国社会经济史》，中国经济出版社1991年版，第426－427页。

路，只有统制经济之一途”①。马寅初提出保护贸易、统制贸易，但他并不否定自由贸易的积极意义。马寅初的对外贸易政策思想，既坚持了平等竞争的自由贸易原则，又能根据国际经济竞争形势的变化和国内经济发展的需要灵活拟定对策。金融界知名人士顾翊群提出促进工业化为目标、以工业促农业的对外贸易思想。国际贸易局局长何炳贤提出扩大输出的建议，并特别提出适当保护关税政策的思想，他不赞同过度保护关税，他指出关税应该能“保护及促进产业的机能，调整对外贸易的机能”②。在如何振兴对外贸易方面，思想理论界提出了一系列的对策与方针。中央大学法学院教授胡善恒就对外贸易汇率与汇价进行了探讨，主张从实际出发拟定汇率。京沪杭甬铁路劳业所经理沈奏廷提出了关于平衡生产成本法税率标准的思考。南京国民政府关税自主后的税率，仍然是一种财政关税，不具有保护国内工业的职能，而平衡生产成本法的提出，明显要求政府重视保护关税，对于本国生产成本高于外国的出口品减税或免税，“这无疑是对中国对外贸易发展的一种促进”③。

众所周知，南京国民政府在这个时期不仅收回了关税自主权，还进行了币制改革，实施法币政策，还实施了多项关税税则，保护中国对外贸易的发展，采取了一系列对外贸易政策，这些政策大都取得了一定的成效，其思想理论渊源就是以上这些思想理论界影响的结果。可以说，南京国民政府时期的对外贸易思想是对外贸易政策的理论基础，这些政策承载了这些思想的精髓，将这些思想最大限度地付诸实践。

在对外贸易政策和措施方面，北洋政府给南京国民政府留下了两大历史任务，一是彻底收回关税自主权，二是要解决自晚清时期就遗留下来的贸易入超问题。中国争取民族独立的反帝爱国运动高涨，促使南京国民政府采取了相对主动的“攻式”外交，面对中国人民风起云涌的反帝斗争，他们对南京国民政府不得不做出一定程度的让步。与北洋时期的对外贸易政策相比，南京国民政府前期的对外贸易政策彰显了较为明显的自主性，在短暂的几年内不断立法立规，逐步形成了较为完备的对外贸易政策体系，其主要内容包括关税政策、商检贸易政策、金融政策、海关缉私政策、贸

---

① 马寅初：《中国经济改造》，商务印书馆 1935 年版，第 196 页。

② 何炳贤：《中国究竟应采取什么样的关税政策》，《民族杂志》1936 年第 4 期。

③ 李舒瑾：《中国近代对外贸易思想研究》，复旦大学出版社 1996 年版，第 100 页。

易保护政策、出口商品管理政策等六个方面，南京国民政府初期，保护主义贸易政策体系与出口贸易促进体系基本构建起来。

## 第二节　保护主义贸易政策体系初步构建

保护主义贸易政策是为了保护本国的产品在国际市场上免受外国产品的竞争，国家通过一定范围内的限制措施，优待或补贴本国产品，这实际上是国家干预经济的一种表现形式。民国时期著名经济学家褚葆一曾经在《工业化与中国国际贸易》中认为中国必须实行贸易保护主义政策，因为“在消极方面，应使之不阻碍工业化之发展；在积极方面，应使之具有促进工业化的功能；一个农业国家要工业化，在短时期内要建立的工业很多需要从国外输入大批的器材；同时在工业建立以后，为使它能繁荣滋长，应该使它能获得廉价的原料，并给它一基本市场，以保障它的生存”①。他明确指出贸易保护具有促进工业化的作用，它可以为一国输入工业化所需要的资本品，并提供原料和市场等必需的条件；另一方面，贸易保护在消极方面需要解决的问题就是“如何使外国优势工业的产品不侵入市场和本国幼稚工业作生存搏斗”。可见，工业落后国家为了给本国幼稚工业发展提供基本的生存条件，就必须实施贸易保护，避免工业先进国的竞争所带来的经济损失。这些都是当时商业界和经济界人们的普遍认识，马寅初、武育干是这种认识的典型，也是民国时期持贸易保护主义观点的学者的主要依据。②

实行保护贸易政策的目的是为了保护本国产业，提高本国商品的竞争能力，有利于出口贸易的发展。一般采取的主要措施有：出口补贴，进口关税和进口配额等。国家重视对本国商品给予优待和补贴，严格限制进口，同时鼓励积极出口，从而达到保护本国市场和本国产业的目的。南京国民政府采取的主要保护政策主要有：限制外国商品倾销，促进出口；实行易货偿债贸易和出口贸易管制；对进口商不履行条约的合理处置；充分利用外国资本技术，发展国民经济；等等。通过以上四个方面的贸易保护政策，初步构建了保护主义贸易政策体系。

---

① 褚葆一：《工业化与中国国际贸易》，商务印书馆 1946 年版，第 1 页。

② 聂志红：《民国时期的对外贸易保护思想》，《经济科学》2004 年第 6 期。

## 一、限制外国商品倾销，积极推动出口贸易的发展

商品倾销是指出口商以低于正常价格的出口价格，集中地或持续大量地向国外抛售商品。西方列强为了推销国内“过剩”产品，转嫁经济危机，通常实行商品倾销政策，以此打击压制殖民地半殖民地国家的民族经济，以达到经济上、政治上控制它们的目的。南京国民政府深知商品倾销给中国带来的祸害，坚决抵制洋货倾销，促进国货出口，通过直接针对外商制定法令，保护中国出口贸易；在国内实行出口退税和保税工厂制度，有效地制止了外国商品的泛滥，保护了民族经济的发展。

1. 制定《倾销货物税法》与《倾销税法实施细则》，抵制洋货倾销

由于中国没有采取限制外国商品的措施，关税水平又比较低，西方商品便畅通无阻地流入国内市场，西方列强又凭借低廉的成本，在华倾销非常普遍，中国民族工商业遭受重大的打击，在这种情况下，他们“不断呼吁政府予以扶助”。① 1931 年 2 月 9 日，国民政府颁布了《倾销货物税法》，规定了“外国货物以倾销方法在中国市场，与中国相同货物竞争时，除进口关税外，得征倾销货物税……进口货物如直接或间接受有各种奖励金，或其他特殊利益，与中国相同货物发生竞争，并对于中国实业足加危害者，得依第四条之规定，征收倾销货物税”。② 并指出，有下列三种情况之一者，均可以视为倾销：“1. 较其相同货物，在出口国主要市场之抛售价格为低者；2. 较其相同货物运销中国以外任何国家之抛售价格为低者；3. 较该项目之制造成本为低者……凡外国货物向中国输出时之出口价格，有前项第一款或第三款之情事时，亦视为倾销。”③ 此外，为了保护国内产业的发展，抵制洋货的倾销，实业部颁布了《倾销税法实施细则》，此后又出台了一系列鼓励民族资本发展的政策，如《公司法》、《商标法》、《工业技术奖励条例》、《工业奖励法》、《特种工业奖励法》等。此外，国民政府还坚决鼓励和支持国货运动，1933—1936 年分别被定为“国货运动年”、“妇女国货年”、“儿童国货年”、“学生国货年”等，“这些举措一定程度上抵制了西方商品的倾销，对国内产业起了一定的保护作用”。南京政府当时没有国际地位，处于半边缘状态下，“能在倾销大潮下，保持入超值稳中有降，不能

---

① 孙玉琴：《中国对外贸易史》（第 2 册），对外经济贸易大学出版社 2004 年版，第 213 页。

② 曾少俊：《民国法规集刊》，第 24 集，民智书局 1931 年版，第 348 页。

③ 曾少俊：《民国法规集刊》，第 24 集，民智书局 1931 年版，第 347 页。

不说与含有保护性贸易政策的实施密切相关”[①]。

2. 制定一系列法规，鼓励出口产业和进口替代

对于农产品，1930 年 4 月 6 日，国民政府农矿部公布了《农产奖励条例施行细则》，其中依据条例第二条第四项规定，“农民改良作物在二十亩以上，家畜如牛马在十头，猪羊在百头以上，家禽在五百羽以上，蚕在五百公斤以上，蜜蜂在五十箱以上，其他改良农产规模与上列各项相当者，应向当地农业机关登记及报告并派员查明成绩，确属优良即填具呈请书，请由地方机关转呈农矿部核办”[②]。第九条规定“农产改良品种之成绩依下列各项奖励之：改良品种具有特殊成效确已成立一新品种且已著推广成绩者给以一等奖；改良品种具有良好成绩已成立一新品种且已推广希望者给以二等奖；改良品种较原品种确有优点者应依其优点之多寡及程度给以三等奖”[③]。国民政府采取的这些对农业扶持和奖励的政策，客观上促进了对外贸易发展，为我国政府对外贸易的发展提供了丰厚的基础。

对于重要工业品的出口及先进技术引进也给予减免税等奖励性待遇。《特种工业奖励法》于 1929 年颁布，其中第一条内容便是：“凡中华民国人民所办工业，合于左列条款之一，确著成绩者，得依本法，呈请奖励之。”凡符合下列条件之一的中国企业均可申请奖励：

“（甲）创办基本化学工业、纺织工业、建筑材料工业、制造机器工业、电料工业及其他重要工业者；

（乙）产品能大宗行销国外者；

（丙）自己发明或输入外国新发明，首先在一定区域制造者；

（丁）应用机械或改良手工业制造洋货之代用品者。”[④]

具体奖励办法是允许在一定区域内的专利权，但是最多不能超过 5 年；允许减少若干年的国营交通事业运输费，但是最多不能超过 5 年；允许减少若干年的材料费；允许减少若干年的出口税，等等。从 20 世纪 30 年代开始，先后获得免征出口税企业或产品有：商务印书馆、汉藜公司所造打字机、江南制纸股份有限公司所产的芦浆制纸，以上企业及产品还先后获得降低运费 20% 的优惠奖励，此外对一些从事纺织、制革、化学产品出口企

---

① 陈晋文：《对外贸易与中国工业化》，知识产权出版社 2009 年版，第 136 页。

② 林森：《中华民国法规汇编》，国民政府立法院编译处，1934 年，第 13 – 14 页。

③ 林森：《中华民国法规汇编》，国民政府立法院编译处，1934 年，第 15 页。

④ 第二历史档案馆：《中华民国档案资料汇编》第 5 辑，第 1 编，财政经济（5），江苏古籍出版社 1994 年版，第 3 – 7 页。

业也给予了类似的奖励。

3. 对粮食进出口进行了合理保护和限制

为了使内地粮食不受进口粮食的影响，严厉禁止粮食私运出口，1933年11月，陈果夫曾提议降低粮食的价格，国民政府行政院颁布《流通国内米麦令》，此令由宋子文提议，王正廷批准通过开放运米禁令，厉行积谷办法。“查近三年来，米、麦、面粉三项的进口数量年有增加，根据海关贸易报告的记载，1929年进口米为1082万担，麦566万担，面粉1193万担，共值关平银14331万两；1930年进口米为1989万担，麦276万担，面粉518万担，共值关平银16441万两；1931年进口米为1074万担，麦2277万担，面粉488万担，共值关平银18062万两。”从以上数字可以看出，农产品输入如此巨大而国产米粮的价格又跌落到所用生产费数目以下，我国以农立国不图补救农村经济日见破产。救济之法先求流通，查出产米粮省份往往各自为政，任意禁运，出境不能自由。运输甚且对于米粮借名征收捐税费。显达裁厘明令尤足为流通之障碍，致使产量缺乏省份感受恐慌，外粮因此乘虚而入，不能遏止。① 为调节盈亏起见，宋子文采取了以下三项措施：（1）拟取由政府通令，各省一律开放米麦禁令，让各省与省、县与县都可以自由运转，绝对流通其抽收米麦捐费省份，并且通令他们彻底取消，以后永远不得再有类似此项捐费名目发生；（2）查财政部主管关税国内运输米谷照章应该征转口税（麦子并无此税），力谋流通便利民食起见，拟请交由政府将此项转口税明令免除以求贯彻；（3）各省米麦如实感缺乏，经过实际调查统计，认为必须禁止运输出境应该先详细陈明申报，经过中央政治会议核定酌情决定后，任何部门不得借口寓禁于征抽收任何捐税。② 可见，国民政府在推动出口贸易发展的同时，能做到具体商品具体解决，像粮食这样关系国计民生的重要商品决不能随意进口或出口，对外粮进行了严格限制，并能做到合理保护本国粮食生产。

4. 直接针对外商制定法令，保护中国出口贸易

1930年8月15日，行政院通令《凡与外人订立运售铁钨锰锑等矿砂契约须先由部核准方为有效令》，有效保护了我国稀有资源，同时保证合理出口，维护中国矿工能够就地就业的经济利益。1930年9月20日，行政院训

---

① 第二历史档案馆：《中华民国档案资料汇编》第5辑，第1编，财政经济（5），江苏古籍出版社1994年版，第5页。

② 林森：《中华民国法规汇编》，国民政府立法院编译处，1934年，第59页。

令工商部及浙江省政府，颁布了《洋商不许加入商会令》，1930 年 11 月 22 日，工商部训令上海市商会《限制中外合资之机厂加入商会办法令》。对外商损害华商的利益进行了有效的限制。[①] 1931 年 4 月，实业部通令《取缔洋货冒充国货令》，对外国制品为了免税，改换装潢商标冒充土制品混入内地出售，有效保护了本国商品的竞争利益，维护了民族工商业的发展。1931 年 10 月 8 日，第 279 次政治会议修正通过《实业部与古巴夏湾拿国际糖公司订立合同》[②]，10 月 20 日行政院令实业部遵照办理。该合同的签订大大促进了中国与古巴糖类原料的进出口贸易，同时大大促进了中国糖类加工业的发展。1928 年 7 月 11 日，财政部通令《转口出洋茶叶立具保结办法》[③]，针对外商限制中国茶叶出口贸易进行了具体的指导。

5. 实行出口退税和保税工厂制度

所谓出口退税是指将出口商品中进口原料所纳关税退还一部分。一些重要商品受到国民政府保税政策的重点保护，促进了出口贸易的发展。例如面粉出口可退洋麦进口税。抗战前夕，国民政府规定，出口货应该是大宗，制造货物要有银行的证明；进口的原料、国产及其他已完税的原料以及已经制成的货物，货应与证书相符合，不准他用；外洋进口的原材料可以免税；货物入国内，完纳应征之进口税，“如运至外洋，则免税验放”[④]。设立保税工厂起到了保护我国轻纺工业的作用，由于我国劳动力素来具有竞争优势，再加上保税工厂制度的实施，我国便“夺回了部分日本占领的我国东南亚市场”。例如，1932 年 11 月 14 日，实业部公布《江浙陈厂丝出口补助办法》，规定“煤担补助规元一百两，另数不满五十斤者不计五十以上，不满一百斤者作半担计算，补助规元五十两”[⑤]。通过该项办法，对江浙一带的出口丝业商人进行经济补助，对出口丝业的发展起到了一定程度的保护作用，显然促进了江浙丝业的发展。

总之，通过限制外国商品倾销，保护了中国国内市场和幼稚工业，促进了南京国民政府出口贸易的发展。

---

① 林森：《中华民国法规汇编》，国民政府立法院编译处，1934 年，第 198 页。

② 林森：《中华民国法规汇编》，国民政府立法院编译处，1934 年，第 588 页。

③ 徐百齐：《中华民国法规大全》第 1 册，商务印书馆 1936 年版，第 3136 页。

④ 第二历史档案馆财政部档案，三（2）2390（1）。

⑤ 林森：《中华民国法规汇编》，国民政府立法院编译处，1934 年，第 588 页。

## 二、实行易货偿债贸易和出口贸易管制，加强对外贸易国家垄断

“易货偿债贸易”，是工业落后国家与发达国家贸易的一种贸易模式，有些重要的工业品，中国不能自己生产，只能从外国进口，同时中国外贸原始资金又很缺乏，只能拿中国的农产品或其他矿产资源来偿还。因此，对外贸易是“在贷款名义下的易货贸易”，贸易管制是为了维护国家主权或经济安全的需要，对本国外贸活动实施必要的有效的管理和控制，设立管制机构、颁布法规制度等等。这实际上是采取国家干预经济的手段来干预对外贸易。

30 年代，国防设计委员会成立后，在翁文灏、钱昌照的主持下，聘请了一批技术专家、教授，本来是开展国防建设的调研和计划设计，后来直接更名为资源委员会。资委会不仅调查国防资源，更重要的是它后来又接管了创办工矿重工业企业的事务，例如“1936 年 8 月，创办中国植物油股份有限公司，就是从事桐油、豆油的生产和贸易。资委会的性质已由原来的调研和设计的学术机构演变为统制重要矿产品出口的经济管理机构”。

德国是 30 年代中国重要的贸易伙伴，由于扩军备战的需要，迫切需要钨、锑、桐油、猪鬃等战略性物资，希特勒派人与国民政府协商，德国提供军火，中国偿还农矿产品，蒋介石欣然同意。《中德经济合作条约》的签订标志着贷款贸易的开始，《德华信用借款合同》规定：“德国向中国提供 1 亿马克信用贷款，主要用于购买德国的重工业设备以及军火、兵工厂设备等，中国以钨、锑、桐油、生丝、猪鬃等农矿产品作为抵补。”①

为开展以上贸易，国民政府宣布实行贸易统制，直接由政府垄断经营。中央信托局办理收购和运输，资委会主持矿产品的收购和运输。易货偿债贸易政策促进中德贸易的发展，此外，“1937 年 3 月，国民政府还在广州成立华南米业公司，除垄断华南、华中的大米运销外，还经营洋米的进口业务；5 月，又成立了中国茶叶公司，垄断中国茶叶的出口”②。

国民政府在一定程度上保护了本国幼稚工业的发展，主要是通过对外贸易国家垄断手段所实现，例如一战后的苏联就曾经利用国家垄断政策发展了强大的重工业，这对于重要商品由国家政府来管理和经营，借助国家

① 凌照：《南京国民政府 1927—1937 对外贸易发展研究》，北京工商大学硕士论文，2007 年，第 29 页。

② 凌照：《南京国民政府 1927—1937 对外贸易发展研究》，北京工商大学硕士论文，2007 年，第 29 页。

的力量，通过国家干预对外贸易，多少增加了国家的外汇收入，是对外贸易政策的进步。但是，众所周知中国是一个半殖民地半封建社会的国家，“帝国主义在中国的势力，必不允许我们实行国家垄断对外贸易……工业化政策和国家垄断对外贸易政策的实行，将影响帝国主义国家在中国的其他在政治上及经济上的许多利益，因为他们根本和帝国主义的利益是相违反的，和他们要殖民地化中国的政策是相矛盾的。所以他们决不让中国能够和平地执行这些政策”。①

### 三、对进口商不履行条约的合理处置

在中外贸易中，最令人头疼的问题莫过于当中国出口货物运输到了目的地以后，外国进口商人却寻找种种借口，不履行条约，随意退还或压低销售价格，给我国出口商人带来不可估量的经济损失。南京国民政府为了保证对外贸易的正规化，重视出口商人的经济利益，通过采取相应的处理对策，保证了对外贸易的顺利进行。

有时候出口货物到达目的地以后，不幸进口厂商竟然拒绝接受货物，进口商人的借口虽然很多，但基本上可以分为两种。一是顾客因为出口商违背了买卖契约不愿收取货物，买卖双方都没有故意而是客观造成的原因，这种情况出口商如果能够真诚地与顾客相商，酌量给以相当的折扣，作出一定的让步，虽然函电往返，或必须选延时日，但大致没有问题。二是顾客因经济或他种关系而不能履行合同。如果货物到达埠口，进口商拒绝收受，虽然经过出口商一再通融，仍然不得要领，或者出口商认为损失过重。②

南京国民政府从出口商的利益出发，提出采取以下的方法进行挽救：“（一）请进口商所在地之商会，或同业公会实行公断，（Arbitration）经公断后之判决，虽不如法律严厉，必须强迫执行。但是商人为了自己的名誉，为了营业起见，这种制裁也很有效力。出口商如果想进行公断时，必须请原经手的国外代理人为代表，主持一切。不得已时也可以请求中国领事，代为办理。（二）向进口商所在地之法庭，进行起诉，唯此种案件，亦有仍由法官指定公断人数位代为仲裁者。进行诉讼，商家所忌，非不得已时咸不原出此。（三）向进口商国家驻在中国之领事馆，请其代向本国商家交涉。唯领事并无直接裁制商家之权，故其效力亦甚微弱也。”③

---

① 章友江：《苏联的国家垄断对外贸易政策》，《民族》1934年第1期。

② 国际贸易协会：《出口须知》，黎明书局1933年版，第62页。

③ 国际贸易协会：《出口须知》，黎明书局1933年版，第60－62页。

总之，出口商的主要问题，在于如何选择信用可靠的进口厂商，与他们交易，一方面必须严厉遵守顾客的旨意，发出货物。否则，一旦发生争执及纠纷，出口商势必受到损失不可。虽然也有法律可以制裁，然而时日迁延，货物搁置，买卖双方无论谁都会受到损失。

可见，在进口商不履行条约的条件下，我国出口商人可以运用法律手续来保护自身的合法权利，但是，由于中国半殖民地半封建社会的性质，法律很不完善，有法不依的客观现象比比皆是。特别是近代中国战乱连绵，这些对外贸易的商业权利都受到不同程度的制约和挑战。例如上海发生“一·二八事变”后，“某大公司被毁，以前向外洋定购之货，一时自然无从付款收货，……颇多自动取消订货者，如有损失，亦不归公司担负”，①出口商无奈，即使是货物受了严重的损失，也只能是忍气吞声，自认倒霉。出口商为了长久之计，从贸易大局出发，只能是“虽目前或受若干损失，然为他日营业计，及维持顾客感情计，仍系上策也”。② 可见，中国出口商要真正实现对外贸易权利的平等，还有很长的路要走。

## 四、充分利用外国资本技术，发展对外贸易

众所周知，任何国家不可能有发展经济的全部资本和技术，因此，进口和出口在所难免，资金、技术等更加要实现资源共享，互通有无，方能齐头并进，节约开支，南京国民政府也不例外。由于中国经济技术落后，尽快恢复和发展对外贸易是主要任务，必须解决资金严重不足的问题。这就需要客观合理地利用国外的资本和技术，为本国对外贸易服务。

1. 充分利用外国资本技术，发展国民经济

国民政府上台后，由于国内外战争频发，军费支出巨大，国内税收根本抵不上财政支出需要。国民政府同时认识到，必须发展对外贸易，才能达到巩固其政权的目的。1927 年 4 月 18 日南京政府成立，立即发表了《国民政府宣言》，提出了“国民党革命之方略”，其中第三条就是“提倡保护国内实业”。1928 年，国民政府在《整理财政大纲》中又明确提出：“中国为资本落后之国家，自以发展产业、开发富源为亟。”为此，必须“遵总理计划，实行国际共同发展事业以完成富强基础”③。1928 年，孙科在其施政方针中称：“国内集资，河清难俟；生民痛苦，长夜漫漫”，故此应当“在

---

① 国际贸易协会：《出口须知》，黎明书局 1933 年版，第 62 页。

② 国际贸易协会：《出口须知》，黎明书局 1933 年版，第 62 页。

③ 中国第二历史档案馆：《民国外债档案史料》第 2 卷，档案出版社 1991 年版，第 143 页。

平等互惠条件下尽量吸用国际资本”。①众所周知，利用外国资本技术，发展国民经济是南京政府成立后的一贯方针，“充分利用外国之资本技术的政令”。颁布后，国民经济建设运动蓬勃开展，商业贸易界对于发展国民经济途径展开热烈的讨论。资委会翁文灏认为：“良以中国工业落后甚多，积极建设，非有相当规模不能符建国意义，而才国富民力甚为薄弱，又非有外资匡助不易积极建设，故欢迎外资实为建国要举”②，同时他还主张进一步对外开放，认为“封锁对国办幼稚产业虽有保护之效，而对于外来资本及技术之防绝，很不利于工业建设之进行”，国防设计委员会改组为资源委员会后，资委会积极实施“利用外国之资本技术”的对外贸易方针。经济学家马寅初则从世界经济发展的角度阐述了利用外资、引进技术对一国经济发展的重要意义，他认为，任何单位、个人不可能脱离于世界而孤立存在，明确指出在世界经济高度融合的背景下，各国经济的相互依赖性加强。此外，他还指出：“我国资本既感缺乏，技术人才，尤觉寥落。今后欲与诸先进国家并驾齐驱，仅赖本身积蓄与经验，其事功必在百数十年之后。欲求速效，非借助外国资本与技术不可。”他们还提出了像借款、中外合资、特许外人经营、中外合作等，南京政府利用外资的一些具体方式③。显然，这些观点和主张显著影响了国民政府利用外资发展对外贸易的政策。

2. 整理清偿外债，为外贸创造条件

由于北洋政府大举借债，大多又无力偿还，到1928年7月为止，连同清末积欠外债总计达8.93亿美元，债务危机导致中国对外信用低下。1928年英国首先提出，中国只有先完清旧债，才能商谈借款。1929年世界经济危机爆发，西方列强纷纷采取信用紧缩政策，美国制定了《约翰法案》，规定凡借美元未清偿者，此后不得再进行贷款。1929年又在国际商联大会决议中称，中国“不能赶紧整理旧债恢复国际信用，无论何国决不贷款”④。可见，在此状况下，国民政府只有恢复债务信誉，才能借用国际资本。

1928年国民政府发表声明，承认以前历届政府所欠外债，从关税、盐税收入中拨缴，并逐步予以清理偿还。1929年国民党提出“清理外债，并筹备偿还外债之方法”，为此国民政府特别成立了“整理内外债务委员会”，专门进行审议和处理偿债问题。同年，国民政府还邀请美国财政顾问、普

① 《民国日报》，1928年11月11日。

② 翁文灏：《翁文灏论经济建设》，团结出版社1989年版，第121页。

③ 孙玉琴：《中国对外贸易史》（第2册），对外经济贸易大学出版社2004年版，第217页。

④ 《国民政府外交部档案》（18），第719卷。

林斯顿大学甘尔等人来华，组成“财政顾问委员会”，协助中国，逐渐恢复债务信用，明确“整理外债对于利用外资的重要意义”。到1937年为止，国民政府已将1928年以前拖欠的大部分债务清偿完毕，这是一个了不起的进步。从此，中国对外债务信誉逐步恢复，为进一步借用外债提供了信誉基础。

1931—1937年，美、德等国向国民政府提供了一批政府贷款。其中规模较大的有：1931年“美麦借款”、1933年“美棉借款”及1936年的中德“易货信用贷款”等。这些借款都不同程度地补充了对外贸易所需要的原始资金。

3. 拓宽外资领域，注重维护主权

国民政府成立后，制定了一系列利用外资的政策。在积极利用外资的同时，较为注意维护国家主权。如1930年国民政府制定颁布了“矿业法”规定：矿业投资中，中方投资人员的权利与义务得到进一步尊重，1935年国民政府做出规定，铁路、交通、电信等公营事业禁止外资经营。利用外资的主要方式除发行国际债券、借债外，还大量举办合作企业、中外合资、合资企业（在航空方面的合作型），另外还有传统的工矿企业、铁路等。1930年7月，交通部与美国航空公司签订合同，成立了中国航空公司。与此同时，又与德国鲁夫散拿公司签订合同，成立中德合资的“欧亚航空公司”。1936年成立中日合资的惠通航空公司。此外还开展特许经营，1935—1936年国民政府特许美商琼斯在华开采及提炼石油。

4. 加强贸易基础建设，为对外贸易创造良好的环境

基础设施建设需要巨额资金，而中国资金短缺。国民政府早就认识到这一点，并称“铁路建设，足以增进生产，增加出口，以大宗原料品，供给于各工业国家”。同时“工业国家，以其剩之制造品，协助吾国建设铁道，同时辅助我国增进生产，以生产品之出口，偿还铁道债务本息”。因而利用外资发展铁路建设是“债权与债务国互助互利之举”①。在利用外资总方针下，抗战前国民政府即通过借用国外资金的方式兴修铁路。从1929年开始，国民政府开始筹划按照孙中山的《实业计划》进行铁路、公路、海港码头的建设。这些工程多规模宏大、历时较长，到抗战爆发时大部分未能完工。

为了顺利推进对外贸易的发展，1930年1月9日，工商部行政院公布《全国度量衡统一程序》，指导各地废除旧器、改造新器，为促进对外贸易发展提供了良好的流通环境。1930年5月6日，国民政府公布了《商标法》，② 1931年1月，实业部又公布了《商标法施行细则》，为促进对外贸

① 张嘉傲：《中国铁道建设》，商务印书馆1946年版，第221页。

② 林森：《中华民国法规汇编》，国民政府立法院编译处，1934年，第588页。

易提供了良好的商品质量基础。

5. 引进先进技术，开展重工业建设

抗战前，资委会就开始了利用外资开展对外贸易活动，除易货偿债外，资委会还与英国、德国、美国等大企业签订了一批合资合同，如中英合办的中福公司、中国与美国雷诺公司合办的台湾铝厂等，这些合同到抗战爆发有的被迫终止，有的被迫搬迁地址。同时资委会还注重从国外引进先进技术，如1937年7月，资委会中央电工器材公司与英国三家企业签订了购买电线制造专利技术的合同，并以招标的方式在德、英、法、美各国选购成套设备，建成中国第一家电线电缆厂。另外，资委会下属的其他企业也都积极从事技术引进活动，如电工三分厂与德国西门子公司签订了引进电话机制造技术合同、电工二分厂从美国亚克曲勒电子管公司引进电子管生产技术，中央机器厂从瑞士BBC公司及机车公司引进了2000千瓦汽轮发电机、煤气内燃机及汽轮机。这些引进的技术，虽然由于随后抗日战争的爆发大都未能按计划形成效益，但相当一部分被转移到抗战的大后方，使大后方工业从无到有，逐渐发展起来，促进了后方经济的发展，对抗战起了一定的积极作用。①

在对外贸易发展的过程中，"国民政府国家垄断资本逐渐加强，由于经济上的挤出效应的存在，必然排挤私营经济的发展，但在半殖民地的社会环境中，也削弱了西方洋行对中国对外贸易的控制"②。法国学者白吉尔在《中国资产阶级的黄金时代》一书中曾评论道："蒋介石政权是一种畸形的国家资本主义政权，国民政府实行企业国有化，也采取过一些高压手段，迫使企业就范，扼杀了他们曾经有过的那种独创性和主动性；但就实际效果而论，蒋所推行的一系列政策，在一定程度起过抑制外国资本势力的扩张、促进民族资本主义发展的作用。"③"外国势力的削弱一定程度上意味着中国对外贸易的自主性增强，有助于发挥对外贸易为国民经济服务的职能，对中国经济的近代化起了有益的作用。"④

---

① 孙玉琴：《中国对外贸易史》（第2册），对外经济贸易大学出版社2004年版，第220页。

② 凌照：《南京国民政府1927—1937对外贸易发展研究》，北京工商大学硕士论文，2007年，第22页。

③ 张富强：《中国资产阶级研究的尝试》，《中国近代经济史研究资料》第8辑，上海社会科学院出版社1990年版，第206页。

④ 凌照：《南京国民政府1927—1937对外贸易发展研究》，北京工商大学硕士论文，2007年，第22页。

总之，南京国民政府通过种种措施，引进了一批国外先进技术、装备、管理知识和经验，提高了生产管理水平，培养了部分国内科技人才，但是由于旧中国是一个半殖民地社会，没有国家主权的保护，引进资本技术往往是根据帝国主义的自身需要来实施的，并不能根据各个不同时期，以及国民经济发展的具体需要，有步骤、有计划地利用外资，这样引进外资不但没有解决中国对外贸易发展的问题，反而让中国变成了西方国家对外贸易的附庸。

以上所总结的这些保护主义贸易政策，在国民政府工业比较落后的情况下，确实曾起过一定的保护作用。但是，由于民国时期中国国家主权的丧失，这些措施大都如同虚设，其作用受到种种限制。“我国的经济，无论穷乡僻壤，都已为帝国主义的商品所侵入，纵令关税提高后，可稍敛其商品侵略的野心，然而他们仍可输出资本，在我们内地开设工厂，购买我国廉价的劳工与原料，来肆行其对民族工业的进攻。所以结果无论征收洋米进口税或拟定倾销税，怕保护的目的没有达到，而实际上不过使政府多一笔收入而已。”① 可见，保护主义政策的作用是相当有限的。

## 第三节　出口促进政策体系的初步形成

商品出口是对外贸易的主要目的，因此必须加强商品出口和对外贸易的管理，南京国民政府注重上海等大型码头的疏通与建设，正确把握和处理出口订单，科学开具出口发票，注重出口商品的包装，重视货物安全，推行海上保险，了解各国通关手续，严格按照出口标准和程序发货。以上这些措施的实施，标志着南京国民政府出口促进政策体系的初步形成。

### 一、注重上海等港口的建设

1933 年 6 月 27 日，国民政府公布《商港条例》，对船泊停靠、移泊或改换锚位、不得在指定地点外装载或卸载货物，不得投弃煤屑灰烬、油脂、或其他不洁物件等都进行了严格的规定。② 为以后南京政府建设良好的商港提供了有效的借鉴。

上海是近代中国对外贸易的中心，也是对外贸易政策执行最有力的近

---

① 《从对外贸易观察目前中国经济的危机》，《独立评论》1932 年第 26 期。

② 林森：《中华民国法规汇编》，国民政府立法院编译处，1934 年，第 198 页。

代化贸易都市。南京国民政府深知上海对外贸易的重要地位，因此也特别注重上海港口的改良与建设。

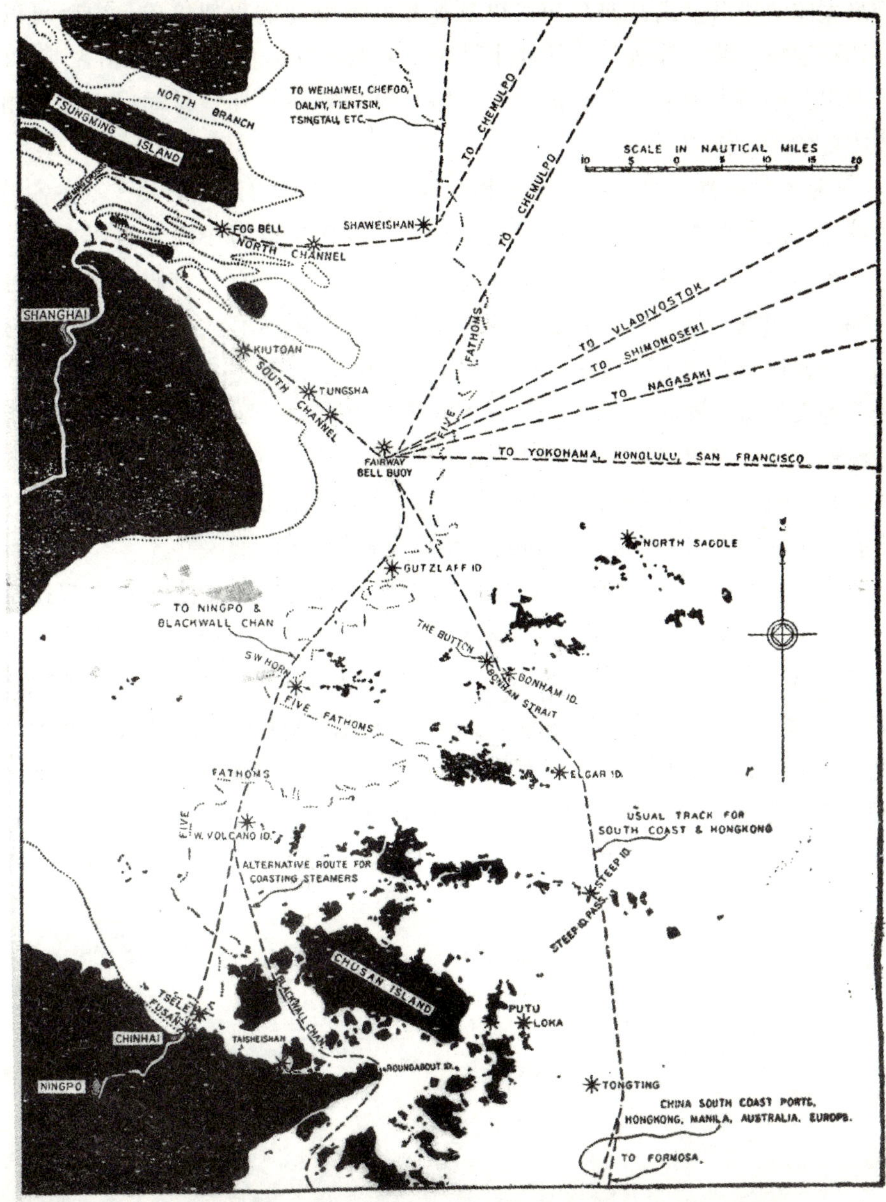


第一圖　舟山羣島圖　上海附近之出入海道

图 3－1　上海附近的出入海道

图片来源：浚浦总局，《上海港口大全》，1930 年，第 4 页。

从图 3－1 可以看出，向北可以直达苏联的海参崴、朝鲜的仁川；东北可以到日本的下关、长崎、横滨；向东可以直接越过太平洋，到达美国西部最大的港口旧金山；向东南可以到达夏威夷群岛的火奴鲁鲁；向南可以直达马尼拉、香港等地，可见对外贸易往来十分发达。而且，从图 3－1 可以看出，中国本国的海港威海卫、宁波、镇海等在对外贸易输出中起了相当重要的转口作用。

“私有铁轧挖泥机（挖泥量平均每轧一方码者）约计二十具，专在各码头挖泥。浚浦局有大号斗梯式挖泥机两具，挖泥速度每小时六百码，大号挖泥机两具，大铁轧挖泥机三具，每具每小时计挖一百立方码，尚有小号斗梯式挖泥机一具，小号铁轧挖泥机一具。运泥船队有大拖船十艘，小拖船二艘，运泥船二十一艘（容量自 110 至 350 立方码）。浚浦局在浦中各凸处及各交口每年挖起淤泥有二三百万立方码之多，沿码头淤泥该局亦可担任浚挖，……挖出之淤泥，均以铁管由泥船抽至泥塘以为填地之用。”①（图 3－2）可见，南京政府对于上海港口的河道疏通做了非常细致的工作，这样有利于疏通港口的航道，促进对外贸易运输的畅通。

从以上的图片，我们完全可以看出上海当时疏通、浚挖的能力与技术已经相当高超了。并可以从下面这幅“上海与内地的交通图”（图 3－3）可以看出：“……轮船无论寒暑假，可以直达汉口计水程六百公里。如逢夏季，二十八尺吃水海轮驶至汉埠、扬子上游宜昌至上海水程计九百五十英里。稍小轮船尚可直达，再上有重庆离上海一千三百十英里。宜昌、重庆间唯有马力极大之潜水轮可以来往，此外支河颇多，平均每支河中帆船、小火轮航道约有一百英里。由是观之，内地各处与上海水道相联络者，幅员甚广。”②

① 浚浦总局：《上海港口大全》，1930 年，第 45 页

② 浚浦总局：《上海港口大全》，1930 年，第 51 页。

第十七圖　濬浦總局斗梯式挖泥船　海虎號

**图3-2　浚浦总局斗梯式挖泥船（海龙号）**

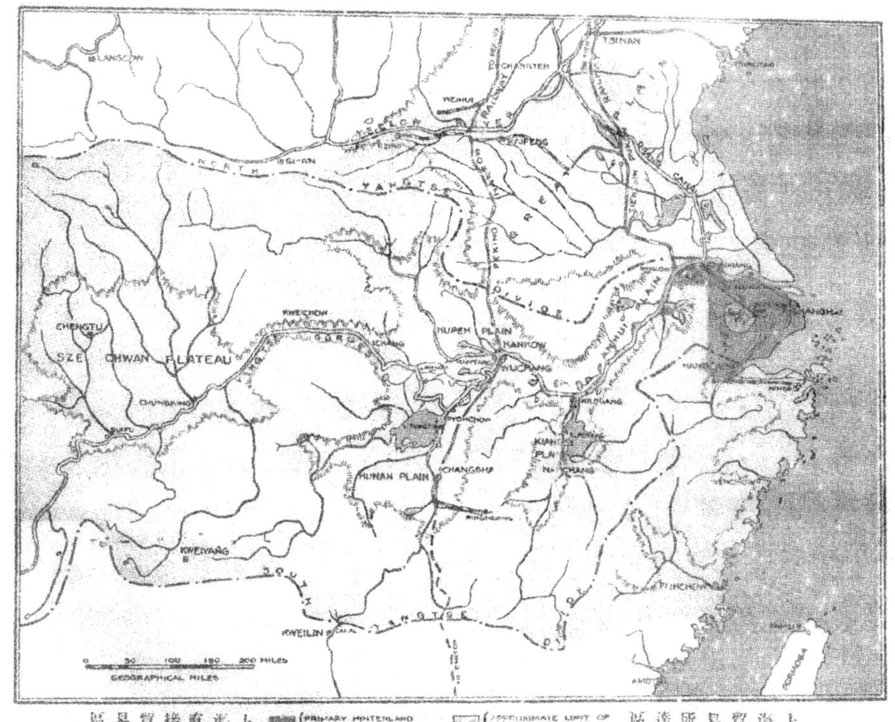


**图 3－3 上海与内地的交通图**

图片来源：浚浦总局，《上海港口大全》，1930 年，第 51 页。

从“上海与内地的交通图”可以看出，当时的上海不愧为全国对外贸易的枢纽和中心，它可以将国内大部分地区的土特产和商品运输到上海，然后从上海运输到世界各地。同时，又可以将国外的货物转运到上海港口后，通过铁路、公路，特别是长江流域发达的水系、支流河运输到长江流域和内地。

## 二、正确处理外商的订货单

出口商在收到顾客邮寄的订货单后，意味着营业已经正式开始，订货单的重要性不言而喻，判断一个出口商的业务是否发达，全以收到的订货单数目的多少为标准。就像一个零售商店，全靠门市收入为转移。因此，怎样才能使订货单源源不断而来，收到订货单后又将如何处理，这是关系到每个出口商的切身利益的重大问题。平时顾客能否乐意订货，与卖主是否货真价实有相当大的关系，与货物的输送是否迅速也有关。有经验的出口商，自广告招徕起，到货物发出为止，这期间的每种手续，都是谨慎从事的，原因就在如此。南京国民政府非常注意在订货单方面的引导作用，分别从货物的样品、商品的标价、用外币标价、收到订货单后的手续等四个方面进行了规范，对订货单的处置做了详细的说明。

1. 强调样品贸易的重要性

南京国民政府在《出口须知》中指出，样品贸易是国外各种推销方法最实用的方法之一，“样品与货物必须绝对符合，此乃出口商成败之一大关键”，① 而当时我国商人往往忽略了这一点，认为寄出样品与货物不相符也没有关系。其实，对外贸易最注重的是信用，货物与货样不相符，造成的后果往往弄巧成拙。轻则失去了继续对外贸易的机会，重则违背买卖的契约，买主可以拒绝接受或者因此可以提出赔偿。在如何赠送样品方面，南京国民政府为出口商提出了较好的建议：“纸张文具类价值较微，完全赠送，自无关系。如样品之价格甚巨，随意赠送，费用既属不资，且常人心理，往往对于不用金钱得来之物，不加重视。故照欧美出口商之普通习惯，除收受样品者，为极重要之顾主外。送出样品仍酌量收费，唯较原批发价为廉耳。”② 可见，南京国民政府在外贸理念上逐渐认识到在对外贸易中要注重信用，讲究贸易道德的现代贸易观。

2. 主张商品标价要符合实际

出口商如何处理货物的定价，直接影响营业，对外贸影响相当大。因此，出口商应对成本、市场的供求状况、竞争的情形多方面加以了解，然后才能得出科学合理的货物定价。南京国民政府在商品的标价方面作出了引导，并对常用的7种商品标价进行了列举：“第一，船边交货价格；第二，船头交货价格；第三，包括运费价格；第四，包括商品的原价、保险费及运费而估计的价格；第五，包括运费、保险费及手续费的价格；第六，包括运费、保险费、手续费及利息的价格；第七，包括运费、保险费、汇费的价格。”③ 从以上7种标价方式可以看出，南京国民政府比较注重商品的成本与商品的附加费用，对影响商品的标价因素列举得也很周详。

3. 提倡出口商品用外币标价

南京国民政府指出，因为各国的币制不同，出口商应该用不同的单位

---

① 国际贸易协会：《出口须知》，黎明书局1933年版，第15页。

② 国际贸易协会：《出口须知》，黎明书局1933年版，第16－17页。

③ 国际贸易协会：《出口须知》，黎明书局1933年版，第15－19页。

币进行标价。其实，在第一次世界大战以前，英镑的信用最好，除特殊情况外，普通出口商品仍然可以用英镑标价，大战以后，美国的金元，大有取代英镑而执世界金融牛耳的势头。在这种双重金融格局之下，英镑、金元都可用来标价。自从1932年，英国停止金本位以后，金元标价比较普遍。出口商如果没有什么特别的损失的话，应该顺应进口商的意愿来标价。因为进口商大多仍然喜欢按照本国的货币付款给对方。并向出口商提出中肯的建议，“出口商无论用何种外币标价，其价格可以略为提高，以免因外币汇兑之变动，而蒙其损失。又出口商对于各国市价货币之变动，及其变动之趋势应随时加以注意。为避免汇兑剧烈之变动计，买卖一经成交，可即将货款预向银行结定”。① 可见，南京国民政府对外币的标价非常重视，并且始终以维护本国出口商的利益为核心，体现了一种难能可贵的贸易保护意识。

4. 明确收到订货单后的手续

进口商在接到买主的货物标价，如认为满意，愿意购买的话，就依照商业的习惯，签下订货单邮寄给出口商，如果时间紧张，也可用电报发出。出口商在接到这项订单以后，如果对订单的内容、买主的信用没有什么疑问的话，可以在副本上签字寄还。或者另外邮寄一封正式的信，声明照办，或致意谢意则更加周到。一般为了稳妥起见，这种回信应该将订单中所列的各条，重新再说明一遍。以免出现意外的错误，于是双方的交易便马上成立。南京国民政府规范了出口应特别注意的三项手续：首先，交货日期方面。交货日期必须在订单中注明，出口商在收到订单时，应立即加以慎重考虑，如果所定的货物数量太多，或者时间紧迫，不能交货，应立即向买主发电通知，提议延缓时日，或者先交货1/3或半数，如果买主同意提议，卖主才可以进行办货，否则如果不能如期交货，买主可以以此为借口破坏买卖契约。也有些买主在订单上就注明了必须在某月运到目的地的，如“Arrange Shipment to arrive New York not later than Oct. , 1932”，在这种情况下，出口商必须查明某船是否可以在十月到达纽约，迟交万万不行的，早交货也没有必要。其次，货物装箱方面。货物制成，必须装箱。装箱的方法，普通买主都可在订单内注明。另外在装箱的外面还要注意来头，买主也可以在订单内注明，如果没有注明，出口商就可以随意定夺。最后，

① 国际贸易协会：《出口须知》，黎明书局1933年版，第19页。

货物保险方面。运输到海外的货物，出口商要注意保证运途中的水险，在订单中如果有注明保水险的种类的话，出口商必须照办，不得有丝毫的变更。订单中也有保偷盗险、破漏险以及兵险的，卖主都有照办的责任和义务。除以上三项外，订单中还有注明价格、折扣、付款的方法，或者其他要卖主特别注意的事项，出口商应该逐项研究，看是否可以照办，如果有丝毫的疑问，应该立即发电询问证实，千万不可含糊，稍微一松懈即可能引起日后拒收货物的纠纷（出口商在标价时，应将各种条件详细列明，进口商如经过同意后很少有发电询问的，进口商自动订货的问题比较多）。①

可以看出，南京国民政府对订货单的处置比较成熟和灵活，这为出口商提供了比较可靠的法规依据，为促进对外贸易的发展排除了订单方面的障碍。

## 三、增强票据意识，科学开具出口发票

出口发票是卖主销售给进口厂商的货物清单，通常情况下，是作为进、出口商核对已发货物是否符合合同的信用证，也是记账、报关、清关、纳税、索赔、理赔的凭据，还是整套出口单据的中心及其填制和审核的依据。此外，在不用汇票的情况下，可代替汇票作为付款据。因此，作为出口商，出口发票处理是否得当，直接关系到对外贸易是否能顺利进行。

铜钱、银货是我国传统上通用的两种硬货，但是这种货币在中国近代商业活动过程中非常不适应，要求改变流通货币的呼声越来越大，“官商称便”②。作为商律的一编，清末的《大清商律草案》是我国制定票据法的开始，北京国民政府时期曾经进行过几次修订，虽然没有支票的规定但都包括汇票与本票两种，第五次修订在1925年进行，采取英国、日本的模式，合汇票与本票为三种。自从南京国民政府成立后，立法院根据工商部所拟草案施行修正，国民政府于1929年9月28日，经立法院通过公布。③《票据法施行法》20条在1930年7月1日公布，这次国民政府起草的票据法，参照上海银行公会关于票据法补充和解释的意见书而编写。④ 于是才出现了出口商人开具出口发票的新现象。

---

① 国际贸易协会：《出口须知》，黎明书局1933年版，第21－22页。

② 李析：《我国票据固有习惯之调查》，《法学会杂志》1923年第10期。

③ 王效文：《票据法要论》，会文堂新记书局1947年版，第55页。

④ 王孝通：《商事法要论》，商务印书馆1948年修订八版，第176页。

《出口须知》规定了出口商填写发票的几种基本原则："第一，出口发票至少应备三张，货物如由银行押汇，则银行即须取得两张，国外之进口商亦应寄去一张，或两张，再加上留底一张，故平常发票恒在四、五份以上；第二，出口发票应包括订单号、日期、运输途径、轮船日期、货物名称、单位价、总价格、标价方法、付款方法、包装总数、包装的重量等；第三，出口发票必须清楚明了，不能随意涂改，切忌用缩写或费解之词句；第四，凡出口之货物，不论何种，均应记入发票内；第五，出口发票之填写，必须绝对详细与准确，所注明之货物数量、价值、包装之长短、及重量等；第六，所有给予买主之折扣，须在发票上减去，最后所得之价值，即为进口厂商应付之数目；第七，发票应由出口商行之经理，或重要职员签字。"① 此外，还规定了领事签订货单、其他单据（水脚清单、装箱单、付款方法通知单）等。这些发票和单据都有严格的规定，甚至有些发票和单据都附有具体的样式、格式。这些规定，为对外贸易的发展奠定了坚实的文字依据。

南京国民政府时期的出口发票包括的填写项目主要有：客户名称、税号、账号、地址名称、还特别标明了扣除佣金 4.5%、扣除海运保险费 0.5%，等等。也就是说，开发票时将税价的转换的因素也标注在发票上了。作为出口商对进口商开立的发货价目清单，出口发票是装运货物的总说明，这是一个非常了不起的进步，彰显了南京国民政府已经具有相当的现代发票意识，也体现了现代财务会计知识在南京国民政府时期已经逐渐普及与迅速发展。

### 四、注重出口货物的包装

出口货物的包装是对外贸易最重要的问题之一，精美结实的包装往往能引起消费者的购买欲望，中国的出口货物主要依靠航运出口。国际航运情况不同，装运货物也不一样，出口商必须熟悉来往各埠的运输情况。"商品包装是实现商品价值和使用价值的重要手段之一，是商品生产和消费之间的桥梁；绝大多数商品只有通过适当的包装，才算是完成了商品的生产，才能进入流通领域和进行销售，以实现其使用价值和价值。"② 南京国民政府对货物的包装非常重视。他们要求出口商向欧美国家的厂家学习，学习

① 国际贸易协会：《出口须知》，黎明书局 1933 年版，第 34－38 页。

② 董瑾：《国际贸易理论与实务》，北京理工大学出版社 2001 年版，第 197 页。

外国商人一丝不苟的负责态度，设立包装实验室，精选包装材料，研究包装方法，这在中国历史上是少有的。

南京政府认为，中国国内贸易包装的方法不适合国外，因为中国的路途较短，转口的次数也少，而出口货物则是远隔重洋，多次转口，必须要结实牢固才可以转运出口。南京政府还强调了出口商对货物包装负有的重大责任，指出出口商应绝对顺从顾客的指示并按顾客的意愿照办。特别不应“卸责于轮船或保险公司”，故“出口商疏于包装等事，不啻自杀其贸易”①。对出口商的包装提出了一些有益的建议，如“坚固之包装为避免损失货物之要件”，包装应“避免盗窃”，还提出了“经济之包装减少费用”的重大理念。另外，还从包装与气候的关系、包装的计算方法等方面论证了包装的重要性。因为每一批货物要经过运至码头、装载上船、远渡重洋、卸货等复杂的程序，所以包装必须坚固。出口商在选择包装方法之前，对顾客所在地的气候必须特别引起注意。如洪都拉斯的气候，每年雨季有四五个月之久，一定要用不透水的油布。再如印度也是雨水较多，有时又异常炎热，故气候非常潮湿，我国的出口货物皮革、纺织品、烟叶等商品，很容易发霉，如果用胶质粘贴的包装品，往往在半途就解体了。② 出口商“对于货物途中经过各处之气候如何，亦应在注意之列，由上海至马赛的邮船，途中须经赤道线，压数日之久，如包装稍一不慎，尤其如食物之类，即易发生腐烂，我国及其他远东各国之码头，均无雨篷。内地运输又不便利，货物自轮船下卸之后，往往有在码头搁置多日，迨抵目的地时，已将逾月矣。故非用避暑避热之包装不可”。③ 南京政府认为要经济包装以便减少运费成本，提出出口商在选择包装材料及其式样大小的时候，应该要随时考虑包装占运费的比重，如果是铁桶包装，一定要坚固而且很薄，如果是木桶包装，必须要坚固轻便。并且出口商一定要研究怎样才能减少货物的体积，如果普通包装的长度比宽度多的话，那么它的容积，往往要比宽度大于长度的包装容积要小。出口商要考虑各国的关税情况，有些是按货物和包装一起的重量征收税则的，课税的方式各不相同，“故出口商对于输入国之关税，不应毫无所知”④，如果有疑问，应该向各国的领事查询清楚。

---

① 国际贸易协会：《出口须知》，黎明书局1933年版，第25页。

② 国际贸易协会：《出口须知》，黎明书局1933年版，第28页。

③ 国际贸易协会：《出口须知》，黎明书局1933年版，第28-29页。

④ 国际贸易协会：《出口须知》，黎明书局1933年版，第28-29页。

《出口须知》规定，出口货物的装箱打包应该注意的八大事项："第一，包装须极坚固，四周须用铁条钉住，内部应装有不透水的材料，如油纸油布等物；第二，出口商应牢记，进口商宁愿付出口商以特别之包装费用。不愿货物到埠，全部或一部受损；第三，包装之前，必须将内装货物与发票或装箱单验封，数目是否相符，方可装箱；第四，装箱之前，货物必须过磅，货物之净重与总重量必须分别记录；第五，箱之容积不可过大，箱内不可留有地位，过大则非但轮船公司收费增加，且货物易于损坏；第六，每箱之重量普通不应过三百磅，过重则途中搬运不易；第七，箱之四周，应用铁条团团钉住，既可防盗窃，又可增加箱之坚固程度；第八，出口商对于顾客指示之包装方法及所用材料，须绝对遵守照办。"① 此外，为了保证海关及办事员能够容易认识货物，以便顺利流通，还强调了包装上应该做记号，可以做买主记号、港口记号、货箱记号、包装的重量及面积等。并指出做记号应尽量简单，切不可在货箱上写广告宣传或写"不可重压""小心"等字样，更不可在货箱上写明货箱内装的货品，以防不测。这种做记号而不写买主及地址的方法，可以有两大好处：一是可以保证进出口商人的商机和秘密，尊重了商业道德与价值；二是便利了海关人员和买主的检查，一定程度上促进对外贸易的顺利展开。

包装反映一个国家产品的声誉和国家的信誉，它在一定程度上体现了一国经济和技术以及科学文化等方面的综合水平。包装的好坏反映在国际市场上，关系到商品销售价格的高低、销路是否畅通。货物交换过程中，包装还包括货物说明，因此，良好的包装是对外贸易政策的重要组成部分。因此，包装同样也是主要交易条件之一，应在合同加以明确规定。但是由于我国科技文化水平落后，对于世界先进水平的包装并不完全了解，对于包装方式的种类理解肤浅，特别是对于运输包装的标志如文字、图形、数字制作的特定记号和说明事项不清楚，不但导致了外商识别货物不易，也导致不少错发、错运现象，甚至还有不少单与货不相符的滑稽事件，不仅破坏了我国对外贸易的声誉，造成了巨大的经济损失，一定程度上还妨碍了对外贸易的顺利进行。

### 五、重视货物安全，推行海上保险

在国际贸易中，每笔成交的货物，从卖方交至买方手中，一般都要经

① 国际贸易协会：《出口须知》，黎明书局1933年版，第30－31页。

过长途运输。“在此过程中，由于自然灾害、意外事故以及其他外来原因，货物有可能遭受各种损失。为了保障货物遭到损失后能及时得到经济上的补偿，买方或卖方就需要办理货物保险。”① 海上航运的危险程度，比在陆地的运输要危险得多，暴风触礁等不幸的事件随时有可能发生，与陆地运输不同，海洋运输的损失，轮船公司并不能负全部的责任。如有时候为了救护全船，一部分货物必须抛入海洋，此时运输货物的人必须向保险公司购买保险，万一有损失，由保险公司赔偿。

南京国民政府的《保险法》3 章 82 条在 1929 年 12 月 30 日公布，但是正式施行日期迟迟未定，后来《保险业法》于 1935 年又公布，《修正保险法》于 1937 年公布，这个法规增加了保险利益、特约条款以及再保险等内容，《修正保险法》的章节次序亦比原来的旧法合理，它的内容也比旧保险法更为完善。“原保险法奉德瑞保险法为圭臬，而修正保险法则兼采菲律宾保险法之精神。”② 《出口须知》规定，为了全部船员的安全，把货物投入海洋，这种货物损失通常由船主及受惠的各货主承担。③ 但必须满足下列条件：“第一，货物投入海中的损失，是实际的急迫任务，是不得已的举动，否则全船将发生危险；第二，损失不能过大，应在情理之中，并且至少应该有相当的效果；第三，投入海中的货物必须具有相当的价值；第四，投弃货物等行为，必须是船主或其代理人的命令。”④ 此外，共同海损可以分为弃货、火损、货损、避浅损失、港损、救灾费、燃损、触礁损失等。

有时船只因特种关系，不能在预定日期开船，或需要另外的船只开行，出口商人的保险，仍然属于有效。如果有任何危险发生，货主仍然得向保险公司索赔，只是保险公司应该有权随时增加保费。还规定了在出口商自己疏忽或欺诈、工人罢工、战争损失等情况下，保险公司不负责赔偿。另外，还规定了出口商自己的责任：包装要坚固、尽量给保险公司各种资料、交付一定的保险费、货物有损失货主有帮助保险公司脱售的责任。此外，还规定了水险的种类：“第一，必须存放在甲板上的货物；第二，超过船公司所能负责的保额；第三，偷盗与扒窃；第四，漏户与破损；第五，兵险。”⑤ 最后，《出口须知》还特别规定了保险时应该注意的问题。指出海

---

① 董瑾：《国际贸易理论与实务》，北京理工大学出版社 2001 年版，第 238 页。
② 王孝通：《商事法要论》，商务印书馆 1948 年修订八版，第 2 页。
③ 国际贸易协会：《出口须知》，黎明书局 1933 年版，第 64 页。
④ 国际贸易协会：《出口须知》，黎明书局 1933 年版，第 64 页。
⑤ 国际贸易协会：《出口须知》，黎明书局 1933 年版，第 68－70 页。

上保险内容极为复杂，水险保费的计算，各家不同并没有一定的标准，因此，出口商应该托保险经纪人代办一切关于保险的手续，经纪人往往代表几个保险公司，预先保有预定保险（Open Policy），在指定期限及指定地点内，所有出口商人运往外国的货物都已经保有水险，只需随时通知保险公司已装运货物的船只及商品的价值即可。“保险公司为慎重起见，恒在保险单上，注明每个船只之最高保险额为若干元。”①

由于国民政府起用海上保险的步伐落后于世界，虽然这些保险条款种类较少，保障范围也是相当有限的，与当时代表世界先进水平的《伦敦保险协会海洋运输货物保险条款》也有相当大的差距，但是这些条款基本原则如“最大诚信原则、可保利益原则、利益转让原则、补偿原则、重复保险的分摊原则”等是一致的，保险的范围也是基本一致的。从以上情况可以看出，南京政府推行海上保险，无论是出口商还是保险公司，政府都给予了一定程度的考虑，为出口商顺利展开对外贸易解除了一定的后顾之忧。毫无疑问，这些条款的推行慢慢开启了中国海上保险的近代化进程。但是，由于我国商人素质知识水平浅薄，“不知各国国民之购买力如何，市场最近状况如何，物价趋势如何……商品之分析包装如何，对外之广告宣传如何，保险之运输手续如何”②。中国从事保险业的人当中充当买办者十分多，因此，外国保险企业实际控制了中国近代保险业，中国人自己创办的保险业实际并不发达。因此，相比较前面所叙述的商事法、保险法的立法显得比较薄弱。有的法规虽经公布，但未付诸实践，即使不受到外人操纵，也未必能产生实际效果，更何况外人把持了中国的对外贸易，要真正发展对外贸易就更不容易了。

### 六、注重了解各国通关手续，努力发展对外贸易

各国海关对于进口货物的处理，各有特殊的条例与办法，进口商必须按条例不能有丝毫的错误，否则要被罚巨款或货物全部充公。进口商的损失将间接影响出口商的利益，故出口商在发货时，必须特别注意，出口发票、轮船提单以及出产国证书等。③

关于各国的通关手续问题，《出口须知》重点对美国的关税制度做了详

---

① 国际贸易协会：《出口须知》，黎明书局1933年版，第73页。
② 受百：《我国商人应注意直接对外贸易》，《商业月报》1929年第6期。
③ 国际贸易协会：《出口须知》，黎明书局1933年版，第86页。

细的介绍，对美国关税的目的、种类、修改等进行了阐述。特别提到了领事签证货单，货单内所载货币的价值“应按照进口国家之货币填写，或按进口商所付之货币价值填写。单内同时并须注明当时外国汇兑之比率。苟其货品之价值，非按美国之货币计价，则此种说明，尤为重要，俾美国海关估价员，能按当时之国际汇兑比率，折成美国货币，而定其课税之税率”①。还论述和分析了美国的报关手续、报关的意义、报关应具备的各种单据、没有提货单的报关、自由报关、堆栈报关、立待转运报关、转运并出口、出口的撤回、特别报关、邮包进口、海关评价、进口货物的记号等专题，因为美国是中国对外贸易的一个大国，对美国关税政策的介绍，实际让出口商对美国的对外贸易政策有全面的了解，大大促进中美贸易的发展。此外，还对加拿大、法国、西班牙、葡萄牙、芬兰的通关手续分别做了简单的介绍，如芬兰规定，进口商在货到二十日以内，必须向海关办理报关手续，并要呈缴下列各附件：“第一，出口发票。发票内须载明货物启运日期，转运途径、货物名称、包装方法、货物件数、唛头等。发票上须有收件人或公司的名称，并由负责人签字证明。如包装重量等不便在发票内载明，应另附装箱单。发票内如能载明运费、保险费、广告费等数目最妥，盖有时进口商报关时，提单往往尚不及寄到，即可供海关评价员之参考也。第二，提单。提单内应注明转运船只之名称，进口商之住址，或目的地、包装之件数及记号，如何包装，内含何物，及货物之重量等。第三，保险单。保险费若干应加注明。如进口之货物，系属免税品，或属于特惠关税项下，出口商应向芬兰领事署取得原出产国证明书一纸，证明该货系输出国所产或制造。食物及农产品运输时，须附有证明书，证明此项商品已经消毒。”②

可见，南京国民政府对许多国家的通关手续进行了研究和总结，在当时信息闭塞落后的情况下，这种研究精神实属难能可贵，这对我国出口商从事出口贸易业提供了可贵的参考和借鉴。

## 七、严格按出口标准和程序发货

南京国民政府由政府统一制定《对外贸易合作法》，统一度量衡制度，

---

① 国际贸易协会：《出口须知》，黎明书局 1933 年版，第 88 页。

② 国际贸易协会：《出口须知》，黎明书局 1933 年版，第 97－98 页。

并采取了一些对外贸易的措施。[①] 这些措施规定了严格的出口标准和程序。另外，《出口须知》介绍了发货有多种方法，有邮运、船舶运输等。货物邮寄到外国的方法有两种，最普通的是海上航运，其他都是邮运。邮运适合零星货物的输出，可采用此办法，寄往外国的邮包，每个重量不得超过二十二磅。关于纳费或价值若干元以上的货物，应该具有领事证书等一切手续，出口商应随时参考邮政章程，这种章程，各处邮局都有发售。发寄包裹后，出口商应向邮局取得回执，这可以证明货物确实已经寄出。货物保险也是必不可少的，至于货物应该如何包装以及何种商品是某国所禁运的，一定要随时参考邮政章程。

出口商输出的货物，数量较多，不便由邮局寄出时，势必由船舶运输，选择船只的方法，既快捷稳当，价格运费又低廉。决定由何船装运后，立即要向轮船公司探听运费，询问时应该将货物种类、价值、包装、重量、容积、出口日期等，告知轮船公司。运费价格不一样，如货主认为满意后，向轮船公司取得运输许可证。货物在装船之前，出口商必须先到海关呈报货物出口，填写出口申请书，连同轮船公司的运输准许单，送至海关的出口写字间，由该处审定编号后，即可签名盖章，并批明在何处码头查验字样。国民政府从 1929 年 3 月起，对输出商品，择要进行检验，各处如上海、天津、汉口、广州、青岛等通商口岸，都有商品检验局。凡是出口商经营生牛皮、棉花、桐油、植物、油类、豆类、茶叶、生丝等货物，必须先向各局检验取得合格证书后，才能报关出口。以上手续完成以后，出口商就可向轮船公司换取正式提单，提单内应该包括的内容主要有三项：第一，包装的记号及数量的多少；第二，出口处及运输的目的地；第三，货物的性质及种类、重量、包装等。[②] 此外，还要充分发挥报关行的作用，除规模宏大的工厂、进出口公司外，一般的出口商都是委托报关行代办报关及转运事务。通过以上这些规定，出口商能够顺利完成对外贸易的发货，而且最大限度地扫除贸易中的一些障碍。

---

① 周星棠，刘秉义：《统一对外贸易案》；秦祖泽：《拟请政府统一度量衡制度案》，《全国经济会议专刊》，1928 年。

② 国际贸易协会：《出口须知》，黎明书局 1933 年版，第 54 页。

## 第四节　关税自主权的收回与关税自主政策的实施

众所周知，自从巴黎和会上中国政府代表提出《七项希望条件说贴》，要求彻底取得关税自主地位以来，中国政府历经挫折，1921 年在华盛顿会议上提出《以关税自由权归中国》的议案，要求与各国订立新的关税条约，代替原来的协定税则，还提出“加税裁厘”的提案，加税裁厘，即进口税率从现行“值百抽五”增至 12.5%，并开征奢侈品进口附加税和出口附加税，裁撤子口税、厘金等。1918 年 12 月，北洋政府公布《国定关税条例》——中国关税自主的第一个法律文件。按照华盛顿会议通过的《九国公约》的有关条款，1925 年 10 月—1926 年 7 月，段祺瑞执政府与美国、比利时、英国、法国、意大利、日本、荷兰、葡萄牙等 12 国在北京召开关税特别会议，续商中国关税自主问题。由于中国内政动荡，此次关税特别会议并没有达成任何实质性的条款，列强仅同意中国增加 2.5% 的附加税，“尚须于整理外债条件下，方得实行，即以增加之税款为整理外债之基金”。另外，会议通过了中国提出的自主案原则，“然其税率等差如何，仍须出于列国之协商允许，并限于 1929 年 1 月 1 日裁厘后方可实行”①。然而，等不到关税会议结束，执政府便因政变而终结。中国内政不稳更授予列强以口实，关税特别会议已决各案遂无形搁置。到此为止，关税自主权问题被搁置下来，一直到南京政府成立后才真正实现关税自主地位。尽管北洋政府关税还没自主，但进口税率比较晚清时期增加了，税率比晚清时期更加合理了，协定关税的程度弱化了许多，自主制定关税的成分和因素在加深，这些关税政策在实践上就已经开始了实施新税则，如广东国民政府、孙传芳、吴佩孚早在北伐时期就开始实行，北洋政府稍微晚点，但都在实行新税则，只不过还没有在形式和地位上得到西方列强的正式承认而已。

1927 年 4 月，国民政府成立后，南北统一，为实施统一的关税政策创造了较好的政治环境。国民政府在财政部设立国定税则委员会，限期制定自主税则。同时，外交部向各国发出照会，“分别就其旧约已满期者，改订新约；未满期者，修改旧约”，海关进口税则“完全以我国所定者以为准

---

① 田雪原：《马寅初全集》，第 13 卷，浙江人民出版社 1999 年版，第 217 页。

则”。日本因西原借款问题而不允，其余各国均一致同意中国的要求。1928年7月25日，中美两国签订《整理中美两国关税关系之条约》，美国首先承认中国关税自主地位①；11月12日，中国与挪威王国签订《中挪关税条约》；12月19日，中国与荷兰王国签订《中荷关税条约》；12月20日，中国与英国签订《中英关税条约》；随后，中国又分别与另外7个国家订立了新的关税条约。至此，西方各国都以条约的形式宣布承认中国的关税自主地位。② 中国的关税自主的法律地位得到确认。

中国关税自主地位的取得，具有巨大的历史意义，是国民政府外交的巨大胜利。国家一改“协定关税”的屈辱历史，开始自行制定关税政策，从而对国家的政治、经济生活产生了深远的影响。③ 关税自主后，南京国民政府根据经济、政治、国际关系等方面的变化对进口税率进行了多次调整。南京国民政府取得关税自主权地位后实施了一系列关税自主政策的具体措施。

1928年国民政府颁布《国定进口税则》，新税则规定的税率并不高，共分为7个等级14类780目，税率分别为7.5%、10%、12.5%、15%、17.5%、22.5%、27.5%，税率普遍较低。这个税率是对1926年北京关税会议英、美、日等国提出的2.5%~22.5%七级附加税率和“协定税率”的调整，虽然还带有协定关税的性质，但是历史意义不应忽视。这是在西方列强普遍承认中国关税自主权的基础上制定的第一个关税税则，打破了长期以来不分等级的“值百抽五”的惯例，确立了等级税率制度，为以后进一步改革税率打下了基础。以后通过1929年、1930年、1933年国定进口税则，这三个税则大大提高了日本的税率，这些税则直接助长了英、美、德等国的进口，打压了日本的进口。各国对华贸易的地位从而发生了根本的变化。1934年进口税则迫于日本的压力，国民政府对日本有所让步，但是日本作为最大的阻挠国家，最终在事实上接受和承认了中国的关税自主政策。

虽然国民政府的关税政策客观上对国内工业的发展起了一定的促进作用，但其本质上为财政关税，进口税准由低到高，逐年提高。理论进口税

---

① 美国政府依此关税条约的形式首先宣布承认南京国民政府。

② 1930年5月，《中日关税条约》始行成立，日本宣布承认中国关税自主地位。

③ 蒋清宏：《国民政府战前关税政策研究》，《中国社会科学院近代史研究所青年学术论坛》，2005年，第449页。

准从1926年的4.1%增加到1936年的34.5%（附加税在内），实际进口税准从1926年的3.8%提高到1936的29.7%（附加税在内）。① 随着实际进口税准的逐年提高，进口物量指数和进口额指数出现了不同程度的下降。尤其是1932年以后，随着银价的走低，进口额指数下降得更为明显。出口税率虽然维持在5%以下的低水平，但由于出口品以农产品和工业原料为主，世界经济危机背景下的国外市场趋于疲软，出口额也呈下降趋势。这一时期进口额仍然高于出口额，贸易入超继续存在。国际政治、经济形势的动荡，中国落后的工业水平，国内灾害频发等诸多因素主导着外贸发展的走向，关税政策的实施并不能从根本上扭转中国在进出口贸易中的不利局面，进出口贸易依然呈现持续不平衡发展的态势。但是，关税政策的实施毕竟在一定程度上遏制了贸易入超的扩大，甚至从1932年开始，贸易入超指数逐年下降。

① 郑友揆：《我国关税自主后进口税率长准之变迁》，国立中央研究院社会科学研究所1949年版，第12－16页。

# 第四章　南京国民政府前期对外贸易政策逐渐成熟（1933—1936）

从1933年国定进口税则的制定到1936年是我国对外贸易政策的成熟时期。这个阶段南京国民政府在丧失国家主权的情况下探索对外贸易政策，因此这个时期实行的对外贸易政策既带有半殖民地半封建的性质，又包含争取独立自主的积极因素。这一阶段，南京国民政府的对外贸易工作形成了一整套政策体系，这是其成熟的主要标志之一。主要表现在：关税自主政策取得一定的成效，商检贸易政策框架大体搭建，金融货币政策体系基本构建，海关缉私政策体系初步确立。这是民国时期对外贸易政策的最大亮点，尤其值得我们注意。

## 第一节　关税自主政策取得一定的成效

南京国民政府成立以后，1928年下半年南京国民政府着力于"改定新约"，恢复关税主权，制定国定税则。① 1927年7月20日发布了《实行裁撤厘金、关税自主》公告，同时颁布了《国定进口关税暂行条例》，条例规定"除现行5%的进口税外，普通货应另征7.5%，奢侈品征15%～57.5%"。此举遭到列强反对，特别是日本。"若不设法挽救，中国前途不堪设想矣。"② 1928年6月，国民革命军占领北平，国民政府名义上实现了全国统一。外交部一方面发表《对外宣言》，一方面同时宣布废除一切中外不平等条约，声明与列强西欧各国在平等的基础上"另起炉灶"，另外订立

① 张欣：《民国国定税则委员会研究》，南京大学硕士论文，2013年，第26页。

② 童蒙正：《外人管理海关之弊端》，《中国关税史料》，第3编，《民国丛书》，第5辑，上海书店1989年版，第39页。

新的条约，然后又开展了一系列外交活动，争取获得关税自主的权利。国民政府代表宋子文首先与美国政府签订了《整理中美两国关税关系条约》，美国承认了中国的关税自主权。随后，国民政府又与英等11个缔约国谈判修约，相继在11~12月间同各国签订了新的关税条约，承认中国的关税自主权，中国根据平等原则，同样给予了各国最惠国待遇及国民待遇。只有占中国对外贸易份额最大的日本与主要潮流背道而驰，坚决拒绝承认中国的关税自主。但是，毕竟因多数国家已经承认，中国可以自主制定税则。1928年12月，南京国民政府宣布中国自1929年2月1日起实行国定税率，此后，"国民政府陆续制定颁布了新的进出口税则"。

这次列强之所以如此迅速承认中国关税自主权，其原因有二：一是国民政府定都南京以后，一鼓而消灭北洋政府，颇能表现其新兴势力的生机，外国政府也深信国民政府已立有巩固的基础，并且有建设国家的能力，故表示敬意，愿意修改新约；二是因为国民政府废除不平等条约，采取了各个击破的方针，与前北洋政府采取的策略完全相反，各国既然不能联合一致对付我国，那我国就自然容易对付各国了。另外，从以上斗争的过程可以看出，南京国民政府收回关税自主权的策略，与北洋时期的北洋政府相比，南京政府完全改变和抛弃了以前的巴黎和会、华盛顿会议、关税特别会议会谈的内容，也完全改变了旧有条约的根据，自动宣布裁撤厘金，从废除不平等条约的角度出发，收回关税自主权。"民国之初，政府对于海关行政，亦曾有一度挽回主权之运动"，① 特别是《大公报》的评论非常具有影响力，它认为收回关税自主权，不仅可以增加财政收入，还能树立新政府的威望和影响，"更加有利于今后在国际社会的交往"②。南京政府采用的方策主要有两条：一方面国内宣布自主，于适当时期付诸实行；另一方面与有不平等条约的各国，分别为废约改约之应付，以打破其条约上的根据。

## 一、重构关税政策的新体系

如前所述，北洋时期关税自主政策的基本格调已经初步形成，随着南京政府统一全国，北洋时期的关税政策越来越不适应新时代的要求：一是

---

① 江恒源：《中国关税史料》，第3编，《民国丛书》，第5辑，上海书店1989年版，第46－47页。

② 王天根：《〈大公报〉与关税自主的舆论宣传（1926—1934）》，安徽大学硕士论文，2010年，第36－37页。

关税自主的力度还不够大，离关税自主的目标还有很大的距离；二是北洋时期的关税政策比较零散，不适应全国统一后的新要求。因此，重新审视和反思北洋时期关税自主的政策，制定新的关税政策，重构关税政策新体系，成为包括政府在内的工商界人士的普遍要求。国际方面，“因为美国、继而英国等意识到废除不平等条约、收回关税自主权已成为中国朝野的一致呼声，且‘有大力期图中国于列邦间谋一平等地位之国民运动发生’，列强或迟或早都要放弃这些权利。如不能现实看待中外的‘情势变迁’，其在华利益将遭受更大的损失，故而才相继以退为进地转向长远的好处”①。

一个国家关税自主权极端重要，根据本国政治经济财政社会的具体情形，采用财政关税政策或者保护关税政策，随时修改税则，是商业政策上最重要的武器。关税自主权恢复后，如何运用关税政策，以适应对外贸易的发展，成为南京国民政府面临的一个新课题。“历年以来，外受不平等条约之束缚，洋磁进口税轻，倾销各地，每年外溢金钱，不啻数千万”，② 南京国民政府上台后，陆续制定出台了一系列新的进出口税则。“民国十七年十二月七日，国民政府决定自十八年二月一日起……平均约为 12.5”③，又对这些国定税则进行了多次修改，这些修改内容繁多，手续繁杂，作用也难以鉴定，因此，必须从修改的内容与修改后的工作实际情况加以详细的分析。1932 年 4 月因财政困难，政府希望通过修改税则增加财政收入，渡过难关。这一次修改仅仅限于糖品一类，原来税则对于糖品的征税，是以荷兰标准分类区别，修改后以旋光测验法为分类标准，旋光测验法可以测量不同浓度的糖类，更加准确更加科学，体现了关税的准确性和进步性。所以税率当然比以前要重，如对葡萄糖、麦精糖、乳糖果子糖及糖精一项，以前只从价征收 25%，而修改后从价征收 50%。可见税率比以前翻了一番。1932 年 8 月，自从“九一八”事变与上海“一·二八”事变以来，东北海关已经完全被日本强取，水灾发生，政府还是因为财政困难，同时海关也要征收 5% 的救灾附加税，定期一年，又进行了一次修改，这次修改比前一

---

① 单冠初：《中国收复关税自主权的历程——以 1927—1930 年中日关税交涉为中心》，学林出版社 2004 年版，第 287 页。

② 江恒源：《中国关税史料》，第 16 编，《民国丛书》，第 5 辑，上海书店 1989 年版，第 70 页。

③ 江恒源：《中国关税史料》，第 16 编，《民国丛书》，第 5 辑，上海书店 1989 年版，第 72 页。

次范围较广泛，其中大部分为奢侈品。税则对下列物品增加进口税：“人造丝每担增加十个金单位；人造丝及蚕丝成品增加 15%；安尼林染料增加 10%；人造丝靛每担增加 2 个金单位；药品增加 5%；玩具及游戏品增加 17.5%；酒类增加 30%，包括现征洋酒类税在内；税则未列名货品增加 2.5%。”如果进口商务无意外的影响，以上拟征收的附加税预计每年可以增加一千万元，拟增加的进口税，约计每年也可以征收一千万元，因此，每年可增加两千万元。1933 年 5 月，中日关税协定期满，国民政府借这个机会，对税则全部加以修订。除了增加财政收入的目的以外，这次税率的修改含有保护关税的意义。“税则号列系别为 672 目，较旧税则增加 25 目，且有若干号列内，比较更有详细之区别，故较前进步颇多。”这次修改的进步意义是显然的，特别是与 1930 年税则的性质截然不同。1930 年进口税则实际上只修改 1928 年的七级差等税，而 1928 年的七级差等税实际只是从协定关税到自主关税的过渡。故其最低税率只有 7.5，实际上离自主的国定意义还差得远，与协定税则很类似。1930 年的税则已经没有 1928 年那么拘束，但还不能说是具有完全国定的性质，多少还带有协定的因素与成分，自主的程度比以前更加充分，另外，如果 1930 年税则也像这次一样充满自主的精神，那么 1930 年签订的中日关税协定规定日货棉类、鱼介及海产品类与麦粉输入我国，应该享有三年的特惠税率。因此，我国自主的国定税则在这三年内实际上是不能应用的，因为不平等条约的关系，这时期的税则即使名义上是自主的，也不免带有协定的意味。因此这次新进口税则表现出了充分的自主精神，更不像中日协定那样有协定特惠待遇。1933 年新税则并不是纯粹意义上的对 1930 年的修改，而是全面整理关税制度，彻底废除过去的旧税则。其中最突出最有意义的是单位的更改与品目的变动。

1. 简化税目，裁厘改统，实行海陆关税统一

如前所述，自 19 世纪 50 年代以来，厘金遍及全国，1928 年全国厘卡达 735 个，税率各地不一，法定税率 1%，实际很多地方征税高达 5% ~ 10%。而且实行遇卡完纳制，每经一卡交一次厘金。国货负担过重，严重阻碍了国内商品流通，导致廉价洋货充斥中国市场，极大地危害了中国民族工商业的发展。因此，裁撤厘金是我国各界人士的一贯主张，“政府方面亦颇有实行之意，唯厘金废除后，国库收入将受极大之损失，而增加关税一层，须先得订约各国之同意而后可行，因此两种关系所谓裁厘加税以惠内国工商者，竟致实行无期，致每年厘金收入，究有几何，颇足注意，兹据

日人之调查，厘金收入数额殊巨”。① 可见，北洋时期对裁撤厘金一事，还是顾虑重重。1930 年 9 月，全国裁厘大会召开之前，“广东中山县奉国府令，开为无税口岸，进出口关税全免，其县境内所有厘金局卡，亦将先期裁撤”。② 1931 年 1 月，国民政府宣布：废除厘金及其他地方当局强行征收的内地税，按照国际惯例代之以一促单一的货物税——统税。征税对象是国内生产和进口的大宗工业制造品，如棉纱、卷烟、面粉、水泥、火柴等，这些商品只要在产地（或进口港）一次性交纳统税后，即可运销全国。国民政府为此设立了统税署负责全国统税征收事务，进口商品的统税征收由海关代征，另外还废除了子口税，改征外国货的转口税及关税附加税。

一个国家的关税贵在有自主之权，只有自主才可以适应本国的政治经济财政社会的情形，或者采用财政关税政策，或者采用保护关税政策，随时修改税则，运用非常自由，这使关税成为商业政策最重要的武器。国民政府在关税自主后对税则总共进行了三次修改，对关税政策和对外贸易的关系进行了初步的探索，这些有益的探索既促进了中国对外贸易的发展，也为中国关税政策的现代化和正规化创造了必要的条件。实行海陆关税统一之前，陆关进口的关税率比海关低得多，这个关税制度非常不合理，南京政府成立后废除了这个做法，规定新税则实行以后“所有陆路进口货物现在所课之优待税率予以废止”③。

改革之后，税目简化，课税范围缩小，使税收趋于合理化，扭转了过去关卡林立、税费繁苛的局面，一方面大大减轻了工商业者的负担，另一方面也改变了外国货税低于国货税的不正常状况，促进了国内商品流通，有利于工商业发展。当然，统税制也存在一些商品税过高、征收范围渐趋扩大等问题。使这一政策的成效大打折扣。

2. 废除均一税，确立了等差税制

国民政府根据 1925—1926 年北京关税特别会议上各国代表七级附加税的提案，再加上 5% 的进口正税，公布了第一个国定税则。税率分别为 7.5%、10%、12.5%、15%、17.5%、22.5%、27.5%。这一税则打破了长期以来实行的均一税，确立了等差税制，在一定程度上体现了关税自主的原则。“此次所定之税率系多迁就各国之意志者，即其税率乃综合旧时正

---

① 《各省厘金收入之统计》，《中国银行通信录》1921 年第 68 期。

② 《全国裁厘大会展期》，《工商半月刊》1930 年第 14 期。

③ 民国政府外交部编：《中国恢复关税之自主权之经过》（下册），《中央关税条约》，附件 4。

税税率（指向来值百抽五之正税而言）及美英日所提议之七级附加税税率（指关税特别会议美英日专门委员所提七级附加税率表而言）与夫卷烟、煤油新增之二五附加税及特税而成，虽系自动公布，实未发挥真正关税自主之精神也。故只能谓之由协定关税嬗进而为国定关税之一过渡阶梯”，“最高 22.5%，最低 2.5%……货物分为七种类，一百三十八项目”。[①] 这个税则的颁布，虽然未完全获得关税自主权，但体现了由协定关税向国定关税过渡的原则。后来，随着自主税率的实行，协定关税逐渐被国定关税所替代，将税率从 30% 提高到 50%，后来又同日本进行了坚决的斗争，终于提高到 80%，这样就基本实现了关税的自主。

3. 更改进口税的征收单位

1930 年进口税则计算疋头，都以疋为单位，每疋除规定的宽度外，并规定了长度，其一单位的长度，甚至有达到六十二码的，通常也长三四十码不等，但新税则一律以码为单位，且宽度之广狭，与旧税则没有什么不同，故新税则每单位的征税数额虽然低于旧税则，而实际稽征则有增无减。例如旧税则第四号新税则第二号之本色粗细斜纹布，新旧税则规定的宽度都是 31 英寸，旧税则规定每单位为 31 码，与新税则之单位一码相比较，相差达 31 倍。虽旧税则每单位征 0.83 金单位，而新税则每单位只征 0.39 金单位；但如果以新税率按 31 码算，则旧单位应课 1.209 金单位。换句话说，这项税目新税率比旧税率可多课 0.379 金单位，差不多增加了一半。“此单位更改，与税额增收上作用可谓不小矣。至于此类货物规定计税之产量，旧税则用磅，而新税则用英两，则完全系新税则每单位所有平方面积缩小之附带的结果”。[②] 可见，单位的更改在很大程度上起到了增加关税收入的作用。

南京政府的关金制度对关税的演变起了重要作用，以前纳税人按银两纳税，损失很大，后来折合成海关金计算，就可以不受国际市场银价跌落的影响，根据《银行周报》记载，“九月间现银之输净入额为关银 24903000 两，一万标金之输出者计达 44569000 海关金单位，按输出之标金实际系全部运美者，而标金一项在由华运美各种输出物中为最巨者，是亦一特色可

① 江恒源：《中国关税史料》，第 16 编，《民国丛书》，第 5 辑，上海书店 1989 年版，第 73－74 页。

② 童蒙正：《关税论》，商务印书馆 1933 年版，第 370 页。

注意者也”①。

4. 扩大商品品目的征收范围

旧税则共分16大类，品目为647种，新税则虽然也分16大类，品目却增加至672种，多出25种。但并不是说，新税则除旧税则原有品目外，单纯增添25种，其变动的范围几乎涉及全部。有并旧税则几个品目为新税则中一个品目的，例如旧税则第一第二第三号的本色市布粗布及第六第七号的本色洋标布，在新税则上已并五号为一号，即第一号之本色素市布粗布细布洋标布。再如旧税则之第四第五号，同为本色粗细斜纹布，在新税则上合为第二号。有为旧税则所未备而新税则添列者，例如新税则第八号之本色棉直贡，第三三九号之大豆、豌豆，第六三〇号之气压计、寒暑表等，此种货物旧税则均依“未列名”项目征课。有品目仍旧而归类有别者，例如旧税则之将本色总布或棉细蹉跎，并合于漂白或染色棉布品中，漂染总布或棉细蹉跎，目下自不若新税则之将此类商品另于本色棉布品中列一品目之较为合理。凡此种种，都可看出新税则列的品目，确实远比旧税则更加精细、更加合理。

5. 大幅度提高烟、酒等奢侈品的进口税

“为了实现贸易顺差，重商主义者大都提倡奖出限入政策，反对进口奢侈品，对一般制成品的进口也采取严格的限制政策，对进口货无一例外地征收重税，往往高到使人不能购买的地步。”②“进口洋货于2月1号以前抵沪者，照旧税则征税应须完纳二五税，或奢侈税进口报单依照旧式用二份”。③ 1929年税则日本未予承认，引起全国人民的强烈不满，中国各大城市掀起抵制日货运动，在华日商损失惨重，纷纷向本国政府提出抗议。经过谈判国民政府对日本做出让步，如对日本某些棉制品、海产品、面粉等商品的进口三年不增税，其他杂品一年不增税。中国废除厘金，并确认从关税收入中拨出500万元，清偿积欠日本的债款。《中日关税协定》于1930年5月签订，该协定明确规定有关进出口的税率规定、存票、通过税、船钞等一切事情，“完全由中日两国彼此国内法令规定之”。至此，中国关税自主权得到各国共同承认。国民政府重新修订关税，颁布了1931年税则，该

① 《今年九月间之对外贸易》，《银行周报》1932年第45期。

② 张二震：《国际贸易政策的研究与比较》，南京大学出版社1993年版，第28页。

③ 江恒源：《中国关税史料》，第16编，《民国丛书》，第5辑，上海书店1989年版，第73－75页。

税则将税率分为 12 级，从 5% ~50% 不等。后来南京政府又取消了不少苛捐杂税，从 1931 年开始加征附加税，以补充财政的不足。

1931 年税则仍然受到列强的约束，但税率有了进一步提高，尤其是较大幅度地提高了烟、酒、丝货、麻制品、火柴、陶瓷品、玻璃、高级食品的进口税，对国内同类产业起了一定的保护作用。同时对经济建设急需的机械设备产品征收较低的关税，有利于中国工业的发展。由于该税则有片面优惠日本的倾向，遭到英美的反对。

6. 有针对性地提高日本商品的进口关税

1931 年“九一八”事变后，日本将中国东北变为伪“满洲国”，东北占中国对外贸易的三分之一，对外贸易完全被日本所控制，南京政府关税收入损失相当惨重。1933 年 5 月，《中日关税协定》期满，中国终于得以基本不受列强制约修订税则。新的进口税则于 6 月 1 日实施，取消了原来给予日本的单方面优惠，税率共分 14 级，从 5% ~80% 不等。总体上税率水平提高，平均税率达到 24. 6% ，且税率结构趋于合理，如“竞争性进出口商品”的税率明显提高了，进口税率提高，进口占国内产量 11% ~100% 的商品税率最高可以达到 47. 9% ；“非竞争性商品”中，工业原料为 35. 9% ，奢侈品为 45. 2% 。总体看，1933 年税则中“竞争性进口商品”高于“非竞争性进口商品”的税率，生产资料低于消费资料，生活必需品低于奢侈品，大大提高了关税对产业的保护作用，“对当时为世界经济危机及银价上涨所困扰的国民经济，提供了极为需要的帮助”①。由于提高了日本商品的进口关税，这一税则遭到日本的反对。

7. 提高原料、燃料等大宗商品的进口关税

总体上来说，以上几项国定关税政策的推行，财政收入大幅度提升，1933 年比南京政府成立初期翻了好几番，出口增加，进口增加“非竞争性进口商品占总进口量的比重由 18. 8% 降为 33% ”②。这些新税则的实施保护了国内工业的发展，税率的提升在客观上限制了外国商品的无限制入关，根据江海关 1934 年在《交行通信》的《现代经济》栏目公开发表“一月到七月对外贸易入超达 223958179 元，七月份进口总值为 42722074。较上月份之 45343042 元，减 2630968 元；较上年同期减 7295280 元。出口总值为 21881553 元，较上月份之 24470398 元，减少 2588845 元；较去年同期减少

① 郑友揆：《中国对外贸易和工业发展》，上海社科院 1984 年版，第 84 -85 页。

② 王相钦、钟廷毫、沈毅：《中国民族工商业发展史》，河北人民出版社 1997 年版。

7432648 元……”①。可见，这种输入贸易政策取得了一定的成效，其基本走向是正确的。

8. 修正海关出口税则，降低或免征部分商品的出口税

根据当时的国际经济形势，南京国民政府制定和修订了部分出口税则，自行降低出口税率，或减免出口税。如 1931 年到 1934 年，一大批商品获得减税的特权，到 1934 年为止，共有 35 种商品免税，款项条目达到 44 项。②面对日本的压力，同时国民政府也为增加财政收入，1934 年 7 月再次调整税率，颁布了第四个《国定进口税则》。该税则与 1933 年税则类目基本一致，只是作了有利于日本的调整，降低了棉制品、海产品、纸张的进口税率。总体上税率再次提高，平均税率较 1933 年提高了 6.7 个百分点，达到 31.3%。提高进口税率的商品主要是原料、燃料及机械设备等生产资料，其中不少是国内生产严重依赖的进口商品，如棉花、木材、化工原料、汽油、柴油及各种机器设备，因而税率的提高不但未能提高关税的保护水平，反而加大了国内企业的生产成本，从而弱化了民族产业的国际竞争力。

协定关税时期，实征出口税高于名义税率，也高于进口税率，不利于民族经济的发展。国民党政府恢复关税自主权后，于 1931 年 6 月，制定并实施了新的出口税则——《海关出口新税则》，规定出口商品分为 6 类 270 个税目，从价从量并征。部分商品征税 5%，另一部分征 7.5%，对于一些工业制成品，不增加税率，大体维持值百抽三的税率。同时规定对茶叶、蚕茧、绸缎、花边、棉纱、袜、纸伞、花素漆器、抽花、挑花、绣花、书籍、图表、报章、容器包装用品、蜜梨及罐头果品等货物的出口一律免税。出口税的降低有利于鼓励出口贸易的发展。此后为鼓励出口贸易的发展，在保证兼顾财政收入的条件下，国民政府又对出口税则进行了三次修订。

1933 年，财政部宣布对生丝、纯丝制品、米、谷、小麦、荞麦、高粱、玉米、小米及未列名杂粮等免征出口税，使总体出口税率明显降低。1933 年 6 月，南京国民政府根据“在财政许可范围以内，对于原料及食品，在国外市场推销最感困难者，酌量减税、免税”、“对于工艺制品宜予奖励输出者，酌量免税”的原则，再次修订出口税则，其税目与 1931 年基本一致，降低了 35 种商品税率，增加了地毯、夏布、瓷器、陶器、爆竹等 44 项免税商品，总体出口率再次调低，

① 《新税则施行后之对外贸易》，《交行通信》1934 年第 2 期。

② 陆仰渊、方庆秋：《民国社会经济史》，中国经济出版社 1994 年版，第 299 页。

1935 年 6 月，南京国民政府又对出口税则进行修订，增加减税商品 41 种，这次获得免税出口商品涉及农副产品、纺织品、化学品及建材产品。但由于局势的变化，该税则未能实施。

国民政府为加强出口贸易，救济工商业，自 1935 年初以来，除发行金融公债外，计划裁撤转口税，减免出口税。政府公布了修正的海关出口税则，根据税则的规定，“经免税者有果类、火柴、棉织物、海产等 88 种，经减税者有蛋类、油类、骨骼类等 55 种，减免的出口税总计达三百万元左右”①。我国的出口贸易，1931 年为 1471 百万元，1932 年竟然降落至 767 百万元，此后便一蹶不振，到 1934 年更降落到 535 百万元，出口贸易的衰落原因很复杂，但降落如此剧烈，不外乎两个主要原因，一是世界经济危机的袭击，二是“九一八”事变的影响。自从世界经济危机以来，世界各国无不一方面高筑关税壁垒，一方面厉行对外贸易倾销。我国出口商品受到了莫大的打击，逐渐丧失了其销路，“九一八”事变的结果，使我国失去了东北四省，东北本来是我国贸易出超的区域，用来弥补全国入超的数字相当大，一旦失去，出口贸易所受的打击肯定非常大，1932 年出口贸易骤然降落，主要原因即在此。另外，1928 年 1 月 28 日，财政部公布了《征收内地税办法》，1928 年 6 月，财政部公布《国用物品免税暂行办法》，1928 年 8 月 23 日，财政部公布《发给土布免税单简章》，1929 年 3 月 22 日，财政部公布《赈灾物品免税章程》，1929 年 12 月，国民政府财政部核定《中华民国制糖公司运销精糖领照填用并查验杜弊章程》，该章程严格规定了运销精糖的正规程序，对舞弊行为作出了处罚的规定，对合法运销精糖的行为给予了免征税厘的保护。1932 年 7 月行政院公布《军用物品免税办法》，这些有关关税征收和免征法令，对促进对外贸易的发展，有效保护国内产业的发展起到了相当大的作用。②

在世界经济危机这种国际大形势下，出口贸易的衰落是不以人的意志为转移的。因此，积极地奖励出口，已经不是力所能及的，消极地减免出口税，也可以成为缓解燃眉之急的要策。抵补减免出口税的亏损，在当时那种山穷水尽的财政状况之下，能从增加进口税着眼，这不仅较为便捷，而且还符合保护民族工业的宗旨，这正与减免出口税相辅相成，交相为用，同为救济工商业的办法。可见，在国际贸易极端困难的形势下，国民政府

---

① 作舟：《减免出口税》，《东方杂志》1935 年第 14 期。

② 徐百齐：《中华民国法规大全》第 1 册，商务印书馆 1936 年版，第 3136 页。

的减免出口税政策，表明了国民政府对垂危的对外贸易的衰落的关注，也显示了国民政府在贸易衰落的形势下，振兴出口贸易的决心和勇气。

“我国关税自主现已完成，国民政府财政部所颁布之海关进口新税则，自今日起实行。”① 至此为止，国民政府的关税政策体系的框架与轮廓已经完全重新构建，为了拓展推广海外贸易，国民政府奖励输出，限制进口的这些措施，总体来说有利于扭转入超的不利局面，也有利于对外贸易的发展，但是半殖民地的中国，终究由于国家主权的丧失，税则受到干扰的因素较多，税率税则频繁变换，这种缺乏稳定性的对外输出入贸易政策注定了难以有大作为的基本格局。

## 二、关税政策的特征

“自关税自主以来，实行国定税则，经多次修改，已采用等差税率，这较之单一税制，是一大进步。”② 1929 年实施国定税则后，南京国民政府规定关税值百抽五，部分仍由各关汇到汇丰银行，再由汇丰银行负责偿还外债和赔款。从 1932 年起，中央银行开始办理本息业务，初步改变了过去由外国在华银行存储税款、办理外债还本付息业务的间接做法。显然，这在税款的保管方面是一个巨大的进步，有效地削弱了外国在华银行的势力。

1. 收回了税款保管权和海关行政管理权

前面提到，由于南京国民政府实行的国定关税政策，无论是在关税的形式还是在内容上，都做了较大的改革，无论是关税征收的数量，还是关税税率的水平，南京政府都算是前进了一大步，这就在一定程度上保护了国内市场。南京政府在提高进口税的同时，又降低了出口税，对于鼓励中国商品的出口起了一定的积极作用。

由于中国还是一个半殖民地国家，西方列强毕竟在华还拥有大量的特权。因此，南京国民政府时期的关税自主有着相当的局限性。如税率的制定还不得不顾及西方列强的利益。同时税率结构还不太科学，近现代工业化国家通常为提高其关税的有效保护率都实行“瀑布式”的关税结构，即对原料制定极低的名义税率，随着加工程度的深化，名义税率水涨船高，最终制成品税率最高。而南京国民政府实行的国定税则中原料进口税率普

---

① 江恒源：《中国关税史料》，第 16 编，《民国丛书》，第 5 辑，上海书店 1989 年版，第 74 页。

② 孙文学：《中国关税史》，中国财政经济出版社 2003 年版，第 264 页。

遍高于制成品，这一方面增加了国内产品的成本，另一方面关税的保护作用的有效性大打折扣。为此，当时的不少民族资本家纷纷要求政府降低进口原料过高的关税，据国民政府财政部档案记载“安尼林染料、人造靛为国内工业依赖之原料，所负税项计过35%，就过去情形而论，各方面责难颇多”①。特别是在日本压力下，1934税则降低了棉布税率的同时，却提高了棉花等的进口税率，结果使日棉大量涌入，对中国棉纺织业造成严重的损失，以致当时工商业者纷纷致电南京国民政府“请收回成命，以维幼稚工商业之濒危命运”，并要求降低棉花、小麦、火柴梗木材、燃料用石油等原材料的进口税。② 另外，短期内税率不断变动，导致对未来收益预期的不确定性增加，影响了他们的生产投入，实际上进一步削弱了关税的保护作用。同时，随意减免税的存在使得实际税率始终低于名义税率（见下表）。

**表4－1　抗战前中国关税水平与进口税收**

| 年份 | 名义税率（总税准） | 实际税率（总税准） | 进口税率（千元） |
|---|---|---|---|
| 1928 | 4.3 | 3.9 | 62102 |
| 1929 | 10.9 | 8.5 | 145971 |
| 1930 | 12.0 | 10.4 | 186737 |
| 1931 | 16.3 | 14.1 | 293971 |
| 1932 | 18.4 | 15.8 | 228285 |
| 1933 | 25.4 | 21.7 | 265611 |
| 1934 | 34.3 | 27.8 | 260215 |
| 1935 | 35.3 | 29.9 | 250165 |
| 1936 | 34.5 | 29.7 | 254539 |

资料来源：郑友揆，《中国的对外贸易和工业发展（1840—1948）》，上海社会科学院出版社1984年版，第57页。

另外，南京国民政府制定出口税率缺乏长远目光，获得减免税待遇的商品均是当时出口的大宗农副产品、食品、手工产品，而工业品，这些商品中除棉纺织品外其他都未列入。换句话说，出口工业品要承担有关税负，这对于中国出口商品结构的优化相当不利。③ 同样，也阻碍了对外贸易现代化的历史进程。

① 中国第二历史档案馆：《中华民国档案资料汇编》第5辑，第1编，江苏古籍出版社1984年版，第31页。

② 《大公报》，1934年7月8日。

③ 孙玉琴：《中国对外贸易史》（第2册），对外经济贸易大学出版社2004年版，第210页。

海关是近代列强侵略中国的主要工具之一。自19世纪50年代，南京条约及其附件和天津条约签订以后，规定了“协定关税”的原则，中国海关行政管理权因此逐渐丧失，海关这一行政机构完全由外国人把持，特别是英国人赫德，长期把持中国海关管理权长达半个世纪之久。1927年南京国民政府成立后，试图对海关行政管理制度进行一系列改革，并以此达到恢复中国的海关行政主权的目的。

1927年5月南京国民政府设立财政部，下设关税处，10月改为关务署，并颁布了《财政部关务署总则》，规定关务署的职能是：负责关税的统计、税卡的设立和废止、解释关税法令、关税税率的制定等。海关总税务司虽然仍由英国人担任，但他必须听命于中国政府。海关只掌管征税工作，不再拥有一切政治性的超出本职之外的职权和联系。关税自主后的外籍总税务司英国人梅乐和的权限已不能与其前任赫德等人相比，不能再以“通令”等形式颁布法规。1929年关务署决定海关停招外籍人员。同时关务署还注意提高海关中中国雇员的素质，一方面进行严格考核制度，另一方面将受过高等教育、具有丰富经验的人员派往欧美各国考察学习，回国后委以重任。1928年前的50年以来从来就没有一个中国人担任海关税务司的职位，而到1937年为止，已经有三分之一的职位由中国人担任了。这是一个了不起的进步，“克服了外人管理海关之弊端”，① 一部分海关管理权已经逐步收回到中国人自己手里了。

关税自主后，随着税率的提高，走私变得更加有利可图，那些不法之徒开始猖狂走私，铤而走险。为了加强海关缉私工作，1931年1月，海关设立缉私专科，并在走私严重的海关设立武装巡缉队。1934年6月，财政部颁布了《海关缉私条例》，对缉私的手续、走私的处理作了明确的法律规定，为缉私海关体系的建立创造了条件。

由此可见，南京国民政府成立后，中国海关的外籍税务司制度虽然还没有完全废除，但它的权力已经大大削弱，中国海关行政管理权从由外人操纵走向自身独立迈出了极其重要的一步。

另外，在中国人民反帝爱国运动的推动下，南京国民政府在争取关税自主的同时，还就收回租界及废除领事裁判权等问题与相关列强进行了交涉。1925年“五卅惨案”后，厦门人民通过反帝斗争收回了租界的管理权。

---

① 江恒源：《中国关税史料》，第3编，《民国丛书》，第5辑，上海书店1989年版，第39页。

1927 年 1 月，汉口及九江人民也在中国共产党领导下发动了收回租界的斗争，2 月，武汉政府外交部长陈友仁与英国公使代表欧玛利签订了收回汉口、九江英租界的协定。1929—1930 年中国政府通过外交谈判收回了天津的比利时租界，镇江、厦门的英租界，重庆的日租界。此外，英国占领的租界地威海卫也于 1930 年收回。1928—1929 年，比利时、西班牙、意大利、葡萄牙、丹麦及墨西哥在华领事权也宣布取消。1929 年 4 月，国民政府外交部照会英、美、法、荷、挪威、巴西等六国，取消其在华的治外法权，美、英、法等国对此提出抗议，试图阻挠中国单方面废约。从 1930 年 1 月开始，中英、中美分别举行谈判，最后因为 1931 年“九一八”事变的发生，谈判结果不了了之。

不管怎样，南京国民政府领导和组织人民为争回海关行政管理权付出了相当的努力，这一阶段的斗争虽然曲折艰难，但是它开启了中国政府领导群众废除海关管理权的先河，为以后在抗战时期彻底废除这些特权创造了基础和条件。更为对外贸易的自主创造了较为宽松的外部环境，减轻了中国对外贸易的压力。因此，这些措施实际上都是对外贸易政策在行政海关管理领域的具体体现。

2. 这一时期对日本的关税政策特别复杂

由于日本对华贸易占有很大的优势，所以南京政府每次修改的税则实施以后，日本立即表示反对并提出抗议，大概因为税则对于棉货类的细分与鱼介海产品等税率的提高，对日本的影响比较大，且这两类不少货品，都是享受互惠协定的优待税率，中日关税协定期满一周后，即增加如此之高税率，故日本视为具有排日的意义。“此次增税，其品目极多，且甚广泛，受影响国不只日本一国，凡与中国有贸易关系之国家，如英、美、德等莫不受打击。例如棉货尤其是加工棉货及毛织物等之于英国，丝织物之于法国，金属制品之于美德等国，胥与日本同受影响；然而日本之对华贸易，除此若干类货物外，尚有海产、砂糖、石炭等，其种类范围之广，数额之巨，远非他国所及，是以所谓增税之目的，全在以日货为主体，亦不为过。”“海关外货报到者寥寥”，① 可见，这次税则对日本及其他列强经济打击非常之大。“于日本出口棉纱常有不利之处”②。

但是，对于中国方面从保护工业这个角度来说，这个税率我们仍然嫌

① 江恒源：《中国关税史料》，第16编，《民国丛书》，第5辑，上海书店1989年版，第149页。

② 江恒源：《中国关税史料》，第 16 编，《民国丛书》，第 5 辑，上海书店 1989 年版，第 34 页。

它太低。“我们觉得对于强敌，实远未能充分利用关税的手段，予以经济上的重创，这是就各种进口日货的新税率可以看得出的。”

首先，从日货进口最多的棉织物看，在中国纺织工业当时这样衰落的时候，对于进口棉货，其实应该课以最高的税率才对。但是我们仔细一看，粗细市布、标布、斜纹布的税率，增加实属有限，平均都只合从价10%，十二磅的细布细绸的新税率比旧税率更低。“至于棉纱，勿论那种税率，也都增加得有限，查十七支以下的棉纱，旧税率每担为金单位5.30，新税率增至6.30，二十三支以下的旧税率为5.80，新税率增至7.00，三十五支以下的则由7.90增至9.00，四十五支以下的，则由7.90增至10.00，四十五支以上的，则由从价7.90%增至11%。”“近来日本出口之纱，倾向与前不同，显细纱销路渐旺”,① 可以看出，以日本这样重要的民族工业的劲敌货品，关税壁垒尚且这样低，实在够不上保护工业，也就更谈不上抵制日本棉货了。

其次，再看日本对华极力倾销的货品，如煤炭和水泥，在这次新税则中也没有适当的处置。煤炭从前一吨课税0.89金单位，这次增加为1.80金单位，表面上好像增加了一倍，足够给日煤以打击，但是日煤在中国市场上倾销的价格，较日本本国还要低落四五元，新增的关税仅仅两元，因此还远不足以打击日煤倾销的野心。至于水泥的税率，从前一担为0.24金单位，现在增加到0.50金单位，表面上也是增加了一倍，但是日本水泥在上海市场销售的价格，仅仅为在其日本国价格的一半。可见，这样的关税又怎么能够阻止日本水泥的倾销呢?

最后，有人认为海产物和丝织品的税率增加很高，会给日货以最大的打击。诚然，海产物的税率，差不多通通增加了一倍（除鱼翅减少外）；但是，日本人自“九一八”事变以后，日本高价的海产物，大多采用邮政包裹寄运，直接输入的很少，简直可以说没有多大的影响；至于一般海鲜，则经常有奸商秘密输入日鱼的事件，可谓防不胜防。丝织品的新税率，可算深具保护性质。像生丝、人造丝以及花边、装饰品及刺绣品等，都已经增加到80%。像中国这样衰落的丝业，把丝类税率提高，本来就是很应该的；但是其中也只有人造丝一项，日本才感到影响较大。“原来在中国市场中，向来便以日本和意大利的人造丝倾销最有力。我们试查海关统计，人

---

① 江恒源:《中国关税史料》，第16编，《民国丛书》，第5辑，上海书店1989年版，第34页。

造丝进口之逐年增加，便可知它之对于我国丝绸工业是怎样的压迫。现在增加的税率，虽已不算很低，但要达到保护本国丝业抵制日本人造丝的倾销，恐怕一时还很难呢。”可见，即使海产物和丝织品的税率增加，也不能起到保护本国民族丝绸工业的作用。

1928 年，各国先后与我国签订新约，都承认了中国的关税自主权，只有日本多方要挟，始终不肯签订。国民政府为了早日实现关税自主权，于 1930 年 5 月 6 日与日本签订了《中日关税协定》。《中日关税协定》的签订，是南京国民政府关税自主路上的拦路虎，无论从经济利益还是收回主权问题上，都一度使中国陷入了极端困惑和艰难的境地。总体来说，中国方面的失败主要表现在以下四方面：

第一，中国给予日本优惠的货物有 62 号数之多，而日本给予中国优惠的仅仅只有 3 号数，而且还不完全，况且中国税则号数制定极粗，每一号数内，几乎都包括若干种货物，因此所列的号数虽然只有 62，如果算货物种类那就几乎有上百种之多。但是日本制定税则号数极细，其给予中国协定之货物，并非一个整个号数，而是一个号数内的一种，如夏布只限于本色，而宽过 48 生的密达则又不在协定之内；又如绸缎，只有蓝绸及其他两种，其余概不在协定之内；又如绣货，只以手工制成者为限。“故日本给予中国协定之货物，仅可谓只有三种而已，此与中国给予日本协订货物达数百种之多者，其比例真有天壤之别矣。从可见名为互惠，实则片惠之极也。”可以说，实际上是中国以《中日关税协定》的代价，取得日本承认中国关税自主的权利。①

第二，协定关税率的比较。中国给予日本的协定关税率，最高不过值百抽 17.5，且只有 3 号数，其大半号数只有值百抽 7.5，协定税率极低。而日本给予中国的协定税率，虽然也有比原税率减低为值百抽 70 者，但其原来的税率极高，即使减去 30%，也还有 70% 的高税率，这与我国给日本的协定税率相比较，其比例又不知相差多少倍。因此，单就协定税率而言，显然不是互惠而是片惠。

第三，日本输入中国的货物中，几乎一半都可以享受协定的优惠，就是说，日本一半货物输入中国，即可享受优惠，至少在协定期间内，不致受增税的损失。“协定之货物数额，竟达至其国进口总额之一半，此优惠之

---

① 张欣：《民国国定税则委员会研究》，南京大学硕士论文，2013 年，第 48 页。

程度可谓大极矣。中国所享之优惠程度则如何？仅有百分之二点左右，其相差值不可以道里之计矣。此可见中日互惠关税协定，日本所享惠之程度实大，而中国所受惠之程度甚小也”。“然而细纱之课税与前迥异，将以从价为标准，则是从前专输出粗纱时，已蒙不利，而此次新税则改正，又须从价计算，则岂非受二重之痛苦乎？”①

第四，协定中的货物在进出口上地位的比较。协定中日货在进口上一大半占有极其重要的地位，大多数是制造品，特别是棉货类占大部分，从此也知道我国衣料需要日货特别多。以占这么重要地位的货物作为协定的货物，其所获取的利益自然甚大，关税协定的根本目的也在此。因此，日本在这次协定中完全达到了自己优惠的目的。但是反观我国的情况，只有夏布一类，占出口上的重要地位，然而日本给予我国的协定税率，并未减低，其余输往日本的数量，都不及1%，几乎与对日输出上没有什么关系，可见我国除了夏布之外，用其他货物来作为协定税率，实际上是毫无意义。中日关税协定中的大部棉及棉制品、麦粉税率维持不变，工商业者未能如愿。②

由以上四个方面的情况可以得出如下两个基本结论：“一、中日关税协定中，中国惠于日本之程度颇大，而日本惠于中国之程度颇小。二、日本所选择之协订货物颇对，而中国所选择之协订货物一半对一半颇为不对。”甚至在1929年4月，华商纱厂联合会呈请将华商纱厂所购纺织机件完全豁免进口关税。③ 可见，从互惠的层面和意义上来说，这次关税协定的签订，中国已完全失败。“日为吾国入超净额第一国，则吮吸吾国人之汗血为尤甚。”④ 可见，日本已经成为侵略中国经济最厉害的国家了。

尽管学术界的主要观点，基本承认中日关税协定中国的失败。但笔者认为要客观考量其国际当时的历史条件与国内政治环境。可以说，此协定的签订，仍然有几个值得注意的特点：第一，协定的签订，起了快刀斩乱麻的作用。在国际风云变化莫测的情况下，其他签约列强有可能随时翻脸或废除新约或拒不执行或阳奉阴违，阻挠关税自主的进程。而南京政府能够非常冷静明智，审时度势，鼓起决心和勇气，稳定了反对情绪最为激烈

---

① 江恒源：《中国关税史料》，第16编，《民国丛书》，第5辑，上海书店1989年版，第34页。

② 张欣：《民国国定税则委员会研究》，南京大学硕士论文，2013年，第33页。

③ 《财政部训令第7667号》，《财政月刊》1929年第427期。

④ 君况：《血泪下对外贸易之数字》，《汗血月刊》1935年第2期。

的日本，正是因为《中日关税协定》的签订和生效，与其他列强签约的成果才得以渐渐巩固。从而保证了关税自主朝着有利于中国的大趋势和大方向发展。第二，协定的签订，在一定程度上是以退为进策略的考虑，南京国民政府具有驾驭谈判全局的意识，表现了难能可贵的成熟与稳重。要想获得必须学会放弃。近代中国国小力弱，因此，想坚持对所有列强一揽子废约，不做丝毫的让步，这是不太现实的美好愿望，现代外交事实证明，在一定程度上作出一定的让步，更有利于关税主权的收回和国家的长治久安。“所幸协定期间尚短，转瞬三年，业已满期。”第三，如果采取过于激烈的方式和手段，就外交来说诚然更加“革命”，或许更能满足朝野和舆论的愿望和感情，但最终实现关税自主的难度或许更大，所费时间也将更长。《中日关税协定》的签订，毕竟只是缓兵和权宜之计，南京政府的真正目标是3年后真正实现关税自主，我们不能采取以低调谈判目标来实现局部突破的做法，一概软弱、投降或“安抚人心”。第四，对于历史事件的不同评价，常常产生于考察问题的不同角度。如以一项政策提出的预期目标与其最终结果相比较，凡未达到甚至未完全达到目标的，都可认为是一种挫折或失败。但如以历史的眼光看，从不断丧失权益到屈辱地承受，变为主动要求收回权益（尽管未被接受），就可认为是一种进步；如能多少争回一些权利且不丧失其他权益，则更可视为值得肯定的进展；如进而能以某些不影响主权的政策和策略性调整或妥协，来实现总体目标中某些步骤的实现，则更可认为是一种具有积极意义的成功。

### 三、关税政策的作用和影响

关税政策的实施不仅减轻了南京政府的财政危机，对社会经济和工商业的发展也有积极的促进作用。

1. 关税政策奖出限入，保护了我国商品的国内外市场

南京政府尽量支持国内产业的发展，相当注重发展国内工业所必需的原料，减轻进口税，“使不受外货竞争之影响；抵补裁减各税……”①，此后修改税则也相当重视这个问题，南京政府“悉以增进税收及保护产业，双方兼顾为主旨”②，中国上世纪30年代，对火柴、瓷器曾着重保护，采取较

---

① 秦孝仪：《国民政府十八年度财政报告书》，《革命文献》第73辑，1977年，第120页。

② 秦孝仪：《财政部工作报告》（1935年及上半年度），《革命文献》第73辑，1977年，第321页。

高税率，这就含有保护国内市场和传统工业的因素在里面，新税则规定，在扩建厂房的过程中，“流动资本皆已化为地皮、房屋、机器等固定资本”①，中国工业获得一定的发展，主要也有固定资本的增加的效应。“1929年中国恢复了关税自主，1931、1933、1934年，又一再提高了进口税率，这些都极大地刺激了中国国内工业的发展，阻止了进口贸易额的增加。”②

2. 关税政策实施后财政收入增加，为财政改革创造了条件

“关税自主打破了80多年来的‘值百抽五’的进口税率，进口税率的大幅度提高使国家的财政收入迅即增加。”③ 因为南京政府不断提高国定税则的税率，因此所获得的关税收入也不断地上涨。据统计，从1928年—1931年，逐渐增加，1928年的关税收入约为1.34亿元；1929年为2.45亿元；1930年为2.92亿元；1931年达到顶点，年收入为3.88亿元。财政收入的增加，既为财政改革准备了物质基础，又为抗战积累了一定的资金。1930年公布的新进口税则与1931年公布的新出口税则，与我国旧税则相比较，有明显的相异之处。总的来说，税率大致比以前有相当大的提高，见下表：

表4-2 中国对外贸易与国内口岸贸易平均税率

| 税率<br>年份 | 平均进口税率/% | 平均出口税率/% | 平均进出口税率/% | 国内贸易税率/% | 国内贸易总税率/% | 对外贸易与国内贸易税率总平均/% |
|---|---|---|---|---|---|---|
| 1926年 | 4.0 | 1.8 | 3.3 | 2.0 | 2.1 | 3.0 |
| 1927年 | 3.7 | 1.8 | 2.9 | 2.0 | 2.1 | 2.7 |
| 1928年 | 4.1 | 1.7 | 3.1 | 1.9 | 2.0 | 2.8 |
| 1929年 | 8.6 | 2.2 | 5.9 | 2.7 | 2.8 | 5.2 |
| 1930年 | 10.5 | 2.2 | 7.3 | 2.8 | 2.9 | 6.2 |
| 1931年 | 14.1 | 2.7 | 9.8 | 2.1 | 2.2 | 7.9 |

资料来源：《民国二十年之中国对外贸易》，载于《经济统计季刊》，1932年12月，第1卷，第4期，第742页。

① 石柏林：《凄风苦雨中的民国经济》，河南人民出版社1993年版，第58页。

② 郑友揆、程麟荪：《中国的对外贸易与工业发展》，上海社会科学院出版社1984年版，第270页。

③ 薛平、胡长青、黄翠红：《从“协定关税”到“国定税则”——关税自主运动成功的原因及其估价》，《扬州大学税务学院学报》2000年第4期。

表中显示的是全部进口物品、出口物品与国内口岸贸易之平均税率。可以看出，进出口税率都在逐年增加，进口税率的增加尤其突出。税率的改变对于贸易当然会发生相当大的影响。但这几年修订的关税略带有保护国内工业的性质，如进口物品中的火柴、瓷器、水泥、玻璃、肥皂、糖、丝、人造丝、毛织物等税率均有相当程度的提高，也有比过去减低的情况，如出口物品中的豆油、豆饼、糖、瓷器与纸等均较以前减低，茶、绸缎、花边、绣花品等都免税。可见，关税政策对于全部贸易的改变虽微不足道，但对于贸易方向和贸易性质的改变却是不可忽视的。

3. 改变了商品的对外贸易方向，由土货贸易向洋货贸易方向发展

我们通过对外贸易与国内口岸贸易变迁的比较，即从以下这个表格看出1928—1931年对外贸易增减方向及其程度，下表是表示中国对外贸易与口岸贸易之实值。

**表4-3　中国对外贸易与国内口岸贸易之比较（单位：千关平两）**

| 年份 | 进口洋货 | 出口土货 | 对外贸易共计 | 国内贸易 | 土货贸易共计 | 贸易总值 |
|---|---|---|---|---|---|---|
| 1913年 | 570163 | 403306 | 973458 | 176045 | 579449 | 1149513 |
| 1926年 | 1124221 | 864295 | 1988516 | 695938 | 1560617 | 2684454 |
| 1927年 | 1012932 | 918620 | 1931551 | 611905 | 1536144 | 2543456 |
| 1928年 | 1195969 | 991355 | 2187324 | 723764 | 1715086 | 2911088 |
| 1929年 | 1265779 | 1015687 | 2281466 | 673025 | 1685995 | 2954491 |
| 1930年 | 1309756 | 894844 | 2204599 | 714143 | 1621974 | 2918742 |
| 1931年 | 1433489 | 909476 | 2342965 | 776146 | 1698744 | 3119111 |

（占总值的百分数）

| 年份 | 对外贸易占贸易总值的百分数 | 国内贸易占贸易总值的百分数 | 洋货贸易占贸易总值的百分数 | 土货贸易占贸易总值的百分数 |
|---|---|---|---|---|
| 1913年 | 84.68 | 15.31 | 49.60 | 50.41 |
| 1926年 | 74.07 | 25.92 | 41.88 | 58.14 |
| 1927年 | 75.94 | 24.05 | 39.82 | 60.40 |
| 1928年 | 75.14 | 24.86 | 41.08 | 58.92 |
| 1929年 | 77.22 | 22.78 | 42.84 | 57.07 |
| 1930年 | 75.53 | 24.47 | 44.87 | 55.57 |
| 1931年 | 75.12 | 24.88 | 45.96 | 54.46 |

资料来源：《民国二十年之中国对外贸易》，载于《经济统计季刊》，1932年12月，第1卷，第4期，第759页。

从以上表中可以看出，1913 年对外贸易占贸易总值 85%，国内口岸贸易仅占 15%。自 1913 到 1926 年对外贸易总数仅增 1 倍，国内贸易则增加 3 倍，这年国内贸易已经占贸易总值的 26%。1926 年以后国内贸易未能与对外贸易同样增加，故所占百分数逐渐回降。1930 年对外贸易总值虽因出口的减少而略见衰退，但 1930 与 1931 年国内的口岸贸易与 1929 年相比较的话，均能继续增长，而未见减少。这也使得 1931 年度国内贸易的重要程度增加很多，达到贸易总值的 1/4。

从以上表中还可以看出，我们将出口土货与国内各口岸间的土货贸易求其总和，可以比较土货贸易与洋货贸易的相互变迁。两项数值的增加率并不一致，欧战以前，两项数值各占半数，战后洋货贸易所占的百分数低于战前，1926 年仅及 42%，1927 年减少到 40%。但是 1928 年以后，进口洋货增加的速度经常在土货贸易总值之上，趋势与以前相反，因此，洋货贸易所占的百分数也逐渐增加，而土货贸易所占的百分数则逐渐减少。这种趋势和现象一直在持续。1931 年的洋货贸易已经占到 46%，虽仍在战前数值之下，但在战后各年则是最高的数值。“唯近两年来，土货贸易百分数之低减，仅由于出口土货之减少，并非国内贸易之无所增加则不可不辨，盖与民十八年相较，近两年来口岸贸易增加之率固未减于进口贸易也。”①

4. 原材料出口逐渐减少，有技术含量的商品出口有所增加

由于南京国民政府国定关税政策的实行，使中国进出口商品的种类发生了新的变化。主要特征是原有粗糙的原材料逐渐有出口减少的趋势，而新的与含有一定技术成分的品种从无到有，有增加出口的趋势，进口则刚好相反。中国进口棉花逐渐增加，棉纱棉布逐渐减少，足以证明中国进口物品中之棉货已由制造品逐渐改为原料品而在国内自行制造；丝及丝织品之贸易极为不振，进口出口都减少很多，“但贸易方向之改易则与棉毛之服用品相同，丝织品之进口与生丝之出口减少而丝织品之出口增加。”“二十年度进口粮食性质之改易最重要者即为面粉进口之减少而代以小麦”；烟叶的进口全部由美国运来，美国纸烟进口的减少，代替的大部分是烟叶；蛋及蛋制品出口减少；豆类及豆制品随通商口岸而各有不同；“进口金属品及矿物之值虽有增加，但出口之值二十年度反有极大之减少”。②

5. 英日对华贸易逐渐衰退，美国对华贸易地位逐渐上升

---

① 《民国二十年之中国对外贸易》，《经济统计季刊》1932 年第 4 期。

② 《民国二十年之中国对外贸易》，《经济统计季刊》1932 年第 4 期。

由于南京国民政府对各国关税政策的变化，各国对华贸易势力的消长也相应地产生变化。“吾人可见最近数年英日两国地位之逐渐减退而为美国所代，英国地位自欧战减退以来，始终未恢复，但中国对日贸易则在欧战期内与欧战以后，本与对美贸易同时增进，唯对美贸易增加之速率则在对日贸易之增加率以上。”① 1929 年以前中国对日贸易经常占其对外贸易 1/4 以上，1930 年仅仅略大于 24%，1931 年还不及 23%。对美贸易 1928 年占 15%，1929 年增加至 16%，1930 年仍然维持此数字，1931 年一跃而及 19%，仅次于日本。“英国直接对华贸易地位之低落不若日本，但十九年及由 8.4% 降至 7.7%，二十年虽略回复，但亦在十七与十八年之下。至于各国路经香港之贸易则低减尤甚盖十六年经香港之贸易占中国对外贸易百分之二十弱，十七年减至百分之十八强，十八十九年更减至百分之十七，二十年尚不及百分之十六，已在对美贸易值之下矣。对德贸易战后有逐渐回复之势，二十年对德贸易在中国之对外贸易总值中已恢复其战前原有之地位。”② 可见，英日对华贸易衰退，美国对华贸易势力日益强大，德国对华贸易势力恢复到原有的地位。

中国自从实施关税自主政策以来，南京政府的对外贸易发生了很大的变化。其表现为：第一，关税收入有所增加，出口有所增加，进口有所减少，严重入超的情况有所缓和。据统计，1931 年外货进口达 1433489 千关两（约合 48738.6 万美元），而 1936 年时就已降到 1049247 千关两（2798.4 万美元）；“贸易入超额也从 1931 年 1.78 亿美元降到 1936 年的 0.7 亿美元”③。第二，中国进口货物的结构得到改变，南京政府实施不同商品征收不同的税。第三，中国的出口贸易大量增加；经济危机爆发之时，中国民族资本主义工商业受到空前的打击，出口贸易一蹶不振，中国政府的奖励出口、限制入口政策取得了一定的成效，“到 1936 年时回升到 2.09 亿美元”④。

总之，关税自主政策是中国近代史上的一件大事，应该说是一个了不起的进步，大大提高了南京政府的国际威望。不仅实现了增加关税财政收入的目的，还大大促进了对外贸易的发展。但是由于帝国主义列强不甘心

---

① 《民国二十年之中国对外贸易》，《经济统计季刊》1932 年第 4 期。

② 《民国二十年之中国对外贸易》，《经济统计季刊》1932 年第 4 期。

③ （美）阿瑟·恩·杨格：《1927—1937 年中国财政经济状况》，中国社会科学出版社 1981 年版，第 347 页。

④ 李康华等：《中国对外贸易总论》，对外贸易出版社 1981 年版，第 502 - 507 页。

主动放弃既得利益，设置种种障碍阻挠中国人民实现自主，如日本就是典型。同时，关税自主以后实行的高关税政策，实际上又增加了广大人民的税收负担，这也是它的阶级性和时代性的局限所在。不管怎样，这个时期的关税政策无论从体系构建还是从实际效果来说，都体现了一定的进步性。

## 第二节　商检贸易政策体系大体搭建

商检即进出口商品检验，是指检验商品是否符合进出口国有关法律和行政法规的规定，通过对商品实施检验和鉴定，如质量、规格、数量、重量、包装、安全性能、卫生方面的指标等项目，就是检验的主要内容，通过对以上项目指标的检验，看其是否与贸易合同、指定标准规定相同，从而达到检验商品服务消费者的目的。南京国民政府的商检贸易政策是在探索中逐步构建起来的，并在实践中逐步构建了一个商检贸易政策体系。这个体系的构建是中国商检贸易制度史上的大事，体现了鲜明的商检近代化色彩。

### 一、商检贸易政策的具体措施

进出口商品检验是实现进出口商品品质管理的一个重要制度，它对维护对外贸易有关各方的合法权益和国家声誉，以及促进生产和对外贸易的发展具有不可替代的功能，下面主要从六个方面来展开分析。

1. 通过定期召开全国商品检验会议，制定商品检验的基本方针

南京国民政府制定了切实可行的商品检验方针、政策和路线，从 1930 年到 1934 年，先后三次召开全国商品检验会议，为全国商品检验工作指明了方向，孔祥熙作为财政部长指出了当时商品检验工作存在的失误和不足，提出了今后的工作新思路："甲，重检验而不重税收；乙，应重在研究谋货品标准之改良以促进出口贸易之发展；丙，应商业化而非官僚化；丁，应勤慎廉洁。"① 可以看出，南京政府当时并没有将检验与促进出口贸易发展有机地结合起来，是为检验而检验；检验局办事人员具有懒惰的思想，存在严重的官僚主义作风；有些官员并不明确检验的目的在于改良。

---

① 工业部商业司主编：《演讲及报告》，《全国商品检验会议汇编》，《民国史料丛刊》，第 29 – 30 页。

2. 对检验人员进行定级考核，定期任用和奖惩

南京政府规定，可以作为技术官任用的要具备下列条件：（1）国内大学毕业曾执行技术主要事务三年以上具有成绩者；（2）技师登记合格者；（3）一等技术员服务三年以上经会考合格者。可以升任为一等技术员要具备以下条件：（1）国内外专门学校毕业曾执行技术事务二年以上具有成绩者；（2）国内外大学及高等专门学校专科毕业经考核合格者；（3）二等技术员经会考合格者。可以升任为二等技术员所具备的条件有如下：（1）练习生经考验合格者；（2）高级中学及旧制中学以上毕业经考验合格者；……①可见，南京政府通过监督和管理检验人员，基本保证了商品检验人员的基本素质，一支相对比较稳定可靠的商品检验队伍初步建立起来了。

3. 各项商品检验的收费手续和检验标准也基本固定

规定以货价为标准收取检验费，并且必须把握两个核心标准：（1）检验或代为设计或指导其根本改良确因而增高其价值者；（2）规定了标准检验费的计算公式，标准检验费 = $\frac{\text{技术费}+\text{办公费}+\text{准备金}}{\text{出口总量}80\%}$，还规定了公式内代数名称之解释，如技术费 = 专家们及设备检验手续所需之费；办公费 = 普通用人行政及办公用费并分设机关费；准备金 = 预备金（等于商家之公积金）研究费宣传费等 = （技术费 + 办公费）10% ~20%。② 以甲乙两口货价或有不同得以该项物品出口最多之地为标准，检验收费既依货价，检验时手续繁杂因而浪费人力物力财力，如果确实有证明的，并且是两处出口数量相等，难免就要根据两处平均货价来计算。从以上商品检验费的收取，我们可以清楚地看到，“取之于商，用之于商，量入为出”是南京国民政府的基本商业原则，商品检验费以及标准检验费公式也是如此，无论是检验费还是手续费，都是相对比较客观合理的。

4. 统一各项商品的检验手续

为了缩短资金周转的时间，加快商品的自由流通，南京政府决定统一商品的检验手续，南京国民政府规定：“报验人报验时应填具检验请求单，连同检验费送缴检验局制取收据，该项报验商品如需连局须由报验人自行运送；检验局接到检验请求单应立即派员按照各种商品捍样时限依法采样；

① 工业部商业司主编：《决议案》，《全国商品检验会议汇编》，《民国史料丛刊》，大象出版社 2009 年版，第 61 - 62 页。

② 工业部商业司主编：《决议案》，《全国商品检验会议汇编》，《民国史料丛刊》，大象出版社 2009 年版，第 63 - 64 页。

采样应由检验局员司自由练采，不准报验人自行指定；采得样品及采过样品之货件应分别加以标记；检验程序以接到检验请求单先后为准，检验手续以捍样到局后二日内施行完毕；检验结果应详记于检验单上由检验主任及检验员签字；合格商品给予证书，其不合格者发给通知必要时报验人得请求抄示检验单一份，如有疑问，检验局应详予说明；检验样品在相当期内检验局应予保存备查；已经检验之商品在证书有效期内，报验人得向原检验局请求复验一次，不另收费，唯须经检验局认为有复验之必要者方得复验，复验期间由各种物品各别规定；商品检验后，在证书有效期内，如欲改装包件或变更数量，报验人得声叙事由连同原证书送请检验局监视改装，换给证书；证书遗失，报验人应将原证书号数及遗失情形报告检验局，并登报声明补领证书；换证或补证均不另收费，但须经检验局查核允可，否则，仍须照章请求检验照常收费。”1929 年 5 月，工商部公布了《上海商品检验局牲畜正副产品检验处检验细则》1929 年 7 月 5 日，工商部公布了《青岛商品检验局牲畜正副产品检验处检验细则》，对进出口牲畜正副产品依法经检验局检验合格才能报关出口。1933 年 7 月，行政院核准公布了《汉口商品检验局芝麻出口检验暂行细则》，1929 年 11 月 4 日，工商部公布了《青岛商品检验局油类豆类检验细则》，1932 年 5 月 6 日，实业部核准了《天津商品检验局植物油类检验暂行细则》，1932 年 4 月 5 日，实业部核准了《天津商品检验局豆类出口检验暂行细则》《天津商品检验局果类出口检验暂行细则》等，这些检验细则对商品进出口的程序做了详细规定，有效保证了进出口的顺利进行。1932 年 10 月 12 日，实业部公布了《火酒进口检验规程》，行政院公布了《取缔火酒规则》，1930 年 11 月 22 日，工商部公布了《桐油检验规程》，1929 年 9 月 19 日，工商部公布了《汉口检验局桐油检验处检验细则》，通过以上这些检验法规，为进出口商品提供了检验的标准，完善了进出口商品管理制度。特别值得一提的是，1930 年 6 月 28 日，卫生部公布《海港检疫章程》①，对检疫的时间、范围、地点、程序都做了详细的规定，特别是对传染病如何处理进行了具体详细的规定，保证了进出口商品的卫生和健康。由此可见，国民政府商品检验手续相当正规严格，在进出口商品的检验检疫方面付出了大量的心血。

5. 统一规定各种商品的合格标准

---

① 徐百齐:《中华民国法规大全》第 1 册，商务印书馆 1936 年版，第 588 页。

南京政府设立技术厅，专门主管商品的合格标准，技术厅分别对棉花、毛、麻、生丝、米、麦、茶叶、豆类、猪油、桐油、花生、糖等商品进行了严格的标准把关。还颁布了《规定米粮碾白标准》，碾白标准以“节物力而重卫生”为基本原则，注重卫生状况，并有化验表规定了各种米粮的化学成分。还制定了《运输平粜米粮减价办法》，有效地缓解了灾区的米粮供应紧张的状况。“均减收运费百分之五十”。此后，1931 年 6 月以行政院名义又颁布《调剂米粮价格办法令》。后又《进出口及转口食粮查验登记章程》，规定凡进出口转口的食粮必须提前登记，特别是出口食粮一定要登记商人姓名、住址，公司商号的名称、地点，食粮名称、种类、等级、数量、价格，产地及起运日期，进出口及转口日期，进出口及转口销售地点等。并将以上情况通知出口地查验机关以备查验。①

对于从外国进口的商品，各地商品检验局也花了很大的力气，如对去壳米平均成分的标准规定为以下范围：

**表 4－4　麦之暂行合格标准**

| | |
|---|---|
| 水分 | 2. 88 ~ 13. 11 |
| 蛋白质类 | 7. 18 ~ 8. 02 |
| 以脱溶解物 | 0. 26 ~ 1. 96 |
| 碳水化合物 | 76. 05 ~ 79. 36 |
| 绒维质 | 0. 40 ~ 0. 93 |
| 灰分 | 0. 46 ~ 1. 15 |

资料来源：《提案》，《第二次全国商品检验会议汇编》，实业部商业司主编，《民国史料丛刊》，1933 年，第 150 页。②

如对进口牲畜、罐头、农用种子、药物、电料及机械材料等也实施了严格的准入标准。如对罐头的检验方法，分为品质检验、容量检验、有毒防腐剂检验三种，特别值得一提的是，由于我国检验商品的政策刚刚起步，根本没有本国经验可以借鉴。因此，这些检验标准基本上是在美国、欧洲和日本等先进国家的检验政策的基础上略加修改，便成为南京政府的检验政策，但也基本上适应了中国的国情。

---

① 林森：《中华民国法规汇编》，国民政府立法院编译处，1934 年，第 64 页。

② 实业部商业司主编：《提案》，《第二次全国商品检验会议汇编》，《民国史料丛刊》，大象出版社 2009 年版，第 150 页。

6. 取缔列强在国内私设检验机关，提高我国商品检验局对外信用

南京政府实行商品检验政策，颁发检验证书已经有三年半，证书本来是取信于人的凭证，但这些证书有的不能走出国门，有的报关后就销毁，证书能随着商品到外国市场的恐怕还不到一半。主要原因有二：第一，我国商人直接与外国消费者进行对手交易的很少，输出贸易大都是通商大埠售于外商，经过他们的手运出外洋，因此很不重视我国所发的证书；第二，外国人在我国执行化验职务由来已久，先入为主，我国商人多出重金请其化验并收取凭证，以为对外贸易的凭证，而我国所发证书仅作为购货参考，仍然需要外人出具的化验证书为凭。鉴于此，青岛商品检验局提出：“第一，由我检政主管机关通告全国在华领事，告以外人在华不得执行有干检政之职务至少亦办到鉴定而不收费不发凭单之程度；第二，通令各地商会告诫商人不得向外人执行检货职务者纳费请求代验受领凭单，能严打罚则惩治更善；第三，各商品检验局各项证书式样须送登各行销国著名报纸广告，俾消费者周知或送达各国商务主管机关请其布告；第四，各商品检验局须自立信用，切实检验，从严发给合格证书，凡有足以商人轻视证书之心者须切避之。”① 青岛商品检验局的这一提案，表现了南京国民政府坚决要求收回国家商品检验权力，捍卫民族利益的坚定立场。

## 二、南京国民政府检验政策的得失

南京国民政府在商品检验制度方面进行了艰难的探索，并试图将检验政策付诸实践，这种探索性的尝试为后来的历届政府提供了一个基本框架，具有重大的历史借鉴意义，应该说其进步性与局限性是并存的。

1. 检验工作取得了一定的成绩

从 1931 年 1 月起到 12 月为止，青岛检验局济南分处全年检验捍样棉花共 49158 筒，每筒约合磅重一磅，检验技术员全年共检验棉花 677456 担，初验合格 98275 担，复验合格 57177 担，摊晒后合格 41098 担。全年共计盖验讫印 5213 次，打验退印 1368 次，打改装验讫印 1236 次。全年检验水分最高最低平均三种，最低 8.00，最高 18.51，平均 10.99。根据天津商品检验局工作报告记载，从 1929 年 9 月到 1932 年 8 月，检验棉花的数量如下表：

① 实业部商业司主编：《提案》，《第二次全国商品检验会议汇编》，《民国史料丛刊》，大象出版社 2009 年版，第 372－373 页。

表4-5　初验、复验、重验棉花的总数及其合格与不合格之比较表

| 项别 | 初验 | | | 复验 | | | 重验 | | |
|---|---|---|---|---|---|---|---|---|---|
| | 总数 | 合格 | 不合格 | 总数 | 合格 | 不合格 | 总数 | 合格 | 不合格 |
| 1929年9月10日—1930年8月底 | 577652 | 490270 | 87382 | 18500 | 10152 | 8348 | 13766 | 11029 | 2737 |
| 1930年9月初—1931年8月底 | 815222 | 649128 | 166093 | 44130 | 24700 | 19430 | 38768 | 30741 | 8027 |
| 1931年9月初—1932年8月底 | 635989 | 496321 | 139668 | 52948 | 36942 | 16006 | 17365 | 14640 | 2725 |

（单位以包计平均每包约重磅秤一百五十斤）

表格来源：《演辞及报告》，《第二次全国商品检验会议汇编》（实业部商业司第二科主编，1933年），《民国史料丛刊》（张研、孙燕京主编），第314页。

从以上表格可以看出，首先，1929—1931年来内地运津棉花的数量在不断增加，第一年为577652包，第二年为815221包，比第一年增加23756包，第三年9月的总数635989包，还是比第一年增加58337包，可见，天津棉花检验自从开办以来，棉花市场逐渐繁荣。其次，以天津海关统计，课输出华棉数量为参考，1929年为628601担；1930年为831029担；1931年为852810担。可见棉花对外输出突飞猛进。“去年输出额之巨，竟开天津港自有棉花输出以来之新纪元，华北棉业前途之发达，方兴未艾……”① 最后，如果以复验合格、重验合格两数一并计入，则不合格数的百分比减少如下：

表4-6　1929—1931三年度棉花不合格数减少百分比表

| 1929年9月10日—1930年8月底 | 1930年9月初—1931年8月底 | 1931年9月初—1932年8月底 | 三年度平均 |
|---|---|---|---|
| 11.46% | 13.57% | 13.85% | 12.96% |

由于天津市检验局实行的政策是，无论是运销出口市场买卖，还是纱厂自己用的棉花，一律实行检验，因此，不合格的棉花数量在逐步减少，这无

① 实业部商业司主编：《演辞及报告》，《第二次全国商品检验会议汇编》，《民国史料丛刊》，大象出版社2009年版，第317页。

疑大大提高了中国棉花的出口质量，大大促进了华棉的对外贸易。

另外，还颁布了一系列商品检验的法律法规，如1933年1月，国民政府公布了《商品检验法》，对有掺伪、有害毒危险、应鉴定其质量等级的要严格检查标准，对违法商人要依照本法律进行严惩。1931年9月17日，实业部公布了《生丝检验规程》，特别对输出国外的生丝在检验局验取公量给予证书方准报关出口、分量检验。① 1930年1月11日，工商部公布了《上海商品检验局生丝检验处生丝检验细则》。1931年6月25日，实业部公布《蚕种进口检验规程》，1931年5月9日，公布了《蚕种制造取缔规则》，同年3月公布了《取缔不良蚕种令》、《蜂种制造取缔规则》。1931年4月26日，实业部公布了《蜜蜂进口检验规程》，对认为有传染病菌或对其他含危险性的病虫害者酌量情形进行消毒或禁止进口，或遵照命令搬运消毒及扣留，所需费用概由报验人负担。1930年11月22日，工商部公布了《棉花检验规程》，规定了凡是出口运往外洋之棉花每百斤收检验费国币6分，出口运往通商口岸或转口或集散市场买卖之棉花收检验费国币3分。1930年11月18日，工商部公布了《糖品进口检验规程》，规定要取得合格证才准许进口或转口，必要时要采集样品或进口转口凭单。还特别规定了进口糖品的贸易价值应根据检验局验得的结果作为计算标准。② 1931年6月20日，实业部公布了《茶叶检验规程》，规定凡进出口输往国外的茶叶，无论箱装、袋装都应当在包捆前，在所在地商品检验局填写请求检验单，连同检验费呈请检验，检验合格后才能按检验局所指定的标准发货。1931年7月28日，实业部公布了《维持对美蛋类贸易救济办法》，规定凡出口或转口地堆栈应该设置冷藏室，如果没有冷藏室设备也应将蛋黄堆储藏于室温较低之处；厂商应注意技术、卫生等条件；各检验局检验出口蛋黄必须严格，不得从容漏失，导致失去信用。"凡蛋黄运美者须用美国化验蛋产品方法化验其酸度，标准须定为4.0，凡酸度超过4.0者，概不准予报关出口，庶抵美时决不致超出5度而有货物被摈退之虑。"③ 并提请外交部与美国政府交涉，凡是经过我国商品检验局验过的蛋黄箱上盖有记号或有合格证的，美国政府应该给予信任免于检验，并提出美国政府对商品检验局验过的商品如果要复验，应该在货到后最短时期内给予检验。可见，南京政府在国小力弱的国际

① 林森：《中华民国法规汇编》，国民政府立法院编译处，1934年，第201页。
② 林森：《中华民国法规汇编》，国民政府立法院编译处，1934年，第216页。
③ 林森：《中华民国法规汇编》，国民政府立法院编译处，1934年，第219页。

关系下，通过外交的方式对出口蛋品商人的利益能尽到自己的职责。

2. 检验局的商品检验工作不能单纯是消极方面的检验

检验商品只是手段，促进对外贸易才是真正的目标。其实，检验局更应该注意的是研究改良商品的本质，即如何改良并且以此推广销路，减轻成本等积极方面的工作。30年代初期，我国对外贸易不振，国民经济日感枯竭，特别如我国对外贸易出口的大宗商品，丝茶一贯输出甚巨，但是，我国此阶段的国际市场的优越地位已经陆续被其他国家所夺取，印度、锡兰的红茶畅销欧洲，日本的绿茶竞销美国，我国红绿茶的出口受到莫大的打击。再如生丝本来为我国的特产，但被日丝取而代之，再加上法、意造丝充斥商场，我国丝业凋敝。究其原因，主要有三："1. 我国商人厂家只知墨守成规，对商品的生产不求改良，以适合外人的需要；2. 我国出口商家不能明察熟审，随时注意国际市场供需之情况；3. 生产者及商人贪图微利，于商品内掺杂劣质以至改变本质。"① 所以，我国商品在国际市场上的信用不能提高，万一遇到新起商品相竞争，立即归于失败。因此，各地检验局与国际贸易局应该是分工合作，殊途同归，检验局除配备专门技术人才检验商品之外，更应注意商品本质的改良，随时将研究所得贡献发表，会同国际贸易局指导商人厂家从事改良。唯有这样，我国对外贸易才能得以增进。

3. 商品检验的范围还可扩大

自从1928年北伐成功全国统一后，国民政府为提倡保护实业计划，采用商品检验政策，并且设立国货陈列馆，作为奖励，而实际上三年以来，已经开始实行检验的商品不过是寥寥几种，虽然以提倡信用改良品质为目的，特别是"九一八"事变以后，提倡国货，振兴实业，是经济界的主流思想，抵制日货普遍被认为可以拯救国家危亡，但由于种种复杂原因，每次都不能坚持到底。其实这个时候，南京政府与人民必须通力合作，南京政府和实业部作为主管机关，应该采取最好的方法，利用当时激昂的民意，适当加以引导，因为提倡国产毕竟是检验政策的根本目的，也是检验局的重大使命，遗憾的是政府并没能利用这种大好形势。因此，国难当头，一定要从实力上准备，扩大商品检验范围，实施检验政策保护国货是最有效的方法，也是根本救国的良策。作为负责任的政府只要做到两点："1. 认清所行的政策是否为人民谋福利；2. 用人行政是否得当。若此两点自问无愧，令出必行，使人

① 实业部商业司主编：《提案》，《第二次全国商品检验会议汇编》，《民国史料丛刊》，大象出版社2009年版，第521页。

民明了检验政策的意义，也不致无故反对，自然奉公守法而易于施行也。”①

4. 各检验局缺乏统一组织，应取消各自为政的状态

南京国民政府的商品检验机关的最大弊端在于各自为政，相互隔阂多会影响工作效率。例如，蛋类产品上海检验局与青岛检验局的输出标准不同，而上海局检验过的棉花到天津时，又会因为水量等级与天津局不符，于是发生纠纷。各局各自为政，用人多开支也大。即使是同一工作，到办理时极不经济，没有办事效率，而且所得的结果导致两歧贻误。要避免这种隔阂，一定先要整个统一的组织。其实，上海检验局地处交通要道，检验局设备及技术人才特别完备，商品集散最繁华，因此，完全可以以上海检验局为中心各省设立分局，一切用人、行政都可以归总局统一筹划。检验的设施、商品的等级也可以融会贯通，指导商品改良等都可以整个发挥作用，这样更容易收到实际效果。

5. 各检验局应该精简机构，撙节冗费

撙节冗费不仅减少支出，而且提高工作效率。首先，商品检验局除了检验之外，所有提倡改良、调查统计、指导工商、振兴实业等工作与国际贸易局相同，如能将以上各项工作委托或划归贸易局办理，检验事务专门由贸易局办理，完全可以节省一笔很大的开支。再则，商品行销各有季节，例如丝的旺季在春夏两季，棉花的旺季却在秋冬两季，而检验局中的普通办事人员与检验人员却一视同仁，以致在忙时照例工作，假时则坐耗光阴。如能规划周详，混合办事、指导调剂，让这些工作人员不随季节有所偏枯，工资不但可以提高，人员也可以精简，不仅可以节省开支，还可以大大提高办事效率。

6. 政府应彻底收回列强从我国攫取的商品检验权

商品检验局的设立，本来是为了防止劣质货物的输出，维持公平贸易，奖励优良商品，提高国际贸易信用。因此，为了维护国家主权，外商设立的检验局必须全部收回，如美国丝业公会与我国丝业总公所合办的万国生丝检验所，日商在我国上海海务所内设立的杂粮检验所。当然，一开始收回，外商不免从中扰乱，因此，在刚办理时，我们可以任用外商信任的检验人员，推动检验主权的彻底收回。

总之，南京国民政府自统一全国起，就开始意识到国际贸易信用的极端

---

① 实业部商业司主编：《提案》，《第二次全国商品检验会议汇编》，《民国史料丛刊》，大象出版社 2009 年版，第 386 页。

重要性，开启了我国历史上的商品检验的初创事业，在事无巨细都无先例可援的情况下，南京政府先后召开两次全国商品检验会议，各检验局先后提出100多个提案，形成近90多个决议案，这些决议大都具有现实针对性，表现了脚踏实地的工作作风和难能可贵的探索精神和勇气。但是，商品检验工作在当时毕竟是一项全新的事业，存在不少的弊端和问题，如各地检政互不统一、各自为政导致工作效率低下；只注重商品检验而不扩大研究商情，商品的品质得不到改善；由于检验设备陈旧简陋，捍样检查导致检验的商品仍然不合格，商品检验的范围也极其有限。此外各地检验局的机构设置不合理，人员庞杂，人力资源分配不科学，导致经费开支繁重浩大，以致无力进行检验局和机构的升级改造。另外，检验人员的工作责任心也有待进一步提升，也没有进行过专门的培训，导致人才技术贫乏。最后，南京政府并没有完全收回列强在中国的特权，如美、日等外商私设检验局，乘机从中作梗，百般刁难，严重干扰了南京政府商检工作的顺利进行，成为了南京国民政府商品检验工作的主要障碍。

## 第三节　金融货币政策体系基本构建

金融是对外贸易经济的晴雨表，金融的稳定有序有利于对外贸易的顺利进行，反之，金融混乱造成对外贸易混乱，严重干扰对外贸易的输入和输出。“金融政策是指中央银行为实现宏观经济调控目标而采用各种方式调节货币、利率和汇率水平，进而影响经济的各种方针和措施的总称；一般而言，一个国家的金融政策主要包括三大政策，即货币政策、利率政策和汇率政策。”① 在金融政策方面，南京国民政府主要采取了力控金涨银落、废两改元、建立健全现代银行制度、注重出口商与银行的关系等措施。至此，南京国民政府的金融货币政策体系基本形成。这个体系的构建有效地解决了金融的困惑，保证了对外贸易的正常运行。

### 一、力控金涨银落

从20世纪20年代末开始，金涨银落非常剧烈，金银与其他货物相似，

① 刘兆祯：《中国金融资产结构研究》，江西农业大学硕士论文，2013年，第22页。

其价值须视需要供给之多寡以为定，一般人不会注意其他货物价值的涨落，金银除作为工业品、艺术品的用途之外，还可作为一切货物价值来权衡，是交换的媒介和取得一切货物的凭执。金银自身价值的涨落，影响一般货物的价格。货物价值的权衡是根据世界各国统一的货物数量权衡，因此在货物交换时，如果世界各国的本位币不同，是世界贸易经济的一大隐患。

金涨银落对我国外贸业和工商业造成巨大的影响。“年来银价暴跌后，继之以物价暴跌，商业衰微。”① 首先，我国当时使用银本位制，而输入货物，都以金币计算，而以银币交价，其汇兑率除因汇兑需要供给之情形为转移外，又因金银比价之高低而时为涨落。这样就会导致输入输出都不免有汇兑投机的危险，而金价飞涨，输入品在平时计算为有利者，因汇兑之涨所付银价增多，成本加高或反为亏损，如果将货价抬高的话，那就不免影响销售的数量，国内输入商与国外生产业，都深感营业缩减的痛苦。其次，我国输入商对于客商托购的货物，并无担保，如果货到的时候刚好金价飞涨，订货的都以货价过高，不予清结，损失巨大。第三，物价腾贵，自然就减低了人民的购买力，如果不是生活的必需品，消费者就尽量节约不去购买，导致货物畅销受阻，贸易必然减少，结果运输与金融业必然受到极大的影响，但是，在开支上有增无减，因此各种商业在银价下跌时，都受到重大的打击。

金涨银落或许也能让中国由入超变为出超的国家，但这并不是对外贸易成功与否的唯一标准，而应以所出与所入货物的比较的需要程度与交换的标准为准绳。银价突然下跌，输出数额虽然也可望增加，然而在短暂的时间内，未必会产生出超的结果。一是因为国民使用外货已经成为习惯，价格增高，未必能使输入额减少很多，二是因为生银价落，其输入额或许可以抵挡其他货物输入的减少而有余。这样，外国以生银输入中国，中国以货物输出外国，一个以涨价的金币，一个以跌价的银币为计算，这在商人方面，都是有利的交易。国民政府救济金涨银落的主要措施有：

1. 提倡国产

这是救济金贵银贱的上策，所谓提倡国产，目的并非在于保护工商事业，主要目的是在金贵银贱的条件下，让全国上下都提倡国产，使银的需求量增大，银的需求量增多，银价不会再跌落，实际上是利用国难临头的时候，促进国内产业的发展。②

---

① 受百：《银价与对外贸易问题》，《银行周报》1931 年第 19 期。

② 李大年：《金涨银落问题及其救济》，上海咨智书局 1930 年版，第 284 页。

2. 征收进口金税，取缔金市投机

南京政府颁布命令，1930年1月15日，南京国民政府在1930年规定所有海关进口税，一律改收金币，“以值60.1866公厘为金单位，作为标准计算。”① 这样可以在一定程度上免除因为银价下跌所受的损失。南京国民政府实行的进口关税征金改革，它不但增加了海关税收，财政状况也有所改善，同时还避免了因金贵银贱所造成的经济损失，是中国关税自主的标志之一。

3. 采用虚金本位，逐渐实行金本位

对内用银，对外用金，金银之间定一法价，以与用金国家兑换，而与用银国家，在用银国家重要的银行存准备金，或者设立金准备局，照法价统付，国际往来的金银流动，就这样可以达到对内用银、对外用金的目的。②

4. 进出口贸易的干涉

奖励出口货物就是增加银的需要，阻止进口货物就是减少金的需要。因此，运用关税自主的权力，可以对某些进口或出口的货物进行鼓励或限制，是一良策。我国工业品所需要的商品，应增加税收，阻止其出口，原料品可以减税工业品也应该减税，消费品由于外国竞争，可以减税收。消费品或原料品是我国的特产，可以加税，但以不阻止出口为限度。由于进口货物大减，对金的需要也大减，这将大大有利于金涨银落问题的根本解决。

5. 开展节约运动

蒋介石在国府纪念周发表救济金贵银贱的意见，指出“当此国家经济势力将破产的时候，开源节流，尤为重要，开源需要很多时间和经费，非立刻可以做到，但是节流是立刻可以办到者”。要解决金融问题，主要有两个途径，一是政府财政紧缩，一是国民的消费节约。

在世界金融混乱的局面下，南京国民政府的这些措施在一定程度上抑制了通货膨胀，多少稳定了混乱的经济秩序，使我国的金融业出现了自世界经济危机以来所未有的转机，为1935年币制改革留下了丰富的精神遗产，在一定程度上保证了对外贸易的顺利进行。但是，南京国民政府救济金涨银落也存在一定的局限性：国民政府在面对金涨银落的危机，采取了一系列的措施，借鉴了美国、日本等发达资本主义国家应对金融危机的经验，提出和实施了一整套方针和政策，体现了南京国民政府善于向西方学习的精神和自我

---

① 李大年：《金涨银落问题及其救济》，上海咨智书局1930年版，第274页。

② 李大年：《金涨银落问题及其救济》，上海咨智书局1930年版，第264页。

创新的胆略，但总的来说是治标不治本。“治标的方法，政府当局，正在次第施行。”① 笔者认为，治本的方法应该是取得民族独立，实行关税自主。在当时的环境下，治标的策略只是救济一时的策略，治本的方法才能发达国家产业，使我国的经济势力完全独立，入超的中国才能变为出超，债务的中国变为债权。无论世界上的金融如何变迁涨落，金银的价值均不会受任何帝国主义国家的操纵与破坏。事实证明，帝国主义国家绝对不会轻易地取消不平等条约，对南京政府的关税自主是百般阻挠破坏；残余的封建军阀绝不肯服从编遣，交出地方财政，让中央废除苛捐杂税肃清盗匪，疏畅交通；国内外的投资家绝不肯在兵匪蹂躏不堪，交通阻塞，洋货充斥，捐税繁重下，去投资开发实业。由此可见，在这样恶劣的政治环境下，国家的产业不会发达，国家的经济不能独立，入超不会变为入超，债务不会变为债权，金贵银贱会永远继续下来。

综上所述，要从根本上解决金涨银落的危机，挽救中华民族，就要从根本上打倒帝国主义，取消不平等条约，实现真正的关税自主和真正意义上的经济独立；其次还要肃清残余封建军阀，实现真正意义上的国内统一，废除苛捐杂税；最后发展交通运输事业，奖励国民投资工业。

## 二、废两改元的成功

自从清朝中叶以来，银元就是我国的主要货币，在我国市场普遍使用和流通。南京政府成立后，银币成为了通用货币，但是国际市场通常使用银两。这样，在我国就存在银元、银两两种货币。从而造成了货币金融的混乱，对国内外贸易和社会经济的发展产生了消极的影响。如以 1920 年上海对外贸易为例，导致对外贸易输入贸易增加或不能充分发展、输出贸易减少的原因主要就是：“（一）银价腾贵；（二）对日美之汇价常立于逆势；（三）银价腾贵及对英法汇价之顺势。”② 可见，只有废除这种落后的银两本位体制，才能促进对外贸易的拓展。

1932 年，国民政府财政部组织专家学者和银行界、商业界等各方面的代表成立了“废两改元研究委员会”，研究并提出废两改元的具体实施意见，经过各有关方面的讨论，国民政府从 1933 年起规定不再使用银两，“其在是日以前，原订以银两为收付者，在上海应以规元银 7 钱 1 分 5 厘折

① 李大年：《金涨银落问题及其救济》，上海咨智书局 1930 年版，第 327 页。
② 士浩：《今年上半期上海之对外贸易》，《银行周报》1920 年第 37 期。

合银币一元为标准，概以银币收付。如在上海以外各地方，应按4月5日申汇行市，先行折合规元，再以规元7钱1分5厘折合银币一元为标准，概以银币收付……其在是日以后，新立契约票据与公私款项之收付及一切交易而仍用银两者，在法律上为无效。至持有银两者得依照银本位币铸造条例之规定，请求中央造币厂代铸银币，或送交就地中央、中国、交通三银行兑换银币使用，以资便利"①。随后，南京国民政府又采取了以下措施：（1）财政部委托中央、中国、交通三银行代为兑换银币。中央造币厂除铸造银元外，还铸厂条，以适应市面巨额收支之用。（2）对各行庄宝银进行登记兑换。至1933年12月15日登记宝银14621万两，至1934年7月兑进宝银2794万两，兑出银元3907万元。（3）撤销炉房及公估局。（4）暂设冶金小炉，将杂碎银冶炼成银饼，送中央银行估价兑换。

与此同时，国民政府已于1933年3月8日公布了《银本位币铸造条例》，内容是"银本位币之铸造专属于中央造币厂"。"银本位定名曰元，总重26.6971公分，银88%，铜12%，即含纯银23.493448公分。""银本位币一元等于100分，1分等于10厘。"据有关资料统计，中央造币厂1933年3月至12月铸银币2806万枚，1934年铸7096万枚，1935年上半年铸3356万枚。从1933年3月到1935年6月，共铸造银元13258万枚。"自国民政府成立以后，所有铸造银元主币者，仅在南京、杭州两厂，其他均已次第结束，政府决定发两用元时，应即设中央造币厂，无论在上海、南京或杭州，将造币权完全集中，无论如何，不能任其他各地另设铸币厂，庶银元成色重量之一致，得有切实之保障。"② 实现了铸币权的统一，打破了原来铸币权自由分散、各自为政的混乱状态，有利于对外贸易的顺利开展。

国民政府的废两改元工作进行得颇为顺利，原因有三："1. 七钱一分五厘规元银合银元一元的折合率，较之废两前的洋厘（规元银折合行市的名称）核计，以银兑币稍有利益。2. 财政部聘请中外有代表性的银行经理和钱业巨子组织中央造币厂审查委员会，对于新铸的银币重量成色加以检查，不合格者不准出厂，银币信用渐著。3. 统一银元行使，对于国内货物流通和进出口贸易都非常有利，大大促进了我国对外贸易的发展，是南京政府成立后一次币制改革的大胆尝试，为1935年币制改革留下了宝贵的经验和精

---

① 中国人民银行上海市分行编：《上海钱庄史料》，上海人民出版社1978年版，第229页。
② 何廉：《废两改元问题》，《独立评论》1932年第11期。

神财富。”①

### 三、建立健全现代银行制度

银行制度是指银行的职能、性质、地位、相互关系、运营机制以及对银行的监管措施所组成的一个体系，它是一国金融的晴雨表，银行制度好坏直接影响银行的信用与信贷关系，银行工作运行效率的高低直接影响投资贸易。

“近代中国银行制度发展的第二阶段是银行制度的逐步完善阶段，时间是1927—1949年。近代中国银行制度的逐步完善主要是以中央银行制度的建立、专业银行的设置和银行的监管制度形成标志的。”② 为了发展对外贸易事业，南京国民政府在建立之初，就着手建立比较现代的银行制度。1927年国民政府成立以后，建立了“四行二局”资本金融体系，“四行二局”即中央银行、中国银行、交通银行、中国农民银行这四行和邮政储金汇业局、中央信托局这两局，它们为国民政府控制全国金融和发展对外贸易奠定了基础。但是南京国民政府“中央银行制度长期不健全不完善，使得金融业缺乏中枢力量的支持和调控，长期处于一盘散沙的混乱局面”③。

中央银行于1928年11月在上海正式开业，成为当时中国最大的银行和资本金融体系的指挥中心。同时，南京政府对中国银行也进行了改组，并将“发展及扶植海外贸易事宜”④ 作为其主要业务之一。南京政府对交通银行也进行了整顿，到1935年，放款总额34435万元，其中国内实业投资仅仅为4500万元，而用于国内外贸易的放款达29935万元，可见，交通银行为对外贸易的发展作出了巨大的贡献。农民银行也于1935年6月改组为中国农民银行，它是中国第一个中央农业银行，它的建立和发展是中国农村金融现代化历程中重要的里程碑。1930年邮政储金汇业局于上海成立，主要负责邮政局所兼办的储金汇兑业务，主要业务是举办定期活期储蓄、邮政汇票、电报汇款、抵押放款、贴现放款、购买公债或库券以及办理保险业务等，是国民政府吸收大量存款和汇兑资金的有力工具，为进出口商人借款和

---

① 戴孔铭：《孔祥熙其人其事》，中国文史出版社1987年版，第46页。

② 郭庠林，张立英：《近代中国市场研究》，上海财经大学出版社1999年版，第238页。

③ 石涛：《南京国民政府中央银行研究（1928—1937年）》，复旦大学博士论文，2010年，第45页。

④ 李立侠：《民元来我国之国家银行》，《民国经济史》，上海银行学会银行周报社，1948年，第12页。

汇兑提供了极大的方便。1935 年 10 月，中央信托局也成立于上海，垄断收购各项出口物资是中央信托局的主要业务，并经办军火进口，到后来，经营购料、易货的业务比重逐渐扩大，是国内最大的信托公司，可见，尽管在国家和政府的掌控下，中央信托局对进出口贸易还是具有十分重要的作用。

规范与健全银行制度对于对外贸易的发展有着重要的影响，如汇率在国际贸易活动中执行着价格转换和调节贸易收支的作用，在以往的银行自由体制中，中国对外贸易自由也是“自由”的，很容易在对外交往中受到侵害，而南京政府中央银行体制的建立，政府对汇率的变动根据国内外市场作出调整，就可以避免在对外贸易中不必要的损失。

### 四、注重出口商与银行的关系

众所周知，商人与银行的关系直接关系到借贷的成功与否。一个信用良好的出口商能够正常定期地从银行得到源源不断的周转资金。反之，一个拥有不良信用的出口商即使有丰厚利润的业务，由于得不到银行贷款的及时支持，最终也只能坐失商机。

《出口须知》规定，出口商办完手续后，进口商如何付款。将付款的方法规定有现款交易、记账交易、向买主发汇、押汇付款汇票、押汇承兑汇票。并且还规定了引用信用证书的程序：“订立合同、进口商请求发出信用证书、银行发出信用证书通知出口商、出口商要求银行购买票据、出口商所在地银行寄给进口商所在地银行单据、进口商填写信托收据、进口商付款兑得现金。”还对信用证书进行了分类，认为“不能取消而兼保付之信用证书为最优，唯用者较少；不能取消而不兼保付之信用证书次之，习用最多；可以取消而不保付之信用证书又次之，唯用者最少”①。循环信用证书也分为四种：每次的票面金额均相同；输出商发行汇票的次数以发至限额为满；输出商发行汇票；输出商在一定时期内发出汇票额若干。外国汇票以期限分类，分即期付款与定期付款两类。还强调了对买主信用调查的必要性，调查的基本方法。只不过我国的国际贸易大都被洋商所操纵，与海外洋商来往的不多，调查买主信用的实际也不多，所以可称为南京政府的一大创举。② 出口商如果是第一次付款，应该注意下面几点：“第一，商品是否主要原料或繁销品；原料及繁销货物，易于出售，其危险较小；万一到目的地后，顾客

---

① 国际贸易协会：《出口须知》，黎明书局 1933 年版，第 79 页。

② 国际贸易协会：《出口须知》，黎明书局 1933 年版，第 79 页。

竟拒绝收受，或发生其他问题时，出口商还可从容委托代理人代为处置。如系易于腐烂或不宜久搁之货物，则出口商对于放款时期，应设法使其为期较短。第二，进口商所在地之区别。进口商所在地，如系面积极小，居民稀少之城邑，万一有不幸之事件发生，处置较难，苟进口厂商系在通都大邑，则货品自较易出售，对于放款日期，自可稍宽，标价亦可较低。第三，进口商所在地之付款习惯。商业习惯各处不同，出口商应注意进口商所在地之付款习惯，否则，过紧过宽，均非所宜。”①

从此可以看出，南京国民政府对出口商与银行的关系非常重视，而且积累了一定的经验，并能把这些感性的知识提升为国家规章制度，为指导出口商的对外贸易活动提供了参考和借鉴，同时又为出口贸易活动提供了正确的理论指导。

总之，南京国民政府成立后，对货币金融政策给予了高度的重视，海关征金、废两改元、救济金涨银落、推行新货币政策实行币制改革、建立健全现代银行制度、注重出口商与银行的关系等，构建了一个金融货币对外贸易政策体系，这个体系的构建体现了近代金融的理念，南京政府以大无畏的精神和勇气对币制和金融进行了大胆的探索，大大拓展了我国对外贸易政策的内涵。

（1）南京国民政府采取了一系列货币金融政策，海关征金、废两改元、救济金涨银落、推行新货币政策等，这些金融政策都是在国际大金融危机的背景下采取的措施，有的措施如海关征金、新货币政策等还直接借鉴了欧美资本主义国家成功的经验，吸取了它们失败的教训，金融政策的近代化既促进了对外贸易的近代化进程，又是我国对外贸易政策在金融方面的具体体现。

（2）只有求得民族的独立，才能实现真正意义上的对外贸易的独立，这是我国开展独立自主对外贸易的政治前提，单纯的货币金融改革不可能从根本上解决中国对外贸易的外汇和资金问题。上世纪二三十年代，货币问题成为中国一个很重要的一个经济问题，但是绝不是中国的基本问题，中国的基本问题是民族解放的问题。只有在民族取得解放的前提下，货币问题才能得到根本的解决。在民族没取得解放之前，我们固然也应该对付货币问题，但“货币第一主义”、“货币中心主义”者认为货币问题解决了，民族就自

---

① 国际贸易协会:《出口须知》，黎明书局1933年版，第84－85页。

然解放了，甚至提倡“以货币革命代替民族革命”，这都是极端错误的观点。

实际上，在当时要实现货币改革，必须根据货币市场的实际供应情况，可以考虑如下几个方面：制定单位，统一成分，统一造币权限，实行自由铸造，限制纸币发行权，等等。南京政府没有仔细调查社会对纸币的需求，就滥发纸币，也没有仔细考虑有无准备金，地方政府也发行纸币，这就造成了巨大的通货膨胀。如果当时能够及时将发行纸币的权力收回中央。“对于未经政府允予发行之纸币，严加取缔，此外对于已经政府允可而毫无准备金之纸币，或发行此项纸币之银行，不甚稳固，亦当加以限制，或取消其权利也”。①

（3）南京国民政府采取了一系列货币金融政策，海关征金、废两改元、救济金涨银落、推行新货币政策等，这些措施都有一个共同的目标，都是向着币制统一和币权独立的方向努力，对于统一外汇、积累资金、发展对外贸易都有相当的积极意义。至少它能扫除对外贸易的障碍，如海关征金促进了我国贸易直接与国际市场接轨，减少了我国商人的损失，废两改元运动把许多封建性的以地方行会势力为基础的计算货币减少，有利于货币的统一和对外贸易，在历史上有相当的地位。中国近十余年以来，以银为本位，虽金价时有涨落，然“币制统一、金融稳固、国计民生，均有俾益处”②。可见，南京国民政府的金融政策体系已经初步构建，并开始取得了一定的成效。

（4）我国是一个主权不完整的半殖民地国家，像统制货币、统制汇兑、统制金融以至统制经济等这些措施，在发达资本主义国家可能是对外贸易的保护伞，但在一个失去政治和经济壁垒、门户洞开、封建军阀割据的旧中国，很难收到实质性的贸易保护的效果。根据海关发表 1935 年第 3 季度的全国对外贸易报告，“对外贸易进出口总额共为国币 1116975109 元，中国进口总额为 720374817 元，出口总额为 396600292 元，与去年同期进出口数相比，贸易总额减 7730 余万元，进口减 74739281 元，出口减 2605524 元，入超额则为 323774525 元”③。可见这些金融货币政策取得的效果并不理想。

---

① 李大年：《金涨银落问题及其救济》，上海咨智书局 1930 年版，第 427 页。

② 李大年：《金涨银落问题及其救济》，上海咨智书局 1930 年版，第 427 页。

③ 君况：《血泪下对外贸易之数字》，《汗血月刊》1935 年第 3 期。

## 第四节 海关缉私政策体系的初步确立

缉私是海关的一项重要职能，中国自收回关税自主权运动开始以后，就开始考虑建立自己的缉私体系和缉私制度，南京政府一方面收回海关行政管理权的同时，另一方面开始谋划健全缉私制度，建立缉私武装，严查海关走私行为，坚决捍卫海关主权，初步确立了海关缉私政策体系。

在这个体系框架指导下，南京政府开展海关缉私工作。南京政府建立了一支可靠的海上缉私武装队伍，可以随时缉拿走私犯，海关缉私组织到1934年底，已经具备相当的规模，可以与其他国家的缉私设置相媲美，海关缉私初步取得了一定的成绩。特别是在1930年5月1日，财政部修正公布《缉私局章程》，1931年，财政部又公布《缉私专员章程》，明确规定了缉私专员的职责，“缉私专员由财政部长派充，秉承缉私处处长监督指挥奉派指定管辖之部队员兵，办理缉私事物……缉私专员对于指派管辖之部队，分驻及移防地点并缉获私舰数目情形，均应随时呈报缉私处并报告所在地之运使运副及榷运局……”① 国民政府的《海关缉私条例》于1934年6月19日正式公布，对海关缉私进行了详细的规定和指导，标志着我国缉私制度逐渐完善。②

我国关税，在1929年以前，因受到不平等条约的束缚，仅仅以值百抽五的均一税率征收，进口税税率极低，走私之利，得不偿失，因此走私运输的很少。自1929年2月，关税自主以后，进口税则，几经修改，税率增高，如人造丝及糖品所征收的税，均达值百抽六十以至八十，其他各种货物税率，也比以前增加几倍，私运利厚，再加上我国幅员辽阔，海岸线长，港口又多。因此，走私之风，日渐猖獗。不仅使国库受到巨大的损失，奸商也为出售其私货，可以廉价竞销，而正当商人反而蒙受巨大损失。因此，南京政府在成立伊始，便开始大刀阔斧地实行缉私制度建设。

南京国民政府采取的主要措施有：第一，加强组织机构建设，完善缉私机构；第二，核定界程；第三，酌设武装巡缉队；第四，设立专用无线电

---

① 曾少俊：《民国法规集刊》，第24集，民智书局1931年版，第340页。

② 徐百齐：《中华民国法规大全》第1册，商务印书馆1936年版，第3136页。

台；第五，划分巡缉区域，配备巡船；第六，添设分卡。① 针对日本借口塘沽协定，在华北走私，国民政府又采取了下列措施：第一，设置防止铁路公路及内河走私稽查处站；第二，稽查进口货物运销；第三，规定应行稽查进口货物种类清表；第四，修正应行稽查进口货物种类清表。② 财政部为防止走私，采取了以下三项措施：第一，公布海关缉私条件；第二，设置海关罚则评议机关；第三，颁行惩治偷税漏税暂行条例。③

从以上措施可以看出，南京国民政府的缉私政策体现了如下几个特征：第一，由于南京国民政府逐渐收回关税自主权，关税率逐渐提高，所以，不甘心失败的西方列强和中国不法商贩内外勾结，使得这一时期的走私与晚清时期和北洋时期相比，显得特别猖獗。建立和完善缉私机构，统一缉政，是历史时代赋予南京国民政府的新使命。在组织机构方面，总税务司因筹办缉私种种设施及一切进行计划，于 1931 年 1 月，呈准特设缉私专科，并遴选经验丰富的人才，作为该地税务司，很快又在江海关设立缉私科，执行缉私业务，海关设置专管缉私机关，大大加强了打击走私的力量，标志着中国海关缉私政策的进步和成熟。总之，南京国民政府的缉私政策的近代化是历史时代的呼唤的结果，又是中国海关近代化的必然要求。第二，南京国民政府的缉私政策借鉴了近代国际最先进的成果，并有所创新。例如，为免除国际间的争执，我国于 1931 年，“参照各国现存学说，规定海关界程为十二海里，如船只在此界限以内，经海关巡船发布信号，令其停驶，及有其他违犯关章情形，海关巡船得追入公海逮捕之”④。可见，近代海关缉政是在借鉴了发达国家的现有成果的基础上，制定了本国的缉私政策。第三，南京国民政府的缉私政策取得了一定的成效。1933 年，缉获走私船只几十艘、几百艘不等，“澳门一带长船走私弊端，几已完全杜绝”⑤，这些成绩的取得与南京国民政府缉私体系的确立是分不开的。因此，对海关缉私工作取得的初步成果应予肯定。

毫无疑问，南京国民政府缉私工作也存在极大的局限性。首先，缉私政策应该与征税政策的有机地结合起来，才有产生更佳的效果。南京政府的缉私与征税几乎是脱节的，充其量只能说是运用经济手段打击走私，而缺乏与

---

① 财政部直接税处：《十年来之缉私》，中央信托局印制处，1943 年，第 5 - 6 页。
② 财政部直接税处：《十年来之缉私》，中央信托局印制处，1943 年，第 7 - 8 页。
③ 财政部直接税处：《十年来之缉私》，中央信托局印制处，1943 年，第 10 页。
④ 财政部直接税处：《十年来之缉私》，中央信托局印制处，1943 年，第 6 页。
⑤《1934 年海关报告》，第 16 页。

之相配套的征税政策，直到抗日战争时期，财政紧张才开始有战时征税的政策。这是南京政府打击走私屡禁不止的原因之一。其次，南京国民政府没有完全独立的司法主权，严重影响了缉私政策的执行力。由于没有独立的领事裁判权，有些走私犯寻求外国的庇护，外人在外国法律的庇护下更加猖獗，这就大大削弱了缉私工作的战斗力和效率。再如以抗战前盐务业为例，“在未运销之前，每将食盐散放海滩，不能集中，以致盐枭偷运，私盐充斥，妨碍税收，莫过于此”①。后来，日本加紧侵华，以走私作为侵略的急先锋，海关缉私工作发展的态势遭到严重挫伤。

## 第五节　南京国民政府前期对外贸易政策的成熟性

南京国民政府成立之初，采取了一系列的对外贸易的政策和措施，展现了振兴对外贸易的新气象，这些新措施远远超过北洋时期的暂时性措施，批判地继承了北洋时期对外贸易政策的历史遗留任务，并在北洋时期对外贸易政策的基础上，收回关税自主权，独立自主地制定对外贸易政策；健全了对外贸易管理机构和组织领导体系；商品对外宣传展示体系逐步建立；各项对外贸易政策体系的构建；制定和完善了许多对外贸易政策的法令法规，并保证这些法令法规不打折扣地在对外贸易实践中加以贯彻和遵照执行，彰显了鲜明的成熟性特征。

### 一、收回关税自主权是独立自主制定对外贸易政策的前提和基础

自从1928年下半年起，南京国民政府一直致力于“改定新约”，努力收回关税主权，制定国定税则。这是符合当时历史潮流的一个进步举动，受到国内各界人士尤其是工商界人士的热烈支持和拥护。南京国民政府作为一个新生的政权，是在风起云涌的革命潮流中建立起来，即国民革命的产物和体现。因此，致力于民族的独立与经济的发展，维护自身的正统性，是其追求的首要目标。与此同时，列强也开始慢慢改变对华政策，希望通过支持国民政府来维持和稳固他们的利益现状。同时，也不得不做出一些让步，让这个政权得以维持下去，从而达到稳固其利益的目的。国定税则委员会就是在

① 《银行周报》，1935年第5期。

这种背景下成立起来的。作为南京政府制定关税政策的中枢机构，编订与修改进出口关税税则是国定税则委员会的核心职能与工作。这是南京国民政府自主制定对外贸易政策的前提条件和政治保障。

国定税则委员会从成立起到抗战爆发前，国民政府先后制定的关税税则有1929年、1931年、1933年、1934年进口税则，1931年、1934年出口税则，1935年出口税则方案（未实施）。这些税则虽然几乎都是在与外商协定的基础上颁布的，税率也不高，但是国定的因素和成分大大增强，特别是与晚清和北洋时期相比，独立自主性大为增强，半殖民地色彩大为减弱。面对30年代复杂多变的国际局势，尽管在南京政府每次制定或修改税则的过程中常常要面对巨大的国际国内压力。但是国定税则委员会还是能做到严密的调查与研究，最后在权衡各种利弊关系后才能制定一个关税税则政策。例如在1931年税则制定之前，“国内工商业尚属幼稚之时，自应采取保护主义，决定关税政策，以抵制侵略，发展工商”，原料税率应低，半成品较高，已制品更高。必需品税率应低，竞争品应高。① 后来，国定税则委员会充分讨论了这个提案，于是在1931年税则中，就有了“降低甚至豁免原料和工业机械的进口税，提高工业制成品如火柴、棉纺织品的进口税，降低国货出口税”的具体内容。

可见，只有当南京政府收回了关税自主权，才有可能排除外来势力的干扰和破坏，独立地制定对外贸易政策。这是自从晚清到北洋时期一直没有的新现象，即独立自主地制定对外贸易政策的开始。从这个意义上说，与以往历届政府相比，南京国民政府的对外贸易政策彰显了鲜明的成熟性。

## 二、健全了对外贸易管理机构，确立了较为完善的组织领导体系

南京国民政府成立以后，设立了工商部和农矿部，两个部门都分管全国经济工作，实业部也于1930年合并，实业部设多个司，其中商业司主管国内外贸易。此外还设立了一些与对外贸易有关的专业局和专门委员会。

1. 工商访问局和国际贸易局

南京政府设立工商访问局，统一由实业部组织领导，国内外贸易信息主要靠这个机构来提供。中国国际贸易协会作为下属机构，积极开展外交贸易活动，后来工商局为国际贸易局所替代，隶属于国民政府实业部。国际贸易

① 第二历史相案馆：《工商部关于修订进出口税则并拟具意见呈》，《中华民国史档案资料汇编》，第5辑，第1编，财政经济（二），1929年，第30－32页。

局的功能包括：向国内工商界报告外贸信息，调查有关国内外商业信息，完成搜集、统计有关贸易资料，组织领导各项外贸工作。

2. 进出口商品检验局

1932 年以前，中国进出口商品并没有品质检验制度，外国商人自行检验，中国商人遭受严重的经济损失，后来，《商品检验暂行条例》、《商品检验局暂行组织条例》相继颁布，在各沿海、沿江口岸等地设立了检验分处，将外国人设立的商品检验机构收回中央，对出口商品规定统一由商检局负责检验，我国自行检验部分商品，中国对外贸易的商品检验制度逐步形成。

国民政府加强对外贸易行政管理，这在一定程度上恢复了中国对外贸易的主权，从而有利于我国对外贸易的开展。“一些民族资本家为了同洋行竞争，积极设立对外贸易企业，虽然多数以失败而告终，但也有少数企业获得了一定程度的发展，如从事生丝出口贸易的上海永泰公司到 1936 年的经营已有一定起色”。

3. 加强出口部门组织机构建设，完善出口部的管理体制

南京国民政府非常注重出口部的机构组织建设，特别规定了经理人才的必具条件和出口部门内部的办事方法。

出口部实行专业化管理，由有外贸经验的经理担任职责，专门管理出口外贸事业，原则上不允许经理兼职，并且规定了经理必须具备的条件：“第一，了解国外市场情行；第二，熟悉世界经济状况；第三，具有普通商业常识；第四，通晓外国语言。”① 例如在《出口须知》中指出，当时的外国人虽然喜欢我国生产的绸缎，但是因为面积狭小，不适合外国人制造衣服，导致在海外市场的销路不广。要了解世界经济的状况、各国的倾销政策、各国人民购买力的大小等，这些都应该切实加强了解，自身还要具备相当的商业知识，通晓外语等。

内部事务的管理主要包括信件收发、信件保险、通信录、各种记录、应用电报等、货物的销售方法、海外市场的调查等。众所周知，商业信件的收发一定要及时，否则时间延误，容易造成商人利益的受损，造成不必要的无形损失。国民政府规定，对邮资不足的外国公司的信件不予受理，“如欲由何船何处邮寄，可于信封上注明邮寄的途径，例如，陆路经西伯利亚铁道可以直达欧洲中部。如于信封上书明 Via Siberia，即可由此寄达。此外，欧亚

---

① 国际贸易协会：《出口须知》，黎明书局 1933 年版，第 3 – 5 页。

航空信件，亦在办理中，则省时敏捷，尤较水陆邮路过之。遇有求寄达快速之信件，自应以航空为最妥”。① 国民政府同时规定了信件保险的三大原则：“第一，复信须与来信置于一处；第二，信件应依照日期排列；第三，调阅旧卷时必须立有记录。”② 还规定了信件保险的方法：字母排列式、数字式、字母及数字共同式、区域式等，以上各种保险方法，目的不同，绝对不能只应用任何一种。普通信札的保险一般采取以区域式为主。可见国民政府对商业信件的保险考虑得比较周详。国民政府规定，出口部应将顾客及与营业有关的商号，或者将来可能是顾客的姓名、住址详细记录，编成表格，以便随时参考、赠送样品、作广告媒介之用。通信录的保存，应用卡片索引法，分类保存，每个卡片上必须载有姓名、住址、经营事业等，如果还要精密，可以将信件来往的次数，总共价值等一并记在通信录上面。可见，出口部已经开始有了详细的档案记录，完善了出口部的档案体制。此外，国民政府还对电报的应用做了明确的指示和规定，从当时的记录可以看出，当时与外国直接通电的机关一共有四处：“第一，交通部国际无线电台；第二，大北电报公司；第三，大东电报公司；第四，太平洋商务电报公司。”③ 可见，南京国民政府时期的电报已经相当发达，但除第一处交通部国际无线电台是中国政府自己所建，在广州、天津、青岛等处设有分电台，其他大北、大东、太平洋三处都属于外国人所办理，因此出口商容易受外人控制。如“电报接受人住址亦须算费用，出口商应预备电报挂号”。

国民政府出口部还总结了五种推销海外的基本方法：第一，派遣有经验人员至海外实行推销；第二，利用广告贸易；第三，样品贸易；第四，通讯贸易；第五，委托代理人经理一切。并劝告出口商应根据具体的贸易对手国，选择具体的推销方法。④ 此外出口部还提倡实行海外调查，认为国家要为出口商人提供辅助，建立大规模的调查机构，同时也总结了八种不同方面的调查方法，供出口商参考：“第一，制造方面；第二，工商业一般状况；第三，销售方法；第四，价格；第五，竞争；第六，消费；第七，广告方法；第八，出口货物的前途预测。”⑤ 这些调查方法为出口商人提供了可供参考和借鉴的依据和蓝本，对外贸事业的推进起了极大的促进作用。

---

① 国际贸易协会：《出口须知》，黎明书局 1933 年版，第 6 页。
② 国际贸易协会：《出口须知》，黎明书局 1933 年版，第 6 页。
③ 国际贸易协会：《出口须知》，黎明书局 1933 年版，第 8－9 页。
④ 国际贸易协会：《出口须知》，黎明书局 1933 年版，第 12 页。
⑤ 国际贸易协会：《出口须知》，黎明书局 1933 年版，第 13－14 页。

## 三、对外贸易商品宣传、商品展示体系逐步构建

为了有效地推动出口贸易的发展，南京国民政府组织工商界参加博览会、开展商品展销活动、派出驻外商务官员，推进对外贸易的开展。

1. 组织国内工商界参加国际国内商品博览会

为扩大中国商品的国际威望，在美国、菲律宾等地举办的国际博览会由实业部牵头，领导工商界人士积极参加。《全国举办物品展览会通则》于1928年12月17日由国民政府公布，“在国内各省市县提倡国货，征集物品，开会展览以供研究改良而广产销者”① 是本届厘定博览会的宗旨，为展示全国先进的商品，促进外贸输出提供了良好的机遇和平台。1932年7月26日，铁道部公布《全国铁路沿线出口货品展览会章程》，为铁路沿线地区的商品出口提供了机遇和条件。1933年2月，内政部公布了《中华民国参加芝加哥博览会征集出口标准》，为我国各种商品出口提供了较好的外部环境条件与机遇。1931年4月21日，《海外中华商会商品陈列所征集国内商品办法》② 公布，通过参与这些国内外博览会活动，开阔了我国商人的视野，促进了我国工商界人士对出口商品的改造与创新，客观上刺激了我国出口贸易的进步与发展。

2. 派出驻外商务官员，进行商业展销活动

为了推进对外贸易的开展，后来，一些驻外使馆派遣商务官员逐渐被国民政府派遣，加强中外贸易往来和贸易活动。1928年9月，国民政府公布了《中国国货暂定标准》，12月又颁布了《海外中华国货陈列馆组织大纲》，随即组织中华工业国外贸易协会成员、上海工商界赴东南亚进行贸易考察，后来决定在南洋设立“中华国货陈列馆”，开始了中国商品在海外的长期展销活动。

南京国民政府通过参与商品博览会、交易会这些活动，初步形成了中国商品交易平台，拓展了商品对外宣传信息渠道，初步构建了从国内到国外的对外贸易宣传体系。

---

① 中国第二历史档案馆：《中华民国档案资料汇编》第5辑，第1编，财政经济（8），江苏古籍出版社1994年版，第720页。

② 林森：《中华民国法规汇编》，国民政府立法院编译处，1934年，第588页。

## 四、对外贸易政策体系逐渐完善

如前面所述，南京国民政府前期已经实施了海关关税政策，收回了关税自主权，初步建立了关税、缉私、金融、货币等方面的政策体系，后来，又将政策扩大到了商品检验、港口建设、海上保险、商品包装、订货单、出口发票、通关手续、出口商品的标准与程序等方方面面，至此形成了涵盖金融、保险、海关、质检等完整的政策体系，从而为对外贸易政策的实施创造了良好的政策环境。

关税政策、缉私政策、金融货币政策是南京国民政府前期的主要对外贸易政策，"协定关税"给中国社会经济造成了长期深远的危害，自辛亥革命以来，中国工商界及知识分子就呼吁废除协定关税制度，北洋政府曾为此进行过努力，但终究未能废除，南京国民政府继承了北洋时期的指导思想，坚决收回了关税自主权。这一时期的对外贸易政策不但获得了国家的财政、金融、保险、信息技术的援助，各项对外贸易政策还相互促进、相互配合，构成了一个对外贸易运作的政策体系，为开拓国外市场、促进对外贸易提供全方位的服务，培养了一批既懂外语，又懂贸易政策、熟悉外贸业务的专门性人才。

（1）南京国民政府成立后，出台了一系列有利于对外贸易的法令法规，这些法规为保证对外贸易的顺利进行提供了法律保障。如南京国民政府上台后陆续制定出台了一系列新的进出口税则：1929 年进口税则、1931 年进口税则、1933 年进口税则、1934 年进口税则等，为鼓励出口贸易的发展，在保障财政收入的前提下，国民政府又先后三次进行了出口税则的修订。金融货币方面，1934 年 10 月 14 日发布《白银出口增税实施令》。商品检验方面，1933 年，财政部宣布对生丝、纯丝制品、米、谷、小麦、荞麦、高粱、玉米、小米及未列名杂粮等免征出口税，使总体出口税率明显降低。1933 年 6 月，南京国民政府根据对原料及食品，在国外市场推销最感困难者，酌量减税、免税；对于工艺制品宜予奖励输出者，酌量免税，再次修订出口税则，其税目与 1931 年基本一致，降低了 35 种商品税率，增加了地毯、夏布、瓷器、陶器、爆竹等 44 项免税商品，总体出口率再次调低。缉私方面，1934 年 6 月 19 日，国民政府又公布了《海关缉私条例》，对海关缉私进行了详细的规定和指导，标志着我国缉私制度逐渐完善。这些法令法规都是以国民政府的名义颁布的，虽然也受到帝国主义势力的干扰，但其基本原则和精神是独立的，是中国对外贸易政策的核心组成部分。

（2）形成了一套对外贸易的具体办法和措施。南京国民政府初步建立了进口税则、出口税则、缉私程序、金融措施、货币措施等，后来，又在商品质量检验、港口建设、推行海上保险、商品包装、订货单、出口发票、通关手续、出口商品的标准与程序等方方面面进行修订与完善，至此形成了涵盖金融、保险、海关、质检等完整的措施，这些措施各有侧重、互相补充，形成完整的对外贸易措施体系。例如，为调节盈亏起见，国民政府官员宋子文采取了以下三项措施：第一，拟取由政府通令，各省一律开放米麦禁令，让省与省、县与县都可以自由运转，绝对流通其抽收米麦捐费省份，并且通令他们彻底取消，以后永远不得再有类似此项捐费名目发生；第二，查财政部主管关税国内运输米谷照章应该征转口税（麦子并无此税），力谋流通便利民食起见，拟请交由政府将此项转口税明令免除以求贯彻；第三，各省米麦如实感缺乏，经过实际调查统计，认为必须禁止运输出境应该先详细陈明申报，经过中央政治会议核定酌情决定后，任何部门不得借口寓禁于征抽收任何捐税。① 可见，国民政府在推动出口贸易发展的同时，能做到具体商品具体解决，像粮食这样关系国计民生的重要商品决不能随意进口或出口，对外粮进行了严格限制，并能做到合理保护本国粮食生产。

## 五、南京国民政府前期对外贸易政策的成效与局限性

自从1928年南京国民政府成立以后，在较短的时间内实行了一系列的对外贸易政策：关税政策、商检贸易政策、金融政策、贸易保护政策、商品出口管理政策等，为对外贸易的发展创造了一个较为有利的客观环境。1929—1933年世界经济危机的爆发及1931年“九一八”事变使中国经济发展受到严重抑制。在此基础上，对外贸易也经历了曲折的发展历程。

“一九二九年后，世界经济恐慌发生，各国失业工人增加，生产品存货堆积，物价迅速降落，国际贸易亦日渐减缩，中国系世界整个经济集团中之一部分，自亦不能例外。”世界上主要资本主义国家都经历了这场经济危机及国际市场的波动。为了争夺国际市场，他们采取国家干预经济的手段，使整个资本主义世界资本和生产的集中度空前提高。② 随着企业规模的逐渐扩大及技术的进步，20年代后期，发达资本主义国家相继推行了产业合理化

---

① 林森：《中华民国法规汇编》，国民政府立法院编译处，1934年，第59页。

② 孙玉琴：《中国对外贸易史》（第2册），对外经济贸易大学出版社2004年版，第194页。

运动，即调整生产组织与劳动过程，采用流水装配线生产，但其工资的增长非常缓慢，社会财富高度集中到少数人手中，但是整个社会购买力并未随着生产的增长而上升，导致生产严重过剩，生产与市场的矛盾空前尖锐。1929年资本主义世界爆发了空前严重的经济危机，这次危机一直持续到1933年，前后时间长达五年之久，主要资本主义国家都被深深卷入了这场危机之中。危机期间资本主义各国工业生产急剧下降，“其中美国工业生产下降了46%，德国下降了40%，工农业生产遭到极大破坏，随之发生。农业危机与工业危机相互交织，使这场资本主义经济危机的程度不断加深”。

由于商品滞销，物价陡然下跌，企业破产，股市崩溃，货币信用混乱不堪，金融危机严重，发达国家为了争夺市场，进行了激烈的贸易战，贸易保护主义大为加强。如1930年5月，美国国会通过《霍莱—斯姆特法》，提高了890种商品的进口税率，其中农产品和原料的平均进口税率高达48.92%，总体税率比1914年高出41.5%。美国这一举措随即引发了一场关税大战，到1931年年底，有45个国家提高了关税。1932年美国再次提高了一部分进口工业品及农产品的进口税率。而长期奉行自由贸易政策的英国也于1931年放弃了自由贸易原则，推行高关税的贸易保护政策，国际贸易的环境日趋恶化。到1934年工业制成品及初级产品的贸易额下降了1~1.4倍。① 1933年以后，资本主义国家逐步从危机中解脱出来，但随后又陷入长达五年的“特种萧条”之中，直到1937年，国际贸易量和贸易额均未达到1929年的水平，其中贸易额仅有1929年的50%左右。这一时期国际贸易的下降最主要的是西方发达资本主义国家贸易的萎缩，而资本主义发展对海外市场的需求，迫使各国不断加强与其殖民地、附属国之间的贸易，尽可能地把经济危机的恶果转嫁到它们头上。而由于危机期间初级商品价格下跌的更为剧烈。因此，落后的殖民地、半殖民地国家的贸易条件进一步恶化了。

但是南京国民政府前期的对外贸易政策毕竟是在继承北洋时期的基础上出台的，其中经历了“一战”后的繁荣、1929—1933年世界经济危机、大危机后的复苏三个阶段。因此，就南京国民政府前期对外贸易政策的成效而言，也体现了这样一个时代和背景特征，即两头的成果明显好于中间。对外贸易政策成果比较好的是这两个阶段，即1927—1929年、1935—1937年上

① 姚曾荫：《国际贸易概论》，人民出版社1987年版，第399页。

半年。其中成效最好的是1936—1937年上半年，最差的是1930—1934年。可见，与世界经济危机的波动基本上成一致的状态，但由于政策得当，我国对外贸易在这一时期的总体趋势是上升和发展的，贸易入超也在减少。与发达国家贸易整体趋势在增加，“其势力之消长实可惊人，英国近年对华贸易虽无显著之进步，其出入商品性质之稳固，与日迥然不同，兼之属地对华贸易盛兴，足以抵补本国贸易之缺额。美国对华贸易进展甚速……法国去年贸易又见增加，已占吾国对外直接贸易总额4.2%，中德贸易，十数年来，又增至9200万两”。[①] 对外入超也在逐渐减少，“1934年我国贸易入超数额，494450945元，较上年减少239288253元，相对比上年低落”[②]。这一时期对外贸易政策的成效与局限性主要表现为以下几个特征：

（1）这一时期与我国通商的国家越来越多，不仅在晚清和北洋时期已经通商的国家，到南京国民政府时期通商如故，就是以前没有正式通商的国家，又有许多和国民政府缔结商约，如希腊（1930年）、捷克（1930年）、瑞士（1933年）、土耳其（1934年）等，陆陆续续都有增加。进出口贸易额的增加，相比较晚清和北洋时期，进出口贸易的增加如下表：

**表4－7　对外贸易输入、输出及总额表**

| 年份 | 1864 | 1923 | 1930 |
| --- | --- | --- | --- |
| 输入额 | 51293578 | 477064003 | 1309755741 |
| 输出额 | 54008509 | 441449450 | 1015687318 |
| 出入总额（单位海关两） | 105303087 | 918513455 | 2204599306 |

图表来源：《民国成立后对外贸易之扩张及商埠的增加与不平等条约之部分的解除》，载于《外交月报》1937年5月1日。

（2）与外国通商的本国商埠还在继续增加。民国成立以后，通商的国家既然比晚清增加，出入贸易的数目又比晚清大大增加，因此，中外贸易的商埠，也续行创设，但民国所开的商埠，不同于晚清所开的商埠，晚清所开的商埠多是出于列强要求被动开放，而民国都是自行主动开放的，如1930年广东的中山港正式开放、辽宁的葫芦岛也于本年动工建筑成商港。“……已经尽量容纳外货的流入，及至民国以后，全国的商埠共达109处……”[③]

① 李亦人：《中国对外贸易之危机》，《钱业月报》1932年第8期。

② 何炳贤：《民国二十三年我国对外贸易的回顾》，《工商半月刊》1935年第6期。

③ 李公衡：《民国成立后对外贸易之扩张及商埠的增加与不平等条约之部分的解除》，《外交月报》1937年第5期。

这些商埠的增加都是随着通商的发展，有逐渐递增的情形，大致看来，国民政府时期的贸易政策是成功的，对外贸易是发展和进步的。

（3）1936 年是我国对外贸易的黄金时期。1936 年是世界经济危机恢复后的第三年，我国的生产和贸易，都已逐渐恢复，在这种国际景气回复的趋势下，我国的对外贸易也有显著的进步。就贸易数值方面而言，以国币计值，当年进口为 941545 千元，比 1935 年增加 2%，出口为 705741 千元，比 1935 年增加 23%。“以金单位计算，本年进口贸易为 416518 千金单位，较 1935 年之 501399 千金单位，反减少 16.9%。本年出口贸易为 312167 金单位，较 1935 年之 306344 千金单位，仅增加 2% 左右，由此可以表现新货币政策实行后，我国对外贸易所受汇率变动的影响”。① “二十五年度的中国对外贸易，在近几年来，堪称最有进步的一年。贸易总额增加到十六亿四千六百余万元，进口为九亿四千一百余万元，出口为七亿零五百余万元，因出口的激增，入超遂大形减低”。②

1936 年我国出口贸易激增，主要有如下几个原因：第一，新货币政策实行以后国币汇率趋于低落，国货在海外市场价格减低，因此销售旺盛，输出增加。第二，这一时期经济危机即将过去，各国经济日渐复苏，产业逐渐活跃，因此需要原料增加；同时又因为失业减少，人民收入增加，购买力也有增进，因而消费品的需要也随之增加，故我国原料及消费品都能大量输出。第三，这一时期国际局势日益紧张，各国备战日亟，军需品需要大增，所以与军需工业有关的我国各种出口商品，如皮革、油蜡、棉花、麻及矿砂金属等，都能大量出口。③ 因此，1936 年的出口贸易呈现前所未有的繁荣景象。“总结起来，1936 年我国的对外贸易，不仅在数字方面入口平稳，出口激增，而且这种出口激增的现象普遍及于各种商品，各个国家以及南北各埠……”④ 可见，南京国民政府对外贸易政策的成效在 1936 年体现得特别出色。

（4）南京国民政府前期对外贸易的繁荣，主要得益于对外贸易政策推行的成功，之所以能够顺利推行的原因，主要有如下几点：第一，南京国民政府统一了全国政权，统一稳定的政局为对外贸易政策推行提供了政治前

① 何炳贤：《一九三六年我国对外贸易的透视》，《民族》1937 年第 4 期。

② 允中：《二十五年度我国对外贸易的分析》，《东方杂志》1937 年第 1 期。

③ 何炳贤：《一九三六年我国对外贸易的透视》，《民族》1937 年第 4 期。

④ 何炳贤：《一九三六年我国对外贸易的透视》，《民族》1937 年第 4 期。

提。第二，晚清以来的匪患得到有效的控制，社会相对稳定，交通发达，这些条件都为对外贸易政策的推行提供了非常良好的土壤。第三，片面协定关税的解除、关税自主权的收回既提高了南京政府的威信，又解除了不平等条约对自己的束缚，也是对外贸易政策能够推行的关键因素。第四，一部分租界和租借地的收回、领事裁判权力、内河许外船航行外舰游弋停泊及军队驻屯等局部权利的取消，为对外贸易政策的推行提供了司法保障。第五，金融方面的政策特别是新货币政策的推行，外汇日趋稳定，国际信用巩固，使我国商品在海外市场的价格，无形贬低，我国商品在海外畅销无阻。

（5）南京国民政府前期对外贸易政策的局限性：第一，时代与国际背景的制约，南京政府对外贸易政策出台之日，正是资本主义经济大危机日益来临之时，生不逢时，因此，即使原本是一种正确有效的贸易政策，在这种国际大背景下它的成效也要大打折扣，所谓“倾巢之下，焉有完卵”，“城门失火，殃及池鱼”注定了南京国民政府前期对外贸易政策的局限性。第二，受世界各国对外贸易政策趋势的影响。首先，维持本国市场，抑制舶来商品，唯一的手段，就是关税壁垒，第一次世界大战后，各国的关税都提高了多次，一国提高关税，他国效仿以示报复。其次，世界各国在战后纷纷放弃金本位，停止现兑，毫无疑问，阻碍通商。“总而言之，各国互相制限外国货品的输入，或用汇兑管理的方法以制限代金的支付。这固然在贸易上抑外国货的有效之方策，然行使之者，必自其对手国得到同样之待遇，是不可不觉悟也。结局非唯没有做翻外国，甚至还不免害了自己”。① 可见，在这种相互敌对的国际贸易环境下，对外贸易政策本身再好，也很难正常地发挥效果和作用。

① 家修：《各国对外贸易政策的趋势》，《国际贸易导报》1934 年第 11 期。

# 第五章　抗日战争时期对外贸易政策的艰难与困境（1937—1945）

1937—1945 年的 8 年期间，是一个非常时期，中国的对外贸易是在战争中度过的。日本全面侵华战争和第二次世界大战迫使中国的对外贸易与经济发展在混乱和动荡中进行。“七七”事变和“八一三”事变的爆发，中国人民奋起抵抗，从此进入了艰苦卓绝的长达 8 年的抗日战争时期。日本把中国关内沦陷区沦为其殖民地，控制了对该地区的对外贸易，中国对外贸易再度惨遭分裂，对外贸易主权再遭践踏，历时八年的战争使中国社会经济遭到严重摧残，对外贸易严重萎缩，中国的抗日战争是第二次世界大战组成部分，国民政府的对外贸易政策也因此面临着严峻的时代挑战。

## 第一节　抗战初期对外贸易政策的国内外环境

资本主义世界经过 20 世纪 20 年代相对稳定的经济增长和 30 年代特大经济危机与特种萧条的打击之后，西方主要帝国主义国家经济发展的不平衡性再一次加剧，导致了各国经济实力对比发生了急剧的变化。经济实力按顺序依次是美、德、英、法、日，列强经济实力的升降变化，必然会打破世界政治、经济原有的格局，法西斯国家疯狂地对外扩张，终于爆发了一场新的世界大战。这次大战卷入 61 个国家和地区，人口约 18 亿，由于交战双方相互实行经济封锁，国际贸易严重萎缩，对外贸易政策的发展转上了战争轨道，这样的国际环境极度不利于中国的经济和对外贸易的发展。

“九一八”事变与“七七”事变爆发以后，日本对华展开疯狂的经济掠夺，战争给中国经济造成了空前惨重的破坏，70% 的工矿业，2/3 以上的铁路、公路等交通运输线，全部的海上对外贸易口岸丧失。在战争的条件下，为了有效地动员全国的人力、物力和财力，支持持久抗战，必须统一全国的经济力量，建立战时经济体制。因此，实行对外贸易经济统制成为了这个时期的主要的对外贸易政策。抗日战争破坏了南京国民政府在建国初期十年中刚刚起步的工业，打断了它的正常发展道路。但是大西南地区出现了工厂复建和创建的工业建设高潮，大后方的战时工业，显示了中国工业史上创纪录的发展速度。大战期间，英美两国先后放弃了在中国的特权，此后，其他列强也陆续放弃了特权，一百多年以来，严重束缚中国人民的不平等条约终于得到解除，从而排除了在对外贸易问题上外国势力的一切干扰。

### 一、突破封锁，寻求对外通商成为时代的主流

抗战时期，由于日军加强对我国的经济封锁，国民政府对外贸易的交通线路几乎丧失殆尽，为了战胜凶恶及强大的敌人，国民政府必须考虑从敌对国日本以外的其他国家打开突破口，加强中外贸易通商。尤其是要同英、美、苏联等发达国家恢复正常的、特别应该是平等的对外贸易。

1. 与美、英签订新约，废除领事裁判权

为增强对日作战的效能，1943 年 1 月 11 日国民政府与美、英两国分别签订了新约，美、英在华的治外法权随着新约的成立而放弃。新约承认了我国领土主权的完整，统一了国家政令与司法系统，原来不平等条约的一些特权也因此逐渐废除，本着互相尊重和信任的平等精神，巩固战时团结，基本奠定了战后世界新秩序。

过去的不平等条约多数是属于政治性质的，但对经济的影响特别深刻，一百多年来，我国对外贸易深受其害，入超逐年增加，汇价波动剧烈，国内一般产业资金薄弱，技术落后。抗战以来，我国开始建立主动的贸易政策，以政府的力量与民营事业提携共进，并深得欧美国家的同情与谅解，新约的签订，废除了种种特权，以平等为基础，对我国的影响非同小可，尤其是对我国对外贸易的发展和前途，更是具有划时代的意义。

领事裁判权的废除，对我国外贸的影响主要有下列三点：（1）增进中外人民的商务关系。过去因为治外法权的存在，华商与外侨之间容易发生纠纷，外侨不熟悉我国语言风俗、商事法规和商业习惯，其经营进出口业务都要依赖中间商人，逐渐造成了一个买办阶级，从中操纵渔利，内地产户商民与外籍进出口行家都要遭受损失，中外商民因此有利益与情感的摩擦，甚至政治上的误会，这样，新约签订后，中外商民直接可以联系，可以相互沟

通，业务也可以增加，彼此在平等的基础上协调发展，于我国对外贸易的发展，是极为有利的。① （2）维持各国侨商的平等地位。以往各国侨商身居中国，而又独立于中国法权之外，不受我国法庭管辖，使华商总处于不利地位。而各国法律系统不一，适用范围也极为复杂，中外商民间发生同一性质的纠纷案件，因各国法律不同，判决也不一样。这不仅损害华商利益，各国侨民之间也存在严重的不平等现象。此后，所有外商都统一在我国法律管辖之下，平等竞争，对我国对外贸易的发展，具有特别大的意义。（3）促进我国农工商业的发展。以往国内企业，华商所以不能与外商竞争，主要是因为治外法权，但外商因为获有种种方便，也有重要关系，如"1925 年修正对华商务法案，曾规定凡美人在华之投资，不问单独直接经营，或中国人民合作，如其管理权操诸美人，均得向联邦政府注册，并无须担负联邦赋税，外商在华营业，以往多未向中国政府缴纳法定赋税，已为尽人皆知之事实，外商在其本国法制下既享有此类优惠待遇，而在中国法制下复不受任何拘束，税务负担既较我国商人为少，其营业成本自较我国商人为低，是在国境内我国商人已处于不平等之地位，其于我国农工商业之发展，自有莫大之危害"。② 当治外法权一取消，在华外商都受到中国法律的管制，无论中美、中英新约，对于在华美、英人民或者其公司都有依照中国法律交纳赋税的规定，中外商人开始有平等的地位，我国农共商业也可因此而受到刺激，从而获得发展的机遇，逐渐趋于繁荣。

租界的归还，促进对外贸易的发展。我国从清末对外签订不平等条约以来，列强利用其在华租界及租界的庇护，推广金融机构（如保险公司、信托公司等），设立分支银行，自己发行钞票与国币，同样流通于市面；一面在中国境内，推广储存贴放保险投机等业务活动，不仅令金融紊乱，汇率动荡，而国民资金尤其不免流于枯竭，国民经济困难，"故自美英归还租界以后，以往托赖租界庇护之种种特权机构，均可藉此逐渐撤销或纳于国家法令之内，循是我国国民经济及对外贸易……获得相当之保障"③。租界废除后对我国的外贸有两大好处：（1）可以保持货币系统的完整。各国租界废除以后，相关的特权都应该取消，所有在华外钞自然应该终止流通，我国币制可以统一，币值更加稳定，"此于国内工商业及对外贸易均有密切关系，由

① 邹琳：《中美中英新约与发展我国对外贸易》，《贸易月刊》1943 年第 7 期。
② 邹琳：《中美中英新约与发展我国对外贸易》，《贸易月刊》1943 年第 7 期。
③ 邹琳：《中美中英新约与发展我国对外贸易》，《贸易月刊》1943 年第 7 期。

是政府得以随时酌量废除情形与当前需要以调节通货，安定物价，调整汇率，即藉以扶助国内产业及国际贸易之协调发展”。(2) 促进金融政策的推行。美英归还租界，并终止所享有的各项特权，所有足以妨碍我国金融政策的种种特权都已经废除，“今后政府对于外商银行或他种金融组织自可依照一种政策，随时实行管制，举如有关储存贴放，保险投机等业务之活动，须严格依照我国法令办理。我国中央银行对于贴现政策，存款政策，放款限领政策等等，自能依照实际需要发挥原有效用，国内信用伸缩既能与经济建设需要严密配合，则对外贸易亦因而可获合理之进展”。

实行内地杂居，促进对外贸易。中美条约及换文概要，明确规定：中国应允许美人在中国内地旅行、居住及经商，美国和英国人民从此在中国内地自由杂居或经营商业，各国归还租借地，取消领事裁判权及取消通商口岸制度以后，对外贸有如下三大好处：(1) 促进中外技术及资本的合作。现代工商业与对外贸易，全靠高深技术与雄厚资本的配合运用，我国过去贸易衰颓，主要是因为资本贫乏、技术落后，“今后内地开放听任外人杂居，而我国当此初步建设时期，企业机会复较他国为多，企业利润亦较他国为厚，欧美技术资本，必将把握良机，大量涌进，利用其丰富经验，以促进我国产业之发展，我国在无碍国计民生之原则下，自可依据党训国策，与外商采取合作方式，举如改进农牧，发展工业，增进商务数端，均不妨在法律许可范围内与外人合力经营，藉以训练技术员工，推广工商业，促进物质建设，同时亦可提高国民生活，增加对外贸易”①。(2) 补充国际支付的资金源泉。我国对外贸易历来处于入超地位，而对外无形收入量额又非常有限，各地侨汇又因外国移民律及其他法律的限制，不能大量增加，导致国际收支难得平衡，对外贸易也没有充分资金的投入。“此次英美新约的成立，外人得在中国内地自由旅行居住经商，则基于平等互惠之国民待遇原则，友邦政府对于有关限制华侨入境或从事工商业之苛律，当能毅然废除，俾国人在外得享受实际之平等待遇，海外华侨可望陆续增加，侨胞企业不受歧视限制，则侨汇来源亦必较前更形充裕。循是我国对外贸易逐渐发展，则国际收支亦可渐渐平衡”。(3) 巩固主动贸易的基础。我国的对外经济关系，以往都是建立在不平等条约的基础之上，不但贸易实权受外资操纵，潜伏势力也已经逐渐侵入国内产业金融的本体。抗战以来，国民政府采用管制政策，创立进出口国

① 邹琳：《中美中英新约与发展我国对外贸易》，《贸易月刊》1943 年第 7 期。

营机构，基本建立主动贸易的基础。“今后租界及口岸废除，外商已与国人立于同一法制之下，内地杂居，管理周密，其所有企业活动，不特须遵从政府法令，尤须配合国家政策，则以往买办操纵及奸仇私营种种弊端，均可避免，同时正当外商能与我国消费者及生产者发生直接关系，以应彼此需要，增进合法营业，实于我国管制贸易，有百利而无一害”。①

取消沿海贸易及内河航行权。“美国政府放弃给予美国船舶在中华民国领水内关于沿海贸易及内河航行之权；中华民国政府准备以公平价格收购美方现时用以经营此项事业之一切产业；如任何一方以内河航行或沿海贸易权给予第三国船舶时，则应给予彼方船舶以同样之权利；缔约国任何一方在他方之沿海贸易及内河航行，依照他方有关法律之规定办理，不得要求他方之本国待遇；唯双方同意，一方之船舶在他方境内关于沿海贸易及内河航行所享受之待遇，应与任何第三国船舶之待遇同样优厚重。”② 沿海贸易及内河航行是关系国防及经济发展的重大问题，各国都保留由本国人民自行经营，不容外商染指，我国过去外交失败，断送了此项权利。一百多年来，沿海内河，外船充斥，无论运货或载客，都不服从政府的管理。难免屡次牵涉外交。而且外商船走到哪里，哪里就有兵舰保护，而且擅自进行军事测量，政府也无从干涉或取缔。常常会导致货运多受外轮操纵。因此，在贸易上所受的无形损失，无法估量。美英在新约中放弃此项特权，也有两大好处：（1）促进本国的航运业建设。我国从1842年南京条约签订起，就丧失了沿海航行权，1896年马关条约后，通商口岸与条约所开放口岸的航行权利也相继丧失。根据估计，“百吨以上的轮船共为9980万吨，其中悬挂中国国旗者，只合总吨数35%，即综合国内所有民船而言，虽或不止上述比率，但至少总吨数之一半已属外轮所有，此即我国航业在外力竞争下无法发展之明证”。美英放弃沿海贸易及内河航行权，是我国航运事业的千载良机，内河沿海航运业能与产业发展及贸易需要能有机地结合起来，在政府的统一指导下，循序渐进，具有深远的影响和意义。（2）适应主动贸易的需要。过去我国因为航权旁落，江运海运能力都很薄弱，外轮居于优越地位，各自给予本国产品优惠，并与其本国进出口商人有特别的联系，导致外国轮船在华造成特殊的集团，而我国产业及商务无形中受到他们的支配，国民政府策划补助，也要受到外商的牵制。“今兹此项特权既告废弃，则我国贸易计划，可

---

① 邹琳：《中美中英新约与发展我国对外贸易》，《贸易月刊》1943年第7期。

② 北京大学法律系国际法教研室编：《中外旧约章汇编》，三联书店1962年版，第1259页。

以自动确定，凡关于今后增加生产，开拓销路以及收购转运之业务，均可酌量航业发展情形随时修正，同时政府及人民发展航业之措施，亦可适应贸易需要以立根本计划。”对外贸事业的影响于此可见一斑。

1943 年 1 月 11 日，中美、中英新约签订后，特权废除，全国舆论哗然，国民政府威信大增。当时中国战场刚好度过了 1941—1942 年最困难的时期，美军在太平洋战场也逐渐转入反攻。在这种国际国内大背景下，全国人民信心百倍，抗战的热情空前高涨。善良的人民以为这是“友邦对我同情之表露”，对美、英甚至存在幻想。但是也有人清醒地意识到这种治外法权表面上的平等，就其性质来说，仍然属于消极作用。我国如果不能利用时机，加紧努力以求名实相符，则国家难以富强。

国民政府与英美签订平等互惠的新约，废除了在华的治外法权及其有关权益，除对我国领土、主权及司法各方面的关系外，单就对外贸易方面而言，已经是一个绝大的解放，具有划时代的意义。与我国国际地位在提高的同时，我国人民的负担也相应地加重了。文章最后指出，国民政府和人民应该在提倡科学、开发产业、训练人才、加强组织、集中资金及拓展国际金融运输各方面，不得不倍加努力、全力以赴。既适应战时需要，又肩负未来使命。最后得出结论“今后对外贸易之能否扩充，国际经济之能否调协，关键契机，胥在于此，吾人既已取得法律上之平等，自即应遵照总统训示，自尊尊人，自重重人，淬厉奋发，自强不息，以恪尽吾人应尽之责任，致国家于真正平等之地位，俾在国际社会中能成一安定力量，对于世界文化能有特殊贡献，则幸甚矣。”①

“我国过去对外贸易的另一困难，是不平等条约的束缚……中日战争给予我国以建国的机会，太平洋战争更提高我国国际地位，使我们能与友邦调整过去一切不平等条约下的经济关系。”② 由此可见，对于国民政府与英美签订的新约，时人充分肯定了其在对外贸易方面的贡献与进步性；在肯定其进步的同时，又指出要抢抓机遇，大力发展对外贸易；在发展对外贸易方面，时人提出了许多宝贵的意见，这些意见虽然是在战时提出，但却都是站在战后长远的战略高度来审视当前的形势。说明了国民政府中的进步人士能够充分地把握时局，抢抓机遇的意识和先进的对外贸易发展理念。当然这些建议也具有历史的阶级局限性，对帝国主义的侵略本质认识不清，如认为英

① 邹琳:《中美中英新约与发展我国对外贸易》,《贸易月刊》1943 年第 7 期。

② 杨开道:《太平洋战争与我国对外贸易》,《贸易月刊》1942 年第 9 期。

美与中国签订新约，废除特权和治外法权是同情中国，谅解中国的明证，认识不到这是英美本身国家利益的考虑；还认为今后发展对外贸易的关键在于“遵照总统训示，自尊尊人，自重重人”，这些提法都具有浓厚的政治色彩，认为全国只有服从蒋介石一人，就可以办好一切事情，这就未免荒唐滑稽，体现了时代与阶级的局限性。

2. 顺应世界贸易潮流，订立友好通商协定

为了加强对外贸易，国民政府大力加强国际联系与沟通，与许多国家签订了一系列的合同与协定，一方面，加强了与缔约国的友好外交关系，打破了日军对我国的包围和封锁，另一方面，极大地促进了我国与缔约国的商业贸易，我国与这些国家的对外贸易也得到了一定程度的发展。这些协定总体上可以分三类。

第一，借款商约。1938 年 1 月，抗战爆发不久，国民政府与苏联订立协定，获得 5000 万美元的贷款，1939 年 4 月，又与苏联签订了《关于使用一亿五千万美元贷款之条约》，用来购买苏联生产的工业品及设备。我国将以苏联所需要的商品及原料偿还所借的贷款和利息，两国各自的商品的价格，都是根据世界市场相同技术的商品价格进行平等交换，运费由各自开支。1939 年 5 月，与苏联签订了《通商条约》，在关税、海关手续、打击走私、维护安全、商人的合法权利与地位各方面，都做了严格的规定。这些合同既促进了双方贸易的发展，也大大增强了我国抗战的力量。1938 年 12 月，国民政府又与美国签订了《购售桐油合同》，该款只用于购买美国的工农产品，我国售运桐油，还根据时间、地点、市价的变动而调整交易的手段，如世界市场平均市价是“以每星期内纽约、旧金山、伦敦市场每日最低公开市价为计算依据”。① 还规定了付款的条件与方式。1940 年 3 月，又与美国签订了《华锡借款合约》，并规定了美国农产品及工业品运销中国，同时美国又向中国采购华锡，运销美国。1940 年 6 月，又与美国签订了《钨砂借款合约》，同意将钨砂运销美国所得的“净收入”做担保，增进了中美两国间进出口货物的交易。1941 年 2 月又与美签订了《金属借款合约》，这些协定的签订，既增强了中美两国共同对日的力量，又大大促进了中美两国的对外贸易的发展。从 1940 年起，中国对美国贸易有出超的趋势，“在过去 9 个月内，中美贸易之数量，多于中日战前一年之 9 个月。（一）

① 北京大学法律系国际法教研室：《中外旧约章汇编》，三联书店 1962 年版，第 1123 页。

计由中国输入美国之货，共值 70412000 金元，比较 1939 年同期增加 74%，又比较 1936 年同期增加 16%，（二）由美国输入中国之货物共值 6225 万金元。比较 1939 年同期增加 80%。中国对美贸易出超 500 万金元，据对外贸易之观察，由中国输入美国之生丝、桐油，比较以前增多，货价亦较高，故有如此成绩”。①

第二，航空协定。抗战爆发后，由于日军封锁了东南沿海的国际贸易路线，国民政府不得不加强航空运输的建设，努力发展航空航线，争取国际贸易路线的畅通。1937 年 9 月，国民政府与英国签订了《关于英国皇家公司飞往中国领土》的协定，并规定了英国可以开辟下列航线：（1）义安至广州湾；（2）河内至广州湾；（3）广州湾至香港。1939 年 1 月，双方又签订了《关于开办中国西南与缅甸通航》的协定，规定了英国公司立即开办由阿恰布或仰光至昆明的往返航线，并根据具体情况，开办由昆明延展至香港或上海的航线。这些新航线的开辟，是在日军直接封锁我东南海岸线的条件下进行的，毫无疑问，为中外贸易的发展创造了条件，起了战时不可替代的物流运输功能。1939 年 6 月，与苏联签订了《组设哈密阿拉木图间定期飞航协定》，加强中苏旅客、货物与邮件运输之用，中苏贸易的发展为抗战初期的物资供应提供坚强的后勤保障。

第三，平准基金协定。抗战爆发后，我国人民人心惶惶，市场管理混乱，我国法币政策的作用一度失调，法币贬值，全国金融陷入一片混乱状态，投机商人趁机囤积居奇，物价飞涨，极大地影响了人民的日常生活。为了稳定物价和金融市场，也为了安定抗战时期的人心，国民政府于 1939 年 3 月与英国签订了《设立中国国币平准基金合同》，1941 年 3 月，又与美国签订了《平准基金协定》，同年 4、5、6 月又与英国分别签订了《平准基金协定》、《平准基金补充协定》、《设立中国国币平准基金补充协定》。这一系列协定的签订，以英美投资为担保，是英美两国对我国的重大支援，保证了华元对英镑和美元的稳定汇率，在一定程度上稳定了中国外汇市场，保护了商业投资者的利益。当然，平准基金协定的签订是国民政府与英、美共同努力的结果，在一定程度上可以说是一种双赢的措施，它在英美两个金融大国的帮助下，稳定了抗战时期的国内外市场，能起到调节市场物价，合理安排货物运输与销售，克服了市场的盲目性与缺陷，这也是三方政府干预市场的

① 《明德》，1941 年，第 2 卷，第 2、3 期合刊。

一种手段。毫无疑问，极大地保护和促进了中英、中美贸易的发展。抗战期间，除日本外，我国与这两个大国的贸易始终占据主要地位，与国民政府此项措施的作用是分不开的。

本来按照近代的国际贸易条约与协定的理念，这些条约应该是在主权国家之间签订的，是各自权利和义务的法律文件，缔约国双方应该是为维护国家主权，保护民族经济为目的。贸易条约与协定在内容与形式上都应当是平等的，但是由于近代中国是弱国，虽然在表面上缔约国双方是平等的，但是事实上，我国从协定中得到的好处与对方从我国得到的好处有巨大的差距，美、英、苏等缔约国往往依靠自身强大的经济实力，“强者多占利，弱者就少占利或多失利”。① 即表面上是友好的、互惠的，实则是不平等的。

## 二、民生主义对外贸易思想的发展与成熟

抗战以前，南京国民政府实施相对自由的对外贸易政策，抗战开始以后，由于日军的封锁以及对外贸易环境的恶化，我国不得不实施战时统制对外贸易政策，采用国家干预经济的手段，实行国家资本主义，加强对外贸易的国家垄断，这些对外贸易政策实际都是权宜之计，没有从整个国家的长远目标来考虑适应时代变化的对外贸易政策。民生主义对外贸易政策就是在这种特殊历史时期，作为长远大计的对外贸易政策的手段和目标而出台的。虽然南京国民政府制定了对外贸易纲要草案、纲领和实施步骤，但作为实施民生主义对外贸易政策，始终未能贯彻落实，反思其地位、作用与效果，对于当今我们制定正确的对外贸易政策具有现实的借鉴作用。

1. 注重对外贸易纲要草案、纲领和实施步骤的制定

南京国民政府遵照三民主义与抗战建国国策的指示，适应民族经济独立的要求，根据战时贸易设施的效果程度，国际贸易局势的演变，制定了对外贸易的基本方针，分步骤实施，消除贸易障碍，协助民族复兴，完成建国大计。主要目标有：“第一，配合经济国策；第二，推进计划贸易；第三，培植贸易基础；第四，把握贸易实权。”② 特别是提出了“逐渐收回现在英美及各友邦，取消在华特权”的要求，体现了南京政府在与英美合作抗日的前提下，能够以民族利益为重，高举反帝的大旗，表现了坚决要求独立的精神和勇气。以上这些目标基本适应了抗日的时代潮流，在如何争取国内外物

① 韩经纶：《国际贸易基础理论与实务》，南开大学出版社 2000 年版，第 193 页。

② 《我国对外贸易政策纲要草案》，《财政学报》1943 年第 4 期。

资，适应作战需要，高举独立精神，解除贸易束缚、实现主动贸易等方面，发挥了重要的作用。但是要完成民族的复兴的光荣使命，除了首先要民族独立，更重要的是要有凝聚全国力量的政党，这个目标应该是肯定的，但客观上为国民党政府经济上的独裁创造了机会。

南京国民政府还制定了《我国对外贸易政策之纲领》，包括“总则、机构、进口贸易、出口贸易、贸易金融、国际输运、贸易方略等32条”。① 其中总则包括三民主义的原则、实行计划贸易、建立国营制度扶植民营、取得主动贸易地位、尽量奖励出口与进口、加紧对敌经济作战等几个方面。机构包括分设专业贸易公司、促进民营进出口事业的发展、促进国营外销物资生产合作社及运销合作社的组织建设、在国外重要地点设置分支机构，以便为今后发展直接贸易做准备。进口贸易包括尽量优先输入国防用品及与国防相关的设备器材、尽量自给自足、限制奢侈品与非必需品的输入、进口贸易逐渐采取国营制度、在统归国营政府管制的同时保证民营的发展。出口贸易包括尽量输出易货偿债、生活必需品应该根据需要随时禁止或限制输出。贸易金融包括发展国际汇兑、集中外汇、发展海上保险等。国际运输包括联合相关国家共同开发利用海陆空运输路线、政府应提倡官商合办并力争国际运输与对外贸易平行发展、整理旧港开辟新港、收回各港口码头的管理权和经营权。贸易方略包括修订中外商约、保护国内生产奖励国产输出、尽量扩大对外易货的办法等内容。可见，这个纲领是以抗日为宗旨，结合我国当时的实际情况，提出了对外贸易国营的概念，亮出了对外贸易独立的旗帜，各种大政方针基本符合了抗战建国的实际需要，为制定各项具体的措施提供了纲领性文件。

在南京国民政府制定了对外贸易政策纲领的基础上，后来进一步颁布了《我国对外贸易政策之实施步骤》，为制定落实具体的对外贸易政策提供了指南。包括六个方面。第一，关于机构及组织。分设部门地方组织、设立调查研究及宣传咨询机关、健全合理的人事制度及稽核制度、调整外销物资的增产机构、设置简单设计机构、在主要通商国家派驻商务代表、调整对外购料机构、健全并发展外销物资的生产及运销合作机构、健全并发展进出口业同业公会、重要商品设立专业公司、奖励华侨投资组织官商合营或纯粹民营的进出口贸易企业、在无碍国家主权及经济政策的原则下，接受外人投资

① 《我国对外贸易政策之纲领》，《财政学报》1943年第4期。

等；第二，关于进口贸易。包括优先输入国防用品、随时充分输入民生所需的机器及原料、特种工业原料尽量自给自足、放宽消耗品的输入限制以提高人民的生活、限制奢侈品及非必需品的输入、与国防有关的设备器材由纯一机构集中采办、设立国营进口贸易公司、给予民营进口贸易商行种种便利。第三，关于出口贸易。包括尽量发展外销、国防用品和民生日用基本生活品应限制输出、对于国产物资在必要时限制内销扩大输出、战后修正品目逐渐调整、国产外销物资应加工向外拓展销路、外销物资出口时应严格检验、加强现有国营贸易的组织、民营重要出口物资应促进输出、对外销物资的生产者应帮助其增加海外销路。第四，关于贸易金融。包括充实现有主管国际汇兑银行的资金、广设对外贸易的专业银行、逐渐推行押汇制度和信用补偿制度、酌量推行公共拍卖行制度、销售国产所得外汇应集中办理交还国库、统筹分配政府所欠债款和存款、政府应将外汇依次摊发、对商有外汇作适度的管理、对商有外汇实行进出口连锁制、设法集中侨汇、尽量推广国营保险事业等。第五，关于国际运输。包括与同盟国合作维持我国对外运输、战后国际交通路线分区发展、国营运输与民营运输应协调发展、逐渐收回内河及沿海航线、组织国营海上运输公司、充分扩充陆空货运路线以补充海上运输的不足、加设商埠、增开路线以促进对附近各国的贸易、增减移设水陆国界的旧有港埠、对新旧港的码头设备加强管理。第六，关于贸易方略。包括利用各国自动取消特权的机会分别与各国签订商约、接受有条件的最惠国条款、商约保证华侨经商及中国海员地位的条款、新订商约保留国营贸易制度的绝对自主权、订约国双方适应对方可以自由管制其进出口贸易、收回外人的关税行政权增设水陆关卡、重建关税政策、厘定合理税率、尽量采用易货制度、增加易货商品的种类及数量、与英、美、苏以外的国家签订易货协定等①。

可以看出，《我国对外贸易政策之实施步骤》比《我国对外贸易政策之纲领》更为具体、更加详细。特别是“在无碍国家主权及经济政策的原则下，接受外人投资，组织独营或外人独营之进出口贸易企业”，这里充分体现了南京国民政府敢于引进外资的先进理念。另外，《实施步骤》比《纲领》具有明显的进步性，主要体现在：第一，《实施步骤》虽然是在抗战时期颁布，但却处处作出了对战后贸易的安排，其具体措施体现了南京政府的

① 《我国对外贸易政策之实施步骤》，《财政学报》1943 年第 4 期。

时代和战略眼光；第二，《实施步骤》既重视国营贸易又注重民营贸易，这种共同发展、齐头并进的理念为后来制定科学合理的对外贸易政策提供了一定的历史依据；第三，《实施步骤》主张在签订新的商约时，坚持取消外人的特权，坚决收回贸易主权的要求，体现了南京国民政府坚决维护国家和民族利益的坚定立场。

2. 民生主义对外贸易政策的理念

对外贸易是整个国家的一个经济部门，国外物资的换取、国际收支的平衡都必须妥善运用对外贸易。无论是在战时或平时，都必须谨慎决策，以便适应整个国家的经济政策。抗战以前，我国曾经实行的是放任自由的对外贸易政策，抗战开始以后，南京国民政府根据实际的需要，对进出口物资实施管制，成果明显。但是一个国家的对外贸易政策往往受到国际环境的影响。英、美、苏等盟国都以自由贸易相标榜，在这种复杂的国际环境下，南京政府能否根据时代局势的需要，作出相应的贸易政策的调整，适应新形势的需要呢？章友江提出了民生主义对外贸易政策的概念，政策非常符合民生主义的基本精神。

他指出："（一）我们对外贸易应以民生主义为依据；（二）我国对外贸易应以计划贸易为基础；（三）我国对外贸易应逐渐扩大国营制度，并对民营贸易加以适当之鼓励扶植与指导之管理；（四）我国出口贸易应根据国防及经济建设计划，优先输入大量国防用品与重工业器材原料，并严禁奢侈品及非必需品之输入；（五）我国出口贸易应根据国防及经济建设，及易货偿债之需要，除本国国防民生及经济建设所必需之物资，应尽量保留培养保护外，更力求扩大输出，并争取出超，以确保输入；（六）关于民生之基本必需品，应就生产及出口分别调整管制，以达到自给自足之目的。"① 众所周知，民生主义的宗旨在于经济建设，而经济建设包括发展国家资本与发展国家经济两项，我国对外贸易政策的目标自然应该以改善民生为基础来制定：进口方面，应该着重输入国防用品、重工业器材与原料以及民生必需品；在出口方面，除了要充分考虑国防经济建设及民生基本需要，对于若干有关以上物资禁止或限制出口外，应该大量输出工农产品，以备支付进口物资，偿付国际贷款以及履行易货各条约。可以看出，以上六个方面基本达到了贯彻民生主义的目的，又符合抗战的实际需要，站在时代的高度，具有一定的前

① 章友江：《民生主义对外贸易政策》，《贸易月刊》1942 年第 11、12 期。

瞻性和战略性。

根据以上政策和基本方针，章友江还提出了为实施贸易政策的程序，分为三个时期："抗战时期；恢复原有工业及开始发展重工业时期；重工业建成时期。"可见，这个实施程序从时间上和顺序上是合理的，能够从工业化的高度认识到对外贸易政策的重要性，这不能不说是一个巨大的进步。但他同时又指出"重工业开始发展时期须肇始于抗战胜利结束之后"，众所周知，由于抗战胜利后，国共两党的内战爆发，这种所谓的民生主义对外贸易政策根本就不可能贯彻，也就成了不结果实的花。从某种程度上说，他只从经济学的角度看到了对外贸易政策的时代性，但他缺乏深入的阶级分析性，反映了国民政府内部贸易专家的时代和阶级局限性。但这并非他的本意，也是他所未能料及的。不管怎样，这种民生主义对外贸易政策的提出体现了国民政府内部的先进分子看到了民众的伟大力量，对外贸易与民生问题的重要性，彰显了对外贸易政策的时代特征。

民生主义对外贸易政策中心，是协助重工业的发展和推进有计划的工业化建设。章友江认为，重工业的发展既是巩固国防及扩大生产力的经济基础，而国防的巩固及生产力的扩大，又是充分发展轻工业的前提，所以民生的改善在物质上直接依赖于轻工业的发展，即轻工业是局部改善民生的前提，而重工业则是彻底改善民生的经济基础。所以民生主义经济政策的根本精神在于全部彻底改善人民的生活。而彻底改善民生需要在今后几十年内发展重工业。民生主义对外贸易政策的重要纲领，分为以下十项："（一）建立计划贸易；（二）巩固并扩大国营对外贸易制度；（三）管理民营进出口贸易；（四）推行直接协助国防经济建设之进出口贸易；（五）筹集进口外汇；（六）扩大支付输入之出口贸易；（七）充实并灵活贸易金融；（八）加强贸易辅助机能；（九）订立互惠商约；（十）厉行自主关税制度。"① 总共八十条，主要要点如下：

建立计划贸易包括彻底废除一切不平等条约，收回对外贸易的实权，中央应有领导设计及查核成绩的实权，统一全国对外贸易行政管理机构，以便监督对外贸易计划的实行、巩固并扩大国营对外贸易制度、建立民营事业统制局、制订对外贸易计划、鼓励人民组织便利管制民营进出口贸易的机构、缔结清算协定及贸易货协定等。巩固并扩大国营对外贸易制度包括明确规定

① 章友江：《三论民生主义对外贸易政策》，《贸易月刊》1942 年第 11、12 期。

国营制度、统一国营对外贸易行政管理机构、加强国营对外贸易的业务机构及其工作、逐渐扩大国营对外贸易的范围、采用各种方式的国营对外贸易制度、建立一整个国营对外贸易产销体制、设立对外贸易研究机构等。管理民营进出口贸易包括鼓励扶植各种民营进出口贸易的发展、采用进出口禁止办法、特许进出口制、进口定额制、外汇请核制、灵活运用关税制度、外汇清算制、进出口连锁制等。推行直接协助国防经济建设之进出口贸易包括提高进口贸易的地位、优先输入大量国防用品、尽量购用国货、逐渐限制进口、逐渐放宽消耗品的输入限制、输入时要考虑对手国所供货品是否适合我国需要、调整并加强目前政府驻国外各购料机关、国际市场广设进口贸易业务机构等。筹集进口外汇包括施行出口结汇办法、利用我国在英、美的封存资金购进各种建国器材、发行建国外债、分期付款输入建国器材、鼓励华侨投资国内产业、大量开采金矿、严禁奢侈品及非必需品的进口、利用其他各种办法增加政府的外汇收入等。扩大支付输入之出口贸易包括尽量输出需要多量劳动力之工农产品等。加强贸易金融包括发行外销物资证券等。加强贸易辅助机能包括加强中苏边境公路及铁路运输力量，以及直达印、泰、缅的运输力量的建设等。

从以上内容可以看出，十项纲领的中心目标，就是协助重工业的发展，促进有计划的工业化建设，这些内容基本合理，有些是相互联系，也有些是重复的，如关于国营贸易与民营贸易的发展，就多次重复。值得注意的是在这里，章友江提出了“尽量输出需要多量劳动力之工农产品（如手工艺品、丝织品、棉织品、草帽、瓷器等)，并鼓励加工输出，以节省运费，而扩大输出价值”，这项措施特别符合当时中国的现实，已经初步具有了建立现代“劳动密集型工业的先进理念”。但是也有些不尽合理的地方，如主张“发行国债，并使其超过旧债之本息偿还额，以丰裕外汇资金”，结果不仅没有获得对外贸易所需要的外汇，同时由于政府无限制发行国债，导致恶性通货膨胀，给战时经济造成了混乱。另外，所谓的“大量开采金矿，以充裕外汇基金”，这项措施虽然暂时能够获得一定的外汇，但从长期与总体上来说是得不偿失的，不仅使大量黄金流向国外，国库更加贫困，同时开采金矿导致对森林资源的乱砍滥伐现象的加剧，严重破坏了生态环境。

战时国民政府曾经一度辉煌的工业成就以及抗战即将胜利的鼓舞，使得当时先进的中国人满怀复国建国的热望，将工业化看做振兴中华的唯一出路，他们为战后中国的工业化设计对外贸易政策与制度，以此迎接工业化高潮的到来。特别是复旦大学教授张毓珊指出，一定要以本国利益与民族经济发展的需要为出发点，理论结合实际，不能盲目照搬西方贸易理论，他提出了“折中贸易保护主义”的主张。郭子勋主张适当的保护政策，确立符合国情的对外贸易制度，他赞同实施贸易统制制度，但是并不赞同全盘实行国营贸易统制。他建议政府对于重要输出品必须实行国营贸易。中国经济研究所研究员宋则行提出战后实行保护贸易政策的思想主张，洪逸生提出具有机动性的计划贸易政策主张。张毓珊教授曾经在国民政府颁布一系列统制办法如《安定金融办法》《购买外汇请核办法》《商人运货出口及售结外汇办法》后指出：“关于出口货物应行结售外汇之种种设施，其目的在于增加吾国银行之外汇存底，俾战时金融基础，益臻稳固，此项积极之处置，实属强化外汇统制之必要步骤。”① 可见，抗战时期的这些思想理论为我国后来实施对外贸易统制政策，打下了扎实的思想基础。抗战时期对外贸易统制政策正是在这种国际大环境背景下出台的。

## 第二节　对外贸易政策纳入抗战的轨道

在如火如荼的抗日战争中，由于世界主要国家处于战争状态，国际贸易发展的正常环境不复存在，同时有限的对外贸易又成为战时经济的一部分，对外贸易政策被迫纳入了战争轨道。因此，为了增强政府的抗战效能，南京国民政府以抗战为目标，其对外贸易政策体现了明显的抗战与应战的时代特色。

### 一、外汇及商品管制政策的强化

出口管制是指“国家通过法令和行政措施对本国出口贸易所实行的管理与控制……通过限制或禁止某些可能增强其他国家军事实力的物资，特别是战略物资的对外出口，来维护本国或国家集团的政治利益与安全”。② 出口管制的目的主要包括政治和经济两个方面。从政治方面而言，出口国可以遏制敌对国家的经济发展，通过出口管制，避免本国资源的流失，保护本国

① 张毓珊：《国际贸易原理》，商务印书馆1940年版，第205页。

② 陈时万、刘澄、徐海宁：《国际贸易政策与措施》，中国对外经济贸易出版社1993年版，第167-168页。

经济稳定。“出口管制的方式有两种：一是单方面出口管制，即一国根据本国情况，制订出口管制法规，独立地对出口商品进行管制。二是多边出口管制，即几个国家为协调彼此的出口管制政策与措施，达成共同的出口管制协议，建立国际性的多边出口管制机构，制订多边出口管制措施”。① 外汇及商品管制是国民政府战时对外贸易统制政策的重要组成部分，在整个抗战时期，随着抗战形势的变化，外汇及商品管制的内容前后变动较大。

1. 外汇管制

国民政府为实施对战时经济的统制，不断加强对与对外贸易及财政金融密切相关的外汇管制。如 1938 年 2 月 22 日，浙江省政府召开第 990 次会议，通过了《浙江省战时物产出入口管理规则》，规定“浙江省政府调整战时物品供求，平准物价，即防止物产资敌与售货输入起见，依据战时政治纲领第四条之规定，制定本办法……凡商人运货出省或入省，应先填写申请书，呈由战时物产调整处各出入口地点办事处查核，可否准予出入，经登记后，填发许可证，始可起运……凡本省禁止或限制出口货入口之货物，应由调整处列举种类、品名、数量，呈由省政府核定公布……凡私运禁止出口或入口货物者，除将其私运货物没收外，依法论处”②。可见，国民政府对战时出入口商品贸易管制非常严格。

在出口方面，除直接统制主要出口商品外，还要求私商把出口的大宗商品所得外汇结售予国家银行。1938 年 4 月，颁布了《出口贸易应结汇之种类及办法》，规定：桐油、猪鬃等 24 种农副矿产品出口必须办理结汇手续，方准出口。为鼓励出口贸易发展，财政部规定：出口商遭意外损失者，可减结外汇；出口商结汇时，因汇率波动造成的损失，政府给予补差。1939 年将应结汇商品种类缩减为 13 种，但同时规定此 13 种商品出口必须经“特别许可”方准结汇出口。同年 7 月，又公布了《出口货物结汇领取汇价差额办法》，规定桐油、猪鬃、茶叶、矿产品四种商品由政府垄断经营；其余出口商品均需按照法定价格，将出口所得外汇的 90% 降至 70% ~80% 。

太平洋战争爆发后，国民政府于 1942 年 5 月颁布了一个《战时管理进出口物品条例》，规定可以结汇出口的商品分为三类共 21 种，其中结汇出口商品 7 种、须先经特许方准结汇出口的商品 7 种、须先经专管机关特许方准结汇出口的商品 7 种。在进口方面，1941 年太平洋战争以前，国民政府

---

① 董瑾：《国际贸易理论与实务》，北京理工大学出版社 2001 年版，第 129 页。

② 浙江省秘书处：《浙江省政府公报法规专号》，第 2 辑，1938 年，第 179 页。

虽退至西南，但为维系沦陷区的民心，并照顾沿海通商口岸外商的利益，竭力维持沦陷区内法币与外汇的兑换，无限制地买卖外汇。日本则在沦陷区用其扶植的伪银行发行钞票取代法币，然后再利用搜括来的法币到上海大肆套取外汇。

1938 年 3 月 12 日，国民政府为防止敌人套汇，《购买外汇请核办法》也颁布了，规定自 3 月 14 日起，外汇出售业务只能由国民党中央银行总行及其香港讯处办理，购买外汇一定要经过中央银行审核，并不再无限制供给外汇，不再给中国、交通、中国农民三个银行出售外汇业务，从此国民政府对外汇买卖实行全面的管制，外汇不得自由交易，商人也不能随意获得进口所需外汇。《进口物品申请酌买外汇规则》同时由国民政府颁布，规定只有进口国内国防、民生所必需品才能够向财政部申请购买外汇，可见对外汇管理相当严格。

2.《改定外汇管理及进出口贸易办法》

自 1936 年 11 月国民政府公布《管理进出口贸易办法》以来，1937 年 2 月，外汇又调整到每美元国币 12000 元。仅仅几个月的时间内，我国曾一度相对繁荣的市场突然变得输出困难、侨汇减缩、走私猖獗、黑市勃兴。政府民间都有一种声音，觉得《管理进出口贸易办法》确实有修改的必要性。

抗战爆发后不久，1937 年 8 月 15 日，国民政府国务会议通过《改定外汇管理及进出口贸易办法》并依法实施。中央银行拟改定外汇管理及进出口贸易办法各节原则可行，决议办法如下："由行政院依照下列原则，修订进出口贸易办法，即日公布施行。一、输出物品所得外汇及其他国外汇入之汇款，均按照市价售结指定银行；二、输入物品暂仍采行输入许可证，其所需外汇除一部分民生日用必需品准由中央银行供给官价外汇者外，其余准凭证向指定银行按照市价结汇。前项凭供给官价外汇之物品种类由输出入管理委员会随时报请行政院核定之。"① 这两个措施的目的很明显，就是要消除过去市场存在的不合理的现象，使外汇安定，输出与输入收付金额逐渐趋于平衡。"三、输入临时管理委员会及输出推广委员会应予裁并，改设输出入临时管理委员会，隶属于行政院；四、关于输出入管理各项办法及手续并应

---

① 《改定外汇管理及出口贸易办法》，《民国史料丛刊》第 650 册，大象出版社 2009 年版，第 8 页。

改善，力求迅速公开”。[①] 这两项措施充分体现了在抗日战争突发的复杂形势下，国民政府力求精简机构，缩减办事程序，增强政府效能，提高办事效率的目的。由行政院依照下列四个原则，修订中央银行管理外汇暂行办法。“一、严格规定指定银行依照市价买卖外汇之办法；二、严格规定银行之资格，并减少指定银行之数目，以便稽考。”[②] 这两项措施对指定依照市价买卖外汇的银行做了严格的规定，这样就可以避免出现混乱的外汇价格，并且又对规定的银行进行稽考，这也避免了很多投机银行的投机行为，规范了指定银行和市价外汇的关系，同时也保证了金融的稳定和外汇的可靠来源。“三、督促经营华侨汇款银行改善服务，便利侨胞；四、设置外汇平衡基金委员会，负责调节进出口贸易及其他合法外汇买卖之供需，以平衡外汇市价。”[③] 第三项措施是我国吸引外汇的主要途径之一，有利于平衡国际收支，第四项措施则将国家的手段与外汇市场供需规律紧密结合，带有一定程度国家干预经济的性质。为了巩固金融，安定物价，行政院同时注意了下列五项措施：“一、各级政府机关及国营事业机关申请外汇应从严审核，并裁减派驻国外之临时机构与人员；二、取缔黄金投机买卖办法及禁止外国币券流通办法应继续严格执行；三、对于禁止进口物品，应严防走私，并应规定期限，逾期不得再在市场销售；四、厉行经济检查，禁止投机囤积，私抬物价；五、节约消费案应急速付诸实施，节省各项物资之消耗”。[④] 这几项措施，能够防止和避免市场投机行为和走私行为，并号召厉行节约运动，符合抗战时期的需要。

《改定外汇管理及进出口贸易办法》实行以后，出口商因为售货所得的外汇可按市价结汇，这时比以前以官价结汇的时候，收益大为增加，因此，对增加出口大为有利。侨汇方面，也因为市价结汇的刺激，也能大量增加，并能在一定程度上避免走私及逃税。输入商虽然仍受输入许可制的限制，但是因出口外汇及侨汇的增加，也可以间接受益。至于走私及黑市问题，虽然

① 《改定外汇管理及出口贸易办法》，《民国史料丛刊》第650册，大象出版社2009年版，第8页。

② 《改定外汇管理及出口贸易办法》，《民国史料丛刊》第650册，大象出版社2009年版，第8-9页。

③ 《改定外汇管理及出口贸易办法》，《民国史料丛刊》第650册，大象出版社2009年版，第9页。

④ 《改定外汇管理及出口贸易办法》，《民国史料丛刊》第650册，大象出版社2009年版，第9页。

不是新办法所能全部直接影响，但在出口方面的走私已可因市价结汇的原因，已经降到最低甚至杜绝的程度。进口方面仍然有赖于新办法的灵活运用及经济检查，海关缉私的加强。

自新办法实施以后，各方舆论一致赞许，上海《新闻报》8月18日社评认为“这一次的新外汇政策，是十年来一个彻底的改革，也是抗战以来最能笼罩的一个外汇政策。今天国内经济的能否安定系于外汇市场的能否安定。如果这次外汇政策能够切实去施行，我们认为外汇市场必能做到相当的安定，国内经济也可获得比较的安定。在全国沉闷气氛中，这是给全体人民一个新的希望”。上海《大公报》8月18日以“外汇贸易政策的更定”为标题的社评里认为“新办法实为走向现实主义最为重要之一项步骤，堪为吾人衷心之赞许……新办法将受中外工商界之欢迎……其中并无不善之规定”。上海《字林西报》8月18日以“明智之决策”为社评标题，称外汇新办法“乃中国政府所作具有政治家风度重大决策之一”①。综合当时各方面舆论，可以看出，对新办法大体上都认为既是一种适应时机、又兼顾各个方面的一种良好的经济政策。各方舆论以及政府方面都期盼全国人民，尤其是进出口商人对此特为赞许。这些措施都在一定程度上稳定了外汇市场和国际收支的平衡，有利于抗战期间人心的稳定，促进了对外贸易的发展。

3. 加强外汇管理，稳定金融和外贸秩序

任何一个国家在战争发生以后，在金融领域都会产生如下异常现象，如现金需要激增，提存风潮的发生，中国当然也不例外。抗战爆发以后，南京国民政府也为避免这些现象的发生，实行延期付款，增加国内通货，防止资金外逃等措施。特别是为了防止资金外流，国民政府为了保证外汇基金，采取了如下办法：

（1）非常时期安定金融办法。1937年，上海“八一三”事变发生后仅两天，财政部就公布了这个办法，这个办法的目的是限制提款。也就是说，无论你活期存款有多少，每月只能提取600元。这项办法，一方面，阻止了当时提存风潮的进一步扩大，防止了金融恐慌的发生；另一方面使市场法币筹码收缩，减少了资金逃避的机会。这在安定人心，稳定金融基础方面，发挥了重大的作用。“连作为敌人的日本也坦言，中国抗战能够长期坚持，金

① 《改定外汇管理及出口贸易办法》，《民国史料丛刊》第650册，大象出版社2009年版，第6-7页。

融巩固是一个极为重要的因素”。①

（2）实行汇统制度。有补充方法四条：加盖汇统标记；本票与支票，也视为同业汇统票据；活期存款所有余额都由同业汇统付给等。这项办法，一方面具有通货的作用，以应付市面的需要；同时规定不能兑取法币及转购外汇，可以防止资金的逃避，客观上来说，在战时不失为一种适应时机的制度，只可惜后来发生贴水，得以兑取法币，这就未免失去了国民政府设立汇统制度的原本目的。

（3）推行小额辅币券。小额辅币券是人民日常生活及交易找零钱必要的货币，国民政府财政部 1937 年 11 月规定了四项办法：支付应搭配辅币券；农矿工商业贴放款项应搭配五成或全付辅币券；门市支出款项酌量搭配；其他急需要的辅币券之付款尽量搭付。② 这几项措施，都可以起到防止资金逃避的效果。

（4）汇款通商口岸的限制。财政部 1937 年 12 月规定，“以后各银行对于汇款项，无论系机关或个人名义，均须报经财政部查明，如非确实国防急需，或有正当用途由财政部核准外，各银行不得承办”，后来很多款项就通过香港以小额的形式通过财政部核准，款项逐年增多，手续也很烦琐。为了便利人民，简化手续，后来规定各地汇往香港的款，由汇款银行审核和办理在 1000 元以下的，1000 元以上的仍然由财政部核准，此后财政部不仅对汇港的款，对汇往通商口岸的款项也逐渐加以限制。

（5）运输携带钞票的限制。汇款自从规定限制以后，财政部于 1938 年 2 月，对于运输携带钞票的，也规定办法加以限制，对于防止资金的逃避，制度更加完善。主要有以下三项措施：甲、凡是运输钞票，应首先将数量、用途、起运到达地点陈明财政部核准后给予执照，才能起用。无执照私自运输，查获了就充公；乙、旅客携带钞票的数额，在 500 元以上前往香港或上海的，依照规定领取护照，私自携带的，一经查获，全部充公，数量在 500 元以内的可以免除领取护照，准予携带；丙、海关对于前往香港或上海的飞机、轮船、火车、汽车或旅客应给予开驶以前严密检查，在九龙到达的，在到达时给予检查。③ 这三项措施以后逐渐在各通商口岸推行，仅仅在数额方

---

① 伍操：《战时国民政府金融法律制度研究（1937—1945）》，西南政法大学博士论文，2011 年，第 1 页。

② 童蒙正：《中国战时外汇管理》，1944 年，第 8 页。

③ 童蒙正：《中国战时外汇管理》，1944 年，第 8 页。

面根据距离口岸的远近而有所不同，例如由广州携钞往香港、澳门或广州湾，数量以200元为限；由油豆、北海等处携钞赴香港，也以200元为限；由河口携钞赴老街，以20元为限；至于携运现金外钞出口的，英镑以30英镑，美币以150元为限，其余折合类推，如果同时携带了各种货币的，折合总数不得超过国币500元。

以上五项措施，对于巩固金融基础，防止资金外流，具有明显的效果。“安定外汇即所以安定金融，故我国统制外汇之举，可谓安定金融之良策。”① 但是自从安定金融办法实行以后，法币筹码短时间内收缩太大，实行的时间越长，陆续提出的存款也逐渐增多，并且1937年8月16日以后的存款本来没有限制，再加上汇统票据也可换成法币，上海金融又极其复杂，经过外汇市场逃避的资金日渐增加，中国、中央、交通三个银行继续施行无限制买卖政策，于是渐渐感到原来的各种办法不能适应时代的要求，为了打击北平伪组织套取外汇，南京政府为自卫起见，于3月12日公布《外汇请核办法》与《购买外汇请核规则》，自3月14日起停止无限制供给外汇，规定由中央银行处理出口物品及私人外汇请核事宜，政府机关所需外汇，则由财政部核办，华侨汇款采取集中方式，管理外汇机构逐步加强，我国外汇管理体制逐渐严密完善。

4. 加强进口外汇管理

“外汇管理为实施保育政策之间接协助手段……此制之优点，在于以进口之利益鼓励输出，同时并可减轻政府对于必要进口货物外汇供给之负担。”② 自从1938年3月14日开始审核外汇以后，就产生了外汇黑市，政府核给进口物品所需要的外汇，对于奢侈品及非日用必需品的进口，虽然事实上限制严格，但并没有明令禁止。奢侈品仍然可以由黑市取得外汇，源源进口，同时也因为有外汇黑市，所有外汇收入，也很难集中。国民政府便在1939年7月初，对进出口外汇做通盘的调整。一方面，公布《出口货物结汇领取汇价差额办法》，即扩充出口货物的范围，并对出口货物依照法价结汇后，得以领取与挂牌价格的差额，以此增加外汇收入。另一方面，公布《非常时期禁止进口物品办法》，即将不必要的进口货物，禁止进口，以节省外汇支出，使外汇用途减少。同时又公布《进口物品申请购买外汇规则》，对没在禁止之列而又是国内必需的货物，进口商人如果有申请，尽量

① 朱祖晦：《从我国外汇问题说到对外贸易国营》，《经济动员》1938年第1期。

② 洪逸生：《论今后我国对外贸易保育政策》，《财政评论》1946年第2期。

给其外汇，既可以充实物资又可以杜绝外汇黑市市场的需求，保证黑市汇价的稳定。禁止进口物品办法如下：

（1）非常时期进口物品办法。禁止进口物品，就是海关进口税则选定非抗战建设及日常生活所必需的物品，共计168号列，由财政部通令禁止进口，不准报运转口，既可以节省外汇支出，减轻外汇市场的压力，也具有经济上的意义。选定禁运物品的标准，为凡不是抗战建国及民生必需的，或者有一部分需要从本国可以找到代替用品。众所周知，从日本出产输入的产品，冒牌推销的居多，南京政府明令禁止这类物品的输入。由此类推，如洋酒等共计168号物品，也相继被禁止进口，根据1938年进口额推算，节省了23000多万元，依照法定价格折合美金，约6800万元，折合英镑约1300万镑。在外汇支出方面，能节省这么多，对金融确实是一巨大贡献。上述进口物品办法，1941年9月1日曾经修改过一次，删除了罗底、散装胡椒、汽油三项目，共计165号。外汇的节省，对对外贸易的发展起了不小的保护作用。

（2）颁布禁止进口物品特许证办法。依照非常时期进口物品办法的规定，除了因为国家财政部的特别需要，才可以核发特运特许证得以输入，财政部于1939年公布《非常时期禁止进口物品审核委员会》，办理各机关及商民请购禁止进口物品的审查事宜，只有该类禁止进口物品类用特许证办法，1941年9月1日修改《非常时期禁止进口物品办法》。如“甲、进口专用特许证适用范围：（1）政府机关为调剂国内市价或特种用途，拟采购禁运物品者；（2）公司、团体、个人及一切正常企业，因工业、科学、医药、卫生、慈善、救济、教育、文化、宗教或其他特种用途，拟采购禁运物品具有确实需要者；（3）其他经财政部核准认为应发进口专用特许证者。乙、进口商销特许证适用范围：（1）糖类；（2）煤油”①。这些禁运货品特许证的发行，既有严密的限制，特许进口物品的输入仍然需要海关验明专用特许证或商销特许证，才可以报运进口。特许货品验放后，各地海关报财政部备核。其中由水陆边境转运内地经销的，由进口海关换发分运单，以便稽查，没持有进口特许证运入的禁止进口物品，经海关货运稽查处查获后，应按照海关缉私条例予以没收，报财政部查核处理。可见，这种严格的特许证办法是抗战的客观要求，基本上符合全国人民抗战的利益需要。

---

① 童蒙正：《中国战时外汇管理》，1944年，第145页。

（3）取缔进口物品商销办法。自从领用禁止进口物品特许证办法颁布后，对于禁止进口物品的输入，事前必须经过财政部核定，进口又必须经过海关及货运稽查处查验，其实限制已经很严密了，但是走私仍然在暗中进行。政府为贯彻禁运政策起见，在1940年7月1日颁布《取缔禁止进口物品商销办法》，就禁品中富于奢侈性的、指定洋淤等，先行禁止销售，凡是指定禁销的物品，限令在三个月内立即停止销售，没销售完的，为了顾及商人的成本，由贸易委员会或指定的机关收买，备供外侨购用，或由政府机关价领，以供招待外宾的需要。如果到期不交，仍然出售国币或转运的，给予没收处分，以上办法1941年9月1日修改一次。可见，国民政府在颁布禁令时，基本上做到了照顾商人的利益，多少对对外贸易的发展起了一定的保护作用。

自太平洋战争后，海上运输日益困难，海外物资接济更加艰难，国民政府行政院颁布了《查禁敌货条例》和《禁运资敌物品条例》，规定“此后应准进口货物，以不以敌友为取舍的标准，凡军需品及日常必需品，不论来自何国或国内何地，均一律准予进口，至于出口物品，亦应重新调整”①。另外，经过各省市政府证明当地土产过剩调剂农村经济的货品，也可适当发给许可证，准予出口。国民政府的这些调整措施，在海上运输被敌人封锁的条件下，为坚持抗战，维持日益艰难的对外贸易起了一定程度的作用。

5. 对国民政府统制外汇的反思

我国抗战时期，限制外汇的主要目的也并非完全是基于对外贸易政策的实施，而对于防止国内资金的逃避，维持国内金融和对外汇价的安定，以及阻碍伪组织凭借伪钞换取游击区域的法币来套取外汇，都有较大的关系。不过，限制外汇的方式，后来着重进口贸易的货品，那自然就会特别地影响进口贸易。

根据恩格斯的汇兑统制理论，“汇兑统制的直接非常方法又可以分为四种：外汇干涉；外汇限制；现金政策；外汇交换；通过以上这些方法，金融当局积极的以先发制人的手段，调节汇率，自动干涉”②。可见，统制外汇可以自动调节汇率。国民政府直接统制外汇是政府公布实行的《中央银行办理外汇请核办法》3条以及《购买外汇请核规则》6条。后来为了方便商民起见，又在香港和上海设立了通讯处，在请核办法中规定，各行因只规定

① 童蒙正：《中国战时外汇管理》，1944年，第156页。

② 李权时：《统制经济研究》，商务印书馆1937年版，第170页。

一种审核程序，不过当时申请购买外汇，却也并不特别限于对外贸易上的需要，银行凡因“顾客的正当需要”，都得向中央银行申请购买，而申请银行于购取外汇后，也仅只“得向其索取结汇用途清单以备稽查”而已。可是，因为后来申请外汇的数量日益增多，而外商银行与一般奸商有假借名义共同舞弊的，因此，中央银行所核定准购的数目逐渐减少，一般不正当的商业所需要的外汇，自然就无从获得，只好辗转向市场中保有外汇方面的要求转买，这便引起对于非必需品的货物进口，限制购买外汇，这样由限制外汇就可以达到统制对外贸易的作用。后来，国民政府又在《抗战建国纲领》规定，“巩固法币，统制外汇，管理进出口货，以安定金融”①，基本巩固了统制外汇的成果。

1938 年 6 月 15 日，由中央银行通知各银行，限定申请外汇的各项名目，不得越限申请，借以限制非必需品的输入。该办法将进口商品划分为必需品与非必需品两类：必需品 65 类，非必需品为奢侈品、消耗品以及国内已有生产品。凡各进口行向中央银行申请外汇，必须填具进口汇兑证明书，该证明书上，详载进口货名、数量、价值等，中行审核时就以此为标准。如果进口货是必需品，则尽量供给外汇，否则不予供给。至于哪些是必需品和非必需品，没有公布，因此一切奢侈品、消耗品的进口都受人为的限制了。

6. 商品管制

抗战爆发后，国民政府即加强对进出口贸易的统制，同时宣布断绝与日本的贸易关系。在进口方面，国民政府对进口商品的管制初期较为严格，1938 年 1 月，国民党政府颁布《国民经济绝交办法》，规定：凡是 1937 年“八一三”事变以后购进的日货，一律没收充公，作为慰劳品和救济品。后又颁布《查禁敌货条例》，完全禁止从日本及其控制的地区进口一切商品，其他各地日资工厂生产的产品亦不准进口。1939 年 2 月，国民政府经济部颁发《皮货、大豆等二十二种物品作为查禁货物》。

然而随着国统区面积缩小，社会生产遭受打击日益严重，同时对外贸易渠道受阻，国统区很多重要物资匮乏。为此，国民政府规定：五类共 168 种物品禁止进口。第一类是与抗战及民生无关的奢侈品，如洋烟洋酒、化妆品等；第二类是非战时必需品，国内有替代品者；第三类是进口额大、用汇多者，如木材、纸张等；第四类是国内可找到代用品者，如煤油；第五类是高

---

① 《抗战时期国民政府若干法令汇编》，1938 年，第 25 页。

档的棉制品。

太平洋战争爆发后，国内日用必需品严重短缺，物价飞涨。为了进一步发展放宽了限制，限制奢侈品和半奢侈品进口，改用特别许可制度加以限制，《进出口物品条例》于 1942 年 5 月颁布，凡是对抗战具有重要作用的都可以获得许可证。抗战爆发后，在出口方面，国民政府颁布了《禁运资敌物品条例》，完全禁止中国商品运往日本及德国。同时对出口商品进行分类，共分为三类：第一类为紧急军需及必要物资，如钢铁、五金及其制品、棉花、粮食和食盐等。为保护资源，国民党政府禁止出口。第二类为进行易货偿债所需的重要矿产品及农副产品。由政府指定机构专营。第三类为可自由贸易的商品，但规定商人出口后必须向国家结集外汇。

此外国民政府还利用关税制度调控进出口商品种类。为适应抗战的需要，国民政府在抗战初期即对进出口税则进行调整。如规定：交通器材、机器、钢铁、药品等战时必需品鼓励进口，进口税收可以减免。生活必需品进口减税 1/3。免征国内非急需商品的出口税。为消除通货膨胀的影响，进口税和出口税分别于 1943 年 1 月和 1944 年 1 月由从量税改为从价税。

由此可见，抗日战争爆发后，从中央到地方，贸易统制机构的建立，为执行对外贸易统制的各项政策和措施，提供了可靠的机构保证。众所周知，"'统制经济'的目的，则在于企图解决没落期资本主义的整个经济问题，因而解决政治及社会的诸问题"①。这些对外贸易机构一方面要积极进口抗战和民生所急需的重要物资，另一方面则要出口国内农矿产品以换取外汇和偿还借款。不仅为抗战奠定了坚实的经济基础，还规范了贸易统制政策，标志着统制对外贸易政策的逐渐成熟。同时，统制贸易制度也是抗战时期贸易统制政策能够执行的重要保障，体现了政府以抗战为主要目的的对外贸易政策。

## 二、加强以抗战为目标的铁路物流运输建设

抗战开始后，海洋运输完全被封锁，航空贸易还不发达，铁路运输成为了抗战时期的主要贸易运输方式。这个时期主要通过铁路运输保障军需品的供给，民运贸易运输让位于军需物资运输，成为了抗战时期的客观要求。1937 年，日本发动了卢沟桥事变和"八一三"事变，封锁了沿海各港埠，使中外贸易隔绝，随即又破坏和占领各铁路，到 1944 年湘、桂、黔南之战，

① 宋斐如，盛道吾：《统制经济的基础知识》，民智书局 1933 年版，第 2 页。

几乎都是以铁路为目标，随后又破坏国际公路，威胁空运航线，企图切断中外交通和贸易路线，敌人又集中陆海空军，实施轰炸、破坏、切断、占领。在这种危机的形势下，蒋介石亲自发出训辞“平时要如战时之紧张，以预备一切，战时续能如平时之安定，以战胜一切”。国民政府组织广大人民，统一指挥，上下一心，坚守岗位，健全铁路组织，训练员工，努力完成了艰巨的铁路建设任务，保证了对外贸易的基本畅通。因此，构建铁路运输物流网络，既是抗战所逼，又是抗战所需。这种全国铁路运输网络的构建顺应了抗战的基本要求。

1. 铁路在全面抗战以前的积极准备

南京政府从 1935 年 12 月起，以最大的决心和全副力量推进铁路建设，以巩固政治，抵御外侮，发展对外贸易。如整理路务加强运输能力；整理旧有的债务，以便商借新债；建筑新路，形干线网络；增强军运设备，准备抗战。由于采取以上措施，铁路复兴的气氛充沛全国。到全面抗战爆发时，铁路发挥了最高的运输力量，奋勇迎战。例如江南铁路就是很典型的抗战贸易铁路，“路径所经，多属村野，文化可以输入，物产可以输出，保障治安，利用资源，诚属百利。况所经各地，又均储有产品，其中巨擘，尤推米、柴、煤、纸、茶等。他如繁荣素称富庶之徽州六县，开采闽北闽西参天古木，尤属便益”①。国民政府主要采取了四项措施：（1）整理路务。主要包括更换钢轨枕木，增强路基；加固桥梁载重；添购机车车辆；装设调度电话；增装行车号志；确立铁路基金总账制度；订立铁路统计规则及表式；规定厉行预算、集中登记、按日登记、统一料价等原则；统一材料名称、分类编号、清查旧存材料，设法利用；规定集中采购新料办法，并筹设中央材料总厂，以便集中购料与集中管料相辅而行。自从 1934 年开始整顿以后，“运量激增，营业进款逐年跃进，除维持所需之外，均能提摊的款改善路线桥梁，增购机车车辆，充实行车及电信设备，运输能力均多增加，货物流通迅速，铁路沿线经济顿呈活跃”②。可见，整顿路务后，为对外贸易物流的发展提供了坚实的基础。（2）整理债务及筹措新债。筹措新债主要包括建筑新路借款、整理旧路的新债两项。（3）赶筑新路。1936 与 1937 两年，共计完成铁路 1293 公里。（4）充实军用设备。主要包括增加行车设备、充实防空准备、储备机煤及紧急材料、筹设军用机构及实施训练等四大项。可

① 洪书行：《江南铁路与江南地理》，《史地社会论文摘要》1938 年第 7 期。

② 金士宣：《铁路与抗战及建设》，商务印书馆 1947 年版，第 7 页。

见，在全面抗战开始以前，南京政府做了不少的铁路准备工作。无疑，这对外贸业绝对就是一个鼓舞。

2. 抗战开始以后制定了铁路的任务与政策

战时的铁路任务主要包括国际路线必须维护、军事运输任务必须达到、人民运输必须兼顾三项。“战时以军运为主，但各工厂矿场机器设备之拆迁，旨在保全军用器材与民生必需品之生产能力，必须以全力抢运，战区人民之转移，亦需以全力输送，其重要与军运相同，至一般客货运输关系地方治安人民生计及国家经济，均极重要，且客货运输收入亦为维持运输事业本身所必需，自须兼筹并顾。战时运输之最要原则，即于军运繁忙时，以全力办理军运，一俟军运稍微松动时，则以全力抢运客货。”① 可见，战时铁路运输将客货运输摆到了相当重要、仅次于军运的位置，从而有效地达到“敌争线我建设新线、敌封锁我打破封锁”的目的。

3. 发挥运力，奋勇迎战

（1）积极输入国防物资。“自淞沪战争爆发后，所有各国进口之军用品，甚至自苏联输入之军火，均由香港进口，汽油及铁路兵工材料，亦无不由此输入，均须由广九、粤汉两路北运至武汉后，再行分配于各战场，统计一年来进口货物的吨数达六、七十万吨，同时，又须将内地农矿产品装运出口，自二十七年一月至十月约七万六千余吨，计换得美金四千一百余万元，该两路可称为抗战之命脉。”可见，在抗战初期，主要通过香港，再由香港通过广九、粤汉两大干线转运外国货物。也可以由此看出，抗战初期铁路运输仍然是发展对外贸易的主渠道。

（2）努力维持客货运输。战时运输虽然是以军用为主，但国民政府仍然意识到，客货运输关系到后方人心及流通地方的经济，设法维持不让其完全停顿。抗战以来，国民政府制定了铁路货运的原则：“货运关系人民生计，国家经济及铁路收入，故各路均应极力维持，不使完全停顿，尤其注意米及布旋等必需品的运输。”为达到这一点，采取了四项措施：“甲、加开专车协助政府西迁，抢运沿海战区物资，迁移工厂矿场、机器材料、以及铁路钢轨机器等，送至后方；乙、编组专车，抢米、盐、煤，如抢运大浦之盐，接济豫鄂，抢运中兴等矿之煤，及萍乡之煤，接济武汉。丙、抢运出口货物，自长江至珠江，转运出国。丁、利用军用回空列车，疏通商货。”

① 金士宣：《铁路与抗战及建设》，商务印书馆 1947 年版，第 19－20 页。

通过采取以上措施，铁路运输能力大大提高。如“平汉路武胜关南北之李家寨东篑店一段长 21 公里，最高坡度为 1.5%…… 而每天运量南北行仅各有 6500 吨”。陇海路洛阳以西之观音堂至闪珠段，长 49 公里……东行运输刚好为 4100 吨，西行为 4500 吨。平绥路每天运量东行为 6840 吨，西行为 4250 吨。

4. 赶筑滇缅、川滇两路，增开西南国际贸易路线

抗战以后一年，国民政府鉴于西南国际交通的重要，同时决定兴筑滇缅、川滇两路，沟通长江与缅甸、越南的交通，该路自昆明经过楚雄至祥云为东段路。按照预算，“有土方 26350000 万，石方 13150000 万，大桥 3000 公尺，隧道 5200 公尺，堤垣 42000 公尺，其工程之艰巨，动员之众多，期限之短促，工作之紧张，为铁路有史以来所未有”①。可见，南京政府在铁路修筑的问题上决心巨大，计划周到，而且具有战略眼光，但不幸的是 1942 年 3 月仰光失守，材料不能进口，该路工程不得不停顿。这恰好从反面论证了南京政府修筑滇缅、川滇两路很有远见，具有国际战略眼光。

抗战时期修筑铁路的成就是显而易见的，以我国大西南为例，在抗战前西南铁路极少，国民政府在抗战期间先后赶筑了湘桂、黔桂、叙昆、滇缅及西北等铁路。为了开辟湘越国际交通线，国民政府修筑了湘桂铁路，从湖南衡阳至广西镇南关，1937 年 9 月开工一直到 1939 年 12 月已修至柳州。滇越铁路从 1938 年 11 月开工，至 1941 年 3 月，“总计在抗战时期，至 1945 年 3 月底止，共建成新路 1955 公里，测量铁路线 5814 公里。从 1938 年至 1944 年，大后方铁路共运载人数 9228121 人，运输货物 1611606 吨”②。

以西南地区的广西、云南两省为例，由于抗战时期的铁路建设，尤其是湘桂铁路的修通，改善了广西的对外交通系统，使广西这个原本位置偏僻，市场发育原始，经济发展水平低下的边疆地区，径直与最大的增长极穗港以及广大的海外国际市场贸易联系在一起。③ 抗战时期，“广西的进出口明显加快，湘桂铁路建成后，从英、美、苏运来的援华物资，主要经这条铁路运抵广西，再转至昆明和贵阳，其在抗日战争中发挥的作用是不可低估的”④。见下表。

---

① 金士宣:《铁路与抗战及建设》，商务印书馆 1947 年版，第 1 页。

② 凌耀伦:《抗日战争时期的大后方工业》，《中国近代经济史论文集》，第 379、381 页。

③ 张贤勇:《民国时期广西东通道建设对广西经济社会发展的影响》，《梧州学院学报》2007 年第 1 期。

④ 崔瑞涛:《浅析国民政府抗战期间的对外经济举措》，吉林大学硕士论文，2007 年，第 27 页。

**表 5－1　抗战时期广西进出口货值比**　　单位：国币元

| 项目<br>年份 | 进口 | 出口 | 入超 |
|---|---|---|---|
| 1937 年 | 45109749 | 44053412 | 1056337 |
| 1938 年 | 56753967 | 38690409 | 18063558 |
| 1939 年 | 168556809 | 39812977 | 128743832 |
| 1940 年 | 350797019 | 102925994 | 247871025 |
| 1941 年 | 1113067544 | 154865610 | 968201934 |

资料来源：广西壮族自治区统计局，《晚清和民国时期广西统计史料摘编》，中国统计出版社 1989 年版，第 278 页。

从上表可以明显看出，这一时期广西的进出口都有较大发展，从 1937 年到 1941 年虽然连年出现入超，但对外贸易却出现陡然上升的趋势，其中铁路的作用功不可没。由于铁路的修通，这一时期广西地区以及海外市场的联系得到了加强。另外，通过滇缅印这条铁路交通线，将我国与缅甸、印度等国家间的对外贸易更加紧密地联结在一起，形成了一个特有的对外贸易经济圈。现在整理出了抗战时期我国云南商人在印度的一些商号的有关经营活动，详细情况见下表。

**表 5－2　抗日战争时期云南驻印度主要商号一览表**

| 号名 | 驻印分号主要所在地 | 主要经营物资 |
|---|---|---|
| 仁和昌 | 噶伦堡 | 茶、山货药材、日用百货、棉纱 |
| 达记 | 噶伦堡 | 茶、日用百货、棉纱、布匹 |
| 裕春和 | 噶伦堡 | 茶、日用百货、药材、棉纱、布匹 |
| 恒和号 | 加尔各答 | 棉布、百货、茶叶、药材 |
| 丽丰号 | 加尔各答 | 茶叶、百货、丝杂羊毛 |
| 长兴昌 | 噶伦堡 | 茶叶、百货、棉纱、布匹 |
| 铸记 | 噶伦堡 | 茶、羊毛、中药材、宝石、棉纱、布匹 |
| 恒盛公 | 噶伦堡 | 茶、羊毛、山货药材、宝石、布匹、染料 |
| 永昌祥 | 加尔各答 | 百货、棉纱、布匹 |
| 洪盛祥 | 加尔各答 | 石磺、茶、生丝、胶、布匹、山货药材、羊毛 |
| 茂恒 | 加尔各答 | 棉纱、生丝、茶叶、白银、黄金、棉花 |
| 永茂和 | 加尔各答 | 生丝、紫胶、牛皮、棉纱、茶叶、百货 |
| 协树昌 | 加尔各答 | 棉纱、布匹、毛呢、西药、百货 |

资料来源：周智生，《抗日战争时期的云南商人与对外民间商贸》，《抗日战争研究》2009 年第 2 期，第 130 页。

从上表可以看出，我国西南地区铁路通车后对西南地区对外贸易的重要影响。抗战时期铁路建设政策是在以打破日军封锁的目的下进行的，它在特殊历史时期肩负了特殊的历史使命，但是这些措施的推行客观上为中国铁路近代化、中国交通现代化创造了条件，其历史作用不可忽略。

（1）确立了现代铁路管理制度

抗战以前中国铁路管理系统，往往是在交通部或铁道部下面，分设铁路管理局，所有行车、运输、用料、人事、经费等项目，都是以路局为单位，各路之间虽然已经办理客货联运，车辆过轨，而主客之分仍然十分严重。交通部或铁道部对各路营业盈亏，即使是有统筹之责，但还未能实施统筹收支，酌盈济虚。这在抗战前各路为履行债务合约，是不可避免的现象。因此，各路营业旺盛的，既可以扩充设备，改进业务，员工待遇也可以得到改善。营业清淡的，收支不敷，债务不能履行，扩充改建更难得顾及。各路机车车辆既不能统筹调度支配，各机厂及联轨车站设备不能共同使用，营业赢拙因此也相差甚远，凡此种种，都表明中国国有铁路系统不健全，用来应付平时运输已经感到紧张，一到战争时代就更难发挥其效能。抗战爆发后，为达到车运的任务，长江以北各路首先实施机车车辆的集中调度，并且开始采用统筹收支的办法，长江以南各路继而效仿采用，铁路的军用任务能够及时完成，货运与商运也“未有贻误者，此新法之功效不可磨灭也”。可见，铁路管理制度在抗战这一非常时期，已经逐渐建立起来了。

（2）抗日战争延误和破坏了中国铁路运输业的历史进程

首先，抗战时期修筑的铁路主要用于军事运输，商品货物运输居于次要的地位，铁路运输设备和运输体系主要用来适应抗战的需要，能运用于货物运输的很有限，用于对外贸易的运输就更少了，因此，抗战时期的铁路建设，不仅没有促进中国铁路运输现代化的历史进程，还使得铁路作为货物运输的宗旨与原则荡然无存，铁路运输业畸形发展。其次，由于抗战开始以后，日本基本上沿着铁路疯狂侵略，我国铁路工程队采取的是“随炸随修，随修随炸”的灵活抗日政策，既抢修自身急需的铁路，又随时准备破坏可能资敌的重要铁路线。“及至军队将撤退时，或敌人未到时，则由各工程队抢出钢轨桥梁及各项设备，移运后方，并将不能撤退部分施以爆炸破坏，免资敌用。铁路工程队对于抗战之贡献，实非浅鲜。铁路员工以铁路为生命所系，对轨道桥梁及各项建筑物，爱护备至，故能上下一心，奋勇抢修，且有许多工程系新近通夜赶工完成，或修复者，一旦自行实施爆破，或相对无言，或竞抱头而哭，其悲痛之情，非言词所可形容。”① 可见，铁路破坏工作对阻止了日军进军起了相当大的作用，但这种破坏工作无疑也影响了中国铁路的发展进程，尤其是当抗战胜利后当铁路权收归中国政府时，物资和商品的运输受到了极大的限制，就是在战时对我国物流贸易业也是不小的摧残。

## 三、海关缉私政策遭到破坏后有所完善

抗战前夕，南京国民政府曾制定了一系列缉私法规和政策，曾取得一定的成效。但自从抗战开始以后，我国缉私工作非常混乱，走私猖獗，虽然国民政府几经颁布法令，但是都无济于事，走私现象更加严重，实际上抗战全面爆发后的缉私工作，较之战前更为紧张。“战区贸易，年来都以战利品的姿态装运出口，从来不经过正式的报关手续。至于各处的走私贸易，原为日寇对华经济侵略的一种进攻手段，战前即时有所闻，抗战以后就更加成为公开的秘密。”② 可见，自从战争爆发后，海关缉私基本处于瘫痪状态。为了解决这个问题，重新组建全国性统一缉私机构、确立和完善统一的缉私制度、完善海关缉私制度不仅成为了当务之急，也是顺应抗战的历史时代要求。

1. 逐步恢复和组建全国性统一缉私机构

为了达到反对日本经济封锁的目的，缉私工作势在必行。抗战前缉私工作有条不紊，抗战爆发后，缉私工作混乱不堪，为了尽快恢复和提高缉私效率，完善缉私机构，必须尽快建立一支统一领导的缉私机构。

缉私机构在抗战开始后大多各自为政，自征自缉。1938 年，武汉失守后，走私运输的风气愈演愈烈，公路走私为逃避统制，航空走私为逃避现金。没有统一的组织与领导，走私总稽查处由上海迁往武汉，由武汉迁往长沙，最后被迫关闭。

战时对于设置缉私机构，各有所图，都想把缉私机构作为财源归在自己的领导之下，无论是走私还是缉私征税都有利可图，财政部、军委会与交通部都觉得要把缉私作为自身的主要职责，各部门为此还经常发生矛盾和摩擦，甚至发展为武装冲突。正因为如此，走私机构处处皆有。财政部设有苏

① 金士宣：《铁路与抗战及建设》，商务印书馆 1947 年版，第 55－56 页。

② 姜庆湘：《战时中国对外贸易的总检讨》，《贸易月刊》1942 年第 4 期。

皖赣区等八处。海关人员仍然担任主要缉私人员，后又对各辖区进行调整，“复以闽省与浙省毗连，划归浙赣皖苏区管辖；皖北与豫省接壤，划归冀鲁豫区管辖；甘青宁三省地处西北，归晋陕区兼管”，各处职责“专以稽查货运，补征关税，并协助海关执行对敌经济封锁为任务”①。经过多次调整，国民政府以军事为核心设立货运查缉机关处。抗战初期，由军委会直接负责由西南运进物资。后来又成立了运输统制局，“水陆交通统一检查处”②。后来南京政府决定财政部、经济部、交通部、四联总处、战地党政委员会、本战区各省政府合并，统一组成战区经济委员会，到此为止，全国性缉私网络逐渐得到重建。

后来，国民政府经反复酝酿，为了加强缉私的效能，决定组建全国性的统一缉私机关。缉私处于1940年冬组建，既担任缉私，又担任反封锁的军事任务。蒋介石特意选择戴笠作为处长。因此，缉私处实际上又担任军统情报工作，缉私功能更加复杂化。这实际上是国民党法西斯独裁的结果，标志着抗战时期缉私制度的扭曲，对近代海关来说是一次职能的退步。

随着缉私工作的复杂化，原有的缉私处为编制所限，根本不可能适应新的走私形势。1942年6月9日，为增进缉私效能，《财政部缉私署组织法规》得以颁布，总管全国缉私事务。不但扩大了规模，还充实了缉私队伍和机构。各省办事处分别进行充实人员。不合理的机构先后被撤销了一部分，主管机构是缉私署与海关。国民政府的缉私机构大体完成了一系列的调整，但是这种缉私体系与战前相比已经大为逊色，不仅缩小了海关的重要作用，国民政府还亲自垄断了缉私权力，海关的作用大为弱化。

2. 渐渐确立统一的缉私制度

为了实行组织对敌经济的封锁与反封锁，缉私机构必须结束无政府状态，必须进行统一的规划、组织和领导。

随着日本帝国主义侵略逐步深入内地，原有的海关完全丧失了缉私效力，按照常规的程序根本就不可能再执行有效的缉私任务。于是，国民政府出台了一系列有关查缉走私的政策法规。《食粮资敌治罪暂行条例》于1937年8月31日正式出台。另外，国民政府发现原有的《惩治汉奸条例》不能再满足严峻形势的新要求，1938年8月，国民政府颁布《惩治汉奸条例》，

---

① 关务署：《十年来之关税》，中央信托局印制处，1943年，第25页。

② 乔家才：《戴笠史事汇编》，台北天一出版社1985年版，第227页。

对通敌叛国的汉奸予以严惩，“处死刑或无期徒刑”①，后来又颁行《限制私运黄金出口及运往沦陷区域办法》，主要对黄金进行保护，对偷运黄金的走私犯，一经查获，即“解缴国库”。② 为了保护战区的土货和特种物品，国民政府分别公布了《战区各地洋土货缉私稽征办法》和《防止水陆空私运特种物品进出口办法》，规定“由海关酌设稽征处所办理洋土货缉私及稽征事务，”③ 特种物品必须接受海关检查，并由宪兵司令部“协助海关办理缉私事宜”。④《统一检查办法》规定海关为各机关派员“执行检查职务的共同场所”。⑤

由于政局动荡不安，政治腐败，尽管新建立了缉私机构与统一检查办法，但是走私状况仍然猖獗，实际上并没有提高缉私的效率。著名华侨领袖陈嘉庚曾经亲自考察了各省缉私的具体情况，他在 1940 年 8 月接受了《大公报》记者采访时，发表了一段讲话，令人深思。“官吏贪污，奸商走私，实最坏印象，急应铲除”⑥，就连代表美国总统罗斯福来华考察的居里博士，作为当时一个世界著名经济专家，他也在 1941 年 2 月，认为“中国战时经济，走私是一个严重问题；如果这个问题能够解决，中国在经济方面，并不需要多少帮助”⑦。可见，走私如果能够惩治得好，对中国对外贸易甚至对整个对外贸易的经济，都是非常有利的。

为了规范缉私行为，明确缉私职责，彻底改变多头缉私的混乱状态，南京政府的《统一缉私办法》在 1940 年 8 月 13 日出台，这个法规比原来颁布的统一检查办法规定得更加细致。重新规定了海关及货运稽查处在所辖区域以内为负责查缉机关，不受其他机构机关干预，该办法的颁布让海关的重要地位重新得以彰显，也是抗战时期统一缉私制度确立的主要标志。该法规使一个明显的缺点呈现出来，缉私处与海关各自具体的职责比较含混。随后不久，《全国水陆统一检查条例》及《统一缉私办法》规定了由缉私署与运输统制局检察处各哨所联合办公统一检查，“所有各地原设的有关货物检查机

---

① 千家驹：《论经济反封锁》，《理论与现实》1939 年创刊号。

② 国民政府财政部档案：《中华民国史档案资料汇编》第 5 辑，第 2 编，财政经济（3），江苏古籍出版社 1997 年版，第 94 页。

③ 财政部缉私处：《货运物资查禁法令汇编》，1941 年。

④ 钟淦恩：《战时我国关税之应变措置》，《中央银行经济汇报》第 2 卷，1940（1）（2）。

⑤ 重庆市档案馆：《抗战时期国民政府经济法规》上册，档案出版社 1992 年版，第 585 页。

⑥《陈嘉庚对本报记者谈话》，《大公报》，1940 年 8 月 28 日。

⑦ 良雄：《戴笠传》上册，传记文学出版社 1985 年版，第 293 页。

构或类似组织，不论属于中央还是地方的机关或团体，全部裁撤”①。可见，该办法的推行，比抗战初期更加明确，有利于对外贸易的发展。

3. 缉私制度有所完善，缉私效果有所提高

众所周知，抗战爆发前，南京政府已经有了较为完善的缉私体系，但抗战爆发后，由于日军的封锁，我国缉私政策受到极大的干扰。因此抗战时期的主要缉私任务还面临抗日的重要任务，这就必然要有一整套缉私制度，才能达到抗战缉私的双重目的。

（1）缉私队伍的团队精神有所加强。缉私是一个完整的工作体系，不是单纯的查处就能解决问题的，有时候必须取得其他部门的通力配合，才能取得相应的缉私效果。抗战初期缉私混乱不堪，但是经过一轮改革和重组后，缉私机构的协调与配合工作的能力得到提升，团队意识有一定的增强，“举凡缉政机关设置地点之配合，统一检查之实施，走私情报之交换，缉私货物之处理与税警之配备，缉私人员之互相监督等，均有群密之规定，于分工合作之中，颇收防私裕课之效。”② 可见，通过各部门的配合工作，缉私工作颇有成效。

（2）情报工作在缉私过程中充当了重要的作用。情报工作是国民政府的一贯地下工作，但在缉私工作中也往往起到提供证据和信息的作用，为此，缉私署着重安排了严密的缉私情报网。情报工作对于缉私也至关重要，正因为情报工作成绩显著，缉私效率也显著提高。众所周知，国民政府的情报工作在对付共产党人和爱国革命志士的过程中残酷无情，但对查处缉私、推进对外贸易起到了一定的作用。

（3）实行了严格的奖励和考核制度。奖励和考核制度客观公平，国民政府在这方面工作成效比较突出。由于查缉人员的待遇较低，缉私机构中不乏以权谋私的腐败分子。实行奖励考核制度以后，缉私工作效率得到了迅速的提升。日本占领沦陷区以后，为了对中国的金融实行封锁，日本实施威逼利诱的手段，引诱中国奸商走私，走私物资资敌情况十分严重。为了防止物资外流，南京政府的《战时管理封锁区由后方购销民生日用必需品的具体办法》于 1942 年 9 月 12 日颁布，海关规定发给后方老百姓购销证，对日用必需品实施严格管制，以防物资资助日本，取得了一定的成绩。

上述这些具体办法的实行，不仅进一步完善了国民政府的缉私制度，缉

① 朱契：《中国战时税制》，财政评论社 1943 年版，第 101 - 102 页。
② 关务署：《十年来之关税》，中央信托局印制处，1943 年，第 25 页。

私也取得了一定的成效。如“广东钦县查获走私钨矿30余万斤，价值数千万元，浙江分处处长赵世瑞查获中统人员高子文夹带假钞197万元”①，对鸦片和毒品进行了打击和镇压，“据统计，1937—1945年缉获烟毒数量89043005公斤，其中烟土数量83676453公斤，毒品数量5366552公斤”②。

抗战时期的缉私工作具有明显的抗战和应战目的，由于日本封锁了中国的沿海地区，“许多重要商品，如煤油、染料、钢铁、机器等，则全部或大部分依赖进口”，③“国内各种商品奇缺，价格暴涨，输入物资有暴利可图，商民为利所趋，不惜在封锁线内外进行走私”④，国民政府总体缉私力量仍然受到帝国主义的限制，特别是日本，走私活动一直十分猖獗，走私机构内的腐败现象一直未能解决，这也是日后国民政府走向崩溃的重要原因之一，这种严峻的形势无疑使缉私政策更加陷入艰难的困境。

## 四、战时对外贸易统制政策逐渐形成

南京政府成立初期的对外贸易政策在抗战爆发后，大部分受到严重干扰。即使处在如此艰难环境下的国民政府，仍然一面抗战，一面进行对外贸易政策的研究和实践，体现了一定的研究精神和面对现实的勇气。1937—1945年的日本侵华战争，是中国近代史上的空前浩劫。十年内战期间，主要经济部门都遭受了战争的摧残和蹂躏。“国际贸易自然也不例外，无论对外贸易的政策，或是主管国际行政的机构和实践，国际贸易的企业经营与个人，乃至进出口本身的量与质，都深刻地受到了战祸的折磨，并不断地发生了显著的变化”⑤，因此，抗战时期的对外贸易政策发生了重大变化，中国的进出口贸易也显现出不同以前的特点。总体而言，这段时间的贸易政策变为政府统制的政策，这是由当时世界战争的形势以及中国的全民抗战所决定的。

实际上“统制”这一名字，在抗战之前早就已经出现。差不多多种事

---

① 中国第二历史档案馆：《中华民国档案资料汇编》第5辑，第2编，《财政经济》（2），江苏古籍出版社1997年版，第274页。

② 中华年鉴社：《中华年鉴》（上），1948年，第601页。

③ 吴承明：《中国资本主义与国内市场》，中国社会科学出版社1985年版，第131页。

④ 沈祖炜：《论抗日战争时期的贸易委员会》，《中国近代经济史研究资料》（9），上海社会科学出版社1989年版，第118页。

⑤ 杨树人：《十年来之国际贸易》，《十年来之中国经济（1936—1945）》，文海出版社1974年版，第659页。

业都可设法来统制一下，“在以往有蚕丝统制、粮食统制，在目前有食糖统制，在鼓吹中的对外贸易统制和国内工业统制，考贸易统制倡于苏俄，继之者有挪威。国内工业统制倡于战时之德意志，其后，英法亦仿行之，……”①。可见，一战期间就已经有国家在推行这个政策。众所周知，任何大规模的对外战争都需要集中一国的人力、物力和财力，因而战时经济都带有程度不同的国家统制的色彩。列宁在阐述第一次世界大战期间西方国家垄断资本主义发展时期时曾指出：“战争……大大加速了资本主义的发展，把垄断资本主义变成了国家垄断资本主义。”② 20 世纪 20 年代末 30 年代初经济危机背景下诞生的凯恩斯的《就业、利息和货币通论》为世界各国政府对经济的干预提供了理论依据。第二次世界大战爆发后，参战各国都纷纷采取对经济的统制政策。

统制贸易又称“外贸统制”，统制是国家通过政治手段，出于特殊的目的和需要，人为地干预经济活动。统制贸易也就是由国家利用行政和法律手段，对贸易产品的生产、运输、进出口和销售实行比较严格的控制与管理，以便集中利用有限资源，为战时经济服务。在实行统制贸易时，外贸管理体制一般是高度集权的，政府以指令性计划直接管理少数的专业性贸易公司进行进出口贸易。而实行统制贸易也是安定金融与平衡国际收支的需要。这种体制与制度的建立，靠的是国家的权威和法律，这是一种强制性的制度变迁。当国家发生战争或遇到重大危机的时候，各主权国大都对外贸实行统制，中国也不例外。

抗战之前，实行贸易统制实际就已经在某些部门开始了，如易货偿债贸易就是。近代中国的对外贸易长期被帝国主义所控制，中国商人只能开展与外国在华洋行的贸易。中国国内产业与国际市场缺乏直接的联系，再加上中国产业结构不合理，导致中国对外贸易长期出现逆差，财政收入困难，对民族经济的发展造成极其不利的影响。不少有识之士就已认识到，要改变这一局面仅仅靠民间力量是不够的，政府必须发挥国家应有强制性作用。实业部长陈公博于 1933 年 2 月向国民党中央政治会议递交了一份提案，提出：“以我漫无组织之商人，其贸易前途无利，于我国是显而易见的，应由政府统制

① 《钱业月报》，1921 年第 8 期。

② （俄）列宁著，中共中央编译局：《列宁选集》第 13 卷，人民出版社 1959 年版，第 408 页。

对外贸易。”① 后来蔡元培等人向大会提交了《请由政府厉行保护政策，扶助国内产业之发展，并于对外贸易实行管理，以期减少入超案》，建议国民政府实行对外贸易统制，上海总商会于1935年向政府呈文，提出：“挽救危机，非由国家力量，谋图国际贸易之均衡，殆无其他适当办法。”汉口茶也于1936年向国民政府建议设立全国茶叶统销局，对外直接经销，不受外商操纵。② 由此可见，抗战前，在民族危机面前，要求政府统制对外贸易的呼声已经颇为强烈。

《增进生产，调整贸易办法大纲》于1937年9月颁布，这就标志着对工矿业、农业、商业实施全面的经济统制，国民政府分别设立“工矿调整委员会”、“农产调整委员会”、“贸易调整委员会”。国民政府的《总动员计划大纲》也于1937年10月颁布，国民政府明确规定了对外贸易要实行国家统制，对进出口实行严格管制，有利于抗日。王亚南是当时著名的经济学家，他指出，“在战时创设国营贸易组织是非常必要的，有关军需资源、民用产品最好由政府负责买卖、以资调节”③。

我们可以看出，在世界形势相当严峻的时候，国民政府为了同世界一道取得反法西斯势力的胜利，全面抗击日本的侵略者，国民政府选择了统制经济政策，而对外贸易的统制是这个总战略的重要组成部分。当时作为敌对国的日本，“其商工省拟组织半官性质之贸易统制会，而将日本与外国间一切贸易悉归其统制”，④ 贸易统制政策从战前酝酿到抗战初期最后形成、再到最终确立，既是政府出于抗战的大目标的宏观要求，又适应了当时各界人士一致抗日的主观愿望。

1. 继续加紧推行易货偿债贸易

所谓易货制度，简单地说，就是物物交换。但这种物物交换，与古代货币未发生以前的物物交换不同，因为它仍然是以货币为计算单位的，不过两国一经缔结交换合约之后，即以一定数量或价格的货物，相互交换，而不再需要汇兑清算的手段，易货制度不但可以节省一切汇兑清算手续时间，而且还可以实行计划生产，交换双方一经订好合约，就可以有计划地生产、收集和运输，没有剩余，也没有浪费。易货制度是统制贸易最有效的方法之一，

---

① 第二历史档案馆：《行政院档案》二，第3102号。

② 虞宝棠：《国民政府与民国经济》，华东师范大学出版社1998年版，第299页。

③ 王亚南：《战时经济问题与经济政策》，光明书局，1937年，第33页。

④ 《日将组织统制会统制对外贸易》，《银行周报》1941年第33期。

如当时的苏联、英国、美国等都采用这种政策，而在中国尤其有推行的必要。主要原因是：(1) 它可以解决中国缺乏外汇支付工具的困难；(2) 它可以避免中外商人的居间操纵；(3) 它可以使中国拥有与其他国家相交换的农产品，不会因价格的波动而受到严重的打击。但易货制度只能推行于国与国之间，要发展易货制度，必须实行国营贸易。同时，贸易国营以后，对进出口商品的生产数量、生产来源、消费市场及消费能力等，才能够详细研究，因而易货制度实行起来也就更加便利。

如前所述，早在战前，国民政府易货偿债贸易就已经开始了，1936 年，中德签订《德华信用借款合同》，德国向中国提供 1 亿马克的贷款，用于购买德国的军火、兵工厂及重工业设备，规定中国以钨、锑、桐油、生丝、猪鬃等抵偿。

抗战爆发后，国民政府财政枯竭，为了及时补给、购买战时紧缺物资，国民政府试图通过各种渠道寻求国际主义的援助。苏、美、英、德等国相继向中国提供了信用贷款。这些贷款主要用于购买军事物资及其他国统区极度短缺的工业品，规定以中国重要农副矿产品来偿还。国民政府令贸委会制订还债方案，贸委会下属公司开展的对外贸易活动即是与上述国家间的易货偿债贸易。

抗战爆发后，中国获得的第一笔贷款来自于苏联，“我国在抗战之初，苏联即首先以大批飞机军火贷我，我乃与苏方成立若干易货协定，分年交付苏方农矿产品若干，以偿还苏方贷我物资价值之本息”①。1938 年 3 月，中国国民政府与苏联在莫斯科签订了《中苏第一次易货借款合同》，苏联向中国提供了 5000 万美元的政府信用贷款，此后苏联又于同年 7 月和 1939 年 6 月向中国提供了更大数目的贷款，贷款总额累计达 2.5 亿美元，这些贷款主要用于购买抗日所需的军事用品和战略物资，规定以中国的钨、锑、锡、锌、汞、皮革、桐油、丝绸、茶叶等战备性矿产品及农产品偿还。苏联向中国提供的贷款具有经济援助性质，贷款不要抵押、年息仅 3 厘，军火定价低于国际市场价格。在抗战初期敌强我弱、缺少外援的情况下，苏联向中国提供的条件优惠的贷款及物资援助，有力地支援了中国的抗日战争。当然，中国对日本的抗击也符合苏联的战略利益，同时中国偿付的农矿产品同样有助于苏联抵抗德国法西斯的入侵。

---

① 杨开道：《我国对外贸易之回顾与前瞻》，《贸易月刊》1943 年第 8 期。

美国租借法案曾规定“出租之器具，将来归还时间，不必付现款，而得以货物、财产或其他总统认为满意之事物偿还之”①。美国是世界桐油、猪鬃、钨、锑、锡等农矿产品的最大消费国，中国该类商品也主要输往美国。抗战前后，德、苏两国通过易货偿债的方式获得了大量中国重要的资源，引起美国的强烈反应。太平洋战争爆发前，美国也曾向国民党政府提供了政府贷款。1939 年 2 月美国华盛顿进出口银行与国民党政府签订了《桐油借款合同》，合同规定美国在 1939 年 6 月 30 日前向中国提供 2500 万美元的信用贷款，中国必须用这笔贷款购买美国的农产品和工业品，同时中国应在五年内分期向美方交运 22 万吨桐油以支付贷款的本息。该合同的实施，一方面满足了美国桐油需求，另一方面又扩大了美国商品在中国的市场占有率。正如该合同中声称的“该合民之实施，将使美国消费能以公允价格获得充分之桐油供给，同时可使美国商品在华销路维持发展，增进美国对外贸易，并裨益其国内经济”②，与此同时，随着欧洲战争的发展，世界大战已经不可避免，美国也开始大规模备战。1939 年的美国国会公布每年以 2. 5 亿美元购储 17 种军需原料，此后美国于 1940 年 4 月与中国签订了《华锡借款合同》，美国向中国提供了 2000 美元的贷款，规定贷款用于购买美国的农产品及工业品，中国以锡运往美国销售的价款来偿还。1940 年 9 月，日本、德国、意大利在柏林签署了军事同盟条约，三国法西斯结成同盟。为打击法西斯国际同盟，美国开始加强对中国的援助。1940 年 10 月，美国第三次给中国“中美钨砂借款”，后来又向中国提供了第四笔借款，两次借款合计 7500 万美元。这些贷款同样要求用于购买美国的货物和设备，以中国的钨、锑、锡等矿产品来偿还本息。

太平洋战争爆发后，美国开始参战，与中国的联盟关系加强。1942 年 1 月，国民党政府财政部长孔祥熙电致美国账长摩根索，认为当前中美“存亡与共”，请求美国提供 5 亿美元的巨额贷款支持中国的抗日战争。该议案获得美国参众两院的讨论通过，这样美国无条件地向中国提供了 5 亿美元的信用贷款，用于国民政府稳定货币金融制度、资助生产、供应军需等，以加强中国的抗战力量。由于日本的重重封锁，这笔贷款未能用于购买美国的货物而被用于财政、金融领域，支持后方的生产。1942 年 6 月，根据美国的

---

① 《美国之租借法案及最近之对外贸易概况》，《中央银行月报》1941 年第 7 期。

② 王铁崖：《中外旧约章汇编》第 3 册，三联书店 1962 年版，第 1128 页。

《租借法案》，中美两国又签订了《中美租借协定》，协定规定美国以防卫用品、防卫兵力、防卫情报供给中国，中国直接以材料、劳务供应美国及在华美军。战争结束后，中国应将未损坏、消耗的租借物资返还美国。据此，美国向中国提供了大量军用物资，而中国则以相应的农矿产品向美国偿付债务。

抗战期间，向中国国民政府提供贷款居第三位的国家是英国，太平洋战争前其对华贷款仅有 804.7 万英镑，购买的商品除军火外，还有五金、钢铁制品、车辆、机器、化学品、矿物油、纺织品，以中国出口到英国的农矿产品所得货款来偿还。太平洋战争后，英国又向中国提供了 5000 万英镑的贷款，不过大部分直到抗战结束尚未动用。此时，法国、捷克、比利时等国与国民党政府也开展了少量的易货偿债贸易。1938—1941 年政府统制的出口商品占全部出口 74.2%。易货偿债贸易的开展支援了中国的抗日战争，在一定程度上满足了中国抗战物资的需求，也支援了美苏等国，为世界人民的反法西斯战争作出了一定的贡献。

总之，战时对外贸易统制政策是抗日战争时期一个特殊的对外贸易政策，我们必须了解其出台历史归趋与历史成效，并分析得出其出台的历史必然性。

2. 战时对外贸易统制政策的历史归趋

简略地分析我国战时的对外贸易政策，从中我们可以看出，中国的对外贸易，在抗战以前完全采取商人自由营运的方式，自抗战发生以后，开始由政府加以统制，而统制的方法，则随着抗战形势的演变而日趋强化与完备，到后来，尤其在出口贸易方面，更有向国营制度迈进的趋势。在当时来说，中国对外贸易趋向国营制度，既是战争客观形势的实际需要，又是不以人的意志为转移的历史趋势。中国军事上只有实行国营对外贸易，才能够彻底解决战时对外贸易的一切问题，即彻底实现输出的增加与外汇的集中，在质量上和数量上卖掉我们所应该出卖的东西，买到我们所必须购买的东西，从而实现对外贸易的独立自主，彻底改变过去殖民地式被动的对外贸易。这种政策至少有如下几个优点值得借鉴。

（1）可以彻底统制对外贸易的内容，充分适应当时抗战的需要。在抗战的过程中，我们需要输入的，是抗战所必需的军需物品、生产工具、交通工具、文化用品及人民生活所不可少的物品。而对于无益于国计民生的奢侈品、消耗品或本国产品可以代替的物品，必须禁止输入。我们所需要输出的，是本国过剩的特产品，而对于可以资敌或本国产业与人民生活必不可少的物品，必须禁止输出。要使对外贸易的内容适合这个标准，就必须实行国营制度。因为只有政府才能充分了解我们需要些什么，需要多少，应该输出些什么，输出多少，对供需双方进行合理的有计划的调节与配备；同时，也只有政府才能组织全国军事与政治力量，建立对外贸易的国防，坚决阻止一切非法的进出口贸易。因此，在经济上保卫国家强有力的武器也就是国营贸易了，这也是我们完成抗战建国所不可缺少的手段。

（2）在交通运输方面，也可以得到合理的管理与配备。抗战发生后，沿海沿江各港口及主要货运干线，大半被敌人所控制，全国仅有少数交通路线和运输工具可能为对外贸易所用，而这少量的运输路线和运输工具，又因为军用繁忙的原因，货运经常无法疏通。实行国营制度，则全国进出口商品的运输在政府机关的统一规划下，一定可以得到合理的分配与管理。从而使军用不会阻碍货运，货运也不会妨害军运。同时，货运本身也可根据其缓急轻重，配以适宜的运输工具，使其到达目的地后，恰好能够满足公私各方面的需要。

（3）可以避免奸商的操纵，稳定国内的物价，安定人民的生活。一国的对外贸易，尤其在战争期间，如果任由少数商人自由营运，则一部分奸商难免不乘机操纵物价，以致影响生产者及广大劳动人民的生活。实行国营贸易制度，在输入方面，政府可以选择国内所需要的物品，按其确定的数量与品质，输入本国，自然就没有供不应求的隐患，同时，政府又可以自各国搜集物品，其买价虽然高低不一，而政府可以通盘核算，以便按可能的最低价格，供给人民，这样物价就不会波动太大，人民安居乐业。输出方面，贸易国营后，如果出口货物的成本低于国外市价的时候，政府可以根据国外市价规定其收买价格，尽量多收买，以免奸商故意压低市价，导致影响生产。相反，若出口货物的成本高于国外市场的时候，政府可依据其生产成本、规定价格，尽量收买外销。这样，国内生产者就不会因为货价滞销而中断其再生产过程。

以上几个方面是国营贸易的优点，这是任何人都不置可否的事实。学术界有人认为国营贸易实行以后，进出口商人的业务与利益全部被侵夺，甚至国内的生产者也必然因为政府的贸易独占而遭受到压迫。也有学者认为国营贸易成功少，失败多。也有学者如马寅初等从国营的效率方面批评国营贸易：“……以致收支不能相抵，一旦私人经营，则蓬蓬勃勃，气象为之一新。”晚清轮船招商局的失败，更是经常被人拿来做国营事业必然失败的例证。其实过去国营事业失败的原因，主要原因是行政机构臃肿，主持事业的人尽可能营私舞弊，逍遥法外，于是一个公司或一所工厂竟然成了自己营利的机关，事业的发展前途和结果就不言而喻了。其实，只要政府真正能够做到澄清吏治，整治纲纪，实行人才主义，扫除官僚习气，国营事业又何尝不会成功呢？如当时的苏联就是国营成功的典型。

当然，在当时的中国，国营贸易的实施确实也存在一定的困难，我国是一个资本缺乏的国家，贸易人才也奇缺，贸易统制机构虽然具有一定的规模，但还很不健全，要推行国营制度，非把人才、资本、机构的问题解决不可，尤其必须解决机构的问题，机构问题解决了，人才和资本问题就会迎刃而解。

### 五、战时对外贸易统制政策的成效

在战时对外贸易统制政策下，贸易委员会及资源委员会在艰苦的环境中惨淡经营，这种统制的目的在于保护自身抗战所需的战略物资，以免落入敌人手中。冯玉祥在1940年曾做过一番评价，他认为，抗战军队所有的军用和民用物资，就是靠贸委会担负，“如今得有如此成绩，不但在国际易货方面能如期偿付，而且又树立了一个相当良好的国营贸易基础，事业之足以令人移道殊无疑义”①。

不过，由于国民政府通过增加捐税、增发纸币、管制外汇、实行专卖、统购统销等，这些政策从抗战建国的角度是历史的进步，具有一定的积极意义。但由于政治上的腐败，这些措施的消极影响却日益凸现出来，最后竟成了四大家族掠夺全国人民、膨胀官僚资本的主要手段。不过，贸易委员会下辖管的复兴、富华、中国茶叶推行统购统销，垄断经营，谋取重利，也是客观事实。即对外贸易统制机构中损公肥私、苛剥商民等弊端丛生，特别是在战争后期，受通货膨胀的影响，为降低投资风险，统制物资收购价格过低，农民、手工业者的生产积极性遭到严重打击，对外出口的工农产品逐渐减少，对外贸易遭到严重削弱。当然，问题的产生是在特定战争环境中有力地促进了对外贸易的开展，增强了中国抵抗日寇的力量。

统制对外贸易政策对外进出口货物进行国家垄断，这样就逐渐改变了外

---

① 高阳：《陈光甫外传》，南京出版公司（台北）1981年版，第289页。

国洋行对中国对外贸易全面掌控的局面，中国政府开始独立自主地把握对外贸易活动。中国自清末以来虽然设有工商部或实业部主管国内外贸易，但对对外贸易的管理主要限于服务工作，直接的管理制度始终未能建立，在国外也未设立对外贸易的相应机构，中国的对外贸易一直由外国洋行操纵，中国商民与国际市场较少直接联系。抗战爆发后，为客观形势所迫，外国洋行无力继续控制中国的对外贸易，为对外贸易政府统制创造了条件，一系列管理及经营机构建立起来，一系列相关法规、条例颁布实施，大批商品的贸易被置于国家控制之下，中国对外贸易被动局面终于有所改观。“一切由国家统购统销，故外汇问题不致发生。国营对外贸易局只需以售货所得外汇交给国家银行，至于购货所费外汇，则由国家银行统购，局方只需按照每年之贸方易案办理而已。”① 可见，外汇问题在一定程度上得到解决，尤其在易货偿债贸易的初期，由于国际市场对战略性农矿产品需求迫切，使中国的对外贸易条件一度得到改善。在政府统制下，各统制机构在出口口岸自行开盘，使中国出口商品价格为外商操纵的状况有所改变。据记载，当资源委员会驻沪国外贸易事务所开办之初，“外商密切联络，不与交易，思欲借以抑低砂价，然后成交；时内地钨砂源源到沪，而银行支撑亦有限度，业务控制相当严重；及后洋商以城内货甚殷，不能久持，乃分别来所接洽交易；开办初期之难关，至是始安然渡过，我国钨砂对外交易之条件，亦于此时乃亦逐渐改善矣”②。

战时对外贸易统制政策在客观上具有一定反封建的精神，原则上具有向社会主义过渡性质的现代贸易制度。在抗战时期，由政府统制对外贸易，统一调节生产和销售，在这种政策和体制下，一切经济活动都是在有计划、有指导，政府宏观调控下进行，这与原有自给自足的封建小农经济的分散性、落后性、无组织的盲目生产，形成了强烈的反差，体现了一定的进步性。因此，这种国营贸易也具有一定程度的社会主义性质。

同样，在易货偿债的贸易下，我国对外贸易的半殖民地性质并没有改变，西方债权国可以随意决定贸易的方式、贸易价格等因素，中国对外贸易条件的改善的程度受到制约。如《中德经济和约》规定：中国需先将农矿产品启运交付德国，然后德国才供给军火和设备。抗战爆发后，沿海口岸的

---

① 朱祖晦：《目下我国应采用之对外贸易国营方案》，《闽政月刊》1939年第3期。

② 吴太昌：《抗战时期国民党政府的贸易、物资管制及国家资本的商业垄断活动》，《平淮学刊》第5辑，1989年，第676页。

沦陷使中国农矿产品外销陷入困境，英国则利用其在国际贸易中的长期优势地位，借助机会从国民政府手中取得钨砂的外销代理权，后在美国的反对下于 1941 年终止。另外，在中美桐油借款合同中，规定中国运销美国的桐油价格按纽约、旧金山、伦敦市场的最低开售价的平均值计算。中国运销美国的锡按抵达美国口岸一周前两周间的纽约平均市价再减一美元的价格计算，这些规定完全被美国利益所左右，中国利益受到严重损害。

此外，对外贸易机构虽然都建立起来了，但是这些机构和组织还很不完善不健全，机构臃肿，机构内部的人事复杂，办事不讲原则和程序，既没有现代的民主集中制又没有将政务和业务加以严格区分，导致机构内部官僚主义弊端与腐败现象泛滥，这些都在一定程度上影响了对外贸易机构的办事效率和声誉。贸委会成立后，"颇侧重于处理结汇种种手续，颇予人以错误印象，以为政府虽然在名义上成立了一个贸易委员会，但是实际上仍然注重在获取外汇，而不在统制战时贸易。后来因为环境演变，贸易委员会继渐次由办理结汇移转到农产品输出贸易的管理，等到我国对外贸易工作日益具体，继又成立了一个易货委员会，专事处理易货各问题。就纯粹贸易方面说，这两个机关可以说是抗战期中新成长的机构"①。可见，贸易委员会、易货委员会都是抗战时期临时成立的机构，起初发展对外贸易的效果并不明确，这就决定了这些机构的盲目性和无目的性，发展对外贸易的目的自然大打折扣。《商务日报》曾经揭露复兴公司自从 1942 年开始净赚巨额利润，但是却向财政部只报告 1.2 亿余元，"余额均被当权者贪污"②，中国茶叶公司在运销苏联的茶砖中间竟然"放稻草包扎之石块 4 块或 6 块不等"。③ 一些政府官员营私舞弊、借机谋取暴利。这让经济萎缩，使抗战力量受损，更谈不上对外贸易的发展。

由于德国对大西洋航线的封锁，国际大宗农矿产品的交易中心逐渐由伦敦转向纽约，美国对市场价格的影响力日益增强。特别是太平洋战争爆发后，美国政府再次宣布对钨等 13 种军需原料的进口由政府统制，并规定了各种原料的最高限价中，中国偿债矿产品的价格不能突破美国限价。此后在整个抗战期间这一限价固定不变。而随着边际效益的下降，中国钨等矿产品价格也在下降，导致了巨大经济损失。据研究，1941—1945 年，中国运美

---

① 郭子勋：《战后我国对外贸易几个根本问题》，《经济建设季刊》1943 年第 1 期。

② 冯治：《抗战时期国民政府对外贸易管制述评》，《近代史研究》1988 年第 6 期。

③ 冯治：《抗战时期国民政府对外贸易管制述评》，《近代史研究》1988 年第 6 期。

偿债的矿产品价格被限制在美国统制价格内，远低于第二次世界大战爆发前的国际市场价格，也大大低于同期其他国家的自由贸易价格。如葡萄牙作为欧洲钨砂矿的主产国，未被卷入战争，其钨砂主要向英、德等国出口。1943年葡萄牙出口到英国的钨砂价格每公吨378先令，是美国统制价格的2.9倍，英国统制价格的2.7倍，相当于中国钨砂销美价格的3.2倍。再如中国另一输美矿产品锡砂，在美国限价下，1944—1945年间价格只有0.417～0.424美元。同期南美的玻利维亚向美国出口锡砂的价格则为0.62～0.65美元，高出中国锡砂价格50%。

在易货偿债贸易下，国民政府不能凭借优势，在国际市场上没有垄断优势的产品，不能根据需求变化调整出口规模，影响并提高出口价格，使中国对外贸易反而比国际价格高很多，国民政府“不仅承担了农矿初级产品与工业品不等价交换的双重损失，而且还要以低于一般市场的价格结算偿债农矿产品，实际上是承受了三重损失”①。

## 六、战时对外贸易统制政策的历史必然性

国民政府对外贸易统制政策的确立，是在中日战争全面爆发的时代背景下和国际反法西斯时代国际格局中产生的，它是全面抗战在国内外各种因素作用下的一个必然产物。“惟目前时人主张贸易国营的声浪日渐高涨。”② 可见，战时对外贸易统制政策，在理论上有根据，各国实践也证明了是切实可行的。

（1）战时对外贸易统制政策体现了时代的要求和客观趋势。20世纪三四十年代，正是世界资本主义与社会主义两大制度并存和对抗的时期，社会主义苏联的经济制度和经济体制的优势逐渐呈现出来，在世界反法西斯战争中，为了最大限度地集中全国力量打败敌人，苏联、英国、美国等都采取了对外贸易统制政策，并且取得了明显的效果。在这种历史政治环境之下，中国作为反法西斯同盟国之一，不可避免的也要受到这种国际气候的影响，国民政府的战时对外贸易统制政策顺应了历史发展的潮流，是时代呼唤的产物。

（2）近代帝国主义的包围是我国实行对外贸易统制政策的政治环境和

① 吴太昌：《抗战时期国民党政府的贸易、物资管制及国家资本的商业垄断活动》，《平淮学刊》第5辑，1989年，第681页。

② 邬宗伊：《国营贸易的技术问题》，《解放》1938年第59期。

土壤。近代中国处在帝国主义的包围之下，近代帝国主义的特征是：一、生产和资本高度集中；二、银行与产业资本形成金融资本、金融寡头支配经济；三、商品输出外，资本输出具有重要的意义；四、国际独占资本家团体成立，把世界领土分割干净。换句话说，中国市场完全是在帝国主义的支配之下，我国对外贸易与帝国主义发生密切的联系，试问以我们这个毫无组织的国家，再用自由主义贸易政策同人家斗争，有什么胜利的希望呢？你只要知道中国民族资本要不断向前发展，就会明白我国政府施行对外贸易统制是毫无疑问了。

（3）近代中国经济结构的特征决定了对外贸易统制政策。近代中国对外贸易是在半殖民地半封建社会的条件下，我们应该对症下药，从半殖民地半封建社会杀出一条生路来，要完成反帝反封建的双重任务，完成工业革命，建立大同社会的贸易基础，唯一有效的贸易政策就是统制贸易政策。

（4）近代中国文化及意识形态决定了统制经济政策。近代中国对外贸易文化里面有两个主要特征：一是缺乏组织力量，一是不重视秩序。可以看出，要纠正无组织、无秩序的种种弊病，非实行统制对外贸易不可。

（5）对外贸易统制政策适合了抗日战争和国防建设的需要。“近代中国不仅缺乏最低限度的国防，而且缺乏立国的基本需要。“你看！上海陆空军的建设，哪一样可以和人家对等的作战。军需工业及日常国民必需之品乃至粮食、棉花，哪一样可以自给。真正是‘以言国力，不足以抗日，以言民力，不足以剿匪’。”① 可见，对外贸易统制政策适合了抗日战争和国防建设对外贸易的需要，实际成为抗战时期国防建设的一部分。

总之，近代中国的战时对外贸易政策的确立是经过了长期的酝酿过程的，它顺应了历史和时代的潮流，萌芽于抗日战争前，成熟于抗日战争中。

## 第三节　抗战时期对外贸易政策的特征

通过对抗战时期对外贸易政策的总体分析，我们可以看出，抗战时期，南京政府的对外贸易政策基本上坚持了独立自主的原则，主要表现有三个特征。

---

① 罗敦伟：《中国统制经济论》，新生命书局1935年版，第105页。

## 一、变被动为主动，独立自主性增强，半殖民地色彩弱化

前面曾经说过，中国对外贸易，几乎都被洋商所操纵，无论从价格、运输还是汇兑，中国总是处于被动的地位，主要原因是本国经营进出口贸易的商人，资本太薄弱，又缺乏现代的知识与组织。当时实行国营贸易，可以利用全国统一的组织，集中全国的人才与资金，直接和外国从事贸易。这样不仅可以避免外商在对外贸易上的剥削与操纵，而且还可以自由向国外发展。同时，因为国家集中经营，实行大量进出口，对于价格、金融、信用等条件，也比较便利合算，从而不至于使对外贸易总是处于受人左右的被动地位。

从中国近代对外贸易来看，此时中国在对外贸易仍然处于屈从和被迫的半殖民地地位，丧失主权的南京政府，海关人事权听命于外人，无论进口、出口都处于被动地位。虽然国民政府也曾经创办了国际贸易局，但是只是形式而已，对国内外贸易并没有意义和价值。

抗战爆发后，国民政府虽然独立自主地颁布了对外贸易的法令法规，也公布了进出口管理条例等，名义上可以主动进口出口农矿产品，将原来一度被动的对外贸易，逐渐上升为主动贸易。这在一定程度上淡化了中国半殖民地色彩，坚持了独立与平等。但是在易货偿债贸易来看，列强迫使中国提前还贷，实际上就是列强仍然可以监督和制约国民政府，因此，这仍然是丧失主权前提下的不平等交换。

抗战时期的国民政府举借外债与抗战前还是有很大的不相同。由于苏、美、英、法等国都是根据战争的需要，更是出于自身利益的考虑，客观上干预中国主权的思想弱化，列强也不是完全以牺牲中国来进行贸易的，还要考虑发挥中国的抗日能力。孔祥熙曾经拒绝了美国的建议和要求，“指责英国要殖民主义态度”①，在宋子文提出借款时，蒋介石也曾经多次拒绝了美国的要求。可见，在许多贸易问题上来说，当时的国民政府坚持了独立自主的立场。还如美国原草案中有“本财政援助之条件，包括对美国酬报的好处，其最后决定应待形势发展”② 的字句，蒋介石否定了这一说法，罗斯福在

① ［美］阿瑟·恩·杨格：《1927—1937 年中国财政经济情况》，中国社会科学出版社 1981 年版，第 421 页。

② United States Relations with China with Special Reference to the Period 1944—1949 Washington, D. C. U. S. Government Printing Office，1949 年，第 479 页。

1942 年 2 月 27 日致电蒋介石："中国军队对贵国遭受野蛮侵略所进行的英勇抵抗已经赢得美国和一切热爱自由民族的最高赞誉……"① 国务卿赫尔因为"中国对抗击侵略的共同事业的贡献，使得我们给予力所能及的充分支持"。② 财政部长摩根索认为，中国的不断抵抗，"在争取全世界自由、人类胜利与和平中担任一个重要角色"③，中国人民终于在抗战中赢得了尊敬，独立与平等是这一时期对外贸易的主要精神。

### 二、抗战时期对外贸易的国家垄断性空前加强

凯恩斯主张，政府应该干预对外贸易。"在凯恩斯看来，如果一国政府还不能合法地干预经济的话，那么，对贸易收支的特别关注是带动投资的好办法。"④ 南京政府面临抗战时期的内忧外患，逐步加强了对外贸易的国家垄断，直接干预对外贸易活动。所谓国家垄断贸易，就是指"（一）对外贸易由国家机关执行；（二）在国际市场，政府是单一的经济组织，一切对外贸易由单一的机关经营；（三）一切输出及输入均由国家决定且受国家的调节"⑤。由此可以看出，没有国家的决定，任何物品不能输入，也不能输出。对外贸易的经营，均由唯一的国家机关处理。南京国民政府在内忧外患的抗战时期，采取了这一对外贸易政策。

贸易调整委员会成立后，国民政府考虑到对外贸易与外汇、对外借款协定的履行等的密切关系，遂于 1938 年 2 月将其改属财政部领导，并更名为贸易委员会（简称贸委会），同时将实业部下属的国际贸易局并入。贸委会主要采取了如下一些措施：

1. 创办国营对外贸易公司，经营主要农副产品的购销及进口军需物资

贸易委员会成立后，除负责对外贸易的行政管理外，还创办公司直接从事进出口贸易活动，所设富华、复兴、世界贸易和中国茶叶四家公司分别经营不同产品的对外贸易。1938 年，贸委会首先创办了富华公司，对国统区的猪鬃、羊毛、生丝等土特产品实行统购统销。总公司下设 9 个分公司及

---

① 罗斯福著，关在汉译：《罗斯福选集》，商务印书馆 1982 年版，第 345 页。

② Morgenthau Diary（China），DACAPO Press，New York，1942 年 1 月 14 日柯克朗向摩根索送的一份书面报告，第 683 页。

③ United States Relations with China with Special Reference to the Period 1944—1949 Washington，D. C. U. S. Government Printing Office，1949 年，第 482 页。

④ 佟家栋：《贸易自由化、贸易保护与经济利益》，经济科学出版社 2002 年版，第 18 页。

⑤ 章友江：《苏联的国家垄断对外贸易政策》，《民族》1934 年第 1 期。

30 多个办事处，此外还有运输处、加工厂等多家附属单位。1942 年富华公司并入复兴公司。1939 年 2 月，中国与美国签订桐油抵押贷款合同。合同规定：中美于纽约合组世界贸易公司专门负责经营中美贸易；美国出口银行向中国提供 2500 万美元的抵押贷款，以中国桐油来偿还；7 月，国民党政府决定桐油由贸委会统销，为此成立了复兴商业公司作为桐油的专营公司，与世界贸易公司共同负责合同的履行。合同同时规定，5 年内，按每吨 440 美元计，中国向美国出口桐油 22 万吨，所得 9680 万美元的 50% 用于偿还贷款，其余由世界贸易公司采购美国货物，交由复兴公司在中国销售。到 1942 年，上述贷款全部清偿。复兴公司作为专门经销桐油的专业公司，在云南、贵州、广西、湖南、江西、浙江、江苏、安徽、河南、陕西等省均设有分公司，且在各省桐油主产区及集中的市场设有办事处，按照全国统一价格、统一收购，统一对外出口。1942 年富华公司并入后，业务范围进一步扩大，除桐油处，又加上了富华公司原来经营的猪鬃、羊毛、生丝及皮革等土特产品。

1937 年 3 月，由实业部联合浙、闽、皖、赣、湘、鄂等茶叶主产区的省政府，与上海、汉口、福州等地的茶商，共同出资组建了官商合资的中国茶业公司。《管理全国茶叶出口贸易大纲》于 1939 年 5 月颁布，规定由贸委会统制全国茶叶出口。1940 年，国民政府命令中国茶业公司改组为国营公司，由贸委会负责统一管理。中国茶叶公司成为茶叶购销贸易的垄断公司。所收购茶叶的 56.5% 用于易货偿债。中茶公司下设 107 个分公司及多家茶场、茶厂，垄断了中国茶叶购销和出口。1945 年 4 月，中茶公司并入复兴公司。

贸委会及其下属公司，利用政府授予的特权，垄断了抗战时期中国主要农副产品的出口贸易，并积极购进抗战急需的大量军需物资。如 1939 年，贸委会向美国佛尔蒂公司订购了 100 万美元的轰炸机及附件。该年贸委会购进的美国军火价值达 506 万多美元，有力地支持了抗战。

2. 协助私营商人开展出口贸易

对于非统制货物，国民政府允许私商继续经营，抗战爆发后，沿海口岸受阻，外商观望，停止收购土货，一般商人资本薄弱，无力承运外销，导致大量商品积压，出口贸易陷于停滞状态，商人纷纷请求政府扶助。贸委会成立初期，主要是对资金困难的商人给以垫款，或介绍中央、中国、中国农民、交通银行押汇贷款，或由该会代办运销出口。如“汉口茶商之存茶，重庆丝商之存丝，万县汕商之存油，或垫付货款，或津贴利息，或津贴运费，或津贴保险费，给以现金，减轻运缴，使外销产业得以苏生，出口金融得以活跃，出口贸易得以维持”。① 1938 年 2 月，贸委会除继续为私营出口商人融通资金外，还对出口商品的生产及运销予以技术指导。1938 年 6 月，财政部颁布《减轻出口成本，促进土货外销》和《调整土货市价、维持国内生产》两个法令。前一个法令主要规定了商人贩运商品出口，在保险、结汇及出口税等方面享有优惠性待遇。后一个法令则规定，凡出口货物成本低于国际市场价格者，贸委会依据国内市场价格，订定该项货物产地及其集散地的收购价格，中外商人均可依此价格进行收购。当出口商品成本高于国际市场价格时，贸委会根据该货物的生产成本制定产地和集散地的收购价格，若因价格过高，商人不愿购买时，则由贸委会依照市价，尽量收购，由此造成的亏损由国家负担。

这些措施固然给政府带来了财政负担，造成通货膨胀的压力，但在非常时期，毕竟有利于维持出口商品的生产，增加国家的外汇收入，有助于满足抗战需要和稳定国统区经济。

1938 年 10 月，武汉、广州沦陷，沿海通商口岸尽失，对外贸易只能依靠西北、西南陆路，这些道路运力有限且安全难以保证。为此，贸委会想方设法协助商人运输货物。在西南线，贸委会除依靠自身的运输系统协助商人运货外，还与驼运管理局协定驼运，并在各省运输中心建立转运站，以供车辆和驼运中转歇息。在西北线，由于汽车车辆不足，贸委会便使用胶皮大车，并与当地驼运订立转运合同。在贸委会的协助下，大量商品得以抢运出口，减少了商人的损失，也为国家赚取了外汇。抗战期间，南京国民政府“利用工业统制建成了后方工业基地，粉碎了日本借摧毁中国沿海工业基地以迫使国民政府放弃抵抗的企图”②。

当然，在对外贸易统制政策实施的后期，也产生了诸多弊端。因“我国对外贸易多以外商为主干，华商组织不大，资本不多，完全居于附庸地位，故政府准发借款以协助民营贸易，仍无法树立整个民营外销商业，以维持战时对外贸易之残局，以奠定战后对外贸易之基础”③。另外，还如对农副产品收购价格过低，或收购价格上涨的速度落后于物价上涨的速度，致使

① 杨开道：《我国对外贸易之回顾与前瞻》，《贸易月刊》1943 年第 8 期。

② 石柏林：《凄风苦雨的民国经济》，河南人民出版社 1993 年版，第 365 页。

③ 杨开道：《我国对外贸易之回顾与前瞻》，《贸易月刊》1943 年第 8 期。

一些商品收购价低于市价甚至低于成本，打击了生产者的积极性。如1940年，重庆猪鬃每吨成本为3.34万元，而收购价仅2.17万元。1943年，广西桐油每吨成本达2357元，收购价只有1680元。[①] 此外，贸委会在收购中还存在打白条、拖欠货款等现象，严重损害了农民利益和农村经济的发展。

3. 抢购战区的出口物资

随着战争的发展，沦陷区面积不断扩大，为保护国家资产，防止资敌，贸委会组织汽车、船筏、挑夫等千方百计抢购战区物资，运输出口。1939年2月，浙江宁波、温州积存了1亿元以上的出口货物，急需外运。贸委会获悉后，令其浙江办事处设法抢购，使这批物资免予落入敌手。后贸委会又与浙江省政府订立收购战区茶、茧等物品的合同，由贸委会拨款抢购外运。1940年贸委会除其所属分公司直接收购战区物资外，还委托各战区经济委员会，通过各地行商收购当地物资。贸委会抢购的物资一部分用于易货偿债贸易，还有一部分用于一般性外销出口。

战区出口物资的抢购，一方面减少了中国经济的损失，另一方面有助于对外偿债合同的履行，维护了国家对外信誉，加强了中国与盟国间的合作。一般贸易出口增加了外汇收入，有利于抗战物资的进口。

此外，贸委会还负有对出口收汇的管理、对物资供求的调节等职能。战前设立的资源委员会除继续充当重工业建设的领导机关外，到1938年又兼任了重工业的经营实体，即一方面主持创办工业（尤其是重工业）企业，另一方面负责对重要矿产品生产、运输、销售的管理。其中对用于易货偿债的战略性矿产品继续实行统制，这一工作成为抗战时期资委会活动的核心内容。据资料记载："抗战八年之资源委员会，中心工作有二：一为工厂、电业之建设经营；一为出口矿产之易货偿债。出口矿产指钨、锑、锡、汞、铋、钼而言。中日战起，政府先后向苏、美盟帮，借有巨额外债，规定以农、矿产品易货偿债；本会二十五年开始管理之钨、锑及二十八年加入管理之锡、汞，皆为偿债易货之主要物资，逐年输交苏、美两国。产品管理机构方面设有钨、锑、锡、汞四管理处及其分处，即云南出口矿产品运销处，分别自产并收购赣、湘、粤、桂、黔、滇之矿产品；运输方面有运务处及其段站；交货方面有国外贸易事务所及各交货地点之分机构；……办理产购运交事宜。"[②] 统制的矿产品种类由战前的钨、锑扩大到锡、汞、铋及钼等。

---

① 姜铎：《略论抗战时期国民党经济的作用》，《江海学刊》1988年第1期。

② 陈真：《中国近代工业史资料》第3辑，三联书店1961年版，第840－841页。

为增加货源，开展易货偿债贸易，资源委员会不仅控制矿砂的收购运销，还直接对生产进行管理。为此，资委会积极从国外引进先进机器设备，基本改变了过去土法开采的局面，技术水平的提高大大增强了中国矿产品开采能力，改善了产品质量，经济效益随之提高，对抗战提供了有力的支持。

### 三、太平洋战争对抗战时期对外贸易政策产生重大的影响

太平洋战争爆发以来，国内外经济形势突遭巨变，政府的对外贸易政策对抗战发挥了日益重要的作用，对外贸易围绕三个条件展开：（1）打通国际运输路线，推行进出口贸易；（2）注重资源互用与资源共享；（3）国家财政紧缩，政府统购统销。这些政策对抗日的作用是显而易见的，但作为一种临时性贸易政策，它还很不成熟，仍然有不少值得改进完善和反思的地方。因此，作为战争时期的一项对外贸易政策，不仅要围绕战争这个主题，打破敌人的封锁，取得战争胜利，更要注意维护生产事业，以备培养战后贸易产品的输出力量，为战后对外贸易打下良好的基础。因此，我国号称农业大国，出口货物基本是以农产品为大宗，如果以一时的外销停滞而使我国的生产基础发生动摇，那将绝对不会是战后短期内所能够恢复的，其结果在战后必将丧失原有的出口市场，影响输出贸易相当之大。单就战后我国很快恢复对外贸易市场来看，南京国民政府的战时政策基本是成功的。所以在战争年代，更要从战略的高度来把握国内外市场和本国产业之间的关系。

太平洋战争前，国民政府对外贸易政策经过了调整，在对日方面，由仅仅查禁日货而扩大至查禁一切为日人所统制的货物；由仅仅禁运食粮资日而扩大至禁运一切可为日人利用的货物。对其他国家方面，由一向的自由贸易而改为输出入的统制；由放任的售结外汇而改为一切出口货原则上均应结汇。这是抗战中的一个重大的进步。主要措施如下：（1）查禁日货；（2）禁运物品资日；（3）统制输出入贸易。[①] 以上三条措施，对抗战初期的对日贸易实施了一定程度的抑制和打击。

特别值得一提的是，实行出口或售结外汇有了新的特征。国民政府曾经于 1938 年 5 月 20 日颁行了《商人运货出口及售结外汇办法》，1939 年 7 月 14 日又制定了《出口货物结汇报运办法》，根据这次公布的新办法及其附件，有几个特点值得注意：（1）在原则上讲，新办法把应结外汇货物的种

---

① 刘朗泉：《两年半来国民政府对外贸易政策的回顾》，《东方杂志》1940 年第 4 期。

类已经扩充为一切的出口货物；（2）1938 年对于应结外汇的出口货物报运转口内销，本不限制，其余的转口输往沦陷区域，1939 年增加了 12 种货物被限制，其目的是为了避免转口资日；（3）1939 年 3 月 6 日颁行修正《外销货物限制报运转口办法》和《外销货品指定限制报运转口区域表》，在这个表格里，增加了许多原来没有的限制转口区域；（4）1939 年 7 月颁发的新办法对于报运结汇出口或商人有许多优异的待遇，也是旧办法上所没有的。如商人可获得九成结算或豁免出口税的优惠政策。

从以上四条政策，我们总结在太平洋战争爆发以前，国民政府的对外贸易政策有如下三个重要的特征和趋势：（1）由放任自由的态度到逐渐统制的态度；（2）由各地方暂时权宜的措施到中央逐渐统一的措施；（3）由简略的规定到精密的规定。

太平洋战争前，国民政府曾颁布了《增进生产调整贸易办法大纲》，明确了我国战时对外贸易政策："随抗战之进度，依照政府所定方针，努力进行调整工作，凡关扶助生产购运物资出主购统销货物，管制进口贸易，履行易货合约，维持国际市场各项业务，营办四年，成效弥著。就中对外易货，为我国对外贸易政策的骨干，所以充实抗战资源，维持国产出路，安定国内金融，树立国际信用，其成就尤为卓越"①。可见，此政策自抗战推行四年以来，取得了巨大的成绩。

太平洋战争爆发后，国际经济形势突遭巨变，对我国对外贸易影响深远。具体表现为：（1）香港、仰光相继沦陷，原有的国际通路受到阻塞，我国物资出入更加困难；（2）英、美对日宣战，成为我国盟邦，此后彼此在物资供应方面，将有争取共同胜利的同盟关系，这就超出了过去通常贸易的范围。基于这个国际战争形势的变化，国民政府审时度势，适当地调整了对外贸易政策，体现了南京国民政府务实的工作作风和与时俱进的思维方式。其具体政策为：（1）维持物资出口，以供应盟国需要。英美对日作战之后，若干重要物资，反受到敌国的封锁，来源中断，这些物资全靠我国供应，特别是资源委员会所管理的钨锑锡汞及贸易委员会所管理的桐油、猪鬃、生丝、皮毛等，都是盟国作战必需的物资，盟国方面来说必须获得，打破困难，在我国来说，必须努力供给，勿使匮乏。（2）把握国外市场，增

① 邹琳：《太平洋战争与我国对外贸易政策》，《贸易月刊》1942 年第 7 期。

进国产销路。我国可以供应盟国的物资要继续供应；其他物资也应设法出口，并要注意加工改良，提高品质，在海外市场树立信誉，以期永久保持销路。如过去丝茶出口，经常受到第三国竞争的干扰，这个时候，恰逢日丝日茶运销中断，特别要把握时机，要极力供给，目的在获取市场，不要斤斤计较于成本，这样就可以奠定日后外销的基础，这不失为增进日后国产销路的长久之计。（3）发展内销市场，维护生产利益。在世界战争中，到处运输困难，国产物资外销很不容易，但如果根据外销状况而缩小产量，不但损害生产者的利益，而且还会摧残国民经济的基础。故一面应维护外销市场，一面还应拓展内销途径。如发展丝茶各物的内销运销，鼓励桐油提炼汽油，生丝羊毛赶制织品等，使国产物品销路畅通无阻，产量也不受影响，这既是培植国本，又是维护生产者的利益，可谓一箭双雕。（4）改良国产品质，巩固生产基础。过去政府扶助外销物资的生产，总是只注重数量，不太注重质量的提高、用途的推广。在内销外销运输情况多变之际，不能只以偏重增产为满足，而应该积极研究，改良技术，加工整理，提高品质，推广用途，以倡导精产作为政府的扶助政策。如桐油的提炼，植茶技术的改良，茶膏茶素茶砖的炼制等，都是加工整理、推广用途的重要工作。这项成就，既可开拓当前的利用，又可开拓战后销售的市场，也是在巩固外销物资的生产基础。（5）改定禁运政策，应对敌经济作战。过去为防止物资资敌起见，曾经规定政府统销物品及结汇出口货品，禁止运往沦陷区域。太平洋战争发生后，日本没有再将我国物资转运第三国的可能。因此，除军用必需资源外，若干普通货品，没有严厉禁运的必要。如统销货品中的茶叶等，也可规定办法，准予运销沦陷区域。既可扩展该类货品的销路，又可换取沦陷区域的必需物资，满足双方的需要。至于战区内既是国防物资又是民生必需品，仍旧依照既往所定的方针，努力抢收，以策应对敌的经济封锁战。（6）变通统购统销办法，扩大运销力量。外销物资在受新局势的限制下，应当变通办理，尽量另开销路。政府对于统购统销各项产品的购销办法，不得不略加修正，允许商人在法令许可的范围内参加营运，以协助贸易的进展。如统销的桐油，准许商民在国内为合法的采购存储转运；统销的猪鬃，准许取消商民存鬃数量及存储时期的限制；统销的茶叶，其内销的平衡费暂停征收，准许免证通行国内并运往沦陷区域。这种修改办法，足以使运销力量大为增加，但是仍然必须斟酌市场的需要，如桐油为国防必需品，用途日广，还是应该由政府大量收购，加强管理。①

以上六项措施，是在太平洋战争新形势下，国民政府根据国内外的需要特别制定的，这些政策既照顾了政府日益困难的财政形势，又兼顾了生产事业的扶植；作为战时的非常措施，又兼顾了未来贸易的发展；既注意了本国对外贸易的调整，又保证了对盟国物资的供给；既保证了国产外销，又保证了国内本身的销路；既争取了对敌物资，又兼顾了沦陷区的市场。客观地说，政府能够随着国际形势的发展，因时制宜，调整了统购统销的办法，是南京国民政府的一个进步，如果说南京政府有意缩小对外贸易范围，显然有失历史的公允性。下面，以国民政府对美国、英国为例，分析太平洋战争对战时对外贸易政策的影响。

1. 对美国的贸易政策逐渐走出低谷

中日战争是太平洋战争的序幕，太平洋战争是中日战争的扩大。抗日战争与欧洲战争紧密相连，而太平洋战争又是欧洲战争的延伸。从此，欧洲和亚洲战场打成一片。太平洋战争爆发后对中美贸易的影响尤其严重和突出。严重的表现主要有：（1）中美贸易运输问题发生了严重的困难；（2）中国出口货在美国的市场受到了严重的影响；（3）美货输出问题也受到了严重的影响；（4）中美关税问题因为太平洋战争影响，互相让步；（5）外汇问题，可因太平洋战事的发生而减轻中国外汇的严重负担；（6）中国生产问题已因为太平洋战争引起了严重的困难。②

面对严峻的形势和困难，国民政府采取了不少单独针对美国的贸易政策，其主要原则有：（1）军事第一，胜利第一。我国处在危机存亡之秋，贸易政策一切以辅助两国军需为原则。（2）以交换物资为原则。如美国需要的棉花、汽油、药品、机械、军火应尽可能输入中国，而中国的钨、锑、锡、生丝等特产，中国应尽可能输出至美国以供应其军需工业的需要。（3）不计成本。中美双方已经进入战时贸易非常时期，因此不能斤斤计较于成本及利润的得失，只要于军事有益就可。（4）不以争取外汇为主要目的，一切都可以以记账的方式进行。（5）取消一切贸易障碍。如美国关税和检查法的限制等。（6）不可忽视战后建国及贸易的发展。（7）内外销并重。（8）锁定贸易国营政策。③

---

① 邹琳：《太平洋战争与我国对外贸易政策》，《贸易月刊》1942 年第 7 期。

② 徐敦璋：《太平洋战争与我国对美贸易》，《贸易月刊》1942 年第 7 期。

③ 徐敦璋：《太平洋战争与我国对美贸易》，《贸易月刊》1942 年第 7 期。

综观以上对美贸易政策的基本原则，可以看出，这些贸易政策有这样两大特点：（1）具有实际针对性。军事第一，物物交换，不计成本，不以争取外汇为主要目的等，都体现了南京政府在大敌当前的情况下，能认清形势，以共同抗战为大局，不推行单纯的民族利己主义，为世界反法西斯战争作出了贡献。（2）具有战略眼光。如内外销并重、将战后建国与对外贸易联系起来，体现了南京政府难能可贵的战略眼光，“将来以农立国，以工商立国，走自由经济之路，凡此种种，在一面抗战，一面建国之初均应有一大体之决定。总之，今后形势无论如何，中国建设必须大量之生产工具，资本，及技术上之外来援助。而此等援助大势所趋，战后当然只有一美国可以胜任。彼时中国自可向美举行外债。但中国彼时其将以何种方法偿付此项债务。故此时理应注意日后之贸易发展，以备将来也。”① 抗战胜利后，美国成为了中国的主要贸易国，充分证明了国民政府的预见既符合实际，又非常的科学。

2. 对英国贸易政策逐渐科学合理

太平洋战争爆发后，在短暂的时间内，日军封锁香港、夏威夷、关岛、中途岛等，战火蔓延太平洋，我国对英国的进出口贸易自然受到特别严重的影响，如运输不得不改道、贸易成本日益增加、运输越来越困难。但笔者认为，对贸易影响特别不能忽视的是两个特征。一是贸易物品量值的减少。我国对英的进出口贸易，无论在量额上或价值上，势必较战前退减，其退减的激缓，则要看整个战局的好转或恶化而不同。如“最近仰光方面中国对英输出入之减少，殆即说明此种必然之趋势”②。二是贸易物品类别的变化。由于运输紧张等原因，物品类别也在悄然发生变化，凡是体积大、价值低或者质地脆弱而又不耐久运的物品，渐渐遭到淘汰，战后中英贸易逐渐侧重体积小、价值大与性质坚强而且经久耐运。如果不是这样，则不能充分利用轮船的宝贵容积与吨位，从而克服中英贸易在运输上存在的种种困难。

面对严峻的贸易环境，南京国民政府本着“军事至上、建国至上”的基本原则，推行物资的合作与交换、不单纯以争取外汇为唯一目的、不完全斤斤计较于贸易成本、撤销关税壁垒的措施，不但维持了中英两国原有的贸易，还特别发展了中国对英各自治领及殖民地的贸易。如下表所示：

---

① 徐敦璋：《太平洋战争与我国对美贸易》，《贸易月刊》1942 年第 7 期。

② 蔡鼎：《太平洋战争与我国对英贸易》，《贸易月刊》1942 年第 7 期。

**表 5-3　1940 年英各自治领在中国全部对外贸易所占之百分比**

| 自治领或殖民地 | 印度 | 马来 | 加拿大 | 澳大利亚 | 缅甸 |
|---|---|---|---|---|---|
| 进口 | 8.57 | 1.12 | 0.21 | 2.15 | 0.20 |
| 出口 | 4.55 | 3.28 | 1.24 | 0.46 | 0.50 |

资料来源：蔡鼎，《太平洋战争与我国对英贸易》，载于《贸易月刊》，1942 年 2 月 15 日，第 3 卷，第 7 期。

“我进口方面所减少之物质，金属矿砂及金属制品，机器及工具，化学产品及制药木材等，悉为抗战建国之所急需，如棉纱、棉布及棉制品等，为我后方现在最感缺乏而最需要之民生必用品，应均能取给于印缅澳加等地；出口方面之所滞销者，为猪鬃、桐油、生丝、锡锑钨矿砂等，为我产量丰富之特产品而英各自治领殖民地轻重工业所必需之原料，亦宜均可源源供给印缅澳加等地”，“如各该自治领殖民地对我国贸易关系增进，则我国不难供给其因进口减少而缺乏之物资，获取其以出口降落而滞销之商品。互通有无，两俱有利”。[①] 可见，我国多余的正是英国自治领及殖民地所需要的，我国所急需的也正是英国自治领及殖民地所多余的。

太平洋战争爆发后，南京国民政府对英国的贸易政策基本上是成功的。

首先，部分取代了英国与其各自治领各殖民地之间的贸易。英国与其各自治领各殖民地间贸易关系的密切，远非他国所能比拟。战后，因为各自治领各殖民地距离英国遥远，航运艰难，贸易关系日趋稀疏。中英两国既然是并肩作战的盟国，则各自治领殖民地因战争减少，对英国进出口贸易而对维持民生，支持抗战所有物资供应上的困难，中国应该在力所能及的范围内代为解决。特别是印度和缅甸，距离中国较近，更应该由中国解决一部分物资，如果战局好转，敌人被迫退出太平洋，而处于中国海或日本海，则马来，澳洲，新西兰等，贸易之困难，也可由中国代为解决。“缅甸在 1939 年至 1940 年对英输出之价值 4435548 留比，量达 60615 吨；自英输入之各项丝织用羊毛价值 106918 留比，量达 44297 镑，火腿牛肉价值 58177 留比，量达 60000 镑。现拟以战事关系，货运阻碍，则中国纵不能全部销纳或供给此类物资，最少限度亦能代为解决一部分之困难。”[②]

其次，部分取代了轴心国及其所占据控制国家与他国的贸易。英国与各

① 蔡鼎：《太平洋战争与我国对英贸易》，《贸易月刊》1942 年第 7 期。

② 蔡鼎：《太平洋战争与我国对英贸易》，《贸易月刊》1942 年第 7 期。

轴心国及其所控制占据的国家，因地域上临近，经济上的需要，历来有相当密切的关系。战争爆发，中英站在同一条战线，彼此合作是唯一的选择。中国在进出口方面，就货别而言，中国于1940年对若干轴心国家的一部分贸易关系如下表：

**表5-4 1940年中国与轴心国的贸易关系**

| 国家 \ 物品 | 桐油 | 猪鬃 | 羊毛 | 蛋品 | 皮类 |
|---|---|---|---|---|---|
| 法国 | 529633元 | 131124元 | — | 741893元 | 148106元 |
| 越南 | 144797元 | 36652元 | 73184元 | 3944元 | 317026元 |
| 德国 | 1819741元 | 68949元 | 38317元 | 2049992元 | 3191元 |
| 意大利 | 670260元 | — | — | 429027元 | 10元 |
| 日本 | 201679元 | 177850元 | 3557750元 | 1154523元 | 1702996元 |
| 澳门 | 585492元 | 34076元 | 1260元 | 426396元 | 74588元 |
| 瑞典 | 77347元 | 7012元 | — | 42783元 | — |
| 荷兰 | — | 44333元 | 10155元 | 388718元 | — |

从上表可以看出，中国对轴心国贸易量相当大，“中英两国对各轴心国及其所占据控制国家贸易关系的比照，说明两方如果能够通盘筹划，彻底合作，彼此设法取代其前对各该轴心国及其所占据控制国家之进出口贸易，借以互谋究实其军需民生必需之物资”①。可见，中国部分取代了轴心国及其所占据控制国家与他国的贸易。

再次，部分取代了轴心国及其所占据控制各国与英各自治领殖民地之间的贸易。战前轴心国及其所占据控制各国与英各自治领殖民地之间的贸易关系密切，战后各自治领各殖民地在地理上，大多彼此相距遥远，战局严重，航行艰难，阻碍日多，我国则以地域毗连，运输较便之故，解决其困难，接济其所需，销纳其所余。“缅甸于1939至1940年取自于澳大利亚之腌肉火腿，价值30948留比，而对于澳输出之大米达234457留比，现以战事海运阻滞，则我国正可内运缅米以经民食，而以滇省宣威火腿、四川腌肉外销缅甸。此外对于其他各省自治领各殖民地，类似可能的情形，不知凡几。”②

太平洋战争爆发后，与对美国的贸易政策相比，对英国的贸易政策取得

① 蔡鼎：《太平洋战争与我国对英贸易》，《贸易月刊》1942年第7期。
② 蔡鼎：《太平洋战争与我国对英贸易》，《贸易月刊》1942年第7期。

了与美国同样的效果，随着战争的结束，与英国的贸易就显得衰落了很多。原因是多方面的。主要有：（1）二战结束后，随着英国自治领和殖民地的土崩瓦解，与英国的贸易便成了与自治领和殖民地的单独贸易，与英国本土的贸易自然就逊色不少。（2）二战结束后，美国贸易势力强大，与美国的贸易成了全世界关注的焦点，与战前相比，这种强烈的反差遮住了我国对英国贸易的光芒。（3）对英贸易政策的实施本身存在一些失误。对英贸易政策缺乏一定的前瞻性，没有预料到战后的复杂贸易情况，只注重了战时暂时的贸易措施，如增开空运航线，加多远东的轮船和班次，合理分配航运吨位，增强运输的能力等，但这些措施没有继续贯彻下来，战争一结束就停止了，并丧失了战时对英国贸易的大好形势。其实在战争刚结束，我国完全可以根据当时民用物资需要仍然非常紧张的具体情况，调整战略，实现贸易政策的战后转型，与英国的贸易应该至少不会比美国逊色。

## 第四节　抗战时期对外贸易政策的作用与影响

抗战时期，南京国民政府通过战时统制对外贸易，实行外汇和商品管制，努力打破封锁，寻求对外正常通商贸易，加强铁路运输物流政策，提出并尝试民生主义对外贸易政策，加强海关缉私等方面的一系列政策和措施，打破了敌人对我国的战时经济封锁，为获取抗战的胜利起了一定程度的保证作用。

### 一、抗战时期对外贸易政策的作用

抗战时期的对外贸易政策筹聚了抗战的经济实力，保证了抗战的胜利。既要增加生产，又要促进对外贸易。这就是战时所面临的严峻经济形势。抗战中，国民政府不得不实行贸易管制，贸委会垄断对外贸易，采取垫款大量收购，然后积极筹措，抢购抢运战区物资，促进外销内销。在日军的战火下，仍然像战前依靠商人经营，军用物资和大宗农产品是不可能进出口。因此，抗战时对外贸易政策保证了抗战时战略物资的需要。如果当时没有贸易管制，处于无政府状态的中国进出口必然会混乱不堪，军事原料会源源不断地运销出口，这必然削弱国民政府的抗战力量。

尽管面临严重的军事经济形势，国民政府仍然购进了大量抗战物资和舶来奢侈品，为了限制奢侈品的进口，《非常时期禁止进口物品办法》于1937年7月颁布，共168项属于违禁物品，国民政府规定了鼓励进口的范围。“抗战后期，进口物资以促进国内生产为主，机器、原料和工业器材居于首位”①，大量抗战物资的进口支持了中国的持久抗战，尽管被国民政府所垄断，日军占领了海关，在极其艰难的环境下，国民政府仍然获得了巨额的关税收入。战时贸易得到国际国内舆论界的认可，对中国的抗战事业是极大的贡献。英国、美国等知名人士，“提议继续对中国借款”②，这些都极大地增强了中国抗战的军事力量。

易货偿债贸易也是有成效的，国民政府在抗战期间总共获得20亿美元的对外借款总额，战时对外贸易政策确实是有一定成效的。这大大减轻抗战时期中国政府的财政负担，从财政经济上增强了中国抗战的效能。

众所周知，抗战本身就给予了对外贸易一大打击，但是抗战也给予了对外贸易一些更新的条件，如贸易口岸随着战局的变动，而加重了内地口岸的作用。保全区的少量的出超扭转了几十年来的逆势贸易。虽然这种扭转的形势还很微小，但对我国战时对外贸易政策的制定提供了参考与借鉴新思路。无论是对内还是对外贸易，战争一旦发生就要改变其旧有的观念。因为交通的阻塞，又因贸易本身对战争的适应关系，和它对于平时一切交易关系的改变，对外贸易肯定遭受莫大的影响，即使是对内贸易，在此时也不能不改弦易张。“昔日川丝由上海出口者，云南腾越蒙自等关出口。”③尤其是在产业落后，外国制造品充溢国内，本国原料依存外国市场的国家，两者相互影响，更足以增大脱节变易的性质。抗战以来，中国对外贸易的主要对手国原来是敌国日本，战事发生，对日的输出输入贸易中断了。后来日军封锁我国沿海口岸，于是对其他外国的贸易，也受到极大的阻碍。本来，一国既然与他国发生大规模的战争，则彼此之间的政治经济关系，应该是完全断绝，但奇怪得很，中国与日本刚发生战争的头几个月，彼此之间的外交关系还是一如既往，其主要原因：（1）贪利奸商不肯彻底与敌人断绝经济关系；（2）政府到1937年10月份还在照付敌人的到期赔款。因此，抗日战争初期，作为政府不但要防避敌人的飞机大炮，更要加紧防避它们的私货。

在输出方面，我们要采取禁止输出与增进输出两种途径，如有关军需品

① 冯治：《抗战时期国民政府对外贸易管制述评》，《近代史研究》1988年第6期。

② 《贸易委员会工作概况》，《贸易月刊》1940年第3期。

③ 杨玉珠：《最近我国生丝对外贸易分析》，《贸易月刊》1941年第8期。

的资源，国内日常需要的粮食，感觉缺乏的用品，应当禁止其输出；同时国内消费不了的乃至节省消费所得的剩余物品，应当设法增进其输出。输入方面，我们要采取限制输入与奖励输入两个途径。如奢侈品、化妆品以及其他非十分必要的适用品，必须限制其输入，如国内发展国防工业所需要的原料品或半成品，应该奖励其输入。倘若当时能有有效的对外贸易政策，又能适当改变战时的交通阻塞问题，我们很有可能做到贸易平衡的地步，“虽然我们的重工业不发达，然而，军需品要大量的向外购买，但逐年六七万入超的庞大数字的纠正，那对于中国全部国民经济，固是一个重压的解脱，同时在国内工业手工业上，则尤以一个莫大的刺激”①。根据当时的客观形势与我国对外贸易的历史经验和教训，至少可以从以下五个方面着手。

（1）增加生产　这可以分为两个方面来说，一是改进农业生产，二是发展内地工业。首先，从当时的统计数据来看，号称以农立国的中国，“1939 年 1 月至 9 月的 1061731564 元的进口货物的总值中，杂粮及杂粮粉的输入值竟有 171371373 元。占进口货物的首位，与同一时期的入超数字相比，几乎占了一半”②。针对这种情况，当时如果能够改进农业生产，增加农业的生产量，免得从国外输入粮食，那么只此一项就可以减少近半数的入超额了。其次是如果能够在内地普遍设立工厂或手工业作坊，自行制造日常用品，甚至能够出口一部分商品，自然就可迅速扭转历史上的贸易逆势。

（2）厉行节约　战争时期的交战国家都奉行厉行节约的原则，欧洲各国如英、法、德等国都严格地贯彻节约的原则，对手敌国日本更是如此，而我国人民则刚好相反。“1940 年元旦，重庆几家高贵的西餐店 50 元一位客的西菜席，早在除夕之前就被预定而告客满，百元以上的中菜席更是普遍得随处可见，然而一些食料的消耗，很多都与外汇有关。再看 1939 年 1 月至 9 月间，烟草和酒类的输入金额，竟有 35429290 元之巨，几乎占了这一时期入超额的 10%。”③ 诸如此类的奢侈生活和浪费外汇的痛心事实，证明了一个浅显的道理：实行节约，也是争取贸易顺势的重要条件之一。

（3）开发交通　抗战时期，我国东南沿海和香港封锁后，对外国际贸易路线中断，交通运输形势异常严峻。增加输出最积极的办法固然需要生产品的增加，但是有了堆积如山的商品，如果没有适当的运输工具，仍然是有

① 王亚南：《战时经济问题与经济政策》，光明书局 1937 年版，第 30 页。
② 朱剑农：《论抗战时期之对外贸易》，《时事类编》特刊 1940 年第 47 期。
③ 朱剑农：《论抗战时期之对外贸易》，《时事类编》特刊 1940 年第 47 期。

货而不能畅其流，因此加工而成的商品徒有使用价值而不能体现交换价值，这样的商品既然不能进入交换的行程，当然也就没有换取外汇的可能，所以发展交通运输事业，也是争取对外贸易好转的条件之一。

（4）动员民众　根据记载，抗战到1940年为止，处于大后方的重庆还有大量日货的寄售，客观地说，其实国民政府早就有禁止的法令，而其原因是政府没有把民众真正地组织起来，如果真正组织起来了，敌人从沦陷区向国统区的走私也会整个的消灭。所以动员民众可以最大限度地打击敌人，不仅可以争取公开的顺势贸易，还可以绝灭一切私运私贩的秘密走私。

（5）开展游击战争　抗战后入超的主要地区既然是在沦陷区域，那么要想对外贸易平衡，我们的对策就不能局限于国统区的后方，而是应该在沦陷区，也就是说应该在敌人的后方去发展我们的对策。沦陷区虽然是敌人在统治，我们可以开展游击战争，用游击队的武力去粉碎敌伪的政治阴谋和经济榨取，用游击队的政治宣传去号召和组织沦陷区的民众，从而激起广大民众一致遵守国民公约，拒绝使用日货。沦陷区的民众都拒绝使用日货，断绝日货的销路。抗战中我国进口货中的首位国家还是日本，沦陷区的民众如能都做到拒绝日货，这是极有利于对外贸易的。

## 二、国民政府抗战时期对外贸易政策产生的弊端

1. 国民政府对外贸易的组织与管理方面的弊端

（1）物价低落，造成农业经营落后，妨碍了农产品的出口。贸委会的原本目的是为增加生产，促销出口，要实现这一目的，就绝对不能让农民吃亏，可是在具体收购过程中，一些收购官员为了牟取暴利，拼命压低农产品价格，“已卖者亏蚀成本，未卖者无法销售”①。这不仅造成对农民利益的伤害，还造成贸委会无法收齐货物。② 农民生产积极性遭到极大的破坏，外销农矿产品日益减少。

（2）机构腐败丛生，对外贸易遭到严重破坏。

为了防止一些贸易管理机构的腐败，国民政府曾经颁布了一系列法令条例，但是，如前所述，《商务日报》揭露一公司令人心寒的贪污事实，腐败现象必然影响战时对外贸易的发展。

---

① 冯治：《抗战时期国民政府对外贸易管制述评》，《近代史研究》1988年第6期。
② 冯治：《抗战时期国民政府对外贸易管制述评》，《近代史研究》1988年第6期。

2. 在易货偿债贸易政策中，有过分依赖国外援助的思想

抗战爆发后，国民政府总希望和平解决，后又指望苏联、美国出兵。这种依赖思想具体体现在易货偿债贸易中，不切实际地指望外国援助，“对战时财政问题的解决，只寄希望于全体人民的自愿为国捐输以及从友邦得到财政和军事的援助”①，宋子文认为贷款“如运用得当，借款可源源而来”②。驻巴黎的中国大使认为“我想中国政府当时认为，而且可能总是认为英国政府和美国政府能多帮忙”③。但事实上，希望越大，失望越大。据阿瑟·恩·杨格统计，直到 1945 年抗战结束，“外国援助才升到 4%”④。可见，这种依赖的思想的存在必然会导致中国经济付出代价。财政部长孔祥熙也有严重的依赖思想，这样国民政府既不敢放手发动群众进行大生产，外援又根本求不来。

3. 国民政府在易货贸易过程中的弊端

（1）物资分配的不平等削弱了抗战的力量。众所周知，抗日战争是全民族的抗战，它是以国共合作为基础的，八路军、新四军担任了敌后抗日的中流砥柱，应该得到物资援助。如蒋介石坚决反对史迪威将美援武器分给共产党八路军。不仅如此，在国民政府内部，外援物资的分配也是不平等的，这不仅大大降低了抗战的效能，还人为地导致离心离德。由于国民政府扣押援华物资，致使外国物资支援抗日的意义大大削弱。甚至利用援华物资发动内战更加令亲者痛、仇者快。

（2）政府官员侵吞易货贸易贷款，营私舞弊层出不穷。战时美国曾有对中国的 5 亿美元贷款，但是由于操作、运用不力，结果却令人相当失望。这些资金只不过给投机倒把、囤积居奇者提供了一笔可观的额外利润而已，浪费了大量的外汇。对中国抗战并“没有真正的帮助”⑤，甚至还发生连夜抢购黄金，造成轰动一时的“黄金舞弊大案”⑥，令人痛心不已。

（3）黑市上的外援物资到处可见。抗战时期的后方昆明的黑市，比比

---

① 中国人民政治协商会议全国委员会文史资料研究委员会：《工商经济史料丛刊》第 1 辑，文史资料出版社 1983 年版，第 140、141 页。

② 孟默闻：《美蒋勾结史料》，新潮书店 1951 年版，第 57 页。

③ 顾维钧：《顾维钧回忆录》第 2 分册，中华书局 1985 年版，第 534 页。

④ 薛光前：《八年对日抗战中之国民政府》，商务印书馆 1978 年版，第 254 页。

⑤ 中国现代史资料编辑委员会：《美国与中国关系》（中译本），中国现代史资料编辑委员会 1957 年翻印，第 439 页。

⑥ 崔瑞涛：《浅析国民政府抗战期间的对外经济举措》，吉林大学硕士论文，2007 年，第 42 页。

皆是。军人可以偷卖弹药和武器，有公开同敌人往来的。这些事实充分暴露了政府的腐败和营私舞弊，在当时人们看来，这是很普通的现象。这些腐败现象和事实的存在，无疑削弱了“外援抗日的积极作用”①。

综合以上情况，可以看出，抗战时期的对外贸易政策在承继南京国民政府的基础上，在许多方面都有所突破，如国家垄断性、海关缉私意识、独立自主性也有所增强。但总的来说，受到中日战争的影响相当大，对外贸易政策发展的连续性遭到很大的破坏，这决定了抗战时期对外贸易政策的艰难性。

---

① 崔瑞涛：《浅析国民政府抗战期间的对外经济举措》，吉林大学硕士论文，2007 年，第 42 页。

# 第六章　南京国民政府后期对外贸易政策逐渐衰落（1945—1949）

抗日战争时期，为了打破日军对我国的封锁，南京国民政府实行对外贸易统制政策，最大限度地发挥了国家干预经济的作用，最终完成了抗战这一特殊时期特殊的历史使命。抗战胜利后，整个世界经济进入萧条和复苏时期，南京国民政府面临两大历史任务：（1）恢复战前正常的对外贸易关系，使整个国家的对外贸易重新步入正轨；（2）对抗战时期的对外贸易政策重新进行审视和反思、批判和继承。

## 第一节　南京国民政府后期对外贸易的国内外环境

1945 年 8 月，日本宣布无条件投降，抗日战争胜利结束。抗战过程中，美国同世界各国做军火生意，赚取了大量的经济利润。战后，美国利用其强大的经济实力，独占了中国对外贸易市场，美国完全掌控了战后中国的对外贸易，美国将中国变成了它的商品市场和原料产地。与此同时，国民政府撕毁了停战协定，发动了反共、反人民的内战。三年内战对中国的经济破坏非常严重，本已残破的国民经济和对外贸易更加凋敝不堪。在内战中，“四大家族”聚敛了大量的财富，官僚资本急剧膨胀，恶性通货膨胀连续爆发，中国国民经济在这段时间彻底陷入崩溃，中国的半殖民地性的对外贸易宣告结束。

### 一、战后美国成为中国对外贸易的主要对象

1945 年，第二次世界大战结束，战争摧毁了战前的两个世界强国——德、日，其国内工业基本上被摧毁，国外资产基本被没收，经济形势一蹶不

振，二战再次打破了世界原有的政治经济格局，法国与英国在战争元气大伤。只有远离战争中心的美国一跃而成为资本主义头号强国，在第二次世界大战中经济实力大增。“到 1945 年，美国成为资本主义世界最富裕的国家，占主要资本主义国家黄金储备的 3/4”①；在海外投资方面，与其他同家急剧减少相反，美国则从 1938 年的 115 亿美元上升至 1945 年的 168 亿美元，增长了 46%②。因而美国垄断资产阶级宣称“20 世纪是美国世纪”。然而，正如当年毛泽东曾分析的：“美国帝国主义在第二次世界大战期间所增强起来的经济力量，遇着了不稳定的日趋缩小的国内市场相国际市场，这种市场的进一步缩小，就要引起经济危机的爆发。”③ 即一方面受战争破坏，世界市场萎缩；另一方面美国丰裕的资本及大量的工业品对海外市场产生强烈的需求，二者产生了尖锐的矛盾。其结果是战争一结束，美国繁荣的战时经济便走向了萧条。因而，以各种手段积极开拓和控制海外市场成为美国对外政策的核心。

第二次世界大战后，东欧等一批社会主义国家诞生，加强了苏联的力量，美苏两大敌对阵营逐渐形成。美国一方面往西欧推行“马歇尔计划”，帮助西欧各国恢复经济；另一方面，美国将中国国民政府作为其对抗苏联的重要战略伙伴，通过提供大量“美援”帮助国民政府进行经济重建。

## 二、战前正常的对外贸易关系逐渐恢复

抗日战争爆发以后，南京政府被迫实行对外贸易统制政策，对日本等轴心国实行贸易封锁，为战胜法西斯日本作出了贡献。抗战胜利以后，世界经济进入复苏时期，美国对南京国民政府给予了一定程度的支援，我国迎来了一个对外贸易发展的新时期，在这种情况下，恢复正常的对外贸易关系相当重要。这段时期，国民政府表现了相当的主动，先后与法国、荷兰分别签订了《中法平等新约》、《中荷平等新约》，分别规定了双方“平等经商”的权利，《中越关系协定》规定了“中国货物经由海防自由运输，并免税通过滇越铁路自海防至中越边界段”，《中葡金融协定》明确规定“由中国装运锑、猪鬃、棉纱、茶叶、锡、钨、植物油等七类管理出口货品至澳门，或经澳转运出口，所得外汇经指定银行结售与中国政府；此项货品必须向澳门政

① 樊亢、宋则行：《主要资本主义国家简史》，人民出版社 1973 年版，第 178 页。
② 樊亢、宋则行：《世界经济史》中卷，经济科学出版社 1998 年版，第 375 页。
③ 毛泽东：《毛泽东选集》合订本，人民出版社 1969 年版，第 1155 页。

府呈缴结售外汇证明书；澳门政府对于由澳运华之商运货品，如商人不呈缴由中国政府签发的许可证，则禁止其输出等”，《中英空中运输协定》规定了“在规定的地点运载国际客、货、邮件的商业性出入境的权利……进入中国时的征税，应享受最惠国待遇”①。这些条约的签订，一方面，有利于对外贸易的发展，另一方面，也争回了在战前失去的部分国家主权。在这些通商贸易国家之中，特别值得一提的是美国和日本两个大国。

1. 继续接受美国援助，促进对外贸易的发展

抗日战争期间，美国与中国同为反法西斯盟国，为了共同打败日本，美国通过租借法案，给予了中国大量的经济援助，为最后战胜日本作出了贡献。抗战胜利后，我国民不聊生、经济萧条、物价飞涨，对外贸易更是面临着巨大的资金困难，国民政府面临着巨大的重建任务。我国政府非常期望美国的贷款和经济援助，但是战后美国为实现其称霸世界、牵制苏联和东欧共产主义的战略目的，将欧洲作为援助的重点，对远东则是以日本为重点，中国政府并不是它的援助重点。在这种非常艰难的国际环境和条件下，国民政府通过外交手段，获得了一定的贷款，这些贷款在很大程度上是用于发动内战，也有一小部分用于经济建设，在一定程度上促进了对外贸易的发展。

根据美国华盛顿邮报的记载，自从1945年8月日本投降到1947年6月底为止，在这两年期间，美国援华贷款共计13亿9000万元，内含军事援助7亿2000万元，救济物资4亿6000万元，进出口银行信用贷款8300万元，购买剩余物资贷款4000万美元，平均每年约有7亿美元的收入。而中国的政治经济环境，仍然是非常困难和拮据。可以看出，7亿2000万元的贷款都是军事贷款，主要用于帮助国民政府发动内战，对付共产党领导的解放区和广大人民。而4亿美元的援助，其效果是非常有限的，也就更谈不上对外贸易的促进了。但是根据中国国民政府的报道，与美国报纸所载，有很大的出入。根据当时国民政府财政部长俞鸿钧在国大议席上的报告，战后美国援华情况可以分为四大部分：

（1）借款物资。（甲）棉花借款（由进出口银行贷与中国银行33000000美元）；（乙）永利贷款（由政府担保）16000000美元；（丙）交通工矿贷款60000000美元。关于美国政府贷与中国政府购买物资的购买物资的贷款分为两项：（甲）美国航务局购船借款16000000美元；（乙）租借法案接购

---

① 石源华：《中华民国外交辞典》，上海古籍出版社1996年版，第126页。

物资借款58900000美元。

（2）租借物资。关于租借物资，美国国务院估列为7亿4700万元，但是中国国防部仅仅估列为1亿零5百万元，双方数字的出入较大。根据时任财政部长俞鸿钧所称，这个数字是美国把美军在华的劳务费、训练中国军队的费用，也算进去了。实际上，中国所得到的美国给予的物质援助，绝对没有以上美国声称的那么多。可见，美国租借给中国物资的大部分用在训练国民党军队，准备发动内战。这样一来，物质借款就大为有限，很大程度上制约了对外贸易的启动资金，对外贸易受到极大的制约和限制。

（3）剩余物资。（甲）华西地区57000000美元；（乙）太平洋各岛584000000美元。所谓剩余物资的移让，是美国政府对中国在抗战时期为美军军需费用垫款的清偿，到1948年2月底为止，已经接受的部分大约值2亿7800万元，已经运回部分大约值1亿7500万元，已经处理的大约值1亿5800万元。可见，当时的剩余物资的处理，对国内的经济与对外贸易的发展，还是有相当大的帮助。

（4）救济物资。（甲）联合国救济物资465000000美元；（乙）善后委员会基金4700000美元；（丙）美国援助计划项内45700000美元。①

根据以上的报告，在1946、1947两年时间里，中国政府实际所获得美国的各项援助，大约8亿美元，平均每年大约有3亿2000多万元，1948年又有4亿元。此外，还有未经过运用及商业机构的借款，都没有列入。可见，在抗战胜利后的两年时间里，美国政府确实曾给予了国民政府重大的经济援助，这些贷款在一定程度上促进了对外贸易的恢复和发展。

在1948年的4亿元美援中，除了军事和建设费用之外，可以购买物资的款，大约2亿1000万元。根据中美双方拟订的初步使用计划，大致为食粮7000万元，棉花7000万元，石油5000万元，肥料1380万元，工业配件1000万美元。以上食粮、棉花、石油三项，是我国进口贸易的大宗，同时也是美国的主要产品，列为援华的物资，显然可以减少一笔外汇支出，对美国来说也是举手之劳、一箭双雕的事情，不但可以自己获得商品输出的经济实惠，还可获得援华的美好声誉。抗战胜利以后，我国粮食、棉花、石油进口通常占进口贸易总值40%。1946年棉花、食粮、石油、肥料四种货物进口（善后救济物资在内），共值3亿美元，1947年四项物资进口共2亿美

① 李永麻：《美援与今后我国之对外贸易》，《天津经济统计月报》1948年第30期。

元，美援中的经济部分，刚好与1946年我国的输入数值是相等的。这里可以看出两个问题：①美国的经济援助刚好补充了我国进口资金的不足；②美国的经济援助是有限度和条件的，不可能让中国对外贸易无限制地发展，甚至威胁美国自身的海外市场。

虽然美国政府并不愿意中国对外贸易的发展威胁自己的市场，在物资供给上也不会有大量的增加，但是1947年我国购买上面所说的四种物资，确实曾经使用了1亿美元的外汇，因此1948年这笔外汇就可以节省了。1947年的粮食进口，共值2800万美元，1948年美援中的粮食部分，列有7000万美元之多，比1947年增加了1倍。粮食价格因此暂时稳定下来，在当时来说，能达到这个效果应该是相当了不起的。客观上说，由于国民党在1946、1947年对解放区发动了全面进攻和重点进攻，控制了广大的地盘，也实际上控制了粮食生产。虽然美援食粮不可能解决中国所有的吃饭问题，但毕竟对中国宏观经济起了一定程度的保护作用。其他如棉花、石油、肥料等，也都有一定的援助。

抗战胜利以后，国民政府的对外贸易政策曾多次改变，1946年初正当政治协商会议进行的时候，国内和平的呼声非常强烈，国民政府对外贸易采取半自由的政策，凡是工业器材及原料，都是自由进口，没有任何限制，政府想以大量外货的输入平抑国内的物价。因此，在1946年度里，消耗的外汇是相当多的，外汇基金也因此而变得空虚。但是由于不久政治协商会议失败，内战爆发，军事费用猛增，国民政府又不得不统制外汇及对外贸易。特别是对外货的进口加以非常严格的限制，进口也因此而大量减少。同时政府也为了换取外汇，实行奖励输出的政策，外汇因此也节省了不少，但物价却不断地上涨。

1946年，普通进口货值1501165246千元，按国币千元等于0.43622美元折合美金162951000元，出口货值412111811千元，折合美金168200000元，1947年普通进口货值10681326574千元，按国币千元等于美金0.0365元，折为美金约需390800000元，善后救济物资3696520677千元，折为美金135245000元，出口货值6376503297千元，折合美金233290000元。1946年进口的数字相当大，入超增加，后来内战爆发，进口减少，入超也不再增加，主要靠输出物资和侨汇来换取，1948年实行的结汇证明书办法，以及侨资输入贸易办法，都是意在鼓励出口，换取外汇，增加工业必需品的进口。可见，仅仅是一定程度的物资借款其作用是相当有限的，要充分发展对外贸易，必须要有充足的货币借款，才可能达到充分发展对外贸易的目的。

总之，美援在中国抗战胜利后，在一定程度上恢复和发展对外贸易起了相当的作用，但不可高估它的作用，这个时期的美援对贸易至少产生了两个特征：(1) 暂时稳定和扶植了以中国国民党为主的中国政府，保护了岌岌可危的国民党对外贸易经济体系，为形成了国共对立的对外贸易格局奠定了物质基础；(2) 这些美援都是在一系列政治附加条件下进行的，美国政府通过这些援助与贷款部分地达到了控制国民政府的目的，使国民政府的对外贸易特别是对美贸易政策深深打上了半殖民地的色彩，具有十分明显的半殖民地性。《中美友好通商航海条约》于 1946 年 11 月 4 日与美国签订，虽然规定了“一方商品在彼方的征税、销售、分配和使用，享有不低于第三国或当地商品的待遇”，但同时又规定“一方船舶应与任何第三国船舶同样享有装载货物前往彼方对外开放的一切口岸、地方及领水之自由”。① 因此，这个条约在有利于中美双方通商贸易的同时，实际上给予了美国在中国内地各口岸自由航行的权利。

2. 开放与恢复对日本的贸易活动

开放对日贸易问题，是 1947 年我国对外贸易中最引起争论的问题之一。早在 1947 年 6 月 15 日，美国国务院及陆军总部发表的开放日本贸易的公告，同时在日本盟军总部也发表同样的公告，“自 1947 年 8 月 15 日起，各国对日之私人贸易，可以恢复”。根据麦克阿塞元帅总部宣称，这是局部解除日本经济封锁的第一个步骤，日本十分缺乏土产原料，如果不进行贸易，势必会饿死，虽然当时采取了一些措施，但日本的经济仍然不稳定。以待贸易完全恢复正常，只有早些与日本缔结贸易和约与协定，不但对日本，对全世界也是有好处的。

面对世界开放的大潮流，国民政府内部与民间充满了矛盾，尤其是民间反对开放对日贸易的声音相当强烈，主要观点认为：(1) 对日和约还没有签订，损害赔偿还根本就没有实行，这种情况下就恢复对日私人贸易，显得太不公平；(2) 日本输入我国的商品并不是我国所需要的，开放对日贸易会损害我国国内刚刚萌芽的工业；(3) 日本所需要的原料也是我国所急需的，以自己的不足供给日本，无异于投井救火。

---

① 石源华：《中华民国外交辞典》，上海古籍出版社 1996 年版，第 162 页。

1947年8月国民政府对于开放日本贸易的问题，经过长时间的讨论，终于最后通过了开放对日本的贸易问题，并决定了三项原则：（1）组织商务代表团；（2）对日贸易输出入的种类和数量，以不妨碍中国的国民经济为原则；（3）我国对日所需要的物资，应尽可能在赔偿物资中取得。① 并设立对日贸易指导委员会，决定关于进出口贸易的种类，出口货物以桐油、猪鬃、麻、盐精为主，进口货则以我国所需要的为主，凡是我国所能够制造的以及对我国工业有影响的都不得进口。我国要输入的货物，如交通器材枕木、工业器材零件、化学原料、人造丝、蚕种、桑麻以及农具等。关于进出口外汇，规定了采用记账计算制的清算标准，出口商在日本获得外汇后，交中信局记账，以便购进相当数量的日货。

抗战前在中国进口贸易中居于第二位的日本，在战后受盟军总局的管制曾一度停止，但是由于国民政府逐渐开放对日本的民间贸易，战后对日本的贸易比1945年都有一定程度的恢复，并有所发展。见下表：

**表6-1　抗战后中国与日本进出口贸易的比重（%）**

| 年份 / 进出口 | 1946年 | | 1947年 | | 1948年 | |
|---|---|---|---|---|---|---|
| 进口贸易 | 商业性进口 | 进口总值 | 商业性进口 | 进口总值 | 商业性进口 | 进口总值 |
| | 0.4 | 0.3 | 1.7 | 1.2 | 0.9 | 0.6 |
| 出口贸易 | 3.1 | | 1.9 | | 5.5 | |

资料来源：郑友揆，《中国的对外贸易和工业发展》，上海社会科学院出版社1984年版，第228-229页。

从以上表格可以看出两个特征：（1）战后我国对日本的进出口贸易总体上还是呈增加的趋势；（2）我国对日本的出口贸易要远大于进口贸易。这里说明两个问题，一方面是由于我国恢复与日本的贸易政策，使我国对日的进出口贸易增加；另一方面是说明国民政府对国际贸易的认识还很不成熟，总认为出口就好，进口就进行限制。事实上并非出超就一定会好，抗战胜利后，我国许多民生必需品非常缺乏，从日本进口这些物美价廉的货品既可以减轻国内生产的压力，又可以引进日本的先进技术，为我国发展轻工业创造条件。一味地限制进口只会使人民更苦，从长远来说，也不利于中国的工业产品参与国际市场竞争。

① 《中央银行经济研究处年报》，1948年5月26日，第162页。

客观上说，我国是一个生产技术落后的国家，出口物品在海外市场的价格相当昂贵，在这种情况下与日本恢复和发展贸易，确实是非常不利的。但如果因此而反对与日本贸易，那就等同于反对与一切发达国家的贸易。由于中日之间仍然存在着一定的互利补偿作用，所以我们不应该消极地一味拒绝与日本的贸易关系，而是应该积极造成对我国有利的贸易环境与政策。其实，战后中国与日本之间的贸易，由于受盟军总局的限制，中国仍然掌握相当主动的权力，不像一般人想象的那么可怕，只要掌握一定的尺度，不仅可以限制日本的出超，也可以限制日本发展对中国有害的工业。可以说在这个问题上，国民政府确实抵制了来自国内各方面的压力，体现了一种大无畏的开拓勇气与难能可贵的包容气度。

## 第二节　战后对外贸易政策的演变

抗日战争胜利以后，我国对外贸易管理机构面临新时期的历史任务，就是要从战后的大萧条中重新站立起来，恢复正常的对外贸易功能。这就要求对外贸易管理机构既要吸取和保留抗战时期的积极因素，以便能渡过战后大萧条阶段，同时对外贸易政策还应该赋予新时期的特色，即战后和平时期的特色。鉴于此，南京国民政府除调整了原有的对外贸易管理机构外，还及时调整了一系列对外贸易政策，主要包括：限额制度；非限额进口；输出推广；实行机动汇率政策；收购政策；出口贷款；等等。

### 一、战后对外贸易管理机构的调整

抗战期间，我国对外贸易机构主要由国家垄断和左右，这在抗战这样的非常时期能最大大限度地组织人力、物力、财力战胜敌人。但是，抗战胜利后，这种完全由国家统制的对外贸易机构迫切需要调整，以适应战后和平环境时期发展的新需要。

自 1946 年 11 月限额制度实施开始以后，国民政府设立输入临时管理委员会执行委员会，到 1947 年 2 月，为促进出口，又设立输出推广委员会执行委员会，分别管理进出口贸易。输入临时管理委员会执行委员会内设：（1）输入品管理处，专管附表（二）类首列五项货品的登记及申请审核事宜；（2）输入限额分配处，专管附表（二）类申请审核事项；（3）外汇审核处，专管（三）（甲）类货品申请审核事项；（4）秘书处，专管总务及附表（二）类货品申请审查事项及附表（一）类申请审查事项。除执行委员会外，另外设立特种委员会，作为审查调处特种重要事项的机构。此外，还在广州、天津、厦门、青岛等重要城市设立区办事处，分管各地业务。

输出推广委员会执行委员会，内设秘书处专管总务及一切推广输出事务，另在广州、重庆、天津、汉口等地各设区办事处，分管各地业务。1947年3月，央行张总裁兼任输出入两委员会主任委员，将输入管理委员会裁撤改组。外汇审核处改设非限额进口审核处，除接办附表（三）（甲）类货品申请审核事宜外，还将秘书处所掌管的附表（一）类货品申请审查等事宜，并入该处办理，其他机构掌管范围与职能都没有什么大变化。8月17日，国民政府为了适应时代的客观需要，公布了新贸易及外汇管理办法，同时，将输入临时管理委员会及输出推广委员会合并改组，成立输出入管理委员会，隶属行政院，并根据新办法第三条的规定，设立委员9到11人作为财政部长、经济部长、资源委员会委员长，并由中央银行总裁及其他经行政院指派的人员组织。内部设主任委员1人，副主任委员2人，内部就原有机构调整如下：（1）秘书处，掌管总务、会计、进口商登记及各处、各区办事处的联系事宜；（2）输出推广处，掌管输出物品的审核签证及推广业务设计事宜；（3）输入限额分配处，掌管附表（二）类货品分配审核事宜；（4）非限额输入审核处，掌管附表（一）类及附表（三）（甲）类货品审核等事宜；（5）输入签证处，掌管各类许可证的签发，并受理不属于限额及非限额两处的输入申请及签证工作等事宜；（6）综合业务委员会，研讨业务推进事宜；（7）诉讼委员会，处理诉讼事件。① 此外，还在广州设置华南分会，华南分会在海口、湛江、厦门、梧州、汕头设置了分办事处，又在天津、台湾、青岛、沈阳、汉口、重庆等地设立区办事处，分别掌管各地区的业务。

从以上的战后这次对外贸易机构的改组，可以看出国民政府在以下几个方面的进步：（1）由央行总裁直接担任输出入委员会主任，可以在财政上、金融上把关与掌控对外贸易的全局与趋势，管理和支持对外贸易的力度相应地也会更大；（2）秘书处的职能更趋科学合理，联络的功能得到了加强，对会计、总务等宏观的业务也得到了加强；（3）综合业务委员会与诉讼委

① 《中央银行经济研究处年报》，1948年5月26日，第118页。

员会设立，是完全新增设的机构，有利于处理各类不同的贸易业务与贸易案件，进一步完善了对外贸易组织机构；（4）在原来日本占领的沦陷区包括台湾、沈阳、汉口等地增设了区办事处，说明了对外贸易地区范围的扩大，同时也体现了国民政府在抗战胜利后，逐步恢复与发展对外贸易的决心和勇气。

## 二、构建了以限额进出口为目标的对外贸易政策体系

抗日战争胜利以后，国内外商业贸易情况错综复杂，华洋进出口商并没有开展正常的业务，总体上来说还处于筹备阶段。这主要是因为国际市场受战争的摧毁，客户联系相当不容易；其次是因为海轮吨位有限，货运还很不畅通；此外，也因为国民政府还没解决外汇供应和结售办法。进口方面，首开纪录的是美国大来轮船公司的塔克逊胜利号（Tuccon Victory），这条船于11月23日到达上海，载来大批救济物品及大米等，“这是太平洋战争后自美驶沪的第一艘货轮”①。出口方面，也在准备阶段，加拿大、美国和澳洲的进口商，这时候已经“纷纷向我国出口商订购特产”②。“塔克逊胜利号轮自沪返美，即装有出口货四千余吨，包括丝、茶、皮革、猪鬃等，此为上海输美之第一批出口贸易。”③ 从以上两条记录材料可以看出，战后初期一段时间一直到1945年年底，我国进出口贸易还处于刚刚开始恢复阶段。

抗战胜利初期，针对以上情况，国民政府推行“鼓励输入”政策，它将全国人民的衣、食、住、行样样都寄托在美国进口上面，这非常有利于美国向我国倾销剩余物资。早在1946年春，行政院长宋子文曾经在会议上做政治报告：“衣的方面……最近已与美国签订美金3200万元贷款协定，以供购棉之用，同时又向美国、墨西哥订购大量布匹……食的方面……现将蒋廷黻署长及粮食部代表赴美，即在争取增加接济……住的方面，政府已向美洽购已制成的房屋一万座，并向加拿大等地购买大批材料……行的方面，政府购买大批卡车……向各国订购各式船舶……以上所举，是解决人民衣、食、住、行特大需要的工作。”④

由于国民政府此时坚持推行“鼓励输入”的政策，因此，无论是1946年2月25日的《开放外汇市场案》、《中央银行管理外汇暂行办法》，还是

① 1945年12月4日《大公报》。
② 1945年12月19日《新闻报》。
③ 1945年12月2日《大公报》。
④ 1946年3月23日《大公报》。

《进出口贸易暂行办法》，这3项法令都有一个共同特征，那就是对于进口管制极松，外汇管理很滥和“钉住制”外汇汇率太低，这些措施和政策都大大有利于进口。在此期间，无论是官僚资本还是民营企业，都因为进口商品有利可图，纷纷设立，主要经营进口业务。我国进口贸易曾出现短暂的畸形繁荣。

同时，由于进口商大肆活跃，进口商品源源不断涌进，外汇也被大量地消耗，入超日益严重。进出口比例，早在外汇开放前的1946年1月已经入超了一倍，逐月递增，到5月份已经上升到进八出一。入超狂增，导致国民政府的外汇储备迅速枯竭，于是，不得不在1946年8月19日宣布调整汇率，即由原来的2.020元兑换1美元改为法币3350元兑换1美元，仍然采用“钉住制”。即便如此，仍然没能阻止日益汹涌的进口狂潮。到1946年年底，国民政府的“鼓励输入”政策已经恶果重重，国民政府财政陷入空前危机。于是，不得不又改辕易辙，11月17日公布了《修正进出口贸易暂行办法》，废除了前3月1日所颁布的《进出口贸易暂行办法》。毫无疑问，《修正办法》的主要目的，在于严格限制进口，对于一切进口物品，都一律采取输入许可制度，并实行“输入限额分配”办法。不言而喻，此办法的结果，导致了国民政府进一步控制了全国进口贸易，加强了对全国进口贸易的垄断。毫无疑问，一直到国民政府败退台湾，进口贸易一直被牢牢控制，再也不能像以前一样自由展开了。但是，从其具体措施的内容来说，仍然有其积极意义。下面，我们将对《修正进出口贸易暂行办法》、限额制度等主要对外贸易政策进行具体分析，以求得出客观、公正的结论。

可以说，自1946年11月17日政府公布修正进出口办法以后，我国对外贸易政策发生了根本性的变化，即由单独利用外汇调整管理贸易的办法，成为利用外汇及贸易政策变为注重政策管理贸易的时期，即从弹性贸易管理时期，进入刚性管制时期。货品方面，除了列举进口的货品之外，对进口货品分为五类，“第一类……第二类……第五类属于禁止进口的货品”①，尽管如此，此政策还是实施不到一两个月，上海就发生金钞风潮，物价飞涨。当时汇价仍然停留在3350，进口在限额制度之下，虽然在逐渐减少，而出口在金钞风潮中却更显困难。国民政府害怕刺激物价，不敢轻易调整汇率，于是在1947年1月15日设立输出推广委员会，专门从事推广出口工作，于是

---

① 《银行周报》，第30卷，1946年第47期。

在2月6日公布了对进口征收50%的附加税，对出口给以100%的津贴的办法，主要要点如下：

（1）从2月6日起，对于出口货品结汇时，就其输出的价格，由政府给予100%的补助费，除九省及台湾省输出的货品无补助外，一律适用，任何口岸输出的货品关于支付出口津贴办法，规定了四项要点：①计算标准；②支付时间；③中央银行的偿还；④接受委托向国外代售出口。

（2）关于进口税的附加，按照1946年11月公布的修正进出口贸易暂行办法附表所列的进口物品分三类：①无须申请许可即可自由入口的，如机器及生产用品；②申请准许入口的；③禁止入口的。都要根据本国需要的情况加以允许、限制或禁止，并且以节省外汇促进生产。为了限制非必需商品的输入，并为发展国内经济与鼓励输出，有加征附加税的决定，规定除附表（一）所列生产器材类及附表（二）所列的米、谷、小麦、棉花、肥料、硫酸氩等均予免征，其他货品，凡是在1947年2月5日前业经到达各口的货品也予以免征外，一律按海关估价征收从价50%的附加费。以上两项办法，国民政府原本是想代替调整汇率促进出口的办法，不料物价急剧上涨，有增无减，国外反响也较强烈，国民政府发现很难达到这个目的，国外的批判声也日益加剧，所以实行不到两个星期，到1947年2月17日，国民政府便自动宣布放弃。

同时，国民政府又宣布紧急措施法，有关贸易政策的内容有四项：①为恢复国际收支平衡，挽救国内工商业的衰落，外汇汇率应该予以改订，中央银行外汇牌价从即日起，以法币12000元合美金1元。到2月6日公布的出口补助及进口附加税办法，即予以废止。②输出贸易的发展，除调整汇率外，应由输出推广委员会从改良生产技术、采取货品标准化、减低成本及开发新市场方面入手，立即拟订切实方案，积极实施。③按照修正进出口贸易暂行办法所规定的输入许可制度，若干原料品及机器的进口，为国内工业所必需，估计1947年全年度的总值，达到472590000美元或等值外币，其大宗货品的限额，既然经过输入临时管理委员会予以规定，应先将1～6月的限额予以公布，其所需外汇共达美金2亿元，即由中央银行准备支付。④现行的中央银行管理外汇暂行办法，关于买卖黄金及外钞部分，应予修正，所有应行修正的条文，详见附件。①

① 《中央银行经济研究处年报》，1948年5月26日，第120－121页。

由于当时的黑市牌价也盘旋在12000元左右，故新汇率的公布，确实曾一度发挥了促进出口贸易的效果。因而出口的数字，从4月以后，逐渐接近，内地货物从3月起始运去的，到4月底以后开始先后到达，所以海关册中的出口数字，到5月份便激增，但是5月以后，情势又急转直下。黑市汇价的激涨，使出口困难重重。国民政府为了避免因调整汇率可能发生的恶果，也未曾实行过汇率的再调整，而6月初自从行政院决定委托中央信托局等有关机关，组织代理政府收购外销特产审价委员会，由上海、汉口、万县、天津等地中央信托局或办事处负责收购桐油、猪鬃、大豆、茶叶、蛋品、生丝6种特产。至于收购的价格，则由收购委员会会议决定，但是要以当地的市价为原则。7月以后，外汇黑市与官价的距离越来越远，各方对于政府的贸易政策，逐渐感到不耐烦。因此，民间进出口商及各地专家为打开当时的局面起见，曾先后向当局建议改进办法，或者主张采行联销制度，或者建议开放自借外汇进口，甚至有主张政府应该彻底开放外汇，仅仅对贸易加以管制的，政府对于当时的情势，虽然深感不安，但是也深知政策决定的不容易，牵一发而动一身，影响相当深远，因而犹豫不决。一直没有任何新的办法公布。7月间，中央银行张总裁赴港，与香港当局洽谈，商议协助制止走私的办法，8月19日公布新外汇及贸易管理办法，到此为止，我国贸易政策又进入了一个新阶段，为了配合这一新政策的实行，政府除实行进出口贸易机构的改组外，同时修正管理外汇的办法。

外汇及贸易管理办法修正后，新办法的要点主要有："1. 放弃过期调节汇率的办法，采行机动性的外汇政策；2. 维持12000元的官价外汇，以从事五种日用必需品的输入。3. 限额制度仍然继续维持；4. 出口收购政策，中止运用，出口货价改用牌价在指定银行结售；5. 设置外汇平衡基金委员会，负责调节进出口贸易及其他合法外汇买卖的供需，以平衡外汇市价。"① 政府人员曾经对这个新办法的要点，作过如下的解释：查官价汇率，从本年2月17日改订以来，因为物价不断上涨，以致汇率与物价的比例，相差过多，导致所有官价结汇的进口货品，大部分应该按照市价出售，给予进口商人以额外利润，对平抑物价是毫无用处，但就出口贸易而言，又因为官价汇率所限，外销根本无利可图，不仅几乎陷于停顿，而且担心海外市场被外人夺取，侨汇也因为官价汇率与市价相差太多，纷纷逃避，大大影响了国际收

① 《中央银行经济研究处年报》，1948年5月26日，第120－122页。

支与国计民生。该办法的主要条件，应该使外汇在黑市的需要减少，故对于进口的走私，尤其是华南的各口岸，应该加以制止。这样，一面对输入加强管制，以减少非必需品的支付，而对外汇率可以由合法贸易中寻求较为自然的水准，得以使久经呆滞的出口贸易重新推动，侨汇也可以减少走漏，从而使市价外汇，供求逐渐相抵。

从以上办法要点不难看出，国民政府改订贸易管理办法的目的无非是以下三个方面：(1) 此办法对于促进出口及制止走私，同时建立比较根本的解决办法，大概是利用新办法，汇率既可以按照市价的情形陆续调整，而走私又因为协商获得港方同意，予以善意的协助，出口贸易就自然可以不再因为内外价格的悬殊而陷于停顿，侨汇也不会因为黑市汇率的存在而大量逃避。(2) 此办法使物价不至于因为汇率的调整而发生剧烈的波动，因为在新办法之中对于民生必需品及一般输入品采取变重汇率办法，使一般民生必需品，不仅可以源源不断地输入，价格也不至因为汇率的调整而被刺激上涨。同时，一般物价也可因民生必需品价格的稳定，而不再发生急剧的波动。(3) 使进口贸易在外汇资金短缺的情形下，获得合理的解决，因为在新办法之下，政府预计外汇收入，有望因出口结汇及侨汇的增加而增加，可提供进口的外汇资金，自然也就渐渐宽裕。从客观上来说，国民政府的这些设想是相当合理的，所以曾一度博得社会各方面普遍的好评与赞扬。而在事实上来说，自从新政策实施以来，“贸易情势确已好转，进出口数字日趋接近，此类现象，无论如何应该大部分归于此一政策”①。只是因为自1946年10月起，物价涨风再起，黑市汇价激涨，政府唯恐刺激物价，不敢充分发挥汇率的机动性，招致各方的批评。但是因为政府毕竟深知问题的重心所在，在于积极平抑物价，而不是消极抬高汇价。因此，从11月起，除停止贴放外，还成立金融管制机构，以取缔金钞的投机，稳定物价的上涨。尤其是自开年以后，物价及金钞的涨风，也渐渐缓和，而平衡后的汇率反而接连加以调整，使黑市与官价汇率，也逐渐接近。以上这些事实，不仅体现了国民政府准备彻底运用机动汇率的决心，而且还说明国民政府所采取的政策，也是相当成功的。

以上是国民政府1946—1947年一年以来贸易政策演变的大致脉络与走向。就这些贸易措施对于发展贸易与国民经济的影响而言，这些对外贸易政

---

① 《中央银行经济研究处年报》，1948年5月26日，第123页。

策至少体现了如下四个鲜明的特征：（1）在短暂的一年期间，国民政府努力调整外贸政策，以求适应新的形势，曾多次改变政策，从政策的性质上而言，是从单纯利用外汇政策时期，转变为利用外汇、贸易及物价三种方策来管制贸易的时期。（2）从周期调整汇率时期，转变为机动汇率时期。（3）从便利进口阻碍出口的贸易政策，逐渐转变为严格管制进口与促进出口的政策。（4）由于进出口贸易数字的逐渐接近，官价与黑市汇率间距离趋于缩小。总之，对于国民政府8月19日以后的贸易政策，不仅抑制了物价的飞涨，稳定了外汇的价格，还大大促进了对外贸易的发展。战后，南京国民政府后期的对外贸易政策调整以限额进出口为核心目标，构成了一系列对外贸易政策体系，主要包括以下六个方面。

1. 限额制度

"所谓配额，是在国际贸易过程中，各国为了维护本国利益，对一些敏感性商品的进口或出口实行数量限制。"① 限额分配制度，成为我国战后对外贸易政策的中心。限额或配额是属于贸易保护主义的一项措施，"这是一种数量措施，在于预先限制一种产品的数量，在一定时期里进口一定数量的产品是允许的，所有限额以外的进口都是禁止的"。②

第一，实行限额的货物

按照现行的办法，实行限额的货物，均包括于附表二之内，其中共计35种货物，内5种原来由输管会主办，自从第三季起，移归限额分配处，实行限额的货物，共计30种，名称如下："1. 未列名安尼林染料及其他煤膏染料；2. 硫酸氩；3. 人造丝；4. 水泥；5. 煤及焦炭；6. 棉花；7. 化学产品；8. 肥料；9. 小麦粉；10. 矿质汽发油、石瑙汽油、扁陈汽油；11. 新旧绒麻袋；12. 矿质或半矿质滑物油膏；13. 人造靛；14. 橡皮、树胶及其制品；15. 绒麻；16. 柴油；17. 皮带、用皮机器带及蛇管（橡胶管带不在内）；18. 金属品；19. 未列名油脂氟；20. 滑物油；21. 纸及木造纸质；22. 西药；23. 米；24. 浆粉；25. 硫化元；26. 未列名植物性栲皮膏；27. 木材；28. 小麦；29. 羊毛及废羊毛；30. 纯毛及杂毛纱线。"③ 以上30种货品，每种均规定有一定的限额，在限额以内，由政府供给外汇核准进口，上

① 马凤琴、宋沛、黄晓玲：《中国对外贸易概论》，对外经济贸易大学出版社2002年版，第77页。

② ［法］帕斯卡·萨兰著，肖云上译：《自由贸易与保护主义》，商务印书馆1997年版，第13页。

③ 《中央银行经济研究处年报》，1948年5月26日，第125页。

年第一季度限额，系2月至4月，除西药、水泥、肥料及硫酸錏4种停止输入外，其余26种货品均有规定的限额。

第二，限额的分配

（1）各业谘议委员会。限额分配处为了使同类货品的限额分配合理起见，持组织下列各组谘议委员会："第一组：金属品、皮带、用皮机器带及蛇管（橡胶管带不在内）；第二组：化学产品、肥料、硫酸錏（肥料）、浆粉；第三组：安尼林染料及其他煤膏染料、人造靛、硫化元、植物性栲皮膏；第四组：制药；第五组：纸及木造纸质；第六组：木材品；第七组：水泥；第八组：橡皮、树胶及其制品；第九组：煤油、汽油、柴油、滑物油膏、未列名油脂；第十组：羊毛及废羊毛纯毛或杂毛纱线；第十一组：绒麻新旧绒麻袋；第十二组：人造丝。"① 各组谘议委员会，系由有关政府机关代表，各业公会负责人兼任各业专家，与社会著名人士分别组织，于每个季度限额分配以前，如有必要，召开各组谘议会，共同商讨各类货品的分类限额，以期既合理又符合实际，然后根据此分配给各进口商或厂商。

（2）厂商或用户配额的厘定与审定。凡是限额直接分配给工厂或用户的，其各家的配额，要按照其需要而定，该处对于这种直接分配的货品，均责成各业的代表机构，先作各家配额的审订，以避免闭门造车的隐患。如白报纸一项，政府划定上海各业，各地党报及外埠各报的三种分限额，然后由上海报业公会，及各地报业公会，再定各家之配额。棉花一项，组有外棉核配委员会，负责厘定分配标准，除了由该处处长为主任委员外，所有纺织管理委员会、第六区棉织工业同业公会、中纺公司等，均派代表参加。羊毛及木浆两项，情形比较单纯，分别由上海毛纺织业公会及造纸工业公会负责调查与厘定配额，而由该处复查商核后，从事分配。铝锭用户不多，且公会组织，由该处参酌 Aluminium Union 的统计，再加上实地调查决定。

（3）登记合格进口商分配会议的召开。凡是不是直接分配给用户的货品，其限额均分配给登记合格的进口商，按照修正进出口贸易暂行办法第12条乙项的规定，输入限额分配处应该将限额通知各业的登记合格进口商，监督其自行分配，只有这项分配必须获得分配处的批准，方能生效。假设任何一业的进口商不能够自行议定分配数时，其分配数额由分配处裁定。自从第一季度限额公布以后，该处即按前条的规定，分别就各类货品，召集该会

① 《中央银行经济研究处年报》，1948年5月26日，第125－126页。

秘书处核准登记的进口商，公开商讨各货品限额分配的标准，先后召开会议达30多次，除了少数货品稍微费了周折、必须多次协商外，大多数都是当场就决定了，分配标准极为简便。只是因为各业情形不同，且由各业进口商自行商讨协议，故各类货品的分配标准，就随着货品的种类而不同，不可能千篇一律，然而为各业进口商自行协商的结果，而不是武断规定的办法，那么它们彼此都没有什么特殊。

（4）输入申请的许可。限额均分配核定以后，即将每家厂商应该得到的限额，分别通知各该工厂或进口商，以便从事申请。申请时除了必须按照限额填写规定的输入许可申请书外，必须附缴国外接洽购买货物的函电或契约，以便检核价格是否实在，如价格太高，则给予退还，以节省外汇，价格太低的，也要补充分的理由，以免无形之中自备外汇进口的流弊。除直接由用户申请者外，申请输入的进口商必须缴送售与用户的销售合同，并由用户所属同业公会在合同上副署，以此证明，而避免进口商囤积不售的隐患。如果没有这个项目的售货合同，即使已经配有限额并且经过申请输入，也不会核发许可证。处于这种困难时期，限额往往满足不了需要，各方都感到僧多粥少，如果没有这项售货合同制度，确实不足以维护各种生产事业的生存。但这个办法并不适合于油类，因为汽油、柴油等另外有分销核配制度，不采用这个办法也没有囤积居奇不售的弊端。

2. 非限额进口

为办理非限额进口，国民政府于1947年8月19日成立非限额输入审核处，接管前输入临时管理委员会非限额进口审核处的工作，主管附表（一）及（三）甲类国外输入货品的审查，所以除了工业原料部分另外有专管机构负责分配外，凡是关于生产器材部分，如各种机器、飞机零件、铁道器材、船舶用具以及日用制成原料、杂项货品都属于该处审核范围内。

审核的标准，按照输入的性质，分为两项："（甲）属于机器及生产器材部分，如确系（1）公用事业必需品；（2）生产事业必需品；（3）国内并产品或产量不足的；（4）外人投资者；（5）政府分配外汇或借款者；（6）制成品可供出口者；（7）货在管制之前者；（8）有其他正当理由者；大致均可邀核准。尚系（1）不属于机器及生产器材范围；（2）证件不足；（3）国内产品可供采用；（4）非必需品；（5）政府机关申请未经政院核准；（6）或其他理由不足者；均在驳斥及不准之列。（乙）属于经常需要杂项货品部分，如确实属于（1）直接用户；（2）独家经理；（3）工业必需品；（4）民生必需品；（5）起岸价格正确；（6）国内不能生产；（7）制成品可供出口；（8）公用事业必需等项理由；也可有邀准之希望。反之，如（1）起岸价格过高；（2）非独家经理；（3）非必需品；（4）国内代替品可供采用；（5）证件不全；（6）税则号列错误；（7）外汇限额不敷；（8）政府机关申请未经政院核准；也均在批驳之列。”① 公布前输入许可证，合于规章的，准予延期到 1947 年底，到埠无证的货物，照规章迅速办理。

可以看出，国民政府采取非限额进口的标准，是根据国内的实际需要，特别是人民的生活必需品，又兼顾了国内工业的发展，这种发展方针和思维方式，就是将国内工业的发展与解决国民的民生实际需要有机地结合起来，也是我国对外贸易方针的基本理念，为以后的各届中国政府留下了宝贵的经验和精神财富。

但是我们确实不应该忘记，保护主义总是有代价的。因为受保护的生产活动所获得的额外收入来源于转移，即其他生产活动、其他人付出了代价（代价的绝对值还高于受保护者所得到的）。受到如此保护的处于幼稚工业最大的表面收入必然与其他生产活动，无论是否处于“幼稚时期”相应少的收入相吻合。未受保护的生产活动的增长就可能受到抑制，甚至于垮掉。严重的问题在于，即使我们绝对肯定生产活动中转移作用的存在，我们仍然不知道哪些特殊的生产活动负担了保护费用。对于某个遭受负保护的生产商来说，几乎不可能察觉到此现象，把他人的积极保护与他的负保护相联系。“当保护处于幼稚工业导致资源浪费时，即创立、鼓励、发展那些整个经营时期支出大于赢利的生产活动时，在一个普遍实行这种政策的国家里，国民经济总增长率将大受影响。如果强制将有赢利生产活动的收入转移到无盈利的生产活动中，国民经济的增长率可能为零，甚至为负增长。”② 因此，在肯定限额制度进步性的同时，也不能过分夸大战后国民政府的限额与非限额政策的作用。

3. 输出推广

输出推广与发展对外贸易的联系非常密切，对外销售是否顺利，对外贸易是否合理，在很大程度上取决于对外的广告和宣传。国民政府在全国经济委员会下，原来设立输出推广委员会，推广发展对外贸易，其下设置执行委

---

① 《中央银行经济研究处年报》，1948 年 5 月 26 日，第 142 页。

② ［法］帕斯卡·萨兰著，肖云上译：《自由贸易与保护主义》，商务印书馆 1997 年版，第 59 页。

员会，研究有关输出贸易问题及方策，并负责执行输出推广委员会的决议及制定的方策。执行委员会以下列人员组织：（1）中央银行总裁；（2）执行委员会秘书处处长；（3）中央信托局局长；（4）输出推广委员会主任委员指定之人员。输出推广委员会主任委员，原来是贝祖诒，1946 年 3 月 3 日，全国经济委员会改派张嘉敖担任，4 月 1 日奉准改派陈光甫为副主任委员。为了集思广益起见，又在 4 月 10 日奉准加派吴作孚、缪云台为委员，这就是推广委员会执行委员会成立的经过。8 月 17 日国务会议修正公布的进出口贸易办法，输入临时管理委员会暨输出推广委员会应予规定，遵照第十八条的规定，由行政院设置输出入管理委员会，输出推广委员会即改为该会的输出推广处，在 9 月 1 日改组成立①。

根据输出推广处的统计，1946 年来出口物资外销数字如下："（1）输出推广处在 1947 年上半年 11 月核准草帽原料入口共计金丝草 3 万余公斤，麻草 800 余包，布料 1 万余码，11 月中已经出口 1 万余打成品；（2）1947 年 6 月至 8 月 16 日，输出推广处奉行行政院命令委托中央信托局收购出口。桐油 6500 余长吨、猪鬃 6500 余万担、冰蛋 3000 余吨、茶叶易货 30000 余市斤、生丝 2000 余包；（3）输出推广处在上半年 6 月 4 日至 11 月核准出口油料类：大豆 2800 余吨（中信局）、大豆 16000 余长吨、大豆油 1000 余长吨、花生 1000 余长吨、花生油 4500 余长吨、芝麻 1400 余长吨、菜子油 500 余长吨"。②。

从以上数字与事实可以看出，自从输出推广处成立以来，我国外销的商品的数量猛增，大大促进出口贸易的发展。

4. 实行机动汇率政策

外汇政策是贸易政策中的主要环节之一，在 1946 年以前，我国主要实行的是固定的汇率制度，这种政策也有其好处，例如可以稳定国内的产业，减小出口商和进口商面临的风险，适当压低本国货币的汇率，还能起到提高本国产品国际竞争力的作用。当然，有时也会引起其他列强不同程度的反对。国民政府面对国际市场的巨大压力，曾经做过两次改革，第一次是 1946 年 2 月 17 日，将对美汇价从 3350 元提高到 12000 元的官价汇率，第二次是 1946 年 8 月 19 日开始实行机动性的外汇政策，同时对于 12000 元的官价汇率，仍然继续给以维持。从此以后，对外汇率不再长期定于一点，而是

① 《中央银行经济研究处年报》，1948 年 5 月 26 日，第 143 页。

② 《中央银行经济研究处年报》，1948 年 5 月 26 日，第 143 - 144 页。

视市场供需的情形，随时给以调整。

机动汇率政策，用官方的话来说，也叫做有管理的浮动。就是在政府制定的中间价周围有一定的波动范围，从理论上来说，这个规定能让本国的汇率政策是在政府的指导下实行的。机动汇率的主要好处：（1）能够提高本国货币在国际金融市场中的地位，方便本国人民的使用；（2）有利于宏观经济的调控。按照蒙代尔三角的理论，利率、汇率和通货膨胀只能控制其中两个，汇率变动了，那么另外两个也就可以控制了。固定汇率的优点主要是稳定，因为在国际贸易中汇率的不确定性，对进出口商人来说，是很大的风险。如果你卖出商品是国币兑美元 100，但实际收到货款时已经涨到了 80，那就是说你卖出 100 美元的商品要少了 20 元的收入。汇率稳定的话就不会出现这样的问题。所以一般来说，固定汇率比较符合殖民地半殖民地国家的国情。但是，固定汇率最致命的缺陷是与货币政策的矛盾，也就是著名的不可能三角——固定汇率、开放的贸易环境、独立的货币政策不可能共存。也就是说如果在中外贸易中实行固定汇率，那么国内必须随国际货币的升息而升息，不然国内的货币政策无效，并且容易受到投机者的攻击。相反，机动汇率的优点是有利于国内的货币政策，但不利于消除贸易中的汇率波动。

从客观上来说，国民政府在抗战胜利后，国内经济形势不容乐观，对外贸易虽然有一定的发展，但还很不稳定和成熟。面对这种复杂的外贸形势，可以实行有范围的浮动，即可制定一个目标区间，使汇率在这个区间内浮动，这样的优缺点介于固定和浮动之间，取决于目标区间的大小。相比之下，这种政策相对比较灵活，更有利于国际贸易的发展。

“汇率的高低必须要以这个国家的物价和其他国家的物价的比率来作为决定，必定先要求对内物价的安定。战后安定物价，大概不外两种方式：一是强制的，由政府规定一个标准，这当然需要严密统制生产和物资的供应。二是自然的，由政府用政治力量扶助并促进经济调整，使物价波动由和缓而趋入稳定，再根据这已形稳定的物价重新规定货币价值，等到国内物价趋稳，币值重新规定之后，再根据当时国内外货币购买力的比较，作为确定对外汇价的标准，所谓汇率较高或较低，是应当依照这个标准来决定，可以比较合理。”① 可见，这种机动的汇率制度符合以上两条标准，总体来说应该是促进了对外贸易的发展，比较合乎当时的国情。不管怎样，国民政府实行

---

① 郭子勋：《战后我国对外贸易几个根本问题》，《经济建设季刊》1943 年第 1 期。

的这种机动汇率政策，是我国汇率史上的一次大变化，它标志着我国汇率政策从固定汇率到机动汇率过渡的近代化大趋势，这种汇率的变动，在一定程度上体现了历史的进步。

5. 收购政策

国民政府的收购政策是1946年6月1日起实施的，到8月19日新外汇政策办法公布以后，即行中止，因此，这一政策的施行，实际上不足3个月。当时政府因鉴于官价外汇太低，物价上涨太快，出口陷于停顿状态，只怕调整汇率，反促物价上涨，而促进出口，又在所必须，所以由当时的输出推广委员会函请中央信托局负责收购桐油、猪鬃、茶叶、生丝、大豆、蛋品等物资，促进出口贸易的发展。到8月19日新外汇政策公布以后，由于外汇汇率得以按照市场情形，随时加以调整，出口价格问题也因此而解决。所以政府明令停止收购办法，只有对茶叶、生丝、大豆、蛋品的收购仍然继续推行，没有规定在禁止范围之内。下面就将收购政策实施的经过与结果分述：

照原定计划，收购桐油的数量为10000公吨，收购成本总值为国币88560000000元，输出到美国以后可以换得美汇率5291000元，按照当时汇率12000元计算，合国币62434838400元，预计亏损国币26125161600元，收购猪鬃数量为8000关担，收购成本总值为国币54566000000，输出以后，可以换取美汇3389920元，按照12000元的汇率计算，合国币40002000000元，预计亏损国币14564000000元。① 依据这一计划，中信局从6月2日起开始收购，收购的主要办法如下：

第一，代理政府收购桐油办法："1. 输出推广委员会委托中央信托局代理政府收购桐油10000吨以现货为限；2. 在中央信托局内组织代理政府收购外销物资审价委员会，由局长、副局长及局内各有关处主管人员并且请输出推广委员会中央银行审计部驻中信局办事处各派代表一人参加组织，并且由中信局局长、副局长为召集人；3. 所有收购物资的价格交货付款等条件逐日由代理政府收购外销物资审价委员会审定后办理；4. 中信局在桐油集中地点上海、汉口、重庆、万县、梧州、长沙等地，随时按照代理政府收购外销物资审价委员会规定价格收进，分别集运到上海华南转运出口；5. 由输出推广委员会通知中央银行开立收购桐油垫款专户，随时由中信局支用到

① 《中央银行经济研究处年报》，1948年5月26日，第147页。

能够收足桐油10000吨为止，在此期间不计算任何利息；6. 中信局得视需要与各地素著信誉的厂商合作收购或利用原有的炼油、储油池及油驳等设备；7. 收购桐油的合约及所有支出的单据，都要送请审计部驻局代表审核，并且要在每月底另外制作清单分送输出会及中央银行审核；8. 中信局负责将所收购桐油设法向国外推销或作价扩充易货之用；9. 所收购的桐油运抵出口岸后，由代理政府收购外销物资审核委员会随时核定最低售价委托出口行商向国外代销，其手续费另定之；10. 外销桐油所得的外汇应按批由中信局摊解央行抵冲支用的国币；11. 输出推广委员会得斟酌情形随时通知中信局增减收购数量；12. 所有收购成本及储运外销包装、保险等应付的一切费用均实报实销；13. 中信局代办手续费按总成本（国币）收取1%，按月一结；14. 本办法经输出推广委员会执行委员会决议通过后，实行修改时也必须经过输出推广委员会执行委员会决议。"①

从以上办法可以看出，在抗战胜利以后，桐油仍然是这个时期的主要输出货品，国民政府表现了极大的关注，专门立法规范桐油的收购，并专门委托中央信托局代理政府收购一切桐油。规范了桐油收购的管理机制，由局长、副局长专门负责、亲自挂帅、组织召集，设立外销物资审核委员会，财政上也给予了大力的支持，如设立专门垫款的用户、不计算利息等措施。国民政府的以上措施体现了两个明显的进步性特征：（1）信托局代办收购，不仅拓宽了投资者的投资渠道，有效地集中了社会上分散的资金，而且可以不受资金短缺的限制，能够大量收购货品；（2）随着这些收购业务的运作，有效地规避和分散了收购商人的风险，在一定程度上，促进了金融市场的发展和完善。

第二，代理政府收购猪鬃法

猪鬃也是这一时期非常重要的出口商品，国民政府对猪鬃的收购相当重视，制定了严格的收购政策，保证了抗战后我国猪鬃生产和外销事业的发展。

国民政府对猪鬃收购政策的主要内容如下："1. 输出推广委员会委托中央信托局代理政府收购猪鬃8000关担，其中天津鬃3000关担，汉口鬃3000关担，上猪鬃2000关担，以现货配成标准花色者以为限；2. 在中央信托局内组织代理政府收购外销物资审价委员会，由局长、副局长及局内各有关处主管人员并且请输出推广委员会中央银行审计部驻中信局办事处各派代表一

① 《中央银行经济研究处年报》，1948年5月26日，第148－149页。

人参加组织，并且由中信局局长、副局长为召集人；3. 所有收购物资的价格交货付款等条件逐日由代理政府收购外销物资审价委员会审定后办理；4. 中信局在上海、天津、汉口三地，随时按照代理政府收购外销物资审价委员会规定价格收进，分别由上海或天津转运出口；5. 由输出推广委员会通知中央银行开立收购猪鬃垫款专户，随时由中信局支用到能够收足猪鬃 8000 关担为止，在此期间不计算任何利息；6. 中信局得视需要设立猪鬃整理工场或委托其他鬃商工场代为整理；收购猪鬃的合约及所有支出的单据，都要送请审计部驻局代表审核，并且要在每月底另外制作清单分送输出会及中央银行核备；8. 中信局负责将所收购桐油设法向国外推销或作价扩充易货之用；9. 所收购的猪鬃运抵出口岸后，由代理政府收购外销物资审核委员会随时核定最低售价委托出口行商向国外代销，其手续费另定之；10. 外销猪鬃所得的外汇应按批由中信局摊解央行抵冲支用的国币；11. 输出推广委员会得斟酌情形随时通知中信局增减收购数量；12. 所有收购成本及储运外销包装、保险等应付的一切费用均实报实销；13. 中信局代办手续费按总成本（国币）收取 1%，按月一结；14. 本办法经输出推广委员会执行委员会决议通过后，实行修改时也必须经过输出推广委员会执行委员会决议。”①

按照以上的办法，在两个半月之内，中信局在各地收购的结果大致如下：

**表 6－2　甲、收购桐油地点及数量**

| 地点 | 数量 | 地点 | 数量 |
|---|---|---|---|
| 上海 | 434653（公吨） | 广州 | 9000（公吨） |
| 汉口 | 192394 | 梧州 | 23330 |
| 重庆 | 48249 | 长沙 | 28760 |
| 万县 | 29834 | 总计 | 766220 |

**表 6－3　乙、收购猪鬃的种类及数量**

| 种类 | 数量 | 种类 | 数量 |
|---|---|---|---|
| 重庆鬃 | 333075（关担） | 天津小五五鬃 | 45375（关担） |
| 汉口鬃 | 143000 | 天津二六梳鬃 | 32175 |
| 上海鬃 | 99500 | 总计 | 653125 |

① 冀朝鼎：《民国三十六年度对外贸易之分析》，《中央银行经济研究处年报》，1948 年 5 月 26 日，第 150－152 页。

**表6－4　丙、外销情形（计自6月2日至11月5日为止）**

| 货别 | 桐油 | 猪鬃 |
|---|---|---|
| 收购总数 | 766220 公吨 | 653100 关担 |
| 已付国币数 | 103350 百万 | 58078 百万 |
| 销售总数 | 441152 公吨 | 480625 关担 |
| 销售美金价值 | 2289 千元 | 1563 千元 |

从上面统计的数字可以看出，外销桐油的数量大约占收购总数的58%，外销截至1946年年底，已付的国币数目为161428000000，存货按市价计美金价值，共计美金6140541元。购销成下表：

**表6－5　中央信托局代理政府购销桐油、猪鬃盈亏统计表**

（1947年6月1日至12月31日）货物名称桐油猪鬃

<table>
<tr><td colspan="3">货物名称</td><td>桐油</td><td colspan="2">猪鬃</td></tr>
<tr><td rowspan="4">数量</td><td colspan="2">收购</td><td>766220 公吨</td><td colspan="2">558125 关担</td></tr>
<tr><td colspan="2">售销</td><td>6609 公吨</td><td colspan="2">653125 关担</td></tr>
<tr><td colspan="2">存货</td><td>103985 公吨</td><td colspan="2"></td></tr>
<tr><td colspan="2">损耗</td><td>1335 公吨</td><td colspan="2"></td></tr>
<tr><td colspan="3">中央银行垫付货本 CNC $</td><td>11579698773973</td><td>6166001745861</td><td>17739770519834</td></tr>
<tr><td rowspan="2">已结汇送中央银行</td><td colspan="2">US $</td><td>209772922</td><td>12216473218550</td><td></td></tr>
<tr><td colspan="2">CNC $</td><td>144840619</td><td>6860241924237</td><td>19076715142807</td></tr>
<tr><td rowspan="6">盈亏</td><td colspan="2">已多送中央银行 CNC $</td><td>6367744445</td><td>700150178396</td><td>1336924622973</td></tr>
<tr><td rowspan="2">已售未结外汇</td><td>US $</td><td>139948678</td><td>61196404</td><td></td></tr>
<tr><td>@8800 – CNC</td><td>12315483664000</td><td>53852833520</td><td>17700767216000</td></tr>
<tr><td rowspan="2">存货</td><td>US $</td><td>57201500</td><td></td><td></td></tr>
<tr><td>@112000 – CNC</td><td>6406568000000</td><td></td><td>6406568000000</td></tr>
<tr><td colspan="2">合计 CNC $</td><td>19358826108575</td><td>6085433730396</td><td>25444259838973</td></tr>
</table>

附注：①收购数量系根据原报收进数量所有桐油炼耗漏耗均未扣除。

②国币成本一概包括购进进本及12月31日止的已撤运征杂费等项。

③已售价值原系美金英镑均有为便于参致英镑均以一比三折合美金列入。

④已结汇国币数系根据实际结汇邀还中央银行垫款实际数字。

⑤未结汇美金均暂按8800汇率计列，存货暂按112000汇率计列。①

从以上列表可以看出，政府利用收购政策，对于促进出口所获得的成效，是非常明显的。从客观上来说，国民政府如果能够继续运用这项政策，对于稳定国外市场，改良出口商品的质量，一定会比私人经营更加有成效。不过这项政策在推行的过程中，遇到两大难题：（1）导致国内恶性通货膨胀，刺激物价不断上涨；（2）极容易引起外商的误会，以为我国政府垄断专卖，外商因此也不断向政府施加压力。从事实上讲，如果仅仅是为了促进出口，只需外汇市价调整适宜，与贷款政策配合得法，就可以获得与收购政策相同的效果。因此，国民政府在新外汇政策颁布以后，基于上述原因的考虑，便终止了仅仅推行了三个月的收购政策。

6. 出口贷款

在各种促进出口政策中，真正能够给予出口商以实惠的，应该是出口贷款。关于出口贷款的办法，有两种情形：（1）国家行局办理出口物资贷款办法；（2）打包放款。

1947年5月10日，国民政府颁布了国家行局办理出口物资贷款办法，这个办法的主要要点如下。（1）对象：以直接经营出口物资加入当地本业同业公会的出口商在内地收购出口物资整理提炼，运用口岸或在口岸待运出口需款运转得申请办理押会押透及押款；（2）期限：贷款期限以收购整理包装提炼或运输实际需要期间为限，以押会押透押款各项方式酌定期限办理，前后总期限最长不得超过90天，如已接得国外信用证未能即时出口者，得转做短期打包放款，其期限最长不得超过30天；（3）额度：贷款额度每笔在国币5亿元或流通券5000万元以下者，各行局得先做后报其超过此项额度者，应先专案陈准方得承放；（4）折扣：质押品折扣以该业的出口物资按成本最高7折作押；（5）利率：为鼓励物资出口起见，此项贷款利率以不超过月息3分6厘为度，除汇水外，并不得另收其他费用，但各行局应审慎办理，如有借资金不出口情事，应将自货款之日起，所有利息加3倍计算，并立即收回货款，取消该户以后申请贷款资格；（6）汇水：押汇汇水按当地各行局所定汇率计算；（7）转质押：此项贷款得向当地国行办理，转质押暨转押汇，按原贷款7折计算其利率，按原贷款利率1/2计算；（8）其他：承放行局应密切注意各类出口物资国外行市，如市价坚俏尽量督促出

① 《中央银行经济研究处年报》，1948年5月26日，第149－150页。

口，多做押汇紧缩，押款以资调节。①

这个贷款办法从对象、期限、额度、折扣、利率、汇水、转质押等多方面，做了全面的规范，补充了出口贸易资金的不足，有力地促进了出口贸易的发展，不失为一种鼓励出口的好办法。但是，由于 1947 年 3 月起，当时国民政府发动了对山东、陕北解放区的重点进攻，全国战火连绵、民不聊生，许多借款由于内战的发生，不能按期偿还兑现，阻碍资金的正常流通，不可避免地延缓了出口贸易的发展。特别是后来国民政府又实行财政紧缩政策，这个贷款政策就这样不了了之，自行失效。

1947 年 10 月 14 日，国民政府颁布了打包贷款的办法，这个办法的主要要点如下。（1）出口商用款时必须提供国外所开的信用证；（2）由出口商提供出口货物视信用证所开条件酌情按售出价格五折至八折，作抵存入货款行仓库或指定的仓库打包整理，由货款行派员监管；（3）打包放款期限最长不得超过 3 个月，此项放款并得先做后，报以收实效而利外运又为配合外汇政策，并鼓励出口商加运外销起见，各行局承做打包放款，除了仍然依照上项原则办理计息方式外，经四联息处第三、四、五次理事会议核准如下：（1）期限在 10 天以内者，月息 5 分；（2）期限超过 10 天而 20 天以内者，月息 6 分 5 厘；（3）期限超过 20 天，而在 30 天以内者，月息 8 分，除了分函外即希望查照等，由除分转外谨请餐洽。②

通过以上办法，出口商因此获得了大量的放款，并且获得了便利与实惠，其原因主要有：（1）期限比较长。当时的一般商业放款，都是短期的，短则仅仅一两天，长的也不过一个月，非常不方便，出口贷款，虽然也是三个月，但是比一般商业贷款，为期已经属于较长的了。因此，一般的出口商人都感觉比较便利。（2）利息比较低。当时的一般的工商业贷款利息，都是在两角或两角以上，出口商人普遍感觉负担重。但是上述两种贷款的利息，不得超过月息 3 分 6 厘，打包放款的利息，计期限在 10 天以内的月息 5 分，期限超过 10 天而在 20 天以内的，月息 6 分 5 厘，期限超过 20 天而在 30 天以内的，月息 8 分。这个利息与一般市场上商业贷款利息相比较，实在是不可同日而语。因此，出口商人往往能够获得较多的实惠。（3）手续简便。一般商业贷款不但期限较短，利息高，而且均需个别承做，即出口商人每借款一次，即需与各商业银行商洽一次，一般出口商人，感觉手续非常麻烦，在出口国外物资贷款办法中，一定有转质押办法，即所有借款，要向

---

① 《中央银行经济研究处年报》，1948 年 5 月 26 日，第 153 – 154 页。

② 《中央银行经济研究处年报》，1948 年 5 月 26 日，第 154 页。

当地国行办理转质押暨转押汇，按原贷款7折计算，其利率按原贷款利率1/2计算。而按照此项办法，出口商每贷款1亿元，不仅等于1亿7000万元，如1亿元的利率为月息5分，则出口商实际负担的利率还不及4分，故贷款数额，不仅可以增加，手续也较简便，而利率反而降低。因此，一般出口商都非常支持这项办法。

以上两种贷款，原来是由中央、农民、交通各行分做，并经过四联总处核准，等贴放委员会成立，规定5亿元以下的贴放改由贴放委员会审核。从1946年9月起，贴放委员会奉令停止贴放及收回贷款，这项贷款曾一度停做。11月29日，为实行全面紧缩政策，又行中止，直到1947年，国民政府虽然也在考虑进一步贷款，但始终没有再一次开放。关于出口贷款的数额，相当巨大，根据贴放委员会的报告，到1947年11月28日为止，所有出口物资的贷款共计64亿2000万元，详细数额如下表：

表6-6 出口物资贷款数额表

| 类别 | 申请贷款额（单位：百万元） | 核准贷款额（单位：百万元） |
|---|---|---|
| 制衣业 | 2122 | 750 |
| 猪鬃业 | 2170 | 1860 |
| 皮毛业 | 770 | 700 |
| 草帽业 | 1200 | 1170 |
| 烟草业 | 120 | 90 |
| 其他 | 2310 | 1810 |
| 总计 | 8690 | 6420 |

资料来源：冀朝鼎，《民国三十六年度对外贸易之分析》，《中央银行经济研究处年报》，1948年5月26日，第156页。

又根据四联总处的报告，1947年1月到9月各月有关的贸易贷款数额如下：

表6-7 贸易贷款数额表

| 月份 | 贷款数额（单位千元） | 月份 | 贷款数额（单位千元） |
|---|---|---|---|
| 一月 | 11282000 | 六月 | 35567000 |
| 二月 | 3403000 | 七月 | 54622000 |
| 三月 | 13792000 | 八月 | 65151000 |
| 四月 | 64257059 | 九月 | 69561000 |
| 五月 | 44300600 | 总计 | 361935659 |

资料来源：冀朝鼎，《民国三十六年度对外贸易之分析》，《中央银行经济研究处年报》，1948年5月26日，第156页。

又根据四联总处的报告，直到1947年9月底为止，在东北区各月承做的有关贸易放款如下：

表6－8 东北区贸易贷款表

| 月份 | 贷款数额（单位千元流通券） | 月份 | 贷款数额（单位千元流通券） |
|---|---|---|---|
| 一月 | 60000 | 六月 | 609587 |
| 二月 | | 七月 | |
| 三月 | 1253000 | 八月 | |
| 四月 | 705000 | 九月 | 1210000 |
| 五月 | 595000 | 总计 | 3232587 |

资料来源：冀朝鼎，《民国三十六年度对外贸易之分析》，《中央银行经济研究处年报》，1948年5月26日，第156－157页。

按照东北流通券与法币的比率为1∶12，事实上有时较高，有时较低。四联总处截至1947年9月底为止，所核准的有关贸易贷款，应该折合为法币35760044000元，如果将上述三个数字，贴放委员会核准的出口贷款，四联总处核准的法币及东北流通券有关贸易放款的折合法币数相加，其总数404115703000元，应即为国民政府在1946年全年内贷给有贸易事业的全部贷款数，其中不包括10月到11月间四联核准的贸易贷款、农民银行放出的出口物资生产贷款以及10月到11月期间四联核准的对东北区的有关贸易事实的贷款，如果将这三项数额一并加入，则贷款数额，比以前的数额一定更大。查1946年全年的出口总值共计6376504297000元，而贷款总额即达404115703000元（实际上还不止这个数字）。由此可见，至少有1/10到1/15的出口是依靠政府的贷款在维持，也可以看出国民政府的贷款对出口贸易的极端重要性。

到1947年，国民政府为了全面执行紧缩政策，已经停止了一切贴放工作，至少有1/10的出口贸易，直接受到了影响。一方面，应该说，在抗战刚刚取得胜利后，为了抑制通货膨胀和稳定物价水平，实行紧缩政策也很有必要，但是如果因此而停止了一切贴放贷款，那就不太正常了，这个政策对出口商人来说几乎是一种致命性的摧毁，至少在当时来说，这应该是相当严重的问题。但另一方面，客观上来说，作为国民政府的全面的经济政策而言，主张和鼓励贴放是正确的，但外汇率仍旧不能追上黑市，国际收支仍然需要设法平衡，出口贸易依旧困难重重。此时的国民政府在没有更加有效的办法的情况下，以贷款作为辅助手段增进出口，确实也有其必要性。后来一直到1948年才重新开放贷款。从客观上来说，1947年抗战胜利后的国民政府的财政十分困难，实行普遍的贷款既不符合实际也没有必要，但笔者认为，至少可以实行有条件的贷款，采用贷款突出重点的方针，即对于比较重要及在海外市场上具有销路的几种出口商品的生产与输出，仍然可以给予贷款的方式给以奖励，这样才可以统筹兼顾，促进对外贸易的顺利进行。

## 第三节　消极因素逐渐增强的对外贸易政策

南京国民政府建立初期面临内忧外患，秉承收回对外贸易主权，发展对外贸易的理念，对外贸易政策包含团结一心、积极进取的勇气和决心，其政策主要目标是收回关税自主权。抗战时期，围绕抗战建国的主要目标，其对外贸易政策主要体现抗战成分与应战成分比较多，客观上有利于抗战的胜利。抗战胜利后，由于国民政府在反法西斯战争中的重大贡献，国民政府的国际地位大为提高，在对外贸易政策问题上，中国政府开始独立自主的成分与因素也在不断增强。正是在这样一种前提下，国民政府空前加强了国家机构，国家对对外贸易的控制也空前加强。而这种控制与垄断最后的结果却是以全面崩溃画上了句号。

### 一、贸易管制政策空前加强

对外贸易管制，是指国家确立实行各种制度、设立各种管理机构和规范对外贸易行为的一种总称，其目的是为了国家的经济利益、国内外政策的需要等。南京国民政府曾经在抗战时期施行了对外贸易管制，对进出口进行了垄断。进出口国家垄断是指“国家对某些商品的进出口规定由国家机构直接进行经营或者把某些商品的进口或出口的垄断权授予某个垄断组织经营”①。为加强对外经济的控制，战后国民政府对对外贸易继续实行政府管制，且管制措施越来越严格。

1. 加强对外贸易中的国家资本

抗战时期，资源委员会的实力空前增强，这曾经是重工业品的统制机构。抗战胜利后，通过对日本帝国主义重工业企业的接收，资委会垄断和经

---

① 董瑾：《国际贸易理论与实务》，北京理工大学出版社2001年版，第116页。

营的范围进一步扩大，涉及钢铁、石油、机械、建筑材料、化工、矿业、电力、电子、糖和纸业等。资委会下设的国外贸易事务所，垄断并经营了重要工业品和矿产品的进出口贸易。此外，轻纺工业特别是纺织品的生产和对外贸易绝大部分由中国纺织建设公司垄断。中纺公司凭借雄厚的实力，不但在棉纺织品生产中居于垄断优势，而且还控制了50%以上的棉花收购和进口，棉纱、棉布的内外销业务也由其控制，这样，中国重要矿产品出口基本由国家资本所垄断。无论是资委会还是其下设的国外贸易事务所，还是中纺公司，这些都是国民政府具有有代表性的国家垄断组织，通过垄断经营烟、酒的进出口，垄断销售重要农矿产品，可以获得巨大的财政收入。

不过，这种对外贸易中国家资本的强化，也是有利有弊的。一方面削弱了外国洋行对中国对外贸易的控制，另一方面也不利于民营进出口企业的成长。更为关键的是，由于国民政府发动内战，这些国营企业的利润绝大部分根本没有用于国家的经济建设和对外贸易的发展和改善民生状况，而大部分是转化为内战的军费，对社会经济造成严重破坏，对广大民众来说不是福音，而是灾难。

2. 实施商品及外汇管制政策

抗战胜利后，国民政府废止了战时对外贸易统制政策，解除了对进出口商品的管制，撤销了贸易委员会和复兴贸易公司等对外贸易的统制机构和专营公司，恢复了私营对外贸易活动。但从1949年11月开始，国民党政府通过“许可证”、“进口限额”等制度重新加强了对外贸易的控制。

（1）商品管制

为抑制急速发展的通货膨胀，国民政府采取减低进口税、鼓励一切日用消费品进口的政策。因此，1946年2月，国民政府对对外贸易开始进行管制，颁布《进出口贸易暂行办法》。该法令对进口限制较为松弛，并将进口商品分为“禁止”、“许可”和“自由”进口三大类。除奢侈品外，大部分商品允许进口。但是，始终由于汇率被人为高估，物价飞涨，中外商人通过进口贸易大发横财，贸易逆差相当严重。1946年11月，国民政府重新颁布了《修正进出口贸易暂行办法》，取消“自由进口”类商品，全面实行“许可证”和“进口限额”制，即限额输入必需品和严禁输入奢侈品，并设立了“输入临时委员会”负责对进口商品的管理。

（2）外汇管制

在商品管制的同时，国民政府还实施了外汇管制。外汇管制是一国政府为保障本国经济的发展，稳定货币金融，维护对外经济的正常进行，平衡国际收支而对外汇买卖、国际结算和外汇资金流动所实施的一种限制性政策措施。在实行外汇管制的条件下，本国货币不能自由兑换外币，一切外汇业务统由政府授权的专业机构经营管理，其他机构和个人不得经营外汇买卖。出口商必须把他们出口所得的外汇收入按官定汇率卖给政府授权的专门机构换成本国货币，进口商必须在外汇管理机构按照官定汇率申请购买外汇，本国货币携出入境也受到严格限制。“这样国家的有关专门机构就可以通过确定官定汇率、集中外汇收入、控制外汇支出的办法来限制进口商品的品种、数量和进口来源地。”① 外汇管制本来是资本主义国际收支危机和金融危机的产物。1929—1933 年资本主义经济危机爆发后，大多欧美发达国家为维护和改善国际收支状况，都曾实行过外汇管制。但是战后随着经济的恢复和发展，大多发达国家先后放宽甚至取消了外汇管制。那么在世界取消外汇管制的大潮流面前，南京国民政府为什么又逆历史潮流从垃圾堆里重新捡起了过时的国际贸易武器呢？主要原因在于中国是一个半殖民地半封建社会国家，经济落后，国际收支异常困难，为了扭转这种不利的财政收支局面，南京国民政府实行外汇管制，以支撑风雨飘摇的民族经济。

1946 年 2 月颁布《管理外汇暂行办法》，规定所有出口外汇必须结售给国家，进口用汇需经有关机构审批。11 月颁布了《外汇限额分配办法》，该办法对外汇实行了更为严格的管理制度。次年 2 月，由于通货膨胀恶性发展，国民政府颁布了“紧急措施令”，实行调整外汇汇率以促进进出口的办法，并设立了“输出推广委员会”负责出口贸易促进工作。1947 年 8 月，国民政府颁布了《新贸易及外汇管理办法》，并将“输入临时委员会”和“输出推广委员会”合并为“输出入管理委员会”，全权管理贸易及外汇。其主要职责：负责“进口许可证”及“出口限额”的分配；负责外汇审批、外汇限额的分配以及调整汇率促进出口等。可见，这些管制措施既有数量性外汇管制，又有成本性外汇管制。其目的在于集中外汇收入，控制外汇支出，实行外汇分配，以限制进口商品数量、种类和国别。

这些措施的目的本来在于鼓励出口，限制进口。但是由于经济状况急速恶化，很多管理措施的调整滞后，因而未能发挥预期的作用。如汇率的调整赶不上物价的膨胀，因而致使汇率出现实际高估，起了打击出口、鼓励进口

---

① 董瑾：《国际贸易理论与实务》，北京理工大学出版社 2001 年版，第 115 页。

的相反作用。

在对外贸易管制政策下，大宗商品的进出口主要由国家垄断资本和四大家族企业经营，其中重要矿产品完全由资源委员会独家经营。煤、人造丝、米、麦、面粉的进口及茶叶、羊毛、驼毛、花生仁、大豆、油菜子、桐油、猪鬃、冰蛋等农产品的出口基本上由中央信托局控制。90%的棉花进口和棉纱、棉布的出口由中国纺织建设公司垄断。此外，由于国民政府政治上的腐败，使上述措施在执行中大打折扣，在操作实践中存在大量营私舞弊的行为。许可证、进口限额及外汇限额的绝大部分被国民党四大家族企业及美国在华洋行获得，一般进出口商人所得极少。据记载，1947 年，输出入委员会批准的进口许可证及外汇配额全部为四大家族企业获得。1946—1948 年中国自美国进口棉花 254 亿美元，其中 90% 为在华美商所经营。不但如此，在法令内容的制定上、颁布的时间等方面均受四大家族及美国利益的左右。如 1946 年 11 月，国民政府准备宣布取消“自由进口类”商品，其中汽车名列在内，但是当时宋家“孚中公司”尚有一批进口卡车未运到中国口岸，结果法令便推迟发布。此消息被孔家的“扬子建业公司”获悉后，该公司即伪造假电报、假合同，声称早已与纽约、伦敦商人成交了大量汽车，正待了证启运，结果也获得了批准。外汇限额也主要为“四大家族”所得，1945—1947 年初，宋家孚中公司所得外汇额度达 1.5 亿美元；1946—1948 年，批得外汇高达 3 亿美元。“四大家族”利用手中特权，与美国垄断资本一起操纵战后中国的对外贸易，从中大肆积聚私财，严重阻碍了中国民族经济和对外贸易的发展，这也是国民政府迅速崩溃的主要原因之一。

### 二、金融币制政策的崩溃

金融币制政策是南京国民政府前期的对外贸易政策之一，它曾经帮助南京政府度过了世界经济危机危难期，但也因此导致了通货膨胀等负面影响。为了挽救日趋衰落的对外贸易与经济，南京国民政府后期继续承继了前期的金融币制政策，虽然对我国对外贸易也起了一些缓解燃眉之急的作用，但总的来说，南京国民政府在这一时期的金融币制政策逐渐走向了南京政府目标的反面，最终导致对外贸易的终结和国民经济的崩溃。这一时期金融币制政策主要内容包括：颁布金融法规，稳定金融和外贸市场；开放外汇市场，促进对外贸易；推行金圆券币制改革。

1. 颁布金融法规，稳定金融和外贸市场

早在抗战胜利后不久，1945 年 5 月 29 日，国民政府财政部就颁布了《筹募公债经办收解债款领售债票办法》，规定所有公债收解债款、领售债票（包括海外各地）等事宜都由中央银行统一办理。另外，还对核拨债票、债款报解、账表报核、债票寄送都做了相应的规定。同时，财政部还颁布了《经募公债核给手续费办法》。1945 年 10 月，又颁布了《中央银行暂行委托上海票据交换所办理票据交换规则》。12 月 9 日，又颁布了《票据承兑贴现办法令》，这些办法和措施都在不同程度上保证了金融市场的稳定，保证了货币资金的正常流通，有利于对外贸易的发展。

国民党发动全面内战后，由于前线军事形势紧张，1946 年 10 月 22 日，公布了《财政金融紧急措施》，特别值得一提的是规定了“绥靖区贫苦人民，由政府举办急赈，积极救济，其方式分为：一、赈济；二、小本贷款”①，一方面表现了南京国民政府在军事紧急的情况下，仍然能够兼顾劳动人民的疾苦；另一方面，国民政府采取了增强国内贫苦人民的购买力，开拓对外贸易的国内市场基础，南京政府具有一定的远见。1947 年 2 月 12 日，颁布了《中央银行拟订本行办理票据交换办法》，规定了票据交换的规则，2 月 17 日，又颁布了《经济紧急措施方案令》，规定了平衡预算，取缔投机买卖，安定金融市场。其中关于发展贸易事项的主要内容有“（甲）为恢复国际收支平衡及挽救国内工商业之衰落起见，外汇汇率应予改订。中央银行外汇牌价，自即日起，以法币一万二千元合美金一元。至二月六日公布之出口补助及进口附加税办法，即予废止。（乙）输出贸易之发展，除调整汇率外，应由输出推广委员会，从改良生产技术、采取货品标准化、减低成本及开发新市场方面入手，饬即拟具切实方案，积极实施。（丙）按照修正进出口暂行办法所规定之许可制度，若干原料品及机器之进口，为国内工业所必需，估计总值，本年全年度达四亿七千二百五十九万美元或等值外币。其大宗货品之限额，既经输入临时管理委员会予以规定，应先将一至六月之限额予以公布，其所需要的外汇共达美金二万万元，即由中央银行准备支付。（丁）现行之中央银行管理外汇暂行办法，关于买卖黄金及外钞部分，应予修正。”② 以上四项措施在不同程度上都有利于外汇市场的稳定和对外

---

① 中国第二历史档案馆：《中华民国金融法规选编》，档案出版社 2009 年版，第 996 页。

② 中国第二历史档案馆：《中华民国金融法规选编》，《民国档案史料丛书》，档案出版社 2009 年版，第 942－943 页。

贸易的顺利进行。

1948 年 4 月，《行政院关于抄发经济改革方案实施办法请遵照办理令》规定了关税税率的调整："（1）恢复征收汽油、柴油、煤油进口税率，为从价百分之五十，但甲类柴油减为百分之十八。（2）依据政府核定之关税原则，修订进口税则。在税则未经修订以前，暂行开征临时附加税，按原进口税率百分之四十五征收，连同原有海关附加税，共为百分之五十。"① 这些措施为战乱期间恢复和发展对外贸易多少创造了一些有利的条件。另外，在关税方面，海关缉私也加强了力度："（1）充实海关查缉力量，添置船艇，配备武装，装设无线电机，分发各关应用，并训练关警，调配关员，派赴各关执行任务。（2）与香港政府商订海关在香港境内执行缉私协定，并由财政、交通两部会订海关检查铁路客货办法，以配合缉私工作。（3）加强民航机起落站之查缉，以杜空运方面之走私。（4）颁行惩治走私条例，对于走私和人犯，从严处刑。"② 可见，国民政府在缉私方面还是有所准备的，这些缉私手段尽管后来执行不力，加上自身腐败等多种原因，大都流于形式，但对保护正常对外贸易毕竟还是起了一些作用。

2. 开放外汇市场，促进对外贸易

抗战期间，我国海岸沿线被敌人封锁，又因各国先后实行战时体制，以致对外贸易由稀少而陷于停顿。初期尚有英美商人经营，然而自太平洋战争后，不仅沦陷区域与欧美市场隔绝，即使是后方也因军运紧张，除军需品外，其他进出口贸易极少成交，抗战胜利后，进出口商人跃跃欲试，但终于因为外汇没有公开市场，贸易无法进行。工商业相互观望，对汇率有种种揣测，造成物价波动，人心不安，国内市场空前紊乱，是战后复苏的巨大障碍。国民政府经过半年的慎重考虑，于 1946 年 2 月 25 日，经国防最高委员会通过开放外汇市场案，平息了市面的谣传，国外汇兑及对外贸易纳入正轨，是战后对外贸易上的重大措施。

主要内容：（1）统制外汇。外汇的买卖由中央银行指定若干银行办理，请求购结外汇必须证明确实是输入许可的商品，欲求脱售外汇也必须向指定的银行洽售。现行官价外汇汇率即行废止。对于外币、钞票及黄金的买卖也

① 中国第二历史档案馆：《中华民国金融法规选编》，《民国档案史料丛书》，档案出版社 2009 年版，第 980 页。

② 中国第二历史档案馆：《中华民国金融法规选编》，《民国档案史料丛书》，档案出版社 2009 年版，第 982 页。

依照同样的原则办理。（2）统制贸易。设立输入设计临时委员会，划分进口货为自由进口、许可进口及禁止进口三种，并规定禁止出口物品。（3）稳定法币。国民政府规定美金 5 亿元为法币准备金，这些平准基金来自中央银行现有外汇。总体来说，上述统制外汇与贸易的新措施暂时稳定了物价，保持了金融的相对稳定，为抗战胜利后对外贸易创造了条件，使我国对外贸易纳入了正常轨道。

外汇与贸易看起来是两码事，然而外汇价格是否稳定，国际收支能否平衡，以及贸易能否顺利进展，是相互影响的。这种外汇与贸易新策也存在一定的问题。（1）外汇管理的问题。国民政府对外汇管理严格，令私人、商号以至银行，都不得拥有外汇，这也是政府的目的。但是我国在抗战前，国外汇兑大多操纵在外国人手里。因此，外商银行分行遍设全球，根深蒂固，信用昭著，经验丰富。因此我国银行不能与外商银行竞争，再加上我国当时的银行制度没有完全确立，经营外汇的指定银行虽然也有月报周报，也能提供中行随时检查的账册，但那只是事后的监察，各行很难与政府诚心合作，中行也不能完成指导与监督的任务。此外，黑市外汇的供给来源大部分是外侨携带来华使用的外钞，政府对此未加明确的规定，如果外钞在市面流通，不但有碍外汇管理，还将影响通货物价。（2）外汇率问题。外汇率虽然难以决定，但必须尽早确定。而政府采取的是“中央银行查酌市面情形，并依照供求实况，随时供给或收买外汇”，这实际上是一个不得已的过渡办法，这种“外汇率随时牌示，波动无常，国内外出进口商在货物未交割前，因汇价担负风险甚大，难免观望不前，固在订定固定汇率前，国际贸易仍难望展开，殆可想象”。①

3. 推行金圆券币制改革

1948 年，国民政府为挽救日益恶化的军事和经济危机，经过精心策划，抑制日益高涨的通货膨胀，平衡国际收支，稳定对外贸易的环境，于 8 月 20 日制定了《金圆券法案》。在国统区实行币制改革，收缴金银外币，发行金圆券。然而，事与愿违，金圆券法案的实施，不仅没有挽救其统治的颓势，反而加速了国民政府的垮台，使金圆券发行短短 9 个月便彻底崩溃，成为世界上最短命的货币。对于金圆券币制改革，学术界研究比较多，基本持否定的观点，多数人认为金圆券币制改革是在国民党面临反动统治的最后时

---

① 腾代春：《由开放外汇市场谈到我国对外贸易之前途》，《经济半月刊》（河北省银行），1946 年 3 月上期，第 19 页。

刻出台的，继续搜刮民脂民膏因而民心散去，是官僚资本积累的重要手段，也是导致国民党最后垮台的主要经济原因之一。

其实从理论上来说，国民政府的币制改革确实有利于对外贸易的发展。主要原因：第一，新币制推行严格的管理通货制，抱着平衡国际汇兑率的良好主观愿望，对外汇兑率的变动和对我国输出入贸易及国际收支的抵付，都会产生不良的影响，如果改制后金元本身价值稳定，就可以维持国内物价与汇兑率的稳定，这是有利于促进对外贸易的；第二，新币制下的汇兑率规定为美金一元，折合金币四元，以三百万对一的标准计算，高出于改制当时指定银行结汇证书价格，合计约法币八百万元的汇价，对于输出贸易的效果那就可想而知了。另外，这次改革对于改善进出口商的业务经营，从理论上讲也有很大的效果。但是终究是在恶性通货膨胀的法币制度下，国内一般输出货物的价格，往往超过国外市价，经营出口商只有等待汇率调整再行输出，或者出口商人低报出口价格，将外汇隐藏在国外，经营进口商人依照法定汇率输入货物，再照市价售出，显然赚得的是非法利益。但是在新币制实行以后，只要物价与汇率保持平稳，这种进出口业务上不合理的经营方法，自然就消失了。这样一来，进出口商只能在国内外价格自然差额之间取得合法的利润。难怪国民政府财政部王部长在出席国际货币会议时曾自豪地声称“我国币制改革对于当前贸易现状的改善，具有重大的功能”①。由此可见，国民政府在主观上想通过改革促进对外贸易的良好愿望。

近代中国的改革实际效果往往与改革者的主观愿望背道而驰，金圆券币制改革也不例外。就当时物价上涨潜伏的趋势来说，各地的波动情势颇不一致。上海由于严格执行经济管制，大体上还能够维持在 8 月 19 日的水准，其他各地例如西南、华南各省的物价上涨了两三倍，华北各省由于淮海战役的失利，物价上涨更加猛烈。既然物价不能稳定，对外汇兑率自然也就无法安定，大大影响了当时的输出入贸易，以致最后陷于全面停顿。“出口商品如桐油、蛋品、肠衣、生丝、猪鬃、牛羊皮、茶叶、花边、草帽等，都因为产地价格上涨无法经营输出。进口商品如烟叶、华工原料、柴油、汽油、钢铁、纸张、麻袋、橡胶等，由于国内实行限价，进口商亏损很大，同时输入限额减少，所以输入贸易也同样陷于无法经营的地步。”②

---

① 《币制改革与对外贸易》，《银行周报》1948 年第 45 期。

② 《币制改革与对外贸易》，《银行周报》1948 年第 45 期。

总之，币值改革的最大目标，是寻求物价与汇价的稳定，物价与汇价的稳定，有赖于货币本身价值的维持，在理论上讲，这既是在财政上的开源节流，又是经济上的奖励疏导。改革本身是不存在问题的，问题是在什么环境和条件下改革，改革的社会和阶级基础如何，如何在保持基本体制不动摇的情况下，最大限度地维护人民的利益，获得下层人民的支持，从而大刀阔斧地改革阻碍对外贸易发展的生产关系和上层建筑，这就不是国民政府所能预料到的，改革的结果揭示了国民政府的阶级局限性所在。

这次改革的主要做法是，放出过量纸币，回收真金白银，也就难免时人与后人常责其为刻意“搜刮”百姓财产，以供内战经费及撤退台湾之用。如就事论事，此等做法起初倒未必是刻意“搜刮”，而更在于以回收的硬通货充实金圆券的发行准备。但在货币信用已然不足、通货膨胀预期非常强烈的情形下，放出大量货币，事实上等于膨胀通货，使金圆券难逃法币过量发行而崩溃的宿命。分析其失败的原因，笔者认为主要有两方面。

首先是改革未经充分酝酿，准备不足。如此牵涉广泛的币制改革，事先仅由少数人秘密策划，未经立法程序讨论通过，而以总统令的行政方式付诸实施。考虑到币改的敏感度，为避免不必要的困扰和麻烦，不走立法程序尚可理解，然国民党高层事先也未有深入讨论，而是事到临头改革方案才被提交国民党中央会议，在蒋介石个人权威力挺之下得以通过。国民党内上下左右对此改革缺乏共识，所以实际执行经管的蒋经国“最可忧虑者，即高级官员对此政策多抱‘观望’、‘怀疑’以及‘反对’之态度，反不如一般人民之切望生活之安定，而拥护政策成功之诚也”。在政策的操作层面，甚而连有“金圆”字样的钞票在币改前都未及印出，而是临时用1945年央行向美国钞票公司订印的法币特种券代之。并曾引起民众的疑虑，亦可见决策层推出币改之仓促。

其次，要稳定物价、稳定外汇和国内市场决不能只通过简单的行政措施。物价运行遵守价值规律。在社会危机日益严重的形势下，发行金圆券强行限价，这根本不符合经济运行的客观规律，即使能维持一段时间的物价，也只能是昙花一现。市场商品奇缺，物价飞涨，人民生活更加痛苦。

当然这次改革，也产生了两个意外的积极作用：一方面，国民政府当局的金银外汇政策向来以放出金银外汇、回收货币为中心，此次则一反常态，放出大量货币，回收金银外汇。这些外汇资金的回笼多少有利于购买人民所需要的外国商品，据统计，金圆券改革的前40天，共发行95675万元，其中用于收兑金银外币者约6亿元，超过发行总数的60%。[①] 这些金银迅速集中到国民政府手中，在当时来说确实也有必要，能够使政府掌握对外贸易的主动权。另一方面，也是历史的吊诡，国民党虽然在币改中失败了，但是其通过币改获取之金银外汇，却又在其撤守大陆、退往台湾之后，起到了救急之用。另外，作为金圆券币制改革的决策者蒋介石，币改失败本应为其政治生涯的沉重打击，但是他却似乎并不以为然。币改失败成为日后蒋介石改造国民党新生的起点。

毫无疑问，不可高估金圆券币制改革的历史作用，但这次改革确实给予了我们深刻的历史启示和教训，那就是金融改革必须遵循金融内部本身的客观规律，人们只有在充分认识规律的基础上才能有所作为，否则就逃脱不了金融改革失败的厄运。

### 三、海关缉私政策的恢复与终结

抗日战争期间，由于日军侵华咄咄逼人，正面战场不断丢城失地，沿海沿江海关多为日军所把持，中国海关工作一度被迫关闭，为了壮大抗战的经济实力，只能在国统区实施有限的关税征收，沦陷区的海关为日军侵略服务，海关缉私工作名存实亡，工作一度陷入绝境。

1. 海关缉私工作的局部恢复

抗战胜利后，日本帝国主义势力被赶出中国，但是美国又依靠其强大的军事和经济实力，对中国经济政治格局产生重大的影响。此后美国又根据马歇尔计划在财政、金融、军事等各方面全面控制，美国在华霸主地位无可动摇。国民政府由于战时与美国的合作伙伴关系就已经形成，实行亲美政策。对外依赖美帝国主义的经济援助，对内实行一党专政，搜刮民脂民膏，将主要的精力放在了内战上面，导致负债累累。国民政府的这些反动措施促使生产逐渐萎缩、社会动荡不堪、物资供应紧缺、物价飞涨、哀鸿遍野，整个国家的经济濒临崩溃的边缘。美国资本家则加紧掠夺中国的资源、原料和农产品，将过剩产品对华倾销，大量军火武器源源不断地输入我国，剩余产品、剩余物资大量充斥中国市场，当时军队流传一句民谣："迫击炮，美国造，蒋介石送来不得不要。"美国商品泛滥成灾，对外贸易出现严重逆差，外汇

---

① 中国第二历史档案馆：《中华民国档案资料汇编》第5辑，第3篇，财政经济卷（2），江苏古籍出版社1994年版，第363－367页。

储备完全亏空归零。国民政府只好重新拿起抗战时期的旧式武器——统制对外贸易措施。《进出口贸易暂行办法》（后于11月修订）和《中央银行管理外汇暂行办法》于1946年2月颁布，规定中央银行办理一切买卖外汇；必须取得许可证到指定的银行结售汇。而当时的指标又相当少，一般商人很难获得许可。官价与黑价相差悬殊为走私活动提供了目标。社会上走私现象日趋严峻，“经报关纳税合法进口贸易仅占输入总额的1/4”①，而锑、钨等大宗结汇物品走私更加严重。

1944年底，抗战胜利前夕，总税务司李度一直在筹划战后海关复员事宜。于是就命令改善重庆临时总税务司署，在署内增设“复员计划专员”的岗位，李度通令颁发《战后海关具体工作要领》也于1945年9月24日出台，这是战后试图恢复海关的主要标志。为了加强对日军的封锁，《国家总动员业务联系推进办法》于1945年6月颁布，为了加强边境和接近前线关所，配合军事行动向前推进，于是命令海关裁撤内地关所，② 9月，丁贵堂被任命为上海总税务司；1946年1月1日，终于结束了抗战期间国统区海关与沦陷区海关分裂并存的局面。重庆税务司署迁移到上海办公，全国海关行政表面上重新恢复到战前状态。战前的沦陷区各关也陆陆续续接收了恢复工作，到1947年9月计恢复粤海、江海等共计18个关，战后又增设了一些关。海关机构组织的基本恢复，为战后恢复沿海沿边的缉私工作奠定了基础。

抗日战争以前，我国缉私制度比较完善，此不赘述。抗战开始后，日军占领了我国大部分沿江沿海港口，海关人员到处离散、逃亡，机构纷纷瓦解，“已大为削弱”③，缉私处虽然在1941年1月成立，但是海关的力量大大削弱，军警和特务等机构人员也混入海关，海关情况更加复杂，缉私效率低下。抗战胜利后，一直到1949年初，关警人员得到充实，全国共有关警1716人，如果单纯从人员上来说，规模是加强了，特别是还能“应付边境地区的武装走私”④ 这是一个不小的进步，海关缉私力量也得到了一定的加强。

抗战时期，日本为了打击中国查缉走私的力量，曾经被日军劫走一部分

---

① 克夫：《不走正路的人》，重庆《大公报》，1946年9月11日。

② 海关总税务司署：《总税务司通令》（Inspector General's Circulars）第2辑，渝字第936号。

③ 海关总税务司署：《缉私问题》，1949年，第3-5页。

④ 海关总税务司署：《缉私问题》，1949年，第3-5页。

舰艇，自己破坏了一部分以免资助敌人。抗战结束后，国民政府决定重建海关缉私舰队。有一个事例可以证实当时的艰难情况，那就是战后国民政府只收回少部分舰艇，有些陈旧舰艇“大加修理之后，始可应用”①。我们可以将战后各年服役巡缉舰数目列表如下。②

**表 6－9 战后各年服役巡缉舰数目列表**

| 年份 | 1945 | 1946 | 1947 | 1948 | 1949 |
|---|---|---|---|---|---|
| 舰只 | 4 | 13 | 11 | 15 | 18 |

战后服役海关的巡缉舰减少了，最多的 1949 年也还是比不上抗战前，战争对缉私破坏非常严重。缉私舰艇大体可以分为三类：③

（1）“A”级巡缉舰，排水量为 764～1000 吨，最高时速 14.5～15.1 海里，配备美制重武器 40 毫米和 20 毫米机关炮。

（2）巡缉艇，排水量为 30～80 吨，配备轻机枪、步枪等轻武器。

（3）“Y”级巡缉舰，排水量为 275～600 吨，最高时速 13.8～14.5 海里，配备美制轻重武器 13 毫米机关枪和 20 毫米机关炮。战后重建了华南缉私舰队，并且还配备了专用无线电台，海关逐渐恢复、并开始使用第二版的缉私密电码。虽然局部地也恢复了一些缉私工作，但缉私效果却完全不同，与战前完全不可同日而语，深有“力不从心之感”④。

2. 华南海关缉私概况

战后，中国人民赶走了占据中国长达八年的日本帝国主义，并将其驱逐出境，全国人民欢欣鼓舞，中国东北、伪“满洲国”从此回到了祖国的怀抱，台湾也不再是日本的殖民地。抗战时期，日本曾经对华进行大规模的走私，随着日本的投降，这种走私行为已经不复存在；由于南洋的日军也被驱逐回日本本土，原来走私猖獗的西南边境也减轻了许多。1945 年 8 月，中法签订了《交收广州湾租借地专约》，广州湾租借地由国民政府从法国手里收回；但英、葡两国殖民者仍然操纵了香港、澳门，走私活动仍旧嚣张，以港九、广州最为突出明显。根据资料表明，“广州成为华南最大的私货吞吐

① 海关总税务司署：《缉私问题》，1949 年，第 3－5 页。

② 海关总税务司署：《总税务司通令》，第 2 辑，第 6922 号；1947 年、1948 年《海关题名录》；《缉私问题》，第 7 页。

③ 《上海解放前夕海关总税务司署海务科职工的护船斗争》，《海关职工革命斗争史资料选集》，第 2 辑，中国海关学会 1987 年 6 月打印本；赵叔文《原九龙关华南缉私舰队的基本情况》，《海关研究》1987 年，第 4 期。

④ 海关总税务司署：《缉私问题》，1949 年，第 7－10 页。

口岸和集散地”①。每月进出口私货达 200 万美元左右。因此，国民政府海关面临着缉私的主要任务，就是特别加强包括九龙关区在内的华南一带的缉私。

九龙关人手不够，不得不从外地抽调人手，还缺乏军械，设备简陋。战后缴获了日军一批 10 多艘巡缉舰的舰艇组建了华南海关缉私舰队，九龙关驻地所在，经常出没在华南一带的福建、广东、广西海面上，执行巡缉任务，成为华南各关沿海缉私事务的管辖总领机关，负责缉私协调工作。在珠江三角洲的海商活动相当频繁，特别是香港外围的海商，尤其猖獗，为了对这些海商实行控制，在摩士湾的三门岛、大铲和香港东南的撒桥尾 3 处分别建立了巡缉舰基地，除了执行查缉过往船只的任务，还将缉私舰艇分成几个小分队，每队设立高级海务人员充当指挥员，负责统一指挥，主要在珠江口一带游弋、负责监视摩士湾内船只和执行常规巡逻外海的任务。并下令对港澳地区实行管制和查验，不得不采取据点封锁法，为了加强控制，以虎门缉私为根据地。于是，在南中国华南海上形成第一道缉私防线。② 在距离长达 180 余里的华南海岸线上，国民政府派 34 队在港澳地区查验，占全国关留总数过半。③ 战后，又颁布了《海关检查铁路客货办法》，会同宪兵联合查缉军人走私。④

由于国民政府对港澳地区仍然没有主权，缉私行动还是受到种种限制“总是费力大而收效甚微”⑤。因此，保护中国的海关收入，收回港澳殖民地，杜绝走私隐患，一直是国民政府缉私工作的既定方针，也是华南缉私的根本方略。众所周知，赫德任职海关税务司以来，一直致力于中国海关关税的征收，尽管签订了《管理香港洋药事宜章程》《中葡里斯本草约》，华南走私问题还是没有彻底解决。国民政府深知，要解决关税缉私这样的大问题，单靠九龙税务司孤军奋战是不可能取得成功的。1910 年，为了得到查缉港九走私的协助，九龙关税务司夏立士与英国合作，但是每次谈判都是无果而终。抗战胜利后，港九走私进一步加剧，1946 年又重新开始谈判。终

---

① 蔡渭洲：《华南走私问题》，《人民海关》第 1 卷，第 10 期；王风：《广州成走私吐纳口》，《南侨通讯社乙种稿》，1947 年 8 月 21 日。

② 海关总税务司署：《缉私问题》，1949 年，第 7 - 10 页。

③ 海关总税务司署：《缉私问题》，1949 年，第 7 - 10 页。

④ 海关总税务司署：《总税务司通令》（Inspector General's Circulars）第 2 辑，第 7354 号。

⑤ 海关总税务司署统计科：《缉私问题》1949 年印行，第 5 页。

于在1948年1月正式奠定中港《关务协定》，为了集中管理，规定了装载、查验等一系列手续，但是“税务司应为英籍，并为港方所能接受人员”①。《关务协定》又规定中国和澳门之间的物品与船只情况，“并注明抵达及开航时间”②。

1948年6月底，中葡《关务协定》虽然开始生效，但是由于港澳当局受西方列强的指使与中国政府利益不一致，很少协助南京国民政府。中国只准在指定地点查验，处处均须看外人脸色，实际毫无缉私主动权。最后终于因为国民政府军事失利，社会更加混乱不堪，所有关卡被迫撤销，“边境缉私陷于瘫痪状态”③。可见，由于中国丧失了主权独立这个最基本的条件，尽管南京政府想在缉私工作上有所作为，但最终还是不能如愿以偿。

3. 对南京国民政府后期海关缉私工作的反思

面对战后走私不可收拾的严峻局势和海关缉私存在的问题，“战后国民政府在华南地区的缉私政策经历了由重建到放弃的过程，虽然战后初期，国民政府在华南地区重建缉私体制与战前和战时相比有较大主动性，但由于战后海关缉私工作最大的症结在于美帝国主义对华倾销掠夺政策和国民政府的贪污腐败，缉私体制不可能高效廉洁地运作”④。必须认识到走私是一种国家地区间的社会现象，是半封建半殖民地中国的特殊政治现象。抗战中，“四大家族”大发国难财；抗战结束后，官僚买办资本进一步垄断了全国经济命脉，国民政府政权更加反动、卖国与腐败。战后输出入管理制度一开始的目的是对外贸易、发展经济，但到了后期却走向了反面，在某种程度上可以说，它是勾结美帝国主义积累财富的重要手段，走私披上了合法的外衣。特别是1946年11月《中美友好通商航海条约》的签订，使中国在经济上完全沦为美国的附庸，国民政府借救济物资运进中国，海关均无权查缉。美商勾结驻华美军及利用救济物资进行走私的事件在一些大城市都曾发生过。如1948年春，天津新时昌洋行勾结美军走私，闹得满城风雨，后来美军不得不在天津召开一次军事法庭，敷衍了事；1948年夏，美军又将20几个仓

---

① 王铁崖：《中外旧约章汇编》，第3册，三联书店1962年版，第1579－1589页。

② 王铁崖：《中外旧约章汇编》，第3册，三联书店1962年版，第1579－1589页。

③ 九龙海关编：《九龙海关百年年大事记》，第65－67页；《九龙关税务司晋京请示中港边界缉私对策》，《星岛日报》，1948年8月4日。

④ 李琴：《走私·缉私·中外贸易——以1930—1949年华南地区为中心》，暨南大学博士论文，2005年，第166页。

库的物资未付关税售与河北企业公司。[①] 国民政府对走私活动实际是束手无策，无可奈何。

战后美国成为中国对外贸易的核心，上海、华北等地也是最大的美货倾销市场和原料供应地，因此华东、华北进出口走私的严重程度并不亚于华南。战后全国最大的走私口岸是上海，天津则“仅次于上海居全国第二位”[②]。海关最不愿意查验的就是上海、天津等地，因为多是权贵集中的地方。

《密勒氏评论报》曾经批评国民政府官员贪污腐败，矛头直指“高级政治领袖及军事将领及其家属”[③]。但他们还是“倚附不法势力的大规模走私”[④]，如宋美龄经常以自用名义运输禁止进口物品，海关“不检查不追问”[⑤]。宋子文要海关缉私舰为他运私大米。社会舆论也谴责海关缉私“只拍苍蝇，不打老虎”[⑥]，“破获大规模组织走私，尚不多觏”，[⑦] 在走投无路的情况下，《惩治走私条例》于 1948 年 3 月 11 日终于出台，虽然明确规定了要严惩走私行为，但为时已晚，国民党政权大势已去，没有给它留下悔过和反思的机会。可见，政治腐败才是海关缉私陷于绝境的根本原因，不解决政治和体制问题就不可能消除走私这一社会毒瘤。

国民政府在军事上节节败退，经济上全面崩溃，中国海关走向了穷途末路，甚至海关人员也公然从事走私活动。社会上普遍流行所谓的“通天证”，甚至连九龙关人员也有分得利润。[⑧] 海关也集体收取赃款，收取所谓的“过关费”，进行直接走私。[⑨] 战后这种知法犯法、玩忽职守的渎职案件是当时的社会常态。

众所周知，海关是国家主权的象征，缉私是一项神圣的国家职能，南京国民政府后期这种玷污国家形象的走私行为十分猖獗。近代中国沦为西方列强的半殖民地，海关也常常为英、美等帝国主义所把持，是帝国主义侵略中

---

① 陈凤平：《二十年来走私之分析》，《人民海关》，第1卷，第6期。
② 王怀远：《旧中国时期天津的对外贸易》，《北国春秋》1960 年第3 期。
③ 兆和：《走私的责任谁负?》，《华侨日报》，1947 年9 月29 日。
④ 海关总税务司署：《缉私问题》，1949 年，第14 页。
⑤ 丁贵堂：《再批判旧海关》，《人民海关》，第1 卷，第9 期。
⑥ 曾锐成：《华南走私猖獗》，《金融日报》，1947 年8 月27 日。
⑦ 梁风：《华南走私透视》，《申报》，1947 年12 月29 日。
⑧ 邓权生：《解放前的华南海关缉私》，《广东文史资料》第9 辑。
⑨ 王琳乾：《解放前的汕头海关》，《广东文史资料》第51 辑。

国的重要手段和象征。可见，战后中国海关缉私既受到帝国主义的干涉和操纵，又为国民政府消极行为所制约，失去了国家政治体制和政权保障的海关缉私工作，陷入绝境就是迟早的事了。

## 第四节　战后对外贸易畸形发展与对外贸易政策的反思

正常的对外贸易发展是需要国家主权保护的，而南京国民政府是在失去国家主权保护的情况下进行的，因此尽管采取了许多积极的措施和政策，但是对外贸易发展并没有因此而步入正常轨道，洋行的操纵使得我国对外贸易发展缓慢而畸形。因此，客观分析我国战后对外贸易发展的实际情况，反思战后对外贸易政策的效果，多少能给后世留下一些经验和教训。

### 一、中国对外贸易的畸形发展

民国时期中国对外贸易始终处于被动的地位。鸦片战争以后，公行制度消灭，《南京条约》第五项中的“凡有英商等赴各口贸易者，勿论其与何商交易，听其自便”与最惠国条款的孵育，产生了中国对外贸易上洋行制度的怪现象。洋行贸易制度与公行贸易制度一样，也是时代的产物。一是因为当时中外民俗、民情、语言、习惯两不相通，直接自由贸易不太现实。因此，不得不借助于“中介机构”，不过，因为中国经济的落后与外人利用不平等条约的庇护，这种中介机关，就为洋商所把持，而造成了鸦片战争以后中国对外贸易上洋行经营进出口贸易的特征。

洋行贸易的最大特征，就是我国对外一切进出口贸易都操纵在洋商的手里，我们如果要进口商品，固然需要借手洋行，我们如要出口商品也要借手洋行，在这种贸易制度下，中国几乎没有对外贸易可言，仅仅是在中国境内华商与洋商的交易而已，一切中国的对外贸易都是借助洋商来经营，对外贸易自然也不能占主动地位。在对外贸易上，我们即使需要输出，如果外国商人不来收买，我们就无法输出，我们即使需要输入，如果没有洋商输货进口，我们仍然不能输入。应该输出一些什么，应该输入一些什么，就不能为自己所左右了。有时，我们计划输出大量的茶，假如洋行不往中国内地收购或者拒绝收购，中国即使有输出大量茶叶的意愿，但是没有输出茶叶的能力，茶的输出始终不能成为事实；有时我们即使计划输入大量的机械，假如洋行不愿意输送机器进口，或没有输送机械进口，中国即使有输入大量机械的计划，但是没有自主输入机械的能力，机械的输入，就不能实现。从积极面观察是这样，若从消极面观察，被动的情形更是明显。原料的输出，在急待工业化的中国，是不应该的。为了本国经济的发展，原料的输出，应该合理地限制。可是在外商计划输出中国特产的原料时，宝贵的原料就不能受我们自己的支配，而是大批大批地出口；反之，为了我们经济上的利益，鸦片（洋药）的输入是应该禁止的，可是在洋商计划输入鸦片时，这种危害国家民族的毒品，我们仍然要销纳，在洋行贸易制度之下，中国对外贸易都操纵在洋行手里，随着洋行逐利的经营而左右我们输出入物品的性质。可见，在这种洋行制度之下，所谓的独立自主的对外贸易，只是我国人民一厢情愿的美好愿望而已。

从鸦片战争到“二战”前夕的近一百年时间，由于中国人不重视国际贸易，洋行贸易相当发达。因为在中国对外贸易的初期，本国的生活资料可以自给自足，没有必要依赖国外的供应，况且那时与中国贸易的许多邻国并没有什么特产是我们不可或缺的。也就是说，对外贸易对中国毫无经济意义。因此，在中国历史上，对外贸易总是由外人经营，如汉初与大秦的贸易操纵在安息人手中，后来与回教各国贸易则操纵在阿拉伯人手中等，都是属于这种情况。到鸦片战争以后，外人操纵中国对外贸易的形式，就演变成洋行贸易制度了。根据海关统计，1921、1923、1926 年在中国境内的洋行及洋商见下表，看了这些统计数字，我们就不难明了在华洋行所占中国对外贸易的实力了。

**表 6－10　1921、1923、1926 年在华洋行、洋商数额表**

| 国别 | 1921 年 | | 1923 年 | | 1926 年 | |
|---|---|---|---|---|---|---|
| | 洋行数 | 人口 | 洋行数 | 人口 | 洋行数 | 人口 |
| 美国 | 412 | 8230 | 510 | 9410 | 409 | 9386 |
| 英国 | 705 | 9278 | 714 | 14670 | 661 | 14776 |
| 日本 | 6141 | 144434 | 4446 | 235339 | 4061 | 201704 |
| 法国 | 222 | 1453 | 192 | 2270 | 242 | 3361 |
| 意大利 | 42 | 587 | 60 | 629 | 44 | 674 |
| 丹麦 | 28 | 549 | 59 | 645 | 35 | 608 |
| 荷兰 | 31 | 486 | 32 | 407 | 35 | 559 |

续表

| 国别 | 1921 年 | | 1923 年 | | 1926 年 | |
|---|---|---|---|---|---|---|
| | 洋行数 | 人口 | 洋行数 | 人口 | 洋行数 | 人口 |
| 德国 | 92 | 1253 | 314 | 2963 | 244 | 2233 |
| 俄国 | 1618 | 68250 | 964 | 74029 | 1034 | 85856 |
| 比利时 | 27 | 505 | 28 | 689 | 80 | 680 |
| 挪威 | 12 | 227 | 24 | 404 | 15 | 520 |
| 葡萄牙 | 152 | 3493 | 177 | 8296 | 103 | 3424 |
| 西班牙 | 7 | 286 | 8 | 172 | 9 | 32 |
| 瑞典 | 9 | 434 | 7 | 147 | 11 | 2226 |
| 瑞士 | | | 29 | 283 | 28 | 409 |
| 其他各国 | 20 | 284 | 38 | 1641 | 26 | 304 |
| 合计 | 9511 | 240769 | 7574 | 348883 | 6995 | 324947 |

洋行贸易制度对于我国的国际贸易很不利，其影响至少有三个方面：第一，洋行贸易制度足以增加佣金的支付，从而增加了输出入商品的成本；第二，洋行贸易制度使本国的生产者与外国的消费者不能携手，两者之间产生脱节，足以阻止本国商品的改良与推销；第三，贸易操纵在洋行，进出口商品的价格都被洋行把持，同时本国商人不明国际商情，更容易受洋行居间的蒙蔽。由于这些弊端的原因，我国对外的输出入贸易就不可能振兴或发展了。可见，我国对外贸易一向被外国人把握，而造成这种形势的原因，主要有以下几种：（1）不平等条约的影响；（2）历史的习惯；（3）洋行资金融通方便。①

由于洋行的把持和操纵，中国对外贸易长期处于被动和畸形状态。总之，在没有国家主权保护的情况下，中国对外贸易发展不可能得到长足的进展。

## 二、战后我国对外贸易政策的反思

抗战胜利后，我国取得了一百多年来梦寐以求的民族独立，国际地位也大为提升，国民政府在我国对外贸易政策方面本可大有作为，但是一个较好

---

① 郧洪林：《中国对外贸易上的畸形发展与中国工业化》，《民族正气》，第 4 卷，1945 年第 34 期。

机遇却再一次与我国失之交臂。具体原因存在多方面，我们暂且无法一一解答。但是至少有以下几点教训值得我们反思。

1. 闭关主义的思维方式仍然左右国民政府对外贸易政策的制定

战后我国国内物价一直处于高涨的状态，生产成本昂贵的中国，各种外国廉价的商品自然会大量地进口。一方面，消耗了我们极其宝贵的外汇力量，另一方面打击了我们极其薄弱的民族工业，于是工业界人士以及若干忧国之士，极力主张把门关一下，如禁止若干非必需品进口，停止供应非必需品的进口外汇，还如主张提高关税、提高汇率，这些主张在短期内确实会有一定的效果，但是时间长了，副作用也就显而易见了，如战后的一些对外贸易政策主张如限额制度、管制贸易、管制外汇、统制贸易、限制或暂缓开放对日本贸易等等，无一不是深深地打上了闭关主义烙印。事实上，在 20 世纪中期开放的世界贸易大环境中，西方列强与国际社会也是不会允许中国再走闭关自守的老路的。根据经济分工的原则，我们自然也不应该采取狭隘的闭关自守、经济自给主义。有些物品外国生产条件比我们要优厚，生产成本比我们低廉，我们也可以进口一部分或者全部。例如橡皮是一种热带产品，我们是无法和南洋国家竞争的，除了海南岛或许能生产少量以外，大部分是要由南洋国家输入。所以热带、温带、寒带国家都有其天然的分工根据，而且是必须交换产品的。又如铁矿因为我们蕴藏不丰富，成本太高，虽然在平时维持最低限度的国防钢铁工业，而钢铁大量进口是无法避免的。另外，也有一些物品，我们的生产条件比国外要优越，便可以输出换取进口货品。例如钨、锑、锡便是我们的出口矿产。生丝和棉织品等，因为我们使用人工较多，我们还可以在海外跟人家竞争。总之，凡是天然资源丰富，以及需要用人工众多的农产品或制造品是可以输出的，而天然资源缺乏以及需要人工较少的产品，我们是需要输入的。

事实上，战后的国际形势是相当开放的，美国是战后世界经济盟主，中国以及其他弱国，甚至英、法、苏联等强国也要依靠美国。而美国当时援助的基本条件就是开放市场、贸易自由。实际上，苏联的全体性国营贸易方式，倒是国际贸易的一个有力的战术，苏联提倡生产机械进口办法，是值得我们去学习的。不过我国所处的国际地位是不允许我们采取硬性统制方式的。实际上我们也是不可能过分地统制贸易的。从建国方面来说，当时我们不但缺乏机械与技术，而且缺乏粮食与原料，所以这一阶段必须依赖外国资本、外国借款，用来输入机械、粮食、原料等。因此，进出口贸易如果运用得当，我们的生产事业、人民的生活都会有好转，甚至还可以偿还外国借款的本息，这样不但不会影响生产，还不会降低人民的生活水平。

事实上，从我国当时的经济局势来看，也是非依靠外国经济援助不可。经过了多年的战争，不仅生产工具损失较大，生产效率也很低，连衣食住行那些日常的物资如果没有国际救济以及进口商品，后果也是不堪设想。国际救济物资、外国进口物资，固然有威胁弱小民族工业的可能，然而在战后资金不济的关头，也必须有适当物资的进口来填补八九年的消费空缺。毫无疑问，这种依赖局面当然不能延续太久，必须逐步减小对外国商品的依赖程度，只有先求生存，然后才能在生存中求得发展。

2. 对外贸易应该组成一个坚强的对外贸易阵线

对外贸易不仅要打破闭关主义，还要打破个人主义。战前中国对外贸易掌握在少数外国行商手里，战争期间，外人停业归国，正在华人裹足不前的时候，仍然还由几个政府国营贸易机构在勉强维持少量的出口贸易和采办工作。战后各地华商进出口行商，如雨后春笋般地涌现了，单上海一地进出口行商就在一千家以上，其他进出口贸易行商总和，也可能达到一千家以上，但是国营贸易业务机构只剩下中国植物油料厂和中信局与资委会的贸易部分了。规模小、资金少，局面相当混乱，也很不经济。最理想的办法应该是，每一种商品或每一个地区都有一个进出口贸易公司，分工合作，可以免除许多无谓的重复、竞争和浪费。退一步来说，各地区或各商品进出口商人，至少应该有一个强有力的同业组织，可以替他们做情报、联系和宣传工作。而当时即使也有少数同业公会组织也不太健全，也不可能负起战后组织同业、服务同业、共同争取海外市场的巨大责任。

政府战后对外贸易政策与战时应该大有不同，战时国营贸易远比民营贸易有力量，而战后的茶叶、桐油、生丝、猪鬃等，那些所谓战时统制的物资，都可以由民间自由买卖了。国营贸易已经不占重要地位了。主管贸易行政的贸易委员会被取消了，主办茶叶、生丝、猪鬃、桐油那些统制物资、专营业务的三国营公司，也一个个逐渐取消了。战时没有多少民营贸易。所以，调查、情报、宣传、咨询、服务、指导工作不为贸易行政机构所重视。战后，民营贸易蓬勃兴起，又没有贸易行政机构来指导服务，问题就麻烦了。

这个对外贸易联合阵线的总指挥部，应该是一个贸易部，而不是像以前经济部商业司的一个科，或是财政部下的一个委员会。贸易行政第一种工作应该是调查与情报。所以不但要使驻在各国都市领事官都变成真正的商务官，而且要在重要国家或重要区域设置商务参赞和商务专员，国内出口物资生产区域或集中地点，也要有调查情报网。贸易行政第二种工作应该是宣传与展览。我国出口特产要送到各国博览会去展览，要有各种文字、图画乃至电影宣传介绍工具。贸易行政第三种工作应该是咨询与介绍。凡是外国商人要来华推销与本国商人要到海外经商，政府有责任介绍、联系和指导。总之，只有组成一个坚强的对外贸易阵线，我们的对外贸易才能够有实力与海外商人竞争，推销本国的商品，输入本国所必需的商品。

3. 应该把掌握物资作为对外贸易的第一政策

二战后的中国，物资相当贫乏，再加上中国人口众多，必须由外国进口物资。比如石油、铁矿、纸张都是不可能自给的。物资和黄金是可以互相交换的，近百年来各国对黄金是非常重视的，因为它可以换取物资。可是刚刚经历过第二次世界大战，人们逐渐意识到黄金在战时或经济恐慌时期，基本上是没有用途的。世界各国政府与人民对黄金渐渐失去了以往的兴趣，只是中国人民对金饰还保持那种甜蜜的幻觉。“我们为什么不运用借款，输入大量钢铁、石油、粮食、棉花，以及一切我们不能自给的物资，一时用不了的，可以放在仓库里，留供未来之用，何必人人戴上一个戒指，一个手镯呢?”①

战后，美国经济实力雄厚，它的救济物资遍布全球，这些物资是明白规定不要偿还的，租借物资名如租如借，这笔物资后来证明也是没有认真清算的。美军剩余物资以低廉的价格转让给盟国，又分若干年偿还。这对中国来说，实际上是一个难得的获取物资的机会。这些借款实际上就是物资的进口使用，都不是真正意义上的借款。若当时国民政府能够抓住机会向美国采办我们必需的建国物资，对于当时应对物资缺乏的困难，是相当有成效的。如能以掌握物资作为基本的贸易政策，那么当时的进口贸易不仅不是金钱的漏巵，反而变成了物资的供应。入超其实不像大家所认为的那么可怕严重，而是牺牲了一部分没有真正用途的金银，或者是承认了一笔空头的债务，去掌握我们所缺少的物资。尤其是在战后经济膨胀的时代，借钱买货进口，以至大量的入超，实际上是十分有利的事情。比如“我们在三十美元一担的时候，买进了大批的棉花，那时候生丝是十美元一磅，三磅生丝换一担棉花，

① 《战后对外贸易政策检讨》，《新世界》，1946 年，8、9 月号合刊，第 3 页。

而三年以后生丝涨到了二十多元一担，便只消二磅生丝便可以偿清本利了”①。在物资缺乏的时代，在物价趋涨的年代，我们不要害怕进口，不要害怕入超，只要人家肯借钱给我们，人家肯给东西给我们，我们是不会吃亏的。如战后的日本、联邦德国、意大利都是靠入超完成了物资贫乏时期的过渡与战后经济的复苏。

当然，借款始终是要归还的，而且是要本利归还的。这在资源开发借款，在新兴国家的资源开发借款，是极易偿还的。比如美国对欧洲的债务，在一战期间便一下子偿清了，英属自治领和殖民地的债务，也在二战期间全部清算了。而旧世界国家的国际借款，偿还便要困难得多。因为旧世界是物资缺乏的区域，即使生产相当发达，而消费水平也会适当地提高，当然不宜输出比输入更多的物资，去偿付债务。这样便会产生两个结果：第一，输出物资少，而人工多的高价产品，如瑞士的表，所以有人认为瑞士、比利时那些国家是在输入物资，输出劳力。这个办法对中国也是十分合适的。第二，这种国际借款，可能是永远不会偿清的债务，还了一次，又借一次，还了一亿，再借两亿。像国内公债一样，一年一年增加，永远也还不清，也不必还清。二战后的国际借款环境，实际上条件是相当宽松的，多借一点，久借一点，不仅无碍国家主权与体面，而且还有利于国家的生产与人民的生活。如战后的日本、欧洲各国等都是通过大举借款重新振兴了国家的工业生产。因此，在某种意义上来说，战后不应该过分担心入超，而应把掌控物资作为对外贸易的第一政策。

4. 对外贸易要同时保护农工利益

掌握物资固然要注重进口，不怕入超，国内现有的物资更加要掌握。国内的生产事业、农工事业不能因此而受到进口与入超的影响，要积极维护和发展国内生产事业。第一是要准备生产工具，不仅要将古老的手工业和手工制造业现代化，当然也要现代化的生产工具。这种生产工具在英、美国家是可以自给的，苏联也是要进口相当数量，而中国则非大量进口不可。这对发展中国的机器制造业是有妨碍的。迫切需要用以恢复国内交通，需要进口的货品分为交通器材，如铁道器材、铁道枕木以及制造客货车的材料。水运材料以购买美国或其他国家的剩余轮船为主，大部分制造轮船材料也是要从外国进口的。“我们从对外贸易的形态观察，很明显地表现着我国不只工业落

① 《战后对外贸易政策检讨》，《新世界》，1946 年，8、9 月号合刊，第 3 页。

后，连农业也同样的落后。站在对外贸易的立场，我国固不宜于以农立国，亦不宜于以工立国。苟不昧于时势，我们非循着工农并重的路线进行不可。”① 因此，发展对外贸易非保护工农利益不可。

原料进口和农工利益有些冲突的。一般来说，外国原料不但品质良好，标准一致，而且供给正常，价格稳定，所以纱厂总喜欢用外棉，而麦粉厂也喜欢用外麦。这样，供给原料的农矿业便和制造的利益就有冲突了。棉花、小麦大量进口是会影响棉农、麦农的经济利益的，矿产进口自然也会影响矿场生产的。所以在原则上，虽然原料进口税以低额为主，而有些原料是要课以相当高的进口税的。农矿业当然希望原料进口税高，他们才能易于生存，而制造业则希望原料进口税低，他们的产品才能价廉物美，才有广大的销路。而一般的消费者自然也不希望进口税过高。因此，政府贸易、财政、工矿、农村当局，以农矿工商及各业的代表人，也要会合各方的意见，采取一个折中的税率使农矿业与制造业各方都不致过于吃亏。

成品进口问题，当然是和制造业利益有直接冲突的，在原则上自然是要课以重税的，这是所有国家一致的政策，尤其是工业幼稚国家特别注重。但发达国家并不是这样一味地课以重税来抵制外货，他们不但不害怕外货进口，而且要在技术、品质、价格上积极竞争。我们可以学习美国的关税制度，我国如果答应某几种美国成品低税进口，其他国家的成品也可以低税进口。这样，双方互惠是个人、国家都可以享受的。成品进口关税，一般来说，虽然比机器原料多，但因成品包含的种类繁多，对输入国经济的影响也不一致，所以有些成品固然应该课以高关税，而有些成品反而不应该课以高关税的。尤其是本国不适宜的制造品，也并不打算保护的制造业，是不必要高关税政策去保护的。一个国家有一个国家的特殊生产条件，我们只应提倡帮助，修改生产条件。而不应该是每一种生产事业，每一种成品制造业都加以保护，都课以重税。如果这样，必然导致其他国家的贸易保护主义，我们自己不仅抓不住主体和重点，整个国家的对外贸易也会因为他国的报复而陷于停滞。因此，政府的对外贸易不仅要照顾工业制造家的利益，更要照顾消费者的利益。

中国农工矿业自然是需要保护的，但是保护的方法不应仅仅局限于贸易的层面，也不应该仅仅局限于外汇的层面，还得有其他根本的办法。比如钢

---

① 何炳贤：《工农立国与对外贸易》，《国际贸易导报》1935 年第 8 期。

铁业，因为我国钢铁含铁成分太低，工作单位太少，技术水准太低，所生产的钢铁成本比外国高，而品质反而比外国低。钢铁进口关税如果太高，将会妨碍国内的一切建设，如果太低则国内钢铁业根本就无法生存。所以必须由政府出来经营，不管赔多少钱，也要维持最低限度的钢铁业。又如当时国内的利率实在是太高了，物价又持续高涨，国内经济又不稳定，最终导致工业家无法正常营业。

5. 筹措经费要放在第三类人

中国早期的关税政策可以说是纯财政的，纯粹以筹措经费为目的，所以进口商品有税，出口商品也有税。后来才慢慢体会到出口商品是不应该和进口商品一体待遇的。以后才慢慢地把出口税减免了。事实上关税大部分是进口关税——在过去是国家收入的最大来源，战后仍然是国家收入的最大来源之一，只有战时贸易停滞，进口稀少的时候，进口关税的数量是相当少的。不过政府从出口贸易统制上，反得到不少的好处，比如生丝，因为美国来源稀少，一度曾高涨到二三十美元一磅，而政府强以外汇官价二十元一元美金折算，使生丝国内市价极端低微，战时贸易政策没有摆脱过去的财政色彩，从贸易行政机构隶属财政部，主办公债偿账的事实便可以完全证明这一点。

一般说来，财政当局绝不应该从出口贸易上打财政算盘，有筹款企图那等于是慢性自杀的政策，结果会把出口商品的价格提高，出口商品市场丧失，使出口贸易陷入毁灭的境地。所以出口税要轻，甚至全部豁免。只有为保存资源稳定物价起见，有时可课以相当高度的出口税，那种税收只能算作副产品了。“过去统制出口外汇办法，是不可再采用的。外汇汇率到了一百对一、二百对一、五百对一，出口商人还得以二十对一将美金卖给政府，真是太滑稽了。目前黑市汇率又有了百分之二十以上的差额，政府又要统制出口外汇，出口商人以一千九百元官家卖给政府，而进口商人花了二千零二十仍然买不到外汇。”① 可见，这不仅妨碍出口商品产业政策，而且还妨碍了进口物资补给。

政府为了换取外汇、偿付进口货品或国际债务起见，不仅不在国际贸易上筹款，有时还要由政府给予出口贸易者相当津贴。这在表面上看，好像是政府对于出口贸易业的一种特惠，一种恩典，而实际上并非如此。因为这种出口商品国内成本太高，出口商品国际市场价格太低，不仅出口贸易业十分

① 《战后对外贸易政策检讨》，《新世界》，1946 年，8、9 月号合刊，第 5 页。

衰落，连出口商品整个生产事业也要逐渐衰退的。比如“我国生丝成本，虽然是太高了，我国的生丝海外市场不是会被尼隆所夺去，便是被日丝所夺去了，如果政府不特别加以补助，是要整个崩溃的”①。可见，政府必须对出口贸易加以补助，补助的方式很多：直接给予金钱补助，给予低利资金，给予减价运费，减免国外推销任何捐税。总之，政府要将出口贸易放在与一般农工商业同等的地位，特别地去加以保护。

制成品进口关税，是进口关税的主要部分，可以抽取至少10%或20%，如果不是日用必需品，还可以课以更高的进口税至35%，如果是非必需品或奢侈品，便可抽取100%乃至150%、200%的关税。这种制成品进口税，是要根据国内外生产成本拟订的，如果国内成分过高，国外成本过廉，则为平衡国内外生产成本，维持国内生产起见，可以抽取较高的进口税。反过来，如果我们为推销出口商品，在互惠商约之中，答应减低某些成品的进口关税。虽然对于该业的国内生产者有些不利，也只好牺牲一点了。我们是一个物资不足的国家，是一个生产成本较高的国家，进口税高一点，是可以取得列强谅解的。我们国内生活水准如果提高，变成一个大进口国，我们可以在国际贸易的交涉中，也可以使列强不至于过多反对我们为财政稳定而保护关税的。

进口商品关税，自然会比出口商品大许多倍，在我国财政来源中，是一个主要的项目。在欧洲国家，比如法国，是以限额制度来限制进口，而不是以高税政策来限制进口，这在财政充裕国家，当然是一个更彻底的办法。而在中国这样财政并不充裕的国家，进口关税相对提高，也可以限制进口数额、增加国库的收入。当然，所有进口商品并不是千篇一律，都要实行高关税政策。比如当时美国的救济物资，是要免除进口税的。机器和原料在欧美国家，大都是免税的，在我国则没有必要完全免税，因为我国机器和原料生产者，也需要一点关税保护，而且也可以有一点关税收入。

---

①《战后对外贸易政策检讨》，《新世界》，1946年，8、9月号合刊，第6页。

# 第七章　民国时期对外贸易政策的启示与借鉴

中华民国时期（1912—1949年）是我国对外贸易的一个重要时期。北洋政府时期，中国对外贸易的发展在各地的军阀割据混战的风雨飘摇中度过；南京国民政府初期，中国社会经济虽然经过了短短十年时间的正常发展，但在20世纪30年代，关税自主权恢复以后，又经历了8年抗日战争和3年的国内战争。因此，中国对外贸易政策因战争而受到极大的限制，被捆绑在为战争服务的这辆战车上，呈现一种畸形的发展态势。尽管如此，中国国民政府、思想理论界、研究者们一刻也没有停止过自己的理论探索，与晚清时期相比，这一时期中国的对外贸易政策有了更新的发展，达到了对于它的时代来说相对成熟的地步。如国际贸易局局长何炳贤就有“谋减轻商品成本，并须使其标准化，注重国际宣传，洞悉国际市场情况”① 等较高层次的认识。

首先，从政策的理论来源和研究视野的角度看，民国时期对外贸易政策的理论研究视野更加广阔。政府和研究人员不仅进一步探讨和研究前人已经涉及的一些问题，而且，现代对外贸易政策研究中的基本问题如关税政策问题、税率标准问题、汇率问题、对外贸易政策与制度等，在该时期对外贸易政策中都有涉及。特别是关税和汇率这两个问题，在这一时期受到了应有的重视，而且有了非常明确的认识，这是具有十分重要的意义。因为，自1840年鸦片战争以后，中国丧失了关税自主权，海关行政权被掠夺，外国商品如潮水般涌进中国市场，关税自主权作为保护本国市场的重要武器被列强掠夺；汇率是一个国家调整对外贸易以达到争夺国外市场、扩大本国商品出口目的的主要手段。为了废除不平等条约、恢复我国的关税自主权、制定

① 《何炳贤发表挽救国际贸易衰落办法》，《经济旬刊》1934年第4期。

符合国情的关税政策等，无论是北洋政府还是后来的南京国民政府，都进行了积极而又艰苦的努力。汇率问题在这一时期受到特别重视，这在当时的对外贸易环境下是非常难能可贵的。这说明当时中国政府、思想理论界已经认识到科学地调整本币与外币的兑换率这一特殊手段，对于扩大本国商品出口和限制外国商品进口都能起到重大的调节作用。

其次，从对政策的认识程度来看，民国时期对政策的理论探索更加细致、更富有理性思辨色彩，对政策的认识也更进一步深化和更切合中国实际。譬如对于中国对外贸易存在的入超问题，堵塞漏洞，变入超为出超是以往政府的一贯方针，在民国时期，入超问题日益严重，并且屡屡不能解决。但是民国时期的历届政府和研究者对中国入超问题的看法，却不再是持有入超有害论这种一边倒的看法。而是立足于中国工业化的发展，开始以冷静的态度正视这个问题，表现出了更为现实更为辩证的思想方法。再如对于自由贸易与贸易保护两大贸易政策的讨论，政府和研究者基本上形成了一种共识，即仅仅将其视为服务于中国工业化建设目标的手段，自由贸易与贸易保护二者之间并不是绝对对立的，二者都是在不同情况下发展中国民族经济所必须采取的不同手段。政策只是手段，而发展才是目的，无论是自由还是保护，都要服务于发展中国民族工业的根本目标。为了发展中国民族工业，可根据具体情况，在某些领域开放贸易，在某些领域则实施贸易保护，围绕工业化的原则，灵活运用政策手段实施对外贸易调控。

再次，从对外贸易与工业化的关系来看，民国时期对外贸易政策找到了对外贸易在国民经济中应有的位置，即不是以工业化为对外贸易服务，而是对外贸易服务于工业化。民国时期的先进人士普遍认为，国家要富强必须要推进工业化。虽然在甲午战争之后，政府就开始提出以工立国的问题，但是，最初重视工业是围绕对外贸易来谈论工业发展问题，以工业的发展作为对外贸易的强固基础。而到了民国时期，“工业化”是政府制定对外贸易政策的基本归宿，确立了一个服务于工业化的总体方针。高举工业化的大旗，把加强工业化建设作为中国对外贸易活动的基本宗旨，紧紧围绕着工业化建设需要来进行外贸政策探讨。《中国工业建设与对外贸易政策》体现了民国时期的普遍认识水平，主要分析了工业化与对外贸易政策的关系。研究者的思想观点各有差异，但都是围绕着发展民族工业、实现工业化这两个主题作为核心目标。

民国时期的对外贸易政策作为一种政策资料具有宝贵的历史价值，这些政策蕴涵的思想、精神和理念即使在改革开放的今天，仍然具有十分重要的理论价值，对当代中国政府制定对外贸易政策、开展对外贸易活动具有一定的启示意义。这些都包括思想理论和启示借鉴等。

## 第一节　民国时期对外贸易政策的经验和教训

民国时期对外贸易政策，无论从其思想理论水平还是实践操作层面来说，比我国以前任何时代都要进步，它所蕴涵的思想、精神和理念都是一笔宝贵的精神财富。

### 一、要始终捍卫国家的主权

对外贸易是在国家主权的保护下而进行的经济活动，是一个国家国民经济向外延伸的标志。自不平等条约签订以来，中国丧失了关税自主权和领事裁判权，外国人对中国的贸易直接表现为经济侵略，中国始终在对外贸易中处于被动地位。即使是民国时期，不平等条约与协定关税依然是套在中国人民头上的枷锁，严重阻碍了中国对外贸易和经济的发展。民国政府成立以后，开启了一系列争取关税自主权的运动，南京国民政府表面上收回海关管理权和海关行政权，事实上仍然处处受外国侵略势力的压制，国民经济几乎崩溃。要帝国主义自动放弃在中国的特权，这是不现实的也是不可能的，而当时的中国又不可能通过武力斗争向发达国家宣战讨回已经失去的利权，只能通过外交上的努力。而已失利权首先就表现在作为国家主权象征的关税主权上。

民国时期历届政府都主张“关税自主”，并为此而进行了一系列的外交活动，无论是在国际会议上，还是与日本等个别国家沟通的过程中，无论是政府的行为还是民众的行为，都一直围绕着一个主题“关税自主”而进行，并为实现目标而不懈努力。民国时期的政府外交官员顾维钧、王正廷、沈瑞麟等的坚忍不拔的务实作风，永远值得我们学习，这种为捍卫国家主权的牺牲精神值得后人尊敬。

### 二、总体对外贸易发展目标要非常明确

从民国时期对外贸易政策发展的四阶段来看，总体对外贸易发展战略目

标非常明确，那就是紧紧围绕如何实现中国工业化建设需要这一总体目标来进行对外贸易活动，工业化是民国历届政府制定各项对外贸易政策的指导思想。章友江曾将我国对外贸易政策的目标归结为发展工业，“以彻底改善人民生活之全部”①。作为一个发展中国家，民国时期的民族危机虽然已经成为了历史，但是我们今天同发达国家相比，我国工业化程度要落后得多。工业化仍然是我们的一贯目标，民国时期历届政府、研究者、思想理论界将对外贸易都围绕工业化来进行，使“对外贸易真正成为我国国民经济发展的火车头”②。对于一个发展中国家来说，“经济发展的历史经验已经证明，工业化是各国经济发展的必由之路，没有工业的发展，没有工业的普及和产业的升级，就不可能有一个经济的持续发展。这种持续发展的要求是发展中国家采取干预对外贸易政策的根本目标，在这个目标尚未完成以前，人民很难相信，各国会普遍地推行自由贸易政策”。③

不过，在对外贸易政策的方向选择上，各个国家有自己的个性优势，它们在不同类型的国家实施着，因此各国对外贸易政策的总方向是以保证本国经济利益为前提的干预政策。毫无疑问，作为世界一员的中国，对外贸易政策的总方向应该是选择贸易自由主义。“为了保证我国经济发展的利益，保证我国借助开放条件下的经济运行，我们应该对对外贸易持积极参与的态度。同时结合我国的经济发展采取积极干预的对外贸易政策”。④

### 三、正确认识并根据中国的国情制定对外贸易政策

任何时代的对外贸易政策，都必须从本国的国情实际出发。从民国时期对外贸易政策可以看出，主张实行保护贸易政策是一条主线，贯穿于整个民国时期。积极争取关税自主、战时统制对外贸易政策、以工业化为主体的对外贸易政策、加强商检贸易制度的建设、加强对外贸易的国家垄断，实施贸易管制政策、海关缉私工作的加强、金融与币制的改革、开放外汇市场，促进对外贸易、限额制度与非限额进口、加强交通运输建设、加强输出推广等等措施，都是国家实行贸易保护政策的一个组成部分。在这个时期，政府清楚地认识到自由贸易政策只适合于经济发达国家，而即使是经济发达国家，

---

① 章友江：《中国工业建设与对外贸易政策》，商务印书馆 1929 年版，第 14 页。

② 马慧敏：《当代中国对外贸易思想研究》，复旦大学出版社 2003 年版，第 32 页。

③ 佟家栋：《贸易自由化、贸易保护与经济利益》，经济科学出版社 2002 年版，第 202 页。

④ 佟家栋：《贸易自由化、贸易保护与经济利益》，经济科学出版社 2002 年版，第 201 页。

也未必能实行自由贸易政策。至于如何实行保护贸易政策以及保护的政策如何等，不同的时代有不同的对外贸易政策，如北洋政府时期是以争取关税自主为主要目标；南京国民政府前期由于国家统一，政治安定，除争取关税自主外，还要加强各种对外贸易环境的建设；抗日战争时期，由于国家处于危难，民族危机严重，政府不得不实施统制对外贸易政策，实行国家垄断政策；南京国民政府后期主要是恢复与发展国民经济，主要重点放在限制进口与输出推广方面。民国时期著名的学者朱伯康就认为“自由贸易实为各民族经济最高之理想”①，它虽然可以促进国际分工、经济发展以及各国的生产专业化，但是“自由贸易最大之缺点，在只顾到先进国家输出贸易之利益，而忽略各民族经济状况之参差，及各民族自求独立发展之权利”，工业落后国家只有经过一定时期的贸易保护才能发展民族工业，最终达到与发达国家进行自由贸易的水平，“故保护关税为达到自由贸易所必经之阶段”②。所以，自由贸易和贸易保护并不是绝对对立的，二者都是在不同情况下发展民族经济“所必须采取之不同手段”。③ 也有些学者虽然主张贸易保护，但也承认由自由贸易而来的国际分工利益，实无法否认，只是由于中国的实际情况，使得我们必须采用贸易保护。这些思想、政策理念对今天仍然具有深刻的启迪意义。为了发展民族工业，可根据具体情况，在某些领域开放贸易，在某些领域则实施贸易保护，围绕工业化的原则，灵活运用政策手段实行对外贸易调控。政策只是手段，而发展才是目的，无论是自由还是保护，都要服务于发展中国民族工业这一根本目标。

## 四、要重视对外贸易发展的国际国内环境

对外贸易并不是孤立的，它一定是在国内和国际大环境、大系统中进行运作的。民国时期的学者、政府要员相当重视对外贸易环境的建设。如邬宗孟指出“实行裁厘、加税、外人税务司之裁撤、国定复关税制之实行、商务的利益均沾条款之设定”。④ 如武育干认为中国国际贸易不振的一般原因分为政治原因、社会原因、经济原因三项。经济上的原因主要表现在“交通机关不完备、关税制度不良、国外汇兑危险、货币制度紊乱、金融机关不

① 朱伯康：《经济建设论》，青年出版社 1944 年版，第 117 页。
② 朱伯康：《经济建设论》，青年出版社 1944 年版，第 118 页。
③ 朱伯康：《经济建设论》，青年出版社 1944 年版，第 116 页。
④ 邬宗孟：《对外贸易政策之原理与关税问题之关系》，《学艺》1918 年第 3 期。

完备、劳动能力薄弱”等。他认为要振兴国际贸易，必须做到“直接贸易之促进、贸易奖励机关之整顿、各种辅助贸易之提倡、进出口货物之适宜限制、努力振兴农业、贸易经营方法之改良”等。① 李宗文指出“贸易设备之应予增强、对外交涉之准备、贸易基本政策之决定、应注重民生利益、贸易行政机构之统一”等②。时任国际贸易局局长的何炳贤也曾提出“商品须标准化、成本须减轻、同业须团结、国外市场须明了、国外宣传须注意、国外贸易须直接”等建议。③ 在国内的政治环境方面，穆藕初认为是第一障碍。④ 后来，穆藕初后来又提出内乱纷争 是“发展商务最大阻力之一”。⑤ 只有改革政治环境，对外贸易才能“渐臻佳境”。⑥ 武育干感叹道：“国内政治之不清明，足以阻止我国贸易之发展。”⑦ 当时的政府提出的问题在今天仍然具有重要的启迪意义。今天的中国仍然是一个发展中国家，仍然需要重视国际国内环境的建设。

### 五、要以大无畏的勇气迎接世界经济的挑战

工业落后国家，在参与世界经济竞争过程中，难免一时处于被动的不利的局面。处在这种情况下，是关闭国门还是以大无畏的勇气迎接挑战？与晚清政府盲目排外相比，民国时期历届政府与研究者的态度非常明确，他们对世界经济高度融合的背景有充分的认识，认为中国应以积极的态度融入世界。体现了民国政府的时代进步性。“总而言之，我国想要推广对外贸易，关于国际方面的，非先谋国际合作不可，决非我国一国的力量，能够挽救的，但是关于国内方面和产业本身的，我们应该竭力扫除生产上一切障碍，和设法改良产业的本身，这就是国人应尽的责任了。”⑧ 叔康在《战时贸易政策》中指出：“我们认为，今日中国的经济前途如不能抵抗外部的经济势力，就不能建设内部的经济成功；我们也晓得建设中国经济的方法，我们也有能力完成中国经济的建设，但如果没有方法抵抗外部经济的进攻，那我们

---

① 武育干：《中国国际贸易概论》，商务印书馆1930年版，第575－612页。
② 李宗文：《中国对外贸易革命论》，《时代精神》1940年第2期。
③ 何炳贤：《促进我国对外贸易的几个先决条件》，《东方杂志》1934年第14期。
④ 赵靖：《穆藕初文集》，北京大学出版社1995年版，第188页。
⑤ 赵靖：《穆藕初文集》，北京大学出版社1995年版，第205页。
⑥ 赵靖：《穆藕初文集》，北京大学出版社1995年版，第188页。
⑦ 武育干：《中国国际贸易概论》，商务印书馆1930年版，第572页。
⑧ 罗从豫：《中国对外贸易问题》，《中行月刊》1932年第4期。

建设内部经济的方法和能力，要抵抗外部经济进攻的方法，也要靠我们运用贸易政策的力量。因此，可以明白在抗战建国的现阶段的贸易政策，是如何的重要啊！”① 可见，国民政府面对日益艰难的国际贸易环境，不得不依赖和调整对外贸易政策。郭子勋也指出：“战后我国对外贸易问题……这种零星的补缀，局部的休整，纵然一个会议能有相当的成功，也不过是延缓国际经济战争的爆发而已，在今日的世界，国际间还是不能做到‘见利思义’，‘公而忘私’的境地。在取舍争让之间，不能有绝大的彻悟，不能有大公的精神，而要想利一时之势，挟无比之术，来支配国际的局势，这如何能望其有成？我国在千辛万苦，渡过抗战难关之后，对于这风波险恶的国际经济洪流，应当如何把舵，安达彼岸？国际贸易根本问题的适当处理，虽然不能完全解决所有国际经济的难题，但至少在战后世界的大旋涡中，可以不致使我国灭顶。”② 他相信，外国商人的竞争压迫，将促进中国产业的演变和进步。任何一国的经济发展，都必须汇入到世界经济的潮流之中；闭关锁国，离群索居，是民族经济进步之最大障碍。这些认识，对今天仍然有重要的借鉴意义。“世界景气之变动，能影响我国对外贸易者……第一，世界物价的上涨，可以提高我国之进出口物价；反之，世界物价之跌落，我国进出口物价，亦必随之跌落……第二，各国经济繁荣之时，对于我国出口商品之需要者必增，因之，输出可以增加；反之，各国经济之萧条，可使我国输出大为缩减。”③ 作为落后的发展中国家，今天的我们决不能像晚清时期那样把自身封闭起来，而必须以极大的信心和勇气参与国际经济竞争。

## 第二节 民国时期对外贸易政策的启示和借鉴

民国时期对外贸易政策给我们留下了宝贵的精神遗产，它告诉了我们在处理当今对外贸易政策的时候必须处理好以下几点，这也是民国时期对外贸易政策留下的启示和借鉴。

---

① 叔康：《战时贸易政策》，独立出版社 1939 年版，第 1 页。

② 郭子勋：《战后我国对外贸易几个根本问题》，《经济建设季刊》1943 年第 1 期。

③ 勇龙桂：《我国对外贸易变动之研究》，《贸易月刊》1941 年第 11 期。

## 一、要正确处理对外贸易的入超问题

中国自从1840年鸦片战争以来，对外贸易入超日趋严重，到了民国时期虽然有所缓和，但总体入超的趋势并没有逆转。不仅全国呈现对外贸易入超，而且各地方也呈现严重的贸易入超。王方中先生曾经对20世纪30年代中国地方严重的进出口贸易入超的情况、原因和后果作了详细分析与探讨。① 对外贸易的入超虽然从理论上讲不一定就是有害，但对于当时中国经济的现代化发展则是不利的。外国商品进入中国，加剧了二元经济结构的形成，也损害了中国幼稚民族工业的发展，中国自己的工业只能在外国企业的夹缝中求生存、谋发展，而且只能办一些技术水平不高的轻工业。针对出入超现象，时人有一段分析："按对外贸易之增减，系经济本身表现于外之一种现象。必求本质之健全，始得现象之改观。若经济本身有健全之发展，入超不足为惧；反之，若经济衰落残缺，出超又何足？盖经济不健，出口绝难增加，即或增加，亦不过供列强之榨取。入口必将减少，即或不减，亦只有供列强之倾销。"② 一国所输出的货物，也不一定是输出越多就越有利。有多数货物，出超或出口增加反而对国民经济有大害处。如我国输出的粮食等，自己还不够用，任意输出会危害百姓和国家。因此，问题的关键应该是发奋图强，谋求改革与发展，实现民族经济的健康发展才是解决入超问题的根本所在。

## 二、要注重汇率与对外贸易的关系

众所周知，汇率和对外贸易是分不开的。从一国所订的对外汇率是否合理，便可知道其对外贸易政策是健全还是不健全。从1946年到1947年仅仅一年时间，我国对外汇率就变动了4次，从1946年2月的2020到8月的3350，从1947年2月的12000，一直到1947年8月的新办法，这几次汇率的变动，都毫不例外地将物价大大地波动一次，已经恶化的对外贸易状况更趋恶化，从而给国库带来更大的财政赤字和更大的通货膨胀，给民族工商业带来更多的悲剧，把可怜的老百姓拖入了更加深重的不安。但是汇率不调整又不行，黑市汇价主导市场非常猖獗。这样就使国民政府陷入了一个骑虎难

---

① 王方中：《本世纪30年代初期地方进出口贸易严重入超的情况、原因和后果》，《近代中国》第1辑，上海社会科学院出版社1991年版。

② 《东方杂志》1936年第8期。

下的两难窘境，即不调整不行，调整也不行。

维持低汇率的理由似乎比较充分些，因为高汇率导致物价飞涨是大家所公认和痛恨的。提高汇率固然可以“鼓励输出，减少输入”，但问题的关键是在南京国民政府统治后期，“鼓励输出，减少输入”这个目标还没达到时，物价因受到高汇率的刺激而猛然高涨，利未见而害先至。因为汇率与物价的关系十分敏感密切，而汇率与输出和输入却是一种慢性的长期效果，由于物价上涨使政府初期的“鼓励输出，减少输入”的目的化为泡影。同时，由于国民党发动了内战，国内战火连绵，烽烟四起，生产遭到破坏无法恢复，国内人民自给自足还嫌不够，哪里还有物质资源输出呢？道理很简单，减少输入即减少国内物质的供应，害多利少。故提高汇率，不但物价高涨，结果也使输出无法增加，输入无法减少。

在南京国民政府后期，提高汇率即便物价不会上涨或上涨速度比较缓和，也是害多利少，主要原因是：（1）可供输出的物品实在太少，因此不可能有增加输出的效果。（2）我国正处在战后复兴时期，需要大批的生产设备，提高汇率，显然是妨碍我国获得急需的生产设备。因此，提高汇率万不可行。如果不提高则会出现以下问题：（1）我国法币的对内价值和对外价值，差额太大；（2）物资困乏，容易引起可怕的入超和财政赤字；（3）低汇率导致外货倾销，直接伤害民族工商业；（4）黑市汇价横行，导致无法吸收侨汇——在旧中国，这是唯一能调节我国国际收支平衡的救命工具。①

事实上来说，1947 年 8 月 19 日公布的新汇率还是有如下两大好处的：“一、使汇率不致再硬性地钉住，可依外汇供需的实际情形找得其自然的水准，从而消减黑市，黑市既无，市场的波动自少；二、鼓励了出口和侨汇（可以市价外汇结汇），但同时照顾了进口（规定的几种民生用品仍可享受官价外汇的优惠），当然更利于政府（因为有了市价外汇的存在，战后政府无须负担那样多的民用外汇了，相反的，如侨汇及出口均能增加，政府的外汇收入将大有可观），各得其所。”② 由此可见，汇率的作用还是不可低估的，在国内生产落后的情况下，国民政府调整汇率，在尽可能的范围内实现有限的调整，这种做法仍然还是值得肯定的。不过后来物价飞涨，导致事情向着南京政府原本的目标相反的方向发展，这是南京政府始料未及的，也是

---

① 赖成果：《我国对外汇率与对外贸易新阶段》，《钟声》1947 年第 20 期。

② 赖成果：《我国对外汇率与对外贸易新阶段》，《钟声》1947 年第 20 期。

不以南京国民政府的意志为转移的。从理论上说，提高汇率也许可能刺激物价，这是经济本身的一种病态表现而已，不能因为物价的上涨就否定提高汇率，民国时期对外输出减少的主要原因首先是国内生产的落后，这才是问题的关键，其次是战乱造成的恶果。再次是因为官价汇率与黑市汇率差距太大，导致输出根本无利可图，本来可以输出的物品，结果也不能尽量输出，纯粹是便利了输入而已。一句话，南京国民政府调整汇率的经验和教训，给当代中国对外贸易提供了极具历史意义和现实价值的参考和借鉴。

### 三、要注重对外贸易人才的培养

民国时期历届政府十分注重对外贸易干部的培养，如章友江就曾指出，担任对外贸易干部的资格主要表现是："一、深切了解贸易国策而力谋其贯彻；二、深切了解国际经济情况及国际市场；三、深切了解并熟练对外贸易技术；四、精通驻在国之语言习惯及其商事法规贸易政策；五、富有商品知识；六、深切了解国际贸易学及其有关学科。"① 还论述了我国应建立对外贸易干部的教育机构，指出四年毕业时间太长，毕业时间应为两年。并规定了每一年级应该就学的课程，"国家主管贸易机关及国营贸易公司应多容纳贸易干部，而妥善分配其工作……"②。

而且，还规定了"国际贸易系一年级上学期课程应定为国文、经济学、法学通论、经济助理、会计学、总理遗告、第一外国语，以上均为必修科目，此外，第二外国语、政治学、社会学则为选修科目，第二学期课程类似。只将总理遗告、经济地理、法学通论改为商业史、统计学、商业数学，其第二年级上学期课程应定为国文……一切科目以每周授两小时为原则，至多以四小时为限……"③。

章友江认为，贸易干部的储养办法对于贸易干部的培育很有好处，因从事准备工作，对于贸易干部确实有训练实习的意义，培育作用是显而易见的，但是，其关系还不仅仅在此，如政府对于贸易干部没有妥善的储养办法，则这些人才最终还是会转变职业，或者在都市谋取一官半职，以解决温饱。从前那种养士的不良习气必将重现，互为因果。我国政治经济前途将不堪设想。总之，我国贸易干部的储养问题应与我国经济贸易的发展问题同谋

---

① 章友江：《对外贸易干部之培育储养》，《新商业月刊》1944 年第 1 期。

② 章友江：《对外贸易干部之培育储养》，《新商业月刊》1944 年第 1 期。

③ 章友江：《对外贸易干部之培育储养》，《新商业月刊》1944 年第 1 期。

解决，并需在全国范围内，让国家领导作有计划的解决，否则，枝枝节节解决很难奏效，其结果势必影响对外贸易干部的培养。

在世界经济全球化的今天，国与国之间的竞争形成了是以人才为主体的综合素质和综合国力的较量。现代化企业迫切需要拥有现代化科技的高级人才，尤其是现代对外贸易人才，这为现代化对外贸易人才的培养提供了机遇挑战。

## 四、积极发展现代交通运输物流，促进国际贸易顺利开展

我国的现代物流业比较落后，我国应当大力发展现代物流，不断降低生产成本，提高生产效率是企业的生存之本。在这种复杂多变的现代国际形势下，我们应当不断调整经济结构，促进产业机构的改造和升级。要提高物流业的整体水平，我们就必须学习和借鉴国外的先进管理措施，以加速建设，我们更要从民国时期的交通运输业的发展历史中去感悟、反思和参考，促进当今国际贸易的顺利进行。

民国时期中国的各类交通运输取得了令人瞩目的成效。修建铁路近8000公里，公路也发展到11万公里。① 1935年建筑的淮南铁路“路径所经，多属村野，文化可以输入，物产可以输出，保障治安，利用资源，诚属百利”。② 轮船运输业大大发展，1936年已经发展到了1万公里。③ 毫无疑问，这些交通设施对于外贸的发展又起了非常重要的作用。这种发展速度在当时来说已经是相当快的，尽管如此，我们还是应该看到与世界的差距。到1936年为止，中国仅有铁路19028公里，平均每500平方公里1公里，每2.4万人1公里。这些指标不仅低于同时期的英美等发达国家，也远远落后于印度等国，连当时非洲的阿比西尼亚（今埃塞俄比亚）的铁路也比中国发达。④ 全国公路只有115702公里，汽车6.2万辆，而同期的日本，国土面积虽然只有中国的1/26，但公路居然比中国多8倍，汽车也多1倍以上。1936年中国各式船只约3457艘、576000吨，这个数字仅仅为日本的1/6，民用航空线路只有1.3万公里，运输机不足30架。⑤

近代交通运输业的发展，加强了国内外货物和商品的流通，大大推进了

---

① 严中平等：《中国近代经济史统计资料选辑》，科学出版社1955年版，第171－177页。

② 洪书行：《江南铁路与江南地理》，《史地社会论文摘要》1935年第7期。

③ 陈晋文：《对外贸易与中国现代化》，知识产权出版社2009年版，第260页。

④ 吴承明：《帝国主义在旧中国的投资》，人民出版社1956年版，第97－98页。

⑤ 《道路月刊》第1卷，道路月刊出版社1946年版，第53页。

对外贸易的发展。因此，我们在肯定民国时期交通运输的发展给外贸带起的积极作用的同时，也要深刻认识，这种交通的不发达状态也制约了我国对外贸易的进一步发展。正因为如此，我们必须大力发展海洋、铁路、公路、航空、集装箱运输和国际多式联运，在运输过程中，往往要经由不同的国家，通过多次装卸搬运，使用各种工具，变换不同的运输方式，才能达到运输的目的地。

## 五、要积极发展特色农产品的输出

不断提升农业质量与效率，建设发达农业是我国外贸政策的一个目标。我国是一个农业大国，我国必须利用我国农业所具有的自然资源和天然优势，不断解决农产品附加值提升的问题，实现农民收入的绝对增加。要切实解决农业推广的问题，“（一）有什么东西足以推广出去；（二）应该在怎样的时间和空间实行推广工作；（三）如何才能获得推广的实效”。[①] 众所周知，中国是人均可耕地面积最少的国家之一，因此必须注意推广和促进农产品的出口。经济学家大卫·李嘉图认为中国的农产品出口处于不利地位，对外贸易中农产品以进口为主。但是，从实际的对外贸易可以看出，中国是提供农产品较多的国家之一，在国际农贸市场上，中国农产品占有相当重要的地位。

民国政府与研究者都非常关注农业产品的输出，他们深知“中国出口货品，大部分为农产品，尤以丝、豆类、棉丝、茶叶为大宗”[②]。因此，在农业产品输出方面有深刻的认识，他们认为“中国数千年来，以农立国，即至最近，工商业虽略有发展，而农业仍占国民经济之主体，此乃吾人所公认之事。果树园艺，本系农业之重要部分，则农业国如中国者……中国各地土壤气候，适于种植果品者颇多，如能以较富之资本，较宏之规模，经之营之，则产量之巨，可以想见，进而发展对外贸易，于国民经济之增进，殊非鲜也……”[③]“我国以麻为织物原料，由来已古，麻产数量之多，为历史上所著称”。[④] 中国所产的果品主要有橘子、大柚、杏、橄榄、栗子、龙眼、核桃、番荔枝、柠檬、梨、樱枣、金柑、桑实、香蕉、梅、柿、杨梅、无花

① 郑季楷：《对外贸易入超与农村破产及复兴条件》，《农村经济》1935 年第 4 期。

② 吴文英：《六年来之对外贸易》，《绸缪月刊》1935 年第 3 期。

③ 冯和法：《中国果品生产及其对外贸易概况》，《国际贸易导报》1932 年第 3 期。

④ 《我国麻产之对外贸易》，《经济汇报》1939 年第 22 期。

果、葡萄、苹果、枇杷、凤梨、桃、荔枝、石榴、芒果、西瓜等。以上这些都是我国的特色农业产品，“中国输出无论何种果品，大部分以输往香港为最多，此由于香港乃转口港，运销他处之物品，常有此转口者。且以其地最近，我国在南洋等处侨胞，所需本国物品，常得之由于香港转口者。故销往香港数量之多，未能还以为香港需要之大，其次为日本、新加坡、朝鲜、安南、泰国、爪哇、印度、菲律宾、檀香山等地”①。可见，我国果品很受海外华侨的欢迎，民国政府将市场对准海外华侨市场，这个对外输出的方针政策是非常正确的，既满足了海外华侨的需要，又为祖国争得了不少的外汇，同时还增强了中华民族的凝聚力。民国政府还将香港作为转口贸易港，这也符合我国农产品运输现状，因为农产品不像工业品能够储藏，很容易腐烂变质，在当时储藏技术水平很低的情况下，转运到香港既可以缩短运输时间，又可以利用香港先进的技术和作为贸易港的优势转运至南洋乃至世界各地。同时，民国政府也发现，农产品过分输入，也是我国长期入超的原因，“如米、棉、糖三项，只须米与糖或米与棉两项，已足以与我对外贸易中之入超相抵。故振兴农业，实为救时之要途。既可减少农产之输进，堵塞漏洞，又能增加农产输出，造成出超，其有利于国计民生，岂浅鲜者哉”②。还如“我国所产茶叶，品质独优，不但能制造印锡红茶，且绿茶味香，亦远在日茶之上。设我国能利用科学方法，改良品质，大量生产，恢复数十年前茶叶独占世界市场之威名，当非难事”③。因此，必须努力发展特色农产品输出。

南京政府还深入研究了我国农业产品不能振兴的原因主要有：“一、非有计划之经营；二、运输储藏，方法不良；三、交通不便；四、捐税过重，成本增加；五、频年兵匪之患；六、果品商资本之狭小；七、外货税则轻于国货。”④ 以上这些原因今天仍然值得我们借鉴和反思。众所周知，中国历来就是以农业大国出现在国际经济舞台，农业是国民经济的重要支柱。我们一定要吸收民国时期的经验和教训，努力做到以下几个方面：（1）政府必须加强对农业的扶持；（2）严格遵守国际规则，加强农产品的标准化建设；（3）要优化农产品出口的品种、品质结构；（4）加大对农产品国际销售市场的开拓；（5）加强对特色农产品的品牌宣传。唯有做到以上几点，我们

① 冯和法：《中国果品生产及其对外贸易概况》，《国际贸易导报》1932 年第 3 期。
② 陈国显：《我国对外贸易中农产品之输入问题》，《河南中山大学季刊》1930 年第 2 期。
③ 贺知新：《历年来我国茶叶对外贸易》，《经济汇报》1942 年第 9 期。
④ 冯和法：《中国果品生产及其对外贸易概况》，《国际贸易导报》1932 年第 3 期。

才能迎接国际农产品的贸易竞争和挑战。

### 六、要加强港口建设，注重海上运输

海上运输是当今国际贸易的主要方式，根据有关统计，世界贸易货运总量的2/3以上是通过海上运输完成的。根据美国航运杂志统计，各种运输方式在国际运输中的比重是海上运输占75%～80%、相邻国家间陆上运输占15%～20%、航空运输占3%～4%。由此可见，国际货物运输主要靠海上运输。故海上运输是国际贸易中最主要的运输方式，在国际贸易货物运输中占有很重要的地位。

民国时期历届政府都非常重视海运和港口建设，如上海港口的改良计划曾记载："本港口装运货物之费用不能认为昂贵，此皆低廉劳工灵便运输之所赐，然旧式码头大可改良，并宜积极计划新法以便运输更为灵便。凡旧式方船及木质码头均应以水泥改建，则货车可直达码头，使货物之平线行动更为灵便，将来劳工费用之增加与码头之新设备必足以相抗，码头附近应备两层货棚及数层货栈，并在后面开一小河俾便堆栈货物直接运往船只，而沿岸码头可留供轮船之用，尚有一事极宜改良以助浦东方面新旧码头之不及此事维何，即渡客之船应改良兼装货物俾使货车得直达浦东，并可使装往上海货物之运费减至最小限度，上海之发达可证，诸前述各项货物重量之统计其装运货物各种设备之改良，实为公私利益均应谋图之急务也。"① 可见，民国政府非常重视港口建设。另外，政府还十分重视港口的管理，《轮船停泊航行管理及水上警察》指出"上海港口界线以内之水上警察，现由江海关河泊司管理，浮桶灯火亦由江海关主持"。《河道之改良及港口内工程之计划》也指出"修治黄浦及建筑码头等事由浚浦局管理之，按浚浦局所辖之境从自吴淞起至潮流停止处，止横至大帆高潮线所达之处，自吴淞至兵工厂一切码头建筑、埠头、方船之安置沿岸填泥之工程均须由河泊司核准"。② 可见，民国政府不仅非常重视港口的建设，还十分重视港口的管理。"上海为长江各省之枢纽，天津为华北各省之咽喉，广州为两广各地之中心，大连为东省诸埠之门户，此四埠为货物集散之重要口岸，于是可知在吾国贸易上地位之重要矣。"③ 可见，民国时期我国逐渐构建了以南北四大商埠为核心对外贸

---

① 上海浚浦总局：《上海港口大全》，1930年，第90页。

② 上海浚浦总局：《上海港口大全》，1930年，第91页。

③ 沧水：《十年来吾国对外贸易之趋势》，《银行周报》1922年第23期。

易商埠体系。

众所周知，世界海洋面积占地球总面积的71%，为陆地面积的2.5倍。海洋不仅包围了大陆，而且把大陆隔成若干块，以致世界上国与国之间很多都是远隔重洋，这种客观的自然条件决定了海上运输的重要地位。再加上海上运输具有运量大、运费低、无形贸易和加强国防等特点，因此，我们一定要很好地理解海上贸易货物运输的有关问题，如海上航行的知识，包括世界港口情况，世界海上运输航线的情况，各国有关海上运输的法令、规定等，为本国发展对外贸易服务。

### 七、要特别注重发展与东南亚国家的贸易关系

东南亚各国在地理上与我国相距不远，而东南亚所有的资源又是我国建设所不可或缺的货物，经济上互补，如果能够利用华侨的汇款和华侨在东南亚的地位，从而利用南洋的资源，达到在国际贸易上与其打成一片的目的，是我国国际贸易的根据。北洋政府抓住第一次世界大战的机会，发展与东南亚国家的贸易，留下了一定的经验，如他们早就已经认识到“今者欧战方酣，欧西之陶瓷器输出国，若德、奥则殆全不能输出，若英、法则虽有输出而亦减少，不但输入我国之洋货价格腾贵，我国人用之为不经济，而且若南洋、若印度、若澳洲、若南北美洲诸国，其为消费之国者，皆无不因此受其影响，需要过于供给。我国本天然上具有陶瓷器一等国之资格，于此苟能急起直追，力求改良进步，勿逸千载一时之机，则数年之后，不但每年之漏洞可以补塞，而于世界之陶瓷业好市场，或亦足以占一位置焉”①。

首先，我国与东南亚国家具有悠久的历史传统。二战前南洋各国，历来与我国具有藩属关系，古代与中国贸易十分发达。虽然近代南洋各国为西方各国的殖民地或半殖民地，但这种与宗主国的贸易的传统思维与行为并没有因此而中断。二战后，这些国家纷纷独立，但这种与中国相邻的先天地理优势并没有因为战争而发生变化。风俗、习惯、文化大多相近。“1. 南洋各国中，如越南、缅甸及暹罗等国，自昔即为我国藩属，以宗主权及土地接壤的关系，其与我国贸易特盛，自为当然结果；2. 除上述藩属国家外，其余南洋各国，也无不与我国具有朝贡关系，因朝贡而亲切，亦为增进贸易的主

① 中国第二历史档案馆：《饶州及景德镇之陶瓷业》，《民国档案史料汇编》第3辑，北洋工商，江苏古籍出版社1994年版，第337页。

因”。[①] 可见，南洋与我国对外贸易十分密切。

其次，侨居南洋的华侨特别多，是我国同东南亚国家实行无形贸易的基础。根据统计，南洋的华侨约占全世界华侨总数的3/4，这是我国发展东南亚对外贸易的先天优势之二。南洋华侨汇款最多，对祖国的建设事业有很大的帮助，国家可以放宽对南洋地区的贸易政策，要促进我国与东南亚无形贸易的发展，就必须加快劳务输出，加快资本和劳动力的合理流动。

第三，要真正实现我国人民生活水平的提升，我们就一定要注重与南洋的贸易。南洋物产十分丰富，在世界上占有重要地位。如橡胶占88%，锡占57%，米占28%，糖占14%，其他如烟草、龙舌兰、煤、铁、茶及椰子制品等，产量也十分丰富。还如药用金鸡纳霜是世界珍贵的植物。至于树木生长容易，到处都是。所以南洋资源实际比我国丰富，可供输出之用。而南洋的进口货物，大都为工业制品。以纱布、棉制品及五金用具为大宗。至于消耗品类的烟草、啤酒等，食品类之炼乳、罐头食品以及调味品等，南洋各国也有大宗进口。二战前我国产品，在南洋占有相当重要的地位。

第四，同日本贸易竞争的关键是加强与南洋地区贸易的发展。日本是一个贸易大国，又是一个工业十分发达的资本主义大国，也是中国国际贸易的主要竞争对手。中国必须利用廉价的劳动力、自然资源相对丰富、华侨相对较多的优势，在东南亚站住脚跟。因此，要努力开拓南洋市场必须做到：（1）确保南洋华侨的地位，对南洋华侨的生存与安全，中国政府必须大力维护并坚决支持；（2）密切注意日本在东南亚的活动。尽管日本的最大贸易伙伴是美国，但日本要实现经济称霸世界的野心，贸易目标仍然是东南亚而不是美国。因此，我们必须多方注意，不使东南亚各国再为日本控制，阻碍我国与东南亚贸易的发展。

---

① 叶理中：《南洋在我国对外贸易上地位之观察》，《进出口贸易月刊》1948 年第 2 期。

# 结　语

众所周知，民国时期的我国社会是一个半殖民地半封建社会，帝国主义控制了中国的经济命脉，既垄断了中国的煤、铁、造船、动力等重工业，又垄断了中国的铁路、航运、金融和对外贸易。在这种不平等的国与国之间政治关系条件下，不可能有平等的贸易关系，中国作为落后国家不可能根据自己经济发展的具体情况设置贸易限制或贸易保护措施。换句话说，要在贸易方面制定行之有效的对外贸易政策，首先必须在政治上独立，即必须要拥有独立的国家主权，只有这样才能在对外贸易方面抵御外部对本国的经济冲击。“一国对外贸易的被动性与间接性，不但在经济上蒙受损失，并且还把经济权受人操纵，是一个对外经济上最不合算，并且也是最可耻的一件事。”① 民国时期恰好丧失了这样一个首要的也是最基本的条件。因此，作为民国时期的对外贸易政策，注定了难以有大作为的基本格调与态势。从整个民国时期对外贸易政策来看，这个时期的对外贸易政策展现了如下几个特征。

## 一、工业化思想成为民国时期对外贸易政策的主要理念和目标

众所周知，对外贸易的变化与发展，必然对工业化思想的形成、发展和成熟产生重要的影响。

自从 19 世纪初期以来，工业化就成为了中国对外贸易政策的主要目标，洋务运动实际上就是这一时代特征的重要体现。实现工业化始终是中国经济、社会发展的重要问题，工业化思想自然就是中国近现代对外贸易政策的主流，这种思想也是晚清政府对外贸易政策的主导方向，民国历届政府承继

① 李钧：《我国对外贸易的性质及合理化问题》，《编译月刊》1938 年创刊号。

了晚清以来的工业化精神，“以工立国”的思想深入人心，这一理念的形成，预示着中国由农业向工业的转型和过渡。可以说，工业化成为中国对外贸易政策的主流，并贯穿了民国时期的始终。与对外贸易的发展紧密联系的工业化是近代中国追求发展的必然要求，也是符合当时社会发展规律的。北洋政府的“实业救国”政策，南京政府前期的“关税自主”政策，抗战时期的“战时统制对外贸易”政策，南京政府后期的关税减让，无不围绕实现中国工业化的这一主题。抗战时期，虽然面临强敌，国民政府仍然不忘建立强大的工业，曾在《抗战建国纲领》中规定“开发矿产，树立重工业的基础，鼓励轻工业的经营，并发展各地之手工业”①。但是，要实现工业化，就必须打破市场和生产要素的限制，而对外贸易刚好符合这两个要求，即这种对外贸易政策一方面有利于国内外市场的扩大，另一方面在资金、技术、设备、人才等的投入上发挥积极的作用。“对外贸易政策不仅与此方针（工业化）相符合，并须受其领导而作有计划之配合，况且仰赖外国贷款以输入我国发展重工业及轻工业之器材与原料乃为我国战后推进工业之关键……进口贸易政策应根据国防及经济建设计划，优先输入大量重要国防用品与工业器材及其原料，以期此项物品我国将来均能自行制造……出口贸易之基本任务为换取外汇，以支付重工业器材原料之输入，补偿欠债。故出口贸易政策亦应与工业建设政策相配合，并以后者为其指导原则……推进工业建设必须实行与其相互配合之贸易政策，而后可以事半功倍，并获得快速度之完成……”② 另外，在实践上，南京政府自“民国二十九年以后，购料原则改采抗战建国物料并重政策，英美借款项下可购物料，大部分的机器及原料，制成品则逐渐减少，以期发展后方工业，而趋于自给之途”③。可以说，在整个民国时期，工业化思想是民国时期对外贸易政策的一条主线。

## 二、关税自主的精神贯穿着民国时期对外贸易政策的始终

关税自主成为对外贸易的关键，自从不平等条约签订以来，值百抽五规定为我国的海关税率，这种极端不合理的协定关税导致我国对外贸易连年遭受损失，入超现象相当严重，民国工商界人士十分重视关税对贸易的保护作用，解决这个历史遗留问题始终成为民国几代先进中国人士的梦想。北洋政

---

① 《抗战时期国民政府若干法令汇编》，1938 年，第 25 页。

② 章友江：《战后工业建设与对外贸易政策》，《新工商》1943 年第 4 期。

③ 杨开道：《我国对外贸易之回顾与前瞻》，《贸易月刊》1943 年第 8 期。

府通过 1917 年进口税则，巴黎和会、华盛顿会议、关税特别会议将关税自主这个沉重的课题提上了历史议程，“北洋政府因财政已限于绝境……遂于 1924 年 3 月 10 日照会各国，提出先召开关税预备会议，讨论正式会议的程序及议案……请各国对中国提议予以同情”。[①] 南京政府通过多次修约，与列强艰难周旋，最终在形式上和法律上确立了关税自主的地位，并于 1928 年 12 月，英国与王正廷面谈关税自主问题，议定“现行条约所有限制中国任意订定关税税则之各条款，一律取消，用关税完全自主之原则”。[②] 但在事实上并不可能达到关税自主的效果，总税务司仍然由外国人担任，中国海关税收不能由中央政府直接控制。抗战时期，为了增强国民政府对日本的作战能力，英、美两国先后废除了治外法权，关税自主向事实上平等又前进了一步。南京国民政府后期，采取限额制度，加强海关缉私，也都在一定程度上体现了民国政府要求关税自主的立场与原则。

但是，从实践方面来看，由于帝国主义列强与中国签订了不平等条约，海关的管辖权被外国列强所控制，虽然民国时期历届政府都一如既往地为争取关税自主而不懈努力，但是从实际效果来看，中国政府很难根据自己的意愿修改关税税则。尽管北洋政府和国民政府都曾高举反帝反封建的大旗，但是始终没有解决关税自主这样一个大问题，更无法打赢与列强的贸易战，南京政府的这种关税自主与提高主要也仅仅是为了增加财政收入而已，并没有也不可能将关税自主上升到对外贸易政策这样一个层面来认识问题。不管怎样，这些关税水平方面的几次调整，多少增加了政府的一些财政收入，客观上对本国工业还是起了一些保护作用。第二次世界大战结束以后，美国取代了英国和日本，在中国的对外贸易中居于垄断地位。中美之间的贸易结构是中国出口廉价的农矿原料及半成品，美国出口各种工业制成品，其中包括大量的消费品。1944 年 2 月，南方各省实行新税率，共四项目，尽管效果微乎其微，“不过，此次改革，在我国关税史上，自为具有划时代的重要性，其重要程度或不在清朝中后期之采用海关两，民十九之采用海关金单位，与民二十之宣布关税自主之下”[③]。同年，美国在帮助中国的名义下直接插手中国内部的管理事务，包括海关的管理，即海关的总税务司由美国人担任。解放战争爆发之后，国民政府的对外贸易难以步入正轨，对外贸易政策的作

---

① 《外部催开关税预备会议》，《申报》，1924 年 3 月 14 日。

② 《东方杂志》，第 25 卷，1932 年第 19 期。

③ 李谵亭：《改订关税率与对外贸易》，《申报月刊》1944 年第 2 期。

用实际也微乎其微。

## 三、贸易保护主义思想成为民国时期对外贸易政策的一大特色

李斯特认为，“处于农工业阶段的国家，由于本国已有工业发展，但并未发展到能与外国产品相竞争的地步，所以必须实施保护关税制度，使它不受外国产品的打击”①。民国时期的对外贸易政策无不体现这一色彩。无论是关税自主政策，还是战时对外贸易统制，加强出口管制和加强外汇管制，加强对外贸易垄断，还是战后的限额制度，无不体现着国家保护主义色彩，可以说，没有保护主义思维方式，就不存在民国时期的对外贸易政策。“保护主义者，即以关税政策来保护自国的工商业而促国民经济之发展者也。换言之，即利用征税的手段以防止外国货在国内市场之销路而使国货独占或给国内工商业以种种便利而促其发达之谓”。②

不平等条约是造成中国对外贸易损失的根本原因，它是武力压迫我国的结果，但是北洋政府国贫力弱，不可能用武力废除，对坚持不肯废除条约的列强，可以适当采取和平的排货运动，唤醒民众，促其反省。北洋政府推行排货运动，即使暂时不能收到成效，它对于当时中国废除不平等条约往往能起到决定性的作用，这对于改善我国对外贸易环境有相当的促进作用。如抵制日货运动，本来自 1913 年以来，民间大力提倡“中日亲善”，日本对华贸易额激增，有取代其他列强之势，欧战勃兴，日本趁欧洲各国无暇东顾之际，竟然提出了灭亡中国的《二十一条》，并且强迫我国承认，于是在 1915 年，我国人民自发组织排斥日货运动，致使日本对华贸易额减少 2000 万元，取得了一定的成效。1919 年，巴黎和会上，因山东问题未得到解决，处在水深火热的中国人民，又一次组织排斥日货运动，这次排货运动的结果，虽然从总体贸易额上，1919 年并不比 1918 年减少，但若从排货运动最为激烈的几个月来考察，效果仍然是不错的。再如 1925 年抵制英货运动。1925 年，五卅运动期间，因英人惨杀华人案激起全国公愤，中国历来的排货运动，以这次时间最久、收效最大。以前排斥日货最长时间不过八个月，特别是我国南部排货运动断绝香港广州往来，坚持了一年零五个月，英国商业受到严重的打击。“一公司如此，其他英国在华航业公司亦可知矣，此亦抵制

① 李凯、郁培丽、刘德学：《国际贸易理论与实务》，东北大学出版社 2003 年版，第 83 页。
② 《关税自主与中国前途》，中国国民党中央执行委员会宣传部，1928 年，第 3 页。

之效果也。”① 这次抵制英货运动，取得了非常良好的效果。

南京政府拟定了《倾销税法实施细则》和《中国国货暂定标准》，明确规定了我国使用国货的原则是能不用外国货尽量不用外国货，能用国货尽量用国货，“以无相当之本国原料可代用者为限”，② 从1933年到1936年，推行了声势浩大的国货运动，这是保护主义贸易政策在经济领域的具体体现。

为鼓励出口贸易发展，国民政府还对一些重要商品实行出口退税和保税工厂制度。《制造货物关栈暂行章程》规定了限制进口、奖励出口的基本精神，“如运至外洋，则免税验放”③ 这种类似保税办法，对中国轻纺工业品的出口起到了鼓励的作用，中国利用本身劳动力的优势，夺回了一部分失去的海外市场。

“无论运用什么方法，保护主义总是意味着某些生产商的利益是以损害其他生产商利益为代价的”，④ “一个普遍实行这种政策的国家里，国民经济的总增长率将大受影响，如果强制将有盈利生产活动的收入转移到无盈利的生产活动中，国民经济增长率可能为零，甚至为负增长”⑤。民国时期的对外贸易政策产生于帝国主义列强向全世界扩张的时代，列强们不可能坐视中国政府实行贸易保护主义政策，无论是抵制外货运动，还是关税自主政策，还是抗战时期的对外贸易统制政策，还是战后的限额制度，都遭到列强的百般阻挠和反对。这将注定民国时期的保护主义政策的局限性所在，“在任何贸易中，总是有买方和卖方，两者绝不能分开，个人或者个人的集合体，如由个人组成的国家，之所以买入是因为他们也卖出，他们卖出是因为他们也买入。这一简单的假设引出了对国际收支的假设，贸易一方的改变，买方和卖方的改变不可能不改变另一方……因而认为可以减少商品进口而不同时减少商品的出口，或者不改变国际收支的另一项目（即减少证券或货币的销售，或者增加其买入），这种想法是错误的”⑥。

---

① 武育干：《中国国际贸易概论》，商务印书馆1930年版，第599页。

② 刘澤元：《民国法规集刊》，第5集，1929年，第104页。

③ 章开沅、朱英：《对外经济关系与中国近代化》，华中师范大学出版社1990年版。

④ ［法］帕斯卡·萨兰著，肖云上译：《自由主义与保护主义》，商务印书馆1996年版，第56页。

⑤ ［法］帕斯卡·萨兰著，肖云上译：《自由主义与保护主义》，商务印书馆1996年版，第59页。

⑥ ［法］帕斯卡·萨兰著，肖云上译：《自由主义与保护主义》，商务印书馆1996年版，第71－72页。

## 四、加强对外贸易的国家垄断是民国时期对外贸易政策的总趋势

晚清以来，特别是甲午战争以后，随着西方列强在华势力的进一步扩大，外国洋行势力也越来越强大，如煤油的进口，主要被英国的亚细亚火油公司和美孚油公司所垄断。中国主要进出口商品基本上被这些大洋行所垄断，中国进出口贸易的实际经营权几乎完全被列强所掌握。因此，民国时期的对外贸易政策所面临的第一个历史任务就是要把对外贸易的控制权收回到中国自己手中。“一个工业落后的国家，在帝国主义经济严重压迫之下，非彻底实行国营对外贸易，决不能逃出帝国主义的天罗地网而自行发展工业。”① 可见，要完成这个历史任务艰巨而复杂。

面对如此恶劣的对外贸易环境，北洋政府一方面“利用外资，振兴实业”，另一方面积极争取关税自主，收回部分租界和领事裁判权，这些措施和政策都在一定程度上打击了洋行的势力，动摇了洋行势力的根基，使中国自鸦片战争以后丧失的对外贸易主权有所恢复，这不仅有利于提高中国对外贸易的自主性，同时还在一定程度上削弱了西方列强对中国对外贸易的控制，为我国对外自主贸易拓展了一定的空间。

南京国民政府前期，在我国人民的共同努力下，终于收回了关税自主权，实行国定税则，尽管还有很大的局限性，但毕竟比原来的“协定关税”前进了一大步。税款保管权和海关行政管理权也逐渐得到部分恢复。为了加强对外贸易的管理和控制，南京国民政府成立了工商访问局和国际贸易局，加强了商品检验制度，限制外国商品倾销，这些措施的加强在一定程度上恢复了中国的对外贸易主权，一些中国民族资本家渐渐敢于与洋行挑战，南京政府还实行了易货偿债贸易和出口贸易管制。在此期间，国民政府对农矿产品实行贸易统制，即由政府垄断经营，这些措施大大加强了对外贸易国家垄断。

抗战时期，设立了专门的对外贸易统制机构，垄断了主要农副矿产品的出口，易货偿债贸易更大规模地开展，有力地支援了中国抗日战争的物质需要。易货偿债贸易取得了“令人称特殊无疑义”。②

战后，虽然国民政府废除了战时对外贸易统制政策，但对外贸易继续实行政府管制，而且管制措施比抗战时期日趋严格，如中国纺织建设公司几乎

---

① 毕云程：《国营对外贸易的实行》，《国讯旬刊》1938 年第 195 期。

② 高阳：《陈光甫外传》，南京出版公司 1981 年版，第 289 页。

垄断了纺织品的生产和对外贸易绝大部分，中纺公司作为国家垄断机构依仗自身雄厚的实力，不仅在棉纺织品生产中居于垄断优势，而且还控制了50%以上的棉花收购和进口，棉纱、棉布的内外销业务也由它控制，这样，中国重要工矿产品出口基本由国家资本所垄断。对外贸易中国家资本的强化，一方面大大削弱了外国洋行对中国贸易的控制，打击了西方列强在中国的特权，另一方面，也不利于民营进出口企业和对外贸易的发展。在对外贸易管制政策下，进出口配额主要由国家垄断资本和四大家族企业获得，由于国民政府政治上的腐败，在对外贸易推行过程中存在大量的舞弊行为，四大家族利用手中的特权，与美国垄断资本一起操纵战后中国的对外贸易，从中大肆积聚私财，严重损害了民族经济和对外贸易的发展。我国与当时的社会主义国家苏联是完全不同的，“十月革命改变了苏联的社会关系，使苏联争取经济上及技术上独立的社会条件具备了”。① 但是，在半殖民地的近代中国，“帝国主义在中国的势力，必不允许我们实行国家垄断对外贸易”②，在这种环境下的中国垄断对外贸易的成效是非常有限的。

因此，民国时期中国对外贸易政策演变的轨迹经历了这样一个演变过程：从北洋时期比较自由的对外贸易，到抗战后的对外贸易国家统治政策，又从管制贸易到被迫实行对外开放。可以看出，在对外贸易政策上，中国是一个经济上根本就不成熟的半封建半殖民地国家，不可能有成熟的经济贸易思想作为指导思想，因而在制定对外贸易政策的时候并没有在实践中证明了的成熟的贸易理论作为基础，占统治地位的思想观念还是自给自足的自然经济思想，这些与资本主义经济尚不发展是一致的。“但是更深层次的意义是经济的落后不仅在于经济发展水平本身的落后，还在于与之相适应的经济制度的落后”。③ 这种落后的经济体制是经济发展缓慢的重要因素，也是民国时期对外贸易政策难以发挥成效的根本原因。这种落后所导致的另一个严重后果就是在国际经济的竞争中处于劣势地位，甚至被统治，进而是丧失了自主权的地位。当对外贸易发展到一定阶段，一个国家选择有利于对外贸易发展的贸易政策是非常重要的。但我们必须清醒地认识，不管民国时期对外贸易政策如何进步和发展，它是不可能改变当时中国对外贸易被动地位和半殖

---

① 章友江：《苏联怎样运用对外贸易以达经济上及技术上的独立》，《中苏文化》1941 年，第 3、4 期合刊。

② 章友江：《苏联的国家垄断对外贸易》，《民族》1934 年第 1 期。

③ 佟家栋：《贸易自由化、贸易保护与经济利益》，经济科学出版社 2002 年版，第 103 页。

民地性质的，更不可能改变中国半殖民地半封建社会的本质。从客观事实方面来说，不管民国时期对外贸易如何落后，时人如何否定它，民国时期历届政府都为中国对外贸易政策的发展做出了一定的贡献，这是不容忽略的历史事实。通过民国时期对外贸易政策发展史的实践研究，我们可以看到民国时期对外贸易政策走向近代化的轨迹。

# 参考文献


## 一、文献资料（丛刊、汇编、史料、档案、资料、文集、报告等）

［1］民国丛书编委会：《民国丛书》第 4 编，第 37 册，上海书店 1992 年版。

［2］张研、孙燕京：《民国史料丛刊》第 650 册，大象出版社 2009 年版。

［3］江恒源编：《中国关税史料》第 16 编，《民国丛书》，第 5 辑，上海书店 1989 年版。

［4］中国第二历史档案馆：《中华民国金融法规选编 》（上、下册），中国档案出版社 2009 年版。

［5］徐百齐：《中华民国法规大全》（第 1 册），商务印书馆 1936 年版。

［6］曾少俊：《民国法规集刊》（第 24 集），民智书局 1931 年版。

［7］刘澤元：《民国法规集刊》（第 5 集），民智书局 1929 年版。

［8］林森：《中华民国法规汇编》，国民政府立法院编译处，1934 年。

［9］北京大学法律系国际法教研室：《中外旧约章汇编》，三联书店 1962 年版。

［10］重庆市档案馆：《抗战时期国民政府经济法规》上册，档案出版社 1992 年版。

［11］中国第二历史档案馆：《中华民国史档案资料汇编》第 5 辑，第 1 编，财政经济（5），江苏古籍出版社 1994 年版。

［12］国际贸易协会：《出口须知》，黎明书局 1933 年版。

［13］中国第二历史档案馆：《民国外债档案史料》第 2 卷，档案出版社 1991 年版。

［14］严中平：《中国近代经济史统计资料选编辑》，科学出版社 1955 年版。

［15］陈真等：《中国近代工业史资料》，第 2、4 辑，三联书店 1961 年版。

[16] 汪敬虞:《中国近代工业史资料》，第2辑，上册，中华书局1962年版。

[17]（俄）列宁:《帝国主义是资本主义的最高阶段》，人民出版社1964年版。

[18] 刘鸿藻:《清朝续文献通考》，第391卷，《实业》，商务印书馆1936年版。

[19] [清] 朱寿朋:《光绪东华录》，中华书局1958年版。

[20] [清] 李鸿章:《李文忠公文集》，文海出版社1985年版。

[21] [清] 薛福成:《出使日记》第4卷，光绪十八年。

[22] [清] 郑观应:《盛世危言·商务》，中州古籍出版社1998年版。

[23] 中国史学会主编:《洋务运动》第7册，上海人民出版社2000年版。

[24] [清] 马建忠:《适可斋记言》，中华书局1960年版。

[25] 吴经雄:《中华民国六法判解理由汇编·民商之部》，会文堂新记书局1947年版。

[26] 王彦威、王亮:《清季外交史料》，书目文献出版社1987年版。

[27] 蒋廷黻:《中国近代外交史资料辑要》，《民国丛书》第2编，第27号，上海书店1990年影印本。

[28] 复旦大学历史系中国近代史教研组编:《中国近代对外关系史资料选辑》（上卷），上海人民出版社1977年版。

[29] 沈家伍:《张謇农商总长任期经济资料选编》，南京大学出版社1987年版。

[30] 聂宝璋、朱荫贵:《中国近代航运史资料》（第2辑），下册，中国社会科学出版社2002年版。

[31] 聂宝璋:《中国近代航运史资料》第1辑，上海人民出版社1983年版。

[32] 张富强:《中国资产阶级研究的尝试》，《中国近代经济史研究资料》第8辑，1987年。

[33] 浚浦总局:《上海港口大全》，1930年。

[34] 民国政府外交部编:《 中国恢复关税之自主权之经过》（下册），《中央关税条约》，附件四。

[35] 彭泽益:《中国近代手工业史资料》第4卷，三联书店1957年版。

[36] 石源华:《中华民国外交辞典》，上海古籍出版社1996年版。

[37] 邓权生：《解放前的华南海关缉私》，《广东文史资料》第9辑。
[38] 中国人民政治协商会议全国委员会文史资料研究委员会：《工商经济史料丛刊》第1辑，文史资料出版社1983年版。
[39] 中国人民政治协商会议广东省委员会文史资料研究委员会编：《解放前的汕头海关》（王琳乾），《广东文史资料》第51辑，1987年。
[40] 孟默闻：《美蒋勾结史料》，新潮书店1951年版。
[41] 沈祖炜：《论抗日战争时期的贸易委员会》，《中国近代经济史研究资料》（九），上海社会科学出版社1989年版。
[42] 中国人民银行上海市分行编：《上海钱庄史料》，上海人民出版社1978年版。
[43] 秦孝仪：《革命文献》第73辑，1977年。
[44] 浙江省秘书处：《浙江省政府公报法规专号》，第2辑，1938年。
[45]《戴笠史事汇编》，《笠传记资料》（四），台北天一出版社1985年版。
[46] 财政部缉私处：《货运物资查禁法令汇编》，1941年。
[47] 中华年鉴社：《中华年鉴》（上），1948年。
[48] 顾维钧：《顾维钧回忆录》第2分册，中华书局1985年版。
[49] 毛泽东：《毛泽东选集》合订本，人民出版社1969年版。
[50] 列宁：《列宁全集》，第2卷，人民出版社1984年版。
[51] 赵靖：《穆藕初文集》，北京大学出版社1995年版。
[52] 鲁涛：《清朝文献通考》，人民出版社1957年版。
[53] 1934年《海关报告》
[54]《民国二十一年第一、第二季贸易报告》
[55]《民国二十三年第一、第二季贸易报告》
[56]《民国二十五年第一、第二季贸易报告》
[57]《民国二十五年第三、第四季贸易报告》
[58]《海关1922—1931年十年报告》
[59] 张富强等：《广州现代化历程——粤海关十年报告（1882—1941）》，广州出版社1993年版。

## 二、民国旧期刊、报刊

《国际贸易导报》、《国际贸易情报》、《银行周报》、《财政评论》、《东方杂志》、《贸易月刊》、《贸易半月刊》、《财政学报》、《商学研究》、《新中国》、《学艺》、《钱业月报》、《复兴月刊》、《商业月报》、《华侨实业月报》、《经济旬刊》、《经济统计月志》、《金融周报》、《中美周报》、《中行月刊》、《新世界》、《中外经济拔萃》、《海关中外贸易统计年刊》、《前途》、《时代精神》、《新工商》、《新时代月刊》、《新经济》、《中央银行月报》、《中央银行经济研究处年报》、《金融汇报》、《中国建设》、《经济汇报》、《时代贸易政策》、《时事编类》、《明德月刊》、《东南经济》、《新商业》、《河北省银行经济半月刊》、《天津经济统计月报》、《经济评论》、《文心》、《自修》、《文汇年刊》、《外交月报》、《新中华》、《民族》、《民意周刊》、《编译月刊》、《经济动员》、《解放》、《绸缪月刊》、《广大计政》、《地学杂志》、《全国经济会议专刊》、《河南中山大学农科季刊》、《独立评论》、《经济统计季刊》、《中法大学月刊》、《工商半月刊》、《南大经济》、《新生》、《农村经济》、《国货月刊》、《史地社会论文摘要》、《绸缪》、《存诚月刊》、《经理月刊》、《中国经济》、《外交部公报》、《现代生产杂志》、《中华法学杂志》、《广东省政府公报》、《民族杂志》、《农行月刊》、《中心评论》、《河北省政府公报》、《文化建设》、《浙江财政月刊》、《工商管理月刊》、《中外月刊》、《经世》、《自修大学》、《闽政月刊》、《服务月刊》、《经济研究月刊》、《新经济半月刊》、《中苏文化》、《中农经济统计》、《西南实业通讯》、《金融知识》、《申报月刊》、《军事与政治》、《经济建设季刊》、《民意》、《工商天地》、《钟声》、《世界知识》、《工商知识》、《再生周刊》、《新华月报》、《时代》、《物调旬刊》、《大公报》、《申报》、《晨报》、《政府公报》、《华侨日报》、《新闻报》，《民国日报》、《北京京报》、《金融日报》

**三、论著**

民国时期：

[1] 章友江：《中国工业建设与对外贸易政策》，商务印书馆 1929 年版。

[2] 章友江：《对外贸易政策》，《民国丛书》第 1 编，第 37 册，正中书局 1947 年影印版。

[3] 章友江：《统制贸易制度》，中国文化服务社 1947 年版。

[4] 王亚南：《战时经济问题与经济政策》，光明书局 1950 版。

[5] 武育干：《中国国际贸易概论》，商务印书馆 1930 年版。

[6] 武育干：《中国国际贸易史》，商务印书馆 1927 年版。

[7] 来阳、陈重民：《今世中国贸易通志》，商务印书馆 1927 年版。

[8] 何炳贤:《中国的国际贸易》,《民国丛书》第1编,第38册,上海书店1989年版。
[9] 童蒙正:《关税论》,商务印书馆1933年版。
[10] 李大年:《金涨银落问题及其救济》,上海启智书局1930年版。
[11] 罗敦伟:《中国统制经济论》,新生命书局1934年版。
[12] 寿勉成:《中国经济政策论丛》,正中书局1936年版。
[13] 周伯康:《白银问题与中国货币政策》,中华书局1936年版。
[14] 周伯康:《中国货币金融问题》,中华书局1936年版。
[15] 夏赓英:《金贵银贱问题之研究》,上海北新书局1930年版。
[16] 戴铭礼:《中国货币史》,商务印书馆1933年版。
[17] 李权时:《统制经济研究》,商务印书馆1937年版。
[18] 宋斐如、盛道吾合译:《统制经济的基础知识》,上海民智书局1933年版。
[19] 资耀华:《国外汇兑之理论与实务》,中华书局1934年版。
[20] 丘汉平:《国际汇兑浅说》,民智书局1926年版。
[21] 刘大钧:《经济动员与经济统制》,商务印书馆1938年版。
[22] 王光:《中国航业》,商务印书馆1934版。
[23] 郑行巽:《中国商业史》,世界书局1932年版。
[24] 金家凤:《中国交通之发展及其趋向》,正中书局1936年版。
[25] 杨端六:《最近六十五年间中国的对外贸易统计》,国立中央研究院社会科学研究所1931年版。
[26] 马寅初:《中国经济改造》,商务印书馆1935年版。
[27] 褚葆一:《工业化与中国国际贸易》,商务印书馆1946年版。
[28] 马寅初:《中国之新金融政策》,商务印书馆1937年版。
[29] 张嘉傲:《中国铁道建设》,商务印书馆1946年版。
[30] 王效文:《票据法要论》,会文堂新记书局1947年版。
[31] 王孝通:《商事法要论》,商务印书馆1948版。
[32] 李立侠:《民元来我国之国家银行》,《民国经济史》,上海银行学会银行周报社1948年版。
[33] 财政部直接税处:《十年来之缉私》,中央信托局印制处1943年版。
[34] 张毓珊:《国际贸易原理》,商务印书馆1940年版。
[35] 童蒙正:《中国战时外汇管理》,1944年。

[36] 金士宣:《铁路与抗战及建设》,商务印书馆 1947 年版。
[37] 关务署:《十年来之关税》,中央信托局印制处 1943 年版。
[38] 朱契:《中国战时税制》,财政评论社 1943 年版。
[39] 海关总税务司署:《缉私问题》,1949 年。
[40] 雷以诚:《清史列传》,商务印书馆 1930 年版。
[41] 赵丰田:《晚清五十年经济思想史》,商务印书馆 1938 年版。
[42] 王孝通:《中国商业史》,商务印书馆 1936 年版。

新中国成立后:
[1] 郑友揆:《中国对外贸易和工业发展》,上海社会科学出版社 1984 年版。
[2] 夏秀瑞、孙玉琴:《中国对外贸易史》,对外经济贸易出版社 2004 年版。
[3] 孙玉琴:《中国对外贸易史教程》,对外经济贸易出版社 2005 年版。
[4] 李康华、夏秀瑞、顾若增:《中国对外贸易史简论》,对外贸易出版社 1981 年版。
[5] 李蓉丽:《民国对外贸易思想研究》,武汉大学出版社 2008 年版。
[6] 姚曾荫:《国际贸易概论》,人民出版社 1987 年版。
[7] 石柏林:《 凄风苦雨中的民国经济》,河南人民出版社 1993 年版。
[8] 孙玉琴:《中国对外贸易史》第 2 册,对外经济贸易出版社 2004 年版。
[9] 李蓉丽:《民国对外贸易思想研究》,武汉大学出版社 2008 年版。
[10] 李舒瑾:《中国近代对外贸易思想研究》,复旦大学出版社 1996 年版。
[11] 沈光耀:《中国古代对外贸易史》,广东人民出版社 1985 年版。
[12] 郑友揆、程麟荪:《中国的对外贸易与工业发展》,上海社会科学院出版社 1984 年版。
[13] 石柏林:《凄风苦雨的民国经济》,河南人民出版社 1993 年版。
[14] 连心豪:《中国海关与对外贸易》,岳麓书社 2004 年版。
[15] 孙文学:《中国关税史》,中国财政经济出版社 2003 年版。
[16] 王小英、汤宇虹:《茶叶对外贸易实务》,浙江摄影出版社 2005 年版。
[17] 上海社会科学院、上海市国际贸易学会学术委员会:《上海对外贸易(1840—1949)》(下册),上海社科院出版社 1989 年版。
[18] 郑敦诗:《中国对外贸易统计》,中国对外经济贸易出版社 1991 年版。

［19］王杰：《中国古代对外航海贸易管理史》，大连海事大学出版社 1994 年版。
［20］聂志红：《民国时期的工业化思想》，山东人民出版社 2009 年版。
［21］张东刚等：《世界经济体制下的民国经济》，中国财政经济出版社，2005 年。
［22］张晓辉：《香港与近代中国对外贸易》，中国华侨出版社 2000 年版。
［23］魏龙：《中国对外贸易论》，武汉理工大学出版社 2002 年版。
［24］汪敬虞：《中国近代经济史》上册，人民出版社 1983 年版。
［25］吴承明：《帝国主义在旧中国的投资》，人民出版社 1955 年版。
［26］樊航，宋则行：《外国经济史》（第 2 册），人民出版社 1981 年版。
［27］蒋晓伟：《中国经济法制史》，知识出版社 1994 年版。
［28］赵靖、易梦红：《中国近代经济思想史》中册，中华书局 1982 年版。
［29］谢振民：《中华民国立法史》，中国政法大学出版社 2000 年版。
［30］徐纯性：《河北城市发展史》，河北教育出版社 1991 年版。
［31］刘佛丁等：《中国近代市场发育与经济增长》，高等教育出版社 1996 年版。
［32］汪敬虞：《中国近代经济史 1895—1927 年》，中册，经济管理出版社 2007 年版。
［33］江天凤：《长江航运史》，人民交通出版社 1991 年版。
［34］邮电史编辑室：《中国近代邮电史》，人民邮电出版社 1984 年版。
［35］许涤新，吴承明：《中国资本主义发展史》，第 2 卷，人民出版社 1993 年版。
［36］李育民：《中国废约史》，中华书局 2005 年版。
［37］丁日初：《近代中国的现代化与资本家阶级》，云南人民出版社，1994 年。
［38］郑友揆：《中国的对外贸易和工业发展》，上海社会科学院出版社 1984 年版。
［39］孙玉琴：《中国对外贸易发展史》第 2 册，对外经济贸易大学出版社 2004 年版。
［40］汪敬虞：《中国近代经济史》上册，人民出版社 2000 年版。
［41］陆仰渊，方庆秋：《民国社会经济史》，中国经济出版社 1991 年版。
［42］王相钦、钟廷毫、沈毅：《中国民族工商业发展史》，河北人民出版社

1997 年版。

[43] 戴孔铭:《孔祥熙其人其事》，中国文史出版社 1987 年版。

[44] 郭庠林，张立英:《近代中国市场研究》，上海财经大学出版社 1999 年版。

[45] 良雄:《戴笠传》上册，传记文学出版社 1985 年版。

[46] 杨树人:《十年来之国际贸易》，《十年来之中国经济（1936—1945)》，谭熙鸿，文海出版社 1974 年版。

[47] 虞宝棠:《国民政府与民国经济》，华东师范大学出版社 1998 年版。

[48] 高阳:《陈光甫外传》，南京出版公司（台北）1981 年版。

[49] 薛光前:《八年对日抗战中之国民政府》，商务书馆 1978 年版。

[50] 中国现代史资料编辑委员会:《美国与中国关系》（中译本)，中国现代史资料编辑委员会 1957 年版。

[51] 樊亢、宋则行:《主要资本主义国家简史》，人民出版社 1973 年版。

[52] 樊亢、宋则行:《世界经济史》中卷，经济科学出版社 1998 年版。

[53] 吴兆洪:《回忆国民党资源委员会》，中国文史出版社 1988 年版。

[54] 王怀远:《旧中国时期天津的对外贸易》，《北国春秋》，天津人民出版社 1960 年版。

[55] 陈晋文:《对外贸易与中国现代化》，知识产权出版社 2009 年版。

[56] 章开沅、朱英:《对外经济关系与中国近代化》，华中师范大学出版社 1990 年版。

[57] 高阳:《陈光甫外传》，南京出版公司（台北）1981 年版。

[58] 严中平:《中国棉纺织史稿》，科学出版社 1963 年版。

[59] 李凯、郁培丽、刘德学:《国际贸易理论与实务》，东北大学出版社 2003 年版。

[60] 姜文学:《国际贸易理论与政策》，科学出版社 2010 年版。

[61] 佟家栋:《贸易自由化、贸易保护与经济利益》，经济科学出版社 2002 年版。

[62] 陈时万、刘澄、徐海宁:《国际贸易政策与措施》，中国对外经济贸易出版社 1993 年版。

[63] 董瑾:《国际贸易理论与实务》，北京理工大学出版社 2001 年版。

[64] 李湘黔:《国际贸易导论》，国防科技大学出版社 2005 年版。

[65] 张二震:《国际贸易政策的研究与比较》，南京大学出版社 1993 年版。

［66］韩经纶：《国际贸易基础理论与实务》，南开大学出版社 2005 年版。
［67］孙文学：《中国关税史》，中国财政经济出版社 2003 年版。
［68］马凤琴、宋沛、黄晓玲：《中国对外贸易概论》，对外经济贸易大学出版社 2002 年版。
［69］阎志军、宗永健：《中国对外贸易概论》，科学出版社 2009 年版。
［70］郭沫若：《中国史稿》，人民出版社 1962 年版。
［71］蒋廷黻：《中国近代史》，团结出版社 2005 年版。
［72］陈恭禄：《中国近代史》（上），商务印书馆 1934 年版。
［73］李鼎声：《中国近代史》，光明书局 1937 年版。
［74］刘培华：《近代中外关系史》（上、下），北京大学出版社 1986 年版。
［75］王建朗、栾景河主编：《近代中国、东亚与世界》（上、下），社会科学文献出版社 2008 年版。
［76］丁名楠等著：《帝国主义侵华史》（第 1、2 卷），人民出版社 1986 年版。
［77］蒋廷黻：《中国近代史大纲》，江苏教育出版社 2006 年版。
［78］王福春、张学斌主编：《西方外交思想史》，北京大学出版社 2002 年版。
［79］王尔敏：《中国近代思想史论》，社会科学出版社 2003 年版。
［80］吴雁南等：《中国近代社会思潮》（第 1 册），湖南教育出版社 1998 年版。
［81］郑大华：《晚清思想史》，湖南师范大学出版社 2005 年版。
［82］蒋晓伟：《中国经济法制史》，知识出版社 1994 年版。
［83］［德］马克思、恩格斯著，中共中央马克思恩格斯列宁斯大林著作编译局：《马克思恩格斯选集》（第 1、2 卷），人民出版社，1995 年。
［84］［德］马克思、恩格斯著，中共中央马克思恩格斯列宁斯大林著作编译局：《马克思恩格斯全集》（第 22 卷），人民出版社 1965 年版。
［85］［俄］列宁著，中共中央马克思恩格斯著作编译局译：《列宁全集》（第 22 卷），人民出版社 1958 年版。
［86］［俄］列宁著，中共中央编译局：《列宁选集》第 13 卷，人民出版社 1959 年版。
［87］［美］马士著，张汇文等译：《中华帝国对外关系史》（第 1、2、3 卷），上海书店出版社 2000 年版。

[88] [美] 费正清编，中国社会科学历史研究编译室译：《剑桥中华民国史》（上、下卷），中国社会科学出版社 1993 年版。
[89] [美] 章长基：《解放前中国工业的发展》，芝加哥，1969 年。
[90] [美] 阿瑟·恩·杨格：《1927—1937 年中国财政经济状况》，中国社会科学出版社 1981 年版。
[91] [法] 帕斯卡·萨兰著，肖云上译：《自由贸易与保护主义》，商务印书馆 1997 年版。
[92] [英] 季南著，许涉曾译：《英国对华外交》，商务印书馆 1984 年版。
[93] [美] 马士，宓亨利著，姚曾廙译：《远东国际关系史》，上海书店出版社 1998 年版。
[94] 张蓉初译：《红档杂志有关中国交涉史料选译》，生活·读书·新知三联书店，1957 年版。
[95] [美] 罗斯福著，关在汉译：《罗斯福选集》，商务印书馆 1982 年版。

**四、硕博、期刊论文**

硕士、博论文：

[1] 王天根：《〈大公报〉与关税自主的舆论宣传（1926—1934）》，安徽大学硕士论文，2010 年。
[2] 肖美珍：《简析“关税特别会议期间”知识分子的关税言论》，苏州大学硕士论文，2006 年。
[3] 崔瑞涛：《浅析国民政府抗战期间的对外经济举措》，吉林大学硕士论文，2007 年。
[4] 沈丹萍：《FDI 对我国对外贸易影响的分析》，江南大学硕士论文，2007 年。
[5] 郝延频：《美国对外政策的演变（20 世纪 70 年代—90 年代）与苏联解体》，曲阜师范大学硕士论文，2009 年。
[6] 凌照：《南京国民政府 1927—1937 对外贸易发展研究——外贸发展及对工业化作用分析》，北京工商大学硕士论文，2006 年。
[7] 孙家宁：《荷兰对外贸易政策研究及对中国外贸发展的启示》，对外经济贸易大学硕士论文，2010 年。
[8] 徐黑妹：《中国对外贸易政策的研究》，厦门大学硕士论文，2007 年。
[9] 杨小勋：《开放条件下的适度贸易保护政策》，西北工业大学硕士论文，

2003 年。

[10] 李俊宝:《国际贸易理论与政策》，上海海事大学硕士论文，2006 年。

[11] 张欣:《民国时期国定税则委员会研究》，南京大学硕士论文，2013 年。

[12] 陈岩:《〈大公报〉与关税自主的舆论动员（1926—1934)》，安徽大学硕士论文，2010 年。

[13] 施春红:《近代中国金融法规研究——以 1931 年、1947 年颁布的〈银行法〉为例》，东华大学硕士论文，2012 年。

[14] 廖良辉:《晚清对外贸易研究》，湖南大学硕士论文，2005 年。

[15] 李琴:《走私·缉私·中外贸易——以 1930—1949 年华南地区为中心》，暨南大学博士论文，2005 年。

[16] 宋振凌:《南京国民政府币制改革研究》，西南政法大学博士论文，2011 年。

[17] 石涛:《南京国民政府中央银行研究（1928—1937 年)》，复旦大学博士论文，2010 年。

[18] 伍操:《战时国民政府金融法律制度研究（1937—1945)》，西南政法大学博士论文，2011 年。

[19] 孙天竺:《美国对外贸易政策变迁轨迹研究（1776—1940)》，辽宁大学博士论文，2008 年。

[20] 伍先斌:《中国贸易政策研究》，中共中央党校博士论文，2002 年。

[21] 褚浩:《19 世纪后期美国贸易保护政策研究》，复旦大学博士论文，2009 年。

[22] 单冠初:《南京国民政府收回关税自主权的历程——“以 1927—1930 年中日关税交涉为中心”》，复旦大学博士论文，2002 年。

[23] 张秀莉:《南京国民政府发行准备政策研究》，复旦大学博士论文，2009 年。

[24] 杨福林:《国民政府战时贸易统制政策研究》，江西财经大学博士论文，2010 年。

期刊论文:

[1] 薛平、胡长青、黄翠红:《从“协定关税”到“国定税则”——关税自主运动成功的原因及其估价》，《扬州大学税务学院学报》2000 年第

4 期。

[2] 吴景平：《蒋介石与 1935 年法币政策的决策与实施》，《江海学刊》2011 年第 2 期。

[3] 邓峰、王军：《美国对外贸易政策的历史考察》，《东北师范大学学报》2005 年第 5 期。

[4] 陈晋文：《三十年代南京国民政府外贸政策述论》，《北京工商大学学报》2003 年第 6 期。

[5] 郑会欣：《统制经济与国营经济——太平洋战争爆发后复兴商业公司的经营活动》，《近代史研究》2006 年第 2 期。

[6] 连心豪、谢广生：《近代海南设关及其对外贸易》，《民国档案》2003 年第 3 期。

[7] 黄启程：《广东开放海外贸易两千年——以广州为中心》，《深圳大学学报》2007 年第 2 期。

[8] 徐绍清：《论“九·一八”事变后日本对东北贸易政策的变化》，《社会科学战线》2001 年第 5 期。

[9] 张晓辉：《论广州沦陷后香港在中国外贸中的地位和作用》，《抗日战争研究》2003 年第 1 期。

[10] 徐昌义：《天朝对外政策的批判与启示》，《西南民族学院学报》2002 年第 1 期。

[11] 晓谋：《近代澳门对外贸易的衰退及原因探析》，《学术研究》1996 年第 6 期。

[12] 林齐模：《近代中国茶叶国际贸易的衰减——以对英国出口为中心》，《历史研究》2003 年第 6 期。

[13] 赵彬：《近代烟台贸易与城乡关系变迁》，《山东师范大学学报》2002 年第 2 期。

[14] 李丽娜：《铁路与山西近代交通体系的形成（1907—1937）》，《太原师范学院学报》2008 年第 5 期。

[15] 陈争平：《近代中国铁路建设对北方市场的影响》，《浙江学刊》2010 年，第 3 期。

[16] 马义平：《铁路与近代河南的棉业发展（1906—1937）》，《中国历史地理论丛》2010 年第 1 期。

[17] 晋隆冈：《铁路对近代河北农村经济的影响》，《河北学刊》2007 年第

3 期。

［18］王建朗:《日本与国民政府的“革命外交”——对关税自主交涉的考察》,《历史研究》2010 年第 4 期。

［19］王红曼:《抗战时期国民政府的银行监理体制探析》,《抗日战争研究》2010 年第 2 期。

［20］左旭初:《民国时期的商标管理》(北洋政府时期),《中华商标》2011 年第 12 期。

［21］聂志红:《民国时期的对外贸易保护思想》,《经济科学》2004 年第 6 期。

［22］张贤勇:《民国时期广西东通道建设对广西经济社会发展的影响》,《梧州学院学报》2007 年第 1 期。

［23］周智生:《抗日战争时期的云南商人与对外民间商贸》,《抗日战争研究》2009 年第 2 期

［24］吴太昌:《抗战时期国民党政府的贸易、物资管制及国家资本的商业垄断活动》,《平准学刊》1989 年第 3 期。

［25］冯治:《抗战时期国民政府对外贸易管制述评》,《近代史研究》1988 年第 6 期。

［26］姜铎:《略论抗战时期国民党经济的作用》,《江海学刊》1988 年第 1 期。

# 后 记

日月如梭，光阴似箭。窗外的桂花则是开了又谢，谢了又开。万物依原，而年华不再。从我进入湖南师范大学攻读硕士开始，离开校园，走向工作岗位，到如今已经整整 13 年了。这个阶段是我人生中重要的转折，更是我踏入学术门槛的开始。湖南师范大学的精神与文化哺育了我，中山火炬职业技术学院的精神鞭策着我不断前进，不断超越。从毕业到工作，从工作又到毕业，周而复始，在我人生中经过了好几个轮回。回首母校湖南师范大学 7 年的学习经历以及中山火炬职业技术学院 10 年学术的心路历程，过得充实，也留下了无穷的感慨。

我的硕士、博士论文都是在湖南师范大学名师李育民教授的悉心指导下完成的，从查找资料到论文的选题、构思、写作再到最后定稿，先生都付出了辛勤的劳动。十多年以来，我不仅感受到一位历史学人对学术的执着，更让我领略了踏实做人的品格与魅力。先生既是我的学术导师，更是我的人生导师。我的每一点进步都饱含着先生的满腔热血和汗水，这份恩情我将永生难忘！师母何玲女士风趣幽默，让我倍感亲情的温暖，她是我在求学路上的一盏明灯，为了让我能顺利完成学业，师母牵肠挂肚，付出了不少的心血。同时，我也要感谢我的博士后合作导师上海大学文学院的陈勇教授，是陈先生给予了我继续深造的勇气和机遇。

学术著作的写作是一个艰辛探索的过程，此书的顺利完成还得益于历史文化学院莫志斌教授、周秋光教授的指点和帮助，师兄李传斌教授、刘利民教授为本文的写作提出了许多宝贵意见和建议，并在调研和资料收集方面给予了热心指点。感谢历史文化学院的诸多恩师，如饶怀民教授、郑大华教授、郑焱教授、范忠程教授、郑佳民教授等，他们为人治学堪称模范，有幸聆听教诲，使我受益终生。

在此书即将问世之际，我愿借此机会，对曾经给予我关怀和鼓励的中山火炬职业技术学院领导表达最由衷的谢意，没有他们的支持与协调，我将无法完成教学、读博、在站博士后的多重任务。

感谢我的父母及家人对我多年来学业的支持。多年来，我常常往返中山、长沙、上海三地，没有他们的理解和鼓励，我将无法完成自己的学业。他们的鼓励是我不断前进的动力与源泉。

罗红希